Erika Huhn

Mädchen heiraten sowieso
Eine Familiengeschichte aus Schlesien

Erika Huhn

Mädchen heiraten sowieso

Eine Familiengeschichte aus Schlesien

3. Auflage 2004

TRIGA\VERLAG

Bibliografische Information Der Deutschen Bibliothek
Die Deutsche Bibliothek verzeichnet diese Publikation in der
Deutschen Nationalbibliografie;
detaillierte bibliografische Daten sind im Internet über
http://dnb.ddb.de abrufbar.

3. Auflage 2004
© 1999 TRIGA\VERLAG
Herzbachweg 2, D-63571 Gelnhausen
Alle Rechte vorbehalten
Druck: Digital PS Druck AG, Birkach
Printed in Germany
ISBN 3-89774-354-X

Ich danke meinen Eltern und allen, die mir in schweren Zeiten geholfen haben.

Meinen Kindern und Enkeln möchte ich mit meinen Zeilen ein Bild der damaligen Zeit und Lebensumstände vermitteln. Es liegt mir sehr am Herzen, die Erinnerung wachzuhalten an Schlesien, mein schönes Heimatland, und ganz besonders an Oels.

Diese Zeilen verbinde ich mit der Mahnung an meine Kinder, Enkel und Urenkel, Toleranz zu üben, Gewalt zu vermeiden und die Meinungen und Ansichten unserer Mitmenschen zu respektieren. Denn Gewalt, ob in der Familie oder als Krieg zwischen den Völkern, löst keine Probleme, sondern schafft immer wieder neue, bringt nur Leid und Elend.
Die Erfahrung sollte für alle eine Lehre sein!

Vorwort

Wohlbehütet war die Kindheit des »Wunschkinds«, das hier von sich und seiner Familie erzählt. Vom Vater nach langen Überlegungen auf außergewöhnliche Weise geplant, erfuhr es in der sich daraus ergebenden Konstellation von zwei Elternpaaren besonders viel Zuwendung und Liebe, denn alle lebten in unmittelbarer Nähe zusammen.

Das junge Mädchen genoß zwar eine damals als »gutbürgerlich« angesehene Erziehung, erhielt jedoch keine fundierte Berufsausbildung, die man damals für unnötig hielt, denn »Mädchen heiraten ja sowieso«. Sie mußte sich dann trotz Heirat im Leben alles hart erarbeiten, wurde Mutter von sieben Kindern und gab an sie die Liebe, die sie in ihrer Familie erfahren hatte, weiter.

Erika Huhn zeichnet in ihren Erinnerungen ein lebendiges Bild des damaligen Schlesiens und läßt verstehen, warum sie trotz umwälzender und für sie schmerzlicher Veränderungen an ihrer Heimat hängt und den Wunsch hat, dieses auch nachfolgenden Generationen zu vermitteln.

Die Wurzeln meiner Familie sind irgendwie und irgendwo in der schlesischen Landschaft tief und ursprünglich verankert.

Sehr genau kann ich mich noch erinnern, wie damals meine erste Lehrerin, Fräulein Bartsch, vor der großen Schiefertafel stand und sich bemühte, ihrer großen unruhigen Schülerschar die ersten Begriffe von Heimatkunde verständlich zu machen. »Schlesien ist geformt wie ein großes Eichenblatt«, sagte sie, während ihre Hand mit einem Stück Kreide geschickt und formvollendet die entsprechenden Konturen auf die große schwarze Tafel zauberte. Die Oder wurde zur Mittelrippe und die Nebenflüsse zu Blattadern ernannt, genau wie bei einem richtigen Eichenblatt. Die Namen der Nebenflüsse auswendig zu lernen, geriet beinahe zum Schnaderhüpfel. Wer konnte sie am schnellsten aufsagen? Oppa, Zinna, Hotzenplotz ... Dort lebten die Schlesier, ein Menschenschlag hervorgegangen aus den alten, früheren deutschen Stämmen und Menschen aus allen Windrichtungen, verschmolzen durch Eroberungen, Invasionen, Bündnisse und Handel. Immer ein Grenzland zwischen Deutschland und Polen, Österreich, Böhmen und Preußen, Ungarn, dem Süden und dem Norden, stets begehrenswert und umkämpft.

Mein Urgroßvater, Gottlieb Schlag, bewirtschaftete in Pangau einen Bauernhof von etwa achtzig bis hundert Morgen. Als Frau hatte er Juliane, eine tüchtige und wohlhabende Bauerntochter aus der weiteren Umgebung, heimgeführt. Schon damals achtete man in bäuerlichen Kreisen unter anderem auch darauf, durch eine Heirat möglichst seinen Besitzstand zu verbessern. So geschah es auch in diesem Fall, denn der Urgroßvater konnte mit der Mitgift seiner jungen Frau sein Anwesen vergrößern und zusätzlich neue Wirtschaftsgebäude bauen. Der offensichtliche Wohlstand der Schwiegereltern, der eine reiche Mitgift ermöglichte, stammte aber nicht allein aus dem Ertrag des Bauernhofes. Julianes Vater war auch Schäfer und soll als Naturarzt weitbekannt gewesen sein. Schäfer hatten zur damaligen Zeit weitreichende Kenntnisse von den Heilkräften der

Natur und von der Wirkung und Anwendung der verschiedenartigsten Kräuter. Dadurch konnten sie bei Tier und Mensch mit Sicherheit in vielen Fällen Gutes bewirken.

Es gab viele solche geachteten und bodenständigen bäuerlichen Familien in den schlesischen Dörfern: fleißig, rechtschaffen, großherzig, fromm. Kinderreichtum wurde als ein Segen Gottes hingenommen, und damals konnte jede Hand bei der Landarbeit auf dem Hof gebraucht werden.

Fünf Söhne wuchsen auf dem Hof von Gottlieb und Juliane auf, eingebunden in die jahreszeitlich ablaufenden Arbeiten und die Bedürfnisse des elterlichen Hofes. Beizeiten mußten sie schon tüchtig mit anfassen, und lernten das Nötigste in der Dorfschule. Der älteste Sohn sollte später den Hof übernehmen. Eine Erbteilung war nicht üblich, der Besitz in seiner Gesamtheit mußte erhalten bleiben. Die anderen Söhne erlernten einen Handwerksberuf. So war Gustav, der zweite, Tischler geworden, im waldreichen Schlesierland war das eine gute Berufswahl. Der drittälteste hatte sich für das Brauerhandwerk entschieden. Der vierte der Brüder wurde auf die Realschule geschickt. Die Eltern hatten ihre Freude an den Buben, denn alle machten ihre Sache gut und die Handwerker konnten ihr Gesellenstück machen. Der vierte schloß die Realschule gut ab.

Inzwischen wuchs auch der jüngste Sohn von Gottlieb und Juliane heran, der kleine Wilhelm. Natürlich sollte aus dem Kleinen etwas Besonderes werden. Er wurde, sobald es möglich war, nach Bernstadt auf die Realschule geschickt.

Der Schulweg war weit, und Fahrgelegenheiten standen nicht zur Verfügung. In Bernstadt fand man schließlich ein altes Ehepaar, das bereit war, ein kleines Zimmerchen zu vermieten. Es herrschten sehr ärmliche Verhältnisse, die beiden Alten waren froh, daß sie ihre kärglichen Einkünfte mit dem kleinen Geldbetrag für die Vermietung des Zimmers aufbessern konnten. Eigentlich handelte es sich nur um eine Bodenkammer mit einem winzigen Fensterchen, mehr eine Dachluke, und war überhaupt nicht heizbar. »Was du zu essen brauchst, das schicken wir dir von zu Hause«, sagte die Mutter. Tatsächlich kamen auch regelmäßig Körbe mit Brot, Butter, Quark, Wurst, Dörrfleisch und Äpfeln an. Sie wurden von mit der Familie bekannten Fuhrleuten überbracht, die regelmäßig Waren aller Art in das Städtchen transportierten. Notfalls eine warme Mahlzeit zubereiten konnte der Junge auf einem kleinen Spirituskocher. Seine Wäsche und sein kleines Domizil sauber zu halten, das blieb ihm selbst überlassen. So ging er also täglich in Bernstadt in die Schule, lernte fleißig und war sonst in jeder Hinsicht sich selbst überlassen und der erdrückenden Einsamkeit.

Im Laufe des Winters wurde es ganz schlimm. Wilhelm fror in seinem ungeheizten Stübchen ganz erbärmlich, hatte fürchterliches Heimweh und wurde schließlich sehr krank. Er mußte die Schule unterbrechen, die Eltern holten ihn heim. Schließlich taten ihm die liebevolle Pflege der Mutter, das gute regelmäßige Essen und das Gefühl der Geborgenheit so gut, daß er bald wieder auf die Beine kam.

Die Eltern waren evangelisch und sehr religiös. Bereits am frühen Morgen begann der Tag mit inbrünstigem Gebet, das kniend verrichtet wurde. Am Abend wurde wiederum dem Schöpfer gedankt und Schutz für die Nacht erfleht. Dem jungen empfindsamen Menschen prägten sich dieses gottesfürchtige Verhalten und das bedingungslose Gottvertrauen seiner Eltern tief ein. Als er wieder vollständig gesund war, konnte er den Schulbesuch fortsetzen und alles Versäumte bald nachholen. Der Spruch seiner Eltern »Mit Gottes Hilfe ...« prägte sein weiteres Leben.

Der Vater hätte gern gesehen, wenn der Junge nun auf einen akademischen Beruf zugesteuert hätte, aber Wilhelm entschloß sich nach abgeschlossener Realschule, das Brennereifach zu erlernen. Das war zur damaligen Zeit ein gefragter und gutbezahlter Beruf. In vier Jahren Lehrzeit auf einem großen Gut in dem Dorf Patschkau eignete sich Wilhelm das nötige Fachwissen an, das ihm ermöglichte, eine angesehene Position zu bekleiden. Während dieser Zeit der Fachausbildung konnte er bei entfernten Verwandten wohnen, denn er verdiente noch nichts, im Gegenteil, es mußte noch für die Ausbildung bezahlt werden. Die Unterkunft bei den Verwandten war miserabel, aber schließlich ging auch diese Zeit vorüber.

Die Ausbildung war gut abgeschlossen, und nun konnte er seine Lebensumstände selbst gestalten. Mit Selbstbewußtsein ging er auf Stellungssuche, um bald eigenes Geld zu verdienen. Beim Rittergut in Prietzen bewarb er sich um eine offene Stelle und konnte zu seiner großen Freude sofort den neuen Aufgabenbereich als Brennereiverwalter übernehmen. Einige Arbeiter standen ihm zur Verfügung, und der gebotene Lohn erschien ihm verlockend. Ein Hochgefühl beflügelte ihn, als er die neue Wohnung betrat. Geschafft! dachte er und sah, mit sich und der Welt zufrieden, aus dem Fenster, das den Blick über den weiten Gutshof und die Wirtschaftsgebäude freigab. In der Mitte des weiträumigen Hofes schimmerte das grüne, mit Entengrütze bedeckte Wasser des Gutsteichs.

Damals wurde auf den großen Gütern, die es überall in Schlesien gab, stets ein gewisser Teil der Ernte zu hochprozentigem Alkohol verarbeitet, der einen guten Erlös brachte. Das war ein sicheres wirtschaftliches Standbein. Der junge Brennereiverwalter arbeitete jahrelang zur Zufriedenheit des Gutsbesitzers und verdiente gut.

Eines Tages lernte er während eines dörflichen Tanzvergnügens die Frau seiner Träume kennen. Es war Berta, die siebzehnjährige dunkelhaarige Tochter des Dorfschmieds aus Ludwigsdorf. Sie hatte an diesem Tage ihre Eltern besucht.

Seit ihrem neunten Lebensjahr lebte Berta bei Onkel und Tante Schmähl in Breslau. Das war ein tüchtiges Ehepaar aus der Verwandtschaft, dem leider Kindersegen versagt geblieben war. Berta sollte einmal nicht nur das gut florierende Speiselokal, sondern auch ein beachtliches Vermögen, das Onkel und Tante im Laufe der Jahre durch ihren Fleiß und ihren Einfallsreichtum erwirtschaftet hatten, erben.

Die kleine Berta war liebevoll aufgenommen worden, und man stellte sie als Haustochter vor. In Breslau ging sie auch zur Schule, wurde versorgt und geliebt von allen: dem Onkel, der

Tante, dem Personal. In Küche und Lokal half sie bald flink mit, denn es war kurzweilig und machte ihr Spaß. Alles, was eine junge Frau können sollte, lernte sie dort und wuchs zu einem reizenden jungen Mädchen heran.

Als der Brennereiverwalter Wilhelm Schlag um ihre Hand anhielt, war sie gerade siebzehn Jahre alt.

Zur Vervollkommnung ihrer Kochkenntnisse arbeitete Berta noch ein Jahr im Nobelhotel »Loge«. Wilhelm war glücklich und zufrieden mit seiner Wahl. Eine junge schöne, intelligente Frau, die auch noch ausgezeichnet kochen konnte, genau das hatte er sich gewünscht.

Mit achtzehn heiratete Berta den stattlichen, gutaussehenden, blonden Brennereiverwalter Wilhelm Schlag und hielt Einzug in seine Wohnung auf dem Gut in Prietzen.

Der Kindersegen ließ nicht lange auf sich warten. Zur Freude aller kam ein kleines Mädchen auf die Welt, das man auf den schönen Namen Elisabeth taufte. Diesem Kind war vom Schicksal vorbestimmt, meine Mutter zu werden. Später wurde Elisabeth nur noch »Else« gerufen, der Einfachheit halber. Sie war die Älteste von acht Geschwistern. Nach ihr kamen Frieda, Gertrud, Max, Adolph, Edith, Alfred und Lydia zur Welt.

Man kann sich wohl gut vorstellen, daß sich Berta immer weniger den Künsten der feinen Küche und immer mehr ihrer zahlreichen Kinderschar widmen mußte. Zum Glück verdiente Wilhelm genug, und auch Deputatleistungen des Gutes trugen zu einem guten Auskommen der Familie bei.

Der Gutsbesitzer in Prietzen hatte selbst kleine Kinder. Wie das in diesen Kreisen so üblich war, wohl auch wegen der weiten Schulwege, wurden die Kinder von einer Erzieherin betreut. Die kleine Else durfte sich oft als Spielgefährtin im Gutshaus aufhalten. Das machte ihr viel mehr Spaß als auf die kleinen Geschwister aufzupassen und sie zu versorgen, was eigentlich ihre Hauptaufgabe war. Der enge Kontakt mit den »Herrschaftskindern« und deren Erzieherin, die alle gleich behandelte, war natürlich für die kleine Else sehr vorteilhaft. Sie lernte bei dieser Gelegenheit spielend vieles, was ihr dann später zugute kam. Ansonsten war Else ein lebhaftes Naturkind, spielte alle wilden Spiele der Dorfjugend mit, sowie sie nur Zeit hatte, und stieg mit den Buben um die Wette auf die alten Kastanienbäume der Allee, die zum Gut hinführte.

Der Teich in der Mitte des Gutshofes war für die Kinder immer wieder ein Anziehungspunkt. Dort wurden die Kühe getränkt, eine große Schar Gänse und Enten bevölkerte das Wasser, und die Enten quakten mit den vielen Fröschen um die Wette. Vögel kamen, wenn es ruhig um den Teich war, um zu trinken und waren ganz zutraulich. Ein großer Schwarm Spatzen war allgegenwärtig und gehörte zum Chor der vielfältigen Tierstimmen, die jeder auf dem Gutshof gewöhnt war und deshalb schon gar nicht mehr wahrnahm. Kein Wunder, daß sich die Kinder immer wieder zum Teich hingezogen fühlten. Die Kleinen warfen gerne Steinchen hinein und ließen Papierschiffchen schwimmen.

»Else, paß auf die Kleinen auf, daß sie keinen Unfug machen und sich nicht die Hosen zerreißen!« rief Berta noch, dann ging sie in die Waschküche, um sich mit dem Berg Wäsche zu befassen, der dort auf sie wartete. Im Hof wurde Fangen gespielt, und Else war natürlich dabei, sie konnte laufen wie ein Wiesel. Auf einmal gab es lautes Geschrei: »Der kleine Adolf ist in den Teich gefallen! Schnell, Else, schnell!«

Größere Jungen sprangen ins Wasser, und bald war der kleine Kerl wieder herausgefischt. Jemand hatte der Mutter Bescheid gesagt, die das nasse Bündel Kind ins Haus trug und auszog. Zitternd und weinend standen die anderen alle dabei. Glücklicherweise hatten sie das Kind schnell genug herausgefischt, fast wäre es ertrunken. Das Wasser war natürlich nicht sauber gewesen und hatte dem Kind nicht gut getan. Wochenlang war es danach krank, fieberte und aß nicht. Der Schrecken saß allen, die dabei waren, noch lange in den Gliedern, und vom Teich wurde respektvoller Abstand gehalten.

Im Alter von sechs Jahren wurde Else in Zantoch in der Schule angemeldet. Sie wohnte während dieser Zeit bei der Großmutter und war die schwierige Aufgabe, mehrere kleine Geschwister zu hüten, los. Sie blieb dort bis zum Alter von elf Jahren und kam nur während der Ferien nach Hause. Danach besuchte sie das »Seminar« in Oels, das muß wohl so etwas wie eine Art Oberstufe gewesen sein, die mehr Wissen als die Dorfschule vermitteln konnte. In eine renommierte Stadtschule zu gehen war damals schon ein besonderes Privileg, denn es war mit Schulgebühren und Lehrmaterialkosten verbunden. Der Vater zahlte. Sie blieb dort bis zum vierzehnten Lebensjahr und wurde auch in Oels konfirmiert. Wohnen konnte sie bei der Schwester ihrer Mutter, Auguste Vogt, und ihrem Mann August. Innerhalb der ganzen Familie bestand eine Art Austauschprogramm. Eine Familie nahm Kinder der anderen Familie wie selbstverständlich und kostenlos unter ihre Fittiche, sorgte für sie wie für eigene Kinder, sowie es nötig war. Ein Verhalten, das für alle Beteiligten Vorteile brachte und ganz hervorragend funktionierte.

Etwa zu dieser Zeit ging es in Breslau Onkel und Tante Schmähl gesundheitlich so schlecht, daß sie kaum noch in der Lage waren, ihr Personal anzuleiten und für ihr Lokal zu disponieren. In ihrer Not fiel ihnen Berta ein, die jahrelang bei ihnen gelebt hatte und einmal alles erben sollte. Die allein konnte helfen und wußte, was zu tun war, damit kein Chaos entstand.

In Prietzen flatterte bald ein Brief ins Haus mit der inständigen Bitte an Wilhelm, doch Berta nach Breslau zu schicken, damit die sich um das Nötigste kümmern könne. Was tun? Jemand mußte sich ja auch um Bertas Familie kümmern. Berta fuhr umgehend nach Breslau und betreute die kranken alten Leute und regelte alles, was sonst im argen lag. Ihre älteste Tochter Else wurde nach Hause beordert und hatte die Aufgabe, ihre Mutter zu vertreten. Der Vater und die kleineren Geschwister mußten ja schließlich versorgt werden.

Es war Winter und bitterkalt. Hoher Schnee häufte sich überall, und Rauhreif glitzerte an den Zweigen der alten Kastanienbäume. Geheizt wurde mit Holz, das ständig herangeschleppt werden mußte. Als Vorrat hing eine geschlachtete Ziege auf dem Dachboden, steif gefroren. Von der wurde immer wieder ein Stück abgeschnitten oder abgesägt. Das reichte dann ein paar Tage für die Mahlzeiten.

Das war eine aufregende und anstrengende Zeit für Else, daheim in Prietzen, als die Mutter nicht da war. Die kleineren Geschwister waren zu versorgen und die größeren rechtzeitig und sauber gewaschen, mit geflochtenen Zöpfen oder gebürsteten Haaren in die Schule zu schicken. Brote zurechtmachen, Wäsche waschen, vor allen Dingen jede Menge Windeln für die Kleinen, das war eine enorme Aufgabe für das Mädchen. Für fünf kleinere Geschwister zu sorgen, den Vater zufriedenzustellen und sich durchzusetzen, das kostete allerhand Energie. Wie froh war Else, als die Mutter nach Wochen wieder heimkam. Die Breslauer Tante hatte eine schwere Grippe und Lungenentzündung nur mit Mühe und Not überstanden.

Doch die Probleme rissen nicht ab. Kaum war Else nach Oels zurückgekehrt, da erfuhr sie die nächste Hiobsbotschaft. Ihr Vater war krank geworden. Es hieß, er hätte ein Nervenfieber. Wilhelm konnte nicht mehr arbeiten und mußte sich in ein Sanatorium zur Behandlung begeben. Else wurde aufs neue nach Hause beordert, denn auch die Mutter war krank geworden. Vermutlich setzten ihr all diese Belastungen körperlich wie auch seelisch sehr zu. Zu allem Unglück verlor Wilhelm, nachdem er längere Zeit im Sanatorium zugebracht hatte, seinen Arbeitsplatz. Die Arbeit mußte termingemäß weitergehen, und der Gutsherr konnte nicht so lange warten, wie es nötig gewesen wäre. Langsam erholte sich Wilhelm wieder, und glücklicherweise fand er eine neue Anstellung bei der Gutsverwaltung Jäntschdorf. Das hatte einen Wohnungswechsel zur neuen Arbeitsstelle zur Folge, man zog aus der vertrauten und liebgewordenen Umgebung in ein völlig neues Umfeld. Die Kinder verloren ihre Freunde und Freundinnen, die Schule wurde gewechselt.

Eine finanzielle Absicherung durch eine Krankenkasse gab es damals noch nicht. Der Aufenthalt im Sanatorium und sämtliche sonst entstandenen Kosten mußten bar in Goldmark bezahlt werden. Es war zwar Geld gespart worden, aber nun entstand ein großes Loch im Sparstrumpf. Immerhin, es blieb noch einiges an Goldstücken übrig.

Alle wurden wieder gesund, und das Leben ging nun in Jäntschdorf weiter wie bisher.

Else wollte gern selbst Geld verdienen und erkundigte sich bei ihrem alten Lehrer in Prietzen, Herrn Land, was sie wohl am besten unternehmen könne. Da war sie zufällig genau an die richtige Stelle geraten. Hocherfreut über die Nachfrage sagte der Lehrer: »Das paßt ja sehr gut, wir suchen nämlich gerade eine Haushaltshilfe. Du kannst sofort anfangen, denn meine Frau schafft das nicht mehr alleine.«

Freudig sagte Else sofort zu und trat am nächsten Tage gleich ihre neue Stellung an. Sie war froh, bei den ihr bekannten und netten Lehrersleuten untergekommen zu sein. Bald zeigte sich allerdings der Pferdefuß. Sie erhielt Kost und Logis sowie einen phantastischen Monatslohn von ganzen acht Mark, und das bei unbegrenzter Arbeitszeit.

Anfangs gefiel es Else dort recht gut, sie hatte vollen Familienanschluß und wurde behandelt, wie eine eigene Tochter. Leider verdiente sie zu wenig, um sich ein bißchen Kleidung anzuschaffen oder gar etwas zu sparen.

Bald erkrankte die alte Mutter des Arbeitgebers an Unterleibskrebs, mußte als Pflegefall mit versorgt werden, das fiel selbstverständlich dem Hausmädchen zu. Das Haus und den großen Nutzgarten in Ordnung zu halten, gehörte sowieso zu ihrem Aufgabenbereich. Ein fünfjähriges Kind sprang in Haus und Garten herum, auf das Else dauernd ein Auge haben mußte, selbstverständlich war auch das nötigenfalls zu versorgen. Dann gehörte noch das Putzen sämtlicher Schulräume, von Flur, Treppen und Schultoiletten zu ihren Aufgaben. Da kann man wohl sagen: ein ausgefüllter Tagesablauf, der in keinem Verhältnis zu dem gezahlten Arbeitslohn stand. Zwar starb die todkranke alte Dame nach einiger Zeit, aber trotzdem war für das junge Mädchen vieles sehr schwer zu ertragen und auf die Dauer nicht zu verkraften. Freizeit – so etwas kannte sie überhaupt nicht, und jeden Abend fiel sie halbtot vor Müdigkeit ins Bett.

Das Zimmerchen, das Else bewohnte, war winzig. Das kleine Fenster gab den Blick über den Friedhof frei, der sich gleich an das Lehrerhaus anschloß. Eulen, Käuzchen nisteten in den alten Bäumen des Obstgartens, riefen sich nachts ihr unheimliches »Hu-hu-hu« zu, und setzten sich sogar auf die Fensterbank. Einen Ofen, um sich im Winter zu wärmen, gab es nicht in diesem Quartier, statt dessen eine Petroleumlampe, an der sich das Mädchen die Hände wärmen konnte, wenn es gar zu kalt war. Wirklich keine gemütliche Bleibe.

An so einem eisig kalten Winterabend, als Else hundemüde in ihr ungemütliches Zimmer kam, passierte es dann. Mit klammen Fingern versuchte sie in der pechschwarzen Finsternis, ihre Petroleumlampe anzuzünden. Es war kein Brennstoff mehr drin, und beim Nachfüllen muß wohl etwas schiefgelaufen sein. Es gab eine große Stichflamme, die ganze Lampe brannte, und nur mit großer Mühe konnte Schlimmes verhindert werden. Else erlitt Verbrennungen im Gesicht, die Augenbrauen und die Haare über der Stirn waren nur noch versengte Reste. Sie sah aus wie der legendäre »Schwarze Peter«. Nach dem Schrecken kam der Ärger, denn sie wurde noch tüchtig ausgeschimpft. »Mit den Dienstboten hat man nichts wie Ärger! Die stecken einem noch das Dach über dem Kopf in Brand!« hieß es.

Bald darauf erkrankte Else schwer an Masern. Zur Pflege wurde Mutter Berta geholt, die bald ihre Tochter mit heim nahm, um sie gesund zu pflegen. In ihre Stellung zu den Lehrersleuten kehrte Else dann nicht mehr zurück. Eine neue Zeit begann für sie, eine viel bessere.

Die Eltern schickten sie wieder zu Onkel und Tante Vogt nach Oels. Zwei Jahre konnte sie die Logauschule besuchen und dort den Abschluß machen. Sie besuchte diese Schule gern und hatte genügend Zeit, um zu lernen und Kontakte zu knüpfen. Onkel und Tante Vogt, damals ein junges unternehmungslustiges Ehepaar, hatten an der Ludwigsdorferstraße ein Auszughaus mit Gartengrundstück erworben. Gerade waren sie dabei, am Haus einen Anbau zu errichten und den großen Garten nach damaligen erstrebenswerten Wünschen anzulegen. Eine große

Obstplantage war im Entstehen, und dazu ein Wohn- und Gemüsegarten zur Selbstversorgung. Else liebte alles in der Natur, war hell begeistert und half fleißig bei den vielen anfallenden Arbeiten mit. Zu dieser Zeit ging ihr Cousin aus Ludwigsdorf, der »Kunze Koarle« in Oels in die Lehre oder zumindest arbeitete er dort bei einem tüchtigen Meister. Er hatte sich für den Beruf des Schlossers entschieden. Es war mit Onkel und Tante Vogt vereinbart worden, daß der junge Mann dort zum Mittagessen kommen konnte. Er hatte es auch nötig, denn er war weder der Größte noch der Stärkste. Dafür aber war er ein lustiger Kerl, immer gut aufgelegt und gesprächig. Er und Else verstanden sich ganz hervorragend, immer war er für einen Schabernack zu haben.

Inzwischen hatte sich in Breslau bei der Familie Schmähl einiges verändert. Die Tante litt stark an Asthma, der Onkel hörte so schwer, daß er kaum noch etwas mitbekam. Ihr Speiselokal hatten sie versilbert und lebten nun von ihrem Kapital. Was zu guter Letzt nach ihrem Tode übrig wäre, sollte, wie versprochen, Berta zufallen oder demjenigen, der sie zuletzt pflegte und versorgte. Diese Aufgabe wurde nun Else übertragen. »Jemand muß sich auf jeden Fall um die beiden alten Leute kümmern, sie sind immer gut zu mir gewesen, sie haben es verdient!« sagte Mutter Berta. Die beiden »Alten« waren dankbar und zeigten sich sofort erkenntlich.

Else hatte Gelegenheit, in Breslau ein Kindergärtnerinnenseminar zu besuchen. Endlich konnte sie ihre Schulbildung nutzen und eine richtige Berufsausbildung beginnen. Vormittags nahm sie am theoretischen Unterricht teil, nachmittags war Praxis im Kindergarten angesagt. Zusätzlich waren Onkel und Tante zu versorgen und oft auch zu verarzten. Wieder ein recht ausgefüllter Tagesablauf, aber wenigstens interessant und abwechslungsreich. Else schloß ihre Ausbildung mit einem Diplom ab, das sie als staatlich geprüfte Kindergärtnerin und Erzieherin auswies.

Inzwischen versorgte Mutter Berta liebevoll ihre große Familie, von ihrer Krankheit hatte sie sich wieder einigermaßen erholt. Doch zu ihrem Entsetzen ging es ihrem Mann immer schlechter, er schleppte sich nur noch mit äußerster Willensanstrengung zur Arbeit, bis auch das aufhörte. Am Ende seiner Kräfte brachte man ihn wieder in ein Sanatorium, diesmal nach Oybin, zu dem ihm sein behandelnder Arzt geraten hatte. Nach einem längeren Aufenthalt dort und allen nur möglichen Anwendungen, ging es ihm langsam wieder erträglich. Arbeitsfähig in seinem Beruf wurde er aber nicht mehr, sein Körper war den Erfordernissen nicht mehr gewachsen. Eine neue Arbeitsstelle konnte er wegen der wiederholten längeren Ausfälle nicht mehr bekommen.

»Warum hat mich der liebe Gott so gestraft?« rief er und lief händeringend in der Wohnung hin und her. »Ich bin doch ein frommer, arbeitsamer und rechtschaffener Mensch und habe mir nie etwas zuschulden kommen lassen!«

Was da mit ihm geschah, konnte er überhaupt nicht begreifen und suchte schließlich die Ursache bei sich selbst. Mit viel Geduld und Behutsamkeit konnte ihn seine Frau, diese starke Persönlichkeit, langsam wieder beruhigen. Mit vielen Gebeten, unbegrenztem Gottvertrauen und ungewissen Aussichten begann ein neuer Lebensabschnitt für die ganze Familie.

Zuallererst sollte schnellstens die Dienstwohnung auf dem Gut geräumt werden. Nach kurzer Zeit fand sich eine kleine Wohnung in Oels. Verdienstmöglichkeit gab es vorerst keine. Immer noch konnte sich Wilhelm nicht mit seinem Schicksal abfinden und haderte mit Gott und der Welt. Schließlich war er ein Mann in den besten Jahren und hatte noch für eine große Familie zu sorgen. Er setzte sich mit Berufskollegen in Verbindung und stellte mit Entsetzen fest, daß diese mit ähnlichen Krankheitssymptomen zu kämpfen hatten wie er selbst. Je älter, um so schlimmer war es. Man sagte ihm klipp und klar, daß dieser Beruf nicht länger als bis zum Alter von vierzig bis fünfzig Jahren ausgeübt werden könne, dann sei die Gesundheit ruiniert.

Sein Leiden war also eine Berufskrankheit, wahrscheinlich entstanden durch das Einatmen irgendwelcher giftiger Dämpfe über Jahrzehnte hinweg. Sicherheitsvorkehrungen, technische oder gar gesundheitliche Überprüfungen waren wohl damals noch unüblich. Für die Gutsherren war der rentable Betrieb einer Brennerei genauso einkalkuliert wie der Verschleiß an Menschen. Es gab genug Material, um Alkohol zu brennen, ebenso gab es genug Menschen, die bereit waren, diese Arbeit für gutes Geld zu tun. Es bestand weder eine Absicherung bei Berufsschaden, noch gab es damals eine Krankenversicherung, was beides heute selbstverständlich ist. Zu dieser Zeit besaß die Familie noch fünfzigtausend Goldmark, in guten Zeiten zurückgelegt, für alle Fälle. Nachdem aber die Kosten für den Aufenthalt im Sanatorium, für Ärzte, Behandlungen und Medikamente bezahlt waren, blieb nur noch die Hälfte von dem Goldschatz übrig.

Inzwischen hatte der erste Weltkrieg begonnen und warf seine unheilvollen Schatten. Jeder anständige Deutsche versuchte sein Bestes zu tun und zu geben. Als kaisertreuer Patriot fühlte sich auch Wilhelm verpflichtet, den Aufrufen des Kaisers »an sein Volk« zu entsprechen. Er legte den Rest seines Geldes in Kriegsanleihen an. »Alles für Volk und Vaterland und nach dem Siege ein großer Gewinn!« So wurde um die Werte geworben, die der Kaiser so dringend brauchte, um den Krieg zu finanzieren. Auf Grund weiterer wiederholter Aufrufe wurden goldene Eheringe, Goldschmuck usw. von der motivierten Bevölkerung freiwillig an Sammelstellen abgegeben. Man war sicher, daß der Krieg nicht sehr lange dauern könne und bald mit einem glorreichen Sieg enden würde.

Wie es tatsächlich kam, ist hinreichend bekannt. Verloren der Krieg, unzählige Menschenleben, Gold, Kriegsanleihe, Land und noch vieles mehr. In Oels, in der neuen kleinen, billigen Wohnung im ersten Stock, ging es ärmlich zu. Hatten die Kriegsjahre schon viele Einschränkungen und leere Vorratsschränke zur Folge gehabt, so waren die weiteren Aussichten kein bißchen besser. Im Alter von fünfundvierzig Jahren wurde Berta von ihrem letzten Kind entbunden, einem Mädchen. Die kleine Lydia entwickelte sich zu einem von allen Geschwistern geliebten und verwöhnten Nesthäkchen. Wie ein Schock traf es alle, als das Kind im zarten Alter von elf Monaten schwer erkrankte und nach kurzer Zeit starb. Ob man wohl die Symptome nicht richtig erkannte? Keiner konnte genau feststellen, was dem Kind gefehlt hatte. In einem kleinen weißen Sarg wurde es zu Grabe getragen, und die unglückliche Mutter tröstete sich und ihre Lieben mit dem überlieferten Ausspruch:»Der liebe Gott hat es so gewollt.« Mit Gottvertrauen erträgt man vieles.

Wilhelm versuchte sich als Geschäftsmann und begann einen Handel mit Wolle. Mit Koffern voller Ware ging er über Land, während Berta versuchte, auf dem Wochenmarkt Wolle zu verkaufen. Man trug damals noch gern selbstgestrickte Kleidungsstücke, vor allen Dingen Strümpfe. Der Gewinn aus dem Wolleverkauf reichte allerdings nicht weit.

Eines schönen Tages flatterten mit der Post bunte Prospekte einer Firma ins Haus, die Strickmaschinen anbot. Es war faszinierend zu lesen, was man damit alles herstellen könne und in welch kurzer Zeit.

Der geplagte Familienvater sah sofort eine neue Verdienstmöglichkeit und war Feuer und Flamme. Else wurde dazu ausersehen, den Umgang mit einer solchen Strickmaschine zu erlernen. Die Maschinenfabrik und eine dazugehörige Strickerei in Breslau ermöglichten das, und Else eignete sich in einem Vierteljahr alle erforderlichen Kenntnisse an. Während dieser Zeit konnte sie wieder bei Onkel und Tante Schmähl wohnen.

Wie beabsichtigt, kaufte Vater Wilhelm die Strickmaschine, und die Frauen sollten nun abwechselnd für Kundschaft strikken. Else lernte die Mutter an, und anscheinend kamen die beiden Frauen auch ganz gut mit dem Gerät zurecht. Else war heilfroh, der Fabrik in Breslau entronnen zu sein, denn den Lärm der vielen laufenden Geräte empfand sie als unerträglich. Um keinen Preis wäre sie noch länger dort geblieben.

Die Kosten für die Strickmaschine konnten nur langsam und in Raten abgestottert werden. So schlug sich die Familie mehr schlecht als recht durch. Das Stricken und der Wollhandel brachten keine Reichtümer ein, und der Sparstrumpf blieb mager.

Die Kinder gingen anfangs in Leuchten zur Schule. Anschließend wurden im üblichen Familienaustausch Sohn Max und Tochter Gertrud nach Magdeburg gegeben, wo sich die beiden

Brüder von Wilhelm niedergelassen hatten. Max wurde von Onkel Gustav aufgenommen, verheiratet und leider kinderlos. Er besaß ein eigenes Haus, umgeben von einem großen Obstgarten. Durch seine feste Anstellung bei der städtischen Feuerwehr im gehobenen Dienstbereich war sein Auskommen gesichert, und er lebte in guten Verhältnissen. Onkel Gustav war sehr musikalisch, es hieß, er konnte sämtliche Instrumente spielen. Max besuchte in Magdeburg die Volksschule, das war mit Sicherheit eine bessere Bildungsmöglichkeit als die Dorfschule in Leuchten. Onkel Gustav war kulturell sehr interessiert, und Max wurde zu Theaterveranstaltungen und Konzerten mitgenommen. Er freute sich jedesmal mehr darauf, sein Interesse war geweckt, und es zeigte sich, daß er sehr musikalisch war und überhaupt künstlerische Talente besaß.

»Ja, möchtest du auch gern ein Instrument spielen lernen?« fragte ihn der Onkel eines Tages. »Ja, sehr gern!« gab Max zur Antwort. »Ich möchte so gern Musiker werden und spielen können wie du!«

Onkel Gustav ließ dem Jungen Geigenstunden geben, und es stellte sich heraus, daß Max schnell begriff und sehr talentiert war.

Als Vater Wilhelm von dieser Entwicklung hörte, zeigte sich, daß er ganz anderer Ansicht war. Er bekam einen Tobsuchtsanfall. Musiker, das wäre kein anständiger Beruf, das sei etwas für Zigeuner, war seine Ansicht. Der Ehrgeiz aller Väter ist es nun einmal, und so war es auch bei Vater Wilhelm, daß der Sohn etwas »Ordentliches« werden soll. Ordentliche, respektable Personen waren damals in seinen Augen Ärzte, Pfarrer, Lehrer. Also sollte der Kerl wenigstens Lehrer werden, das erwartete der geplagte Vater zum allermindesten.

Max mußte die ihm lieb gewordenen Menschen in Magdeburg verlassen, der Vater hatte die strenge Order gegeben: »Heimkommen«. Max wurde drei Jahre auf ein Lehrerseminar geschickt. Er war zwar nicht auf den Kopf gefallen und hatte auch fleißig gelernt, trotzdem bestand er die Abschlußprüfung nicht. Dagegen war ein bekannter Bauernsohn, der zwar dumm war, aber einen Vater mit gutem Hintergrund, also »offenen

Händen« hatte, gut über die Prüfung gekommen. Es war damals ein offenes Geheimnis, daß »wer gut schmärt, auch gut fährt«. Der maßlos enttäuschte Vater tobte und schimpfte, aber das änderte nichts an der Situation, man bemühte sich, das Beste daraus zu machen. Max bewarb sich bei der Stadt und hatte tatsächlich Glück. Er konnte sofort als Stadtschreiber anfangen. Vater Wilhelm atmete auf. Der Bengel war erst mal untergebracht, und wenn es gutging, konnte er dort im Laufe der Zeit seine Position verbessern. Eine Zeitlang lief alles bestens.

Dann herrschte eines Tages große Aufregung im Stadtamt. Die Polizei ging ein und aus, irgend etwas war passiert, aber was? Ein Polizist kam und erklärte: »Es hat eine Schlägerei gegeben unter den jungen Leuten im Amt, und einer hat sogar ein Messer gezogen und einen anderen durch die Hand gestochen!«

Mutter Berta fuhr der Schrecken in die Glieder. »Es wird doch nicht etwa unser Maxe gewesen sein«?

Zornbebend erkundigte sich Vater Wilhelm an Ort und Stelle, aber es war nicht festzustellen, wer eigentlich mit Tätlichkeiten angefangen hatte, und schon gar nicht, wer der Kerl mit dem lockersitzenden Messer gewesen war. Das Ende vom Lied war: Max und die anderen Beteiligten erhielten die Kündigung.

»Mit diesem Kerl hat man doch nichts wie Ärger! Der Junge muß erst mal Zucht und Ordnung lernen!« Daß sein Sohn sich selbst um einen neuen Arbeitsplatz bemühen könnte, diese Idee kam Wilhelm nicht. Autoritär regierte der Vater über seine Familie, es war wohl damals allgemein so üblich.

Max sollte nun zum Militär. Gefragt hat ihn niemand nach seiner Meinung und seinen Interessen und Wünschen. Max wurde zur Kadettenschule in Marienwerder angemeldet. Dort stand er den strengen Drill zur Zufriedenheit seines Vaters und seiner Vorgesetzten Gott sei Dank ohne besondere Vorkommnisse durch. Der Vater war nun zufrieden und stolz auf seinen Sohn, der Soldatenstand war damals sehr geachtet. Endlich war aus dem Jungen etwas Ordentliches geworden. Allerdings hatten weder die Familie noch Max viel Freude an dem erreichten Status.

Der erste Weltkrieg brach aus, und an die Front wurden natürlich die ausgebildeten Einheiten geschickt. Max hatte eine Ausbildung bei den Pionieren erhalten, die oft den riskantesten Einsatz forderte. Bereits im ersten Kriegsjahr erlitt er eine schwere Verwundung. Es war eine Unterkiefer- und Halsverletzung, die in mehreren Lazaretten und Spezialbehandlungen über Jahre hinaus kuriert wurde. Zurück blieb eine große Narbe an Hals und linker Gesichtshälfte, Mund und Kiefer waren schief und vernarbt, der Kiefer durch eine Silberplatte fixiert. Lange konnte er nur flüssige Nahrung zu sich nehmen und kaum sprechen. Das Gesicht des großen, dunkelhaarigen, sensiblen Max war für immer gezeichnet und entstellt. Frontverwendbar war er nicht mehr, mußte aber gegen Ende des Krieges noch als Gefangenenaufseher Dienst tun. Der Krieg hatte viele Wunden geschlagen, und das alles völlig sinnlos. Viele Freunde und Kameraden von Max waren gefallen oder Invaliden.

Nach dem Krieg bekam er eine Stellung im Oelser Landgericht. Dort arbeitete er dann einige Jahre. Seine zukünftige Ehefrau kennenzulernen, war für ihn ein Lichtblick nach all dem Unglück, das ihm mit seiner schlimmen Verwundung widerfahren war. Langsam erholte er sich körperlich und seelisch.

Inzwischen war die kleine Gertrud, das drittälteste Kind von Wilhelm und Berta, nach Magdeburg zu Onkel Traugott gegeben worden. Dort ging sie zur Schule und mußte im Haushalt mithelfen, denn es gab eine Menge zu tun. Es gehörten schon fünf Kinder zur Familie, da es aber dem Onkel scheinbar wirtschaftlich gut ging, war das sechste Kind in der Familie kein großes Problem. Gern half man der in allen möglichen Schwierigkeiten steckenden Familie des Bruders Wilhelm, und tat, was man konnte. Nach dem Schulabschluß gab man das Mädchen Gertrud in ein Hotel, zuerst als Küchenmädchen. So fing eine Frauenlaufbahn damals an. Nach einer angemessenen Zeit stieg Gertrud auf zur »Mamsell« und schließlich zu einer ausgezeichneten Hotelköchin. Zuletzt arbeitete Gertrud in Breslau im Nobelhotel »Loge«, einem der besten Häuser der Stadt.

Eines Tages hatte sie das große Glück, einen jungen Breslauer Kaufmann kennenzulernen, als sie auf dem Großmarkt die Waren für ihre Menüs einkaufte und auf der Suche nach etwas ganz Besonderem die Stände inspizierte. Dort stand Gustav. Es gelang ihm, ihre Wünsche zu erfüllen und auch noch ihr Herz zu gewinnen. Er war ein charmanter, netter junger Mann mit viel Mut und Unternehmungsgeist. Es dauerte nicht allzulange, da heirateten die beiden jungen Leute und eröffneten ein Kolonialwarengeschäft in Breslau, in der Herderstraße.

Dann war da noch Adolph, das fünfte Kind der Oelser Schlag-Familie. Auch dieser Sohn erhielt eine angemessene Schulbildung. Er wurde auf die »Präparandie« geschickt mit dem Ziel, eine abgeschlossene Ausbildung als Lehrer zu erreichen. Der geplagte Vater dachte wohl, wenn es der Maxe schon nicht geschafft hat, vielleicht schafft es ja der nächste, der Adolf. Zur allergrößten Befriedigung des stolzen Vaters erreichte Adolf das gesteckte Ziel mit Leichtigkeit.

Der frischgebackene Junglehrer Adolf trat seine erste Arbeitsstelle in Zedlitz an, einem kleinen, verträumten schlesischen Dörfchen. Später konnte er sich verbessern und erhielt eine Anstellung in einem größeren Dorf, in Alt-Bergel. Da war er allerdings schon längst verheiratet, und zwei kleine Kinder hielten ihn und seine junge Frau Cäcilie in Atem. Die Wohnverhältnisse waren ziemlich beengt, nämlich jeweils kleine Lehrerwohnungen im sowieso nicht allzugroßen Schulhaus. Doch der eher ruhige Adolf und die sehr lebhafte Ehefrau meisterten die Probleme recht gut, entgegen allen Erwartungen.

Dieser Ehe war eine ungewöhnlich lange Prüfungszeit vorausgegangen. Der Grund war hauptsächlich die verschiedene Konfession der junge Leute, Cäcilie war nämlich katholisch. Ihre Familie stimmte grundsätzlich gegen eine konfessionelle Mischehe. Auch Vater Wilhelm war sehr religiös eingestellt und versuchte immer wieder, seinen Sohn zu überzeugen, daß es ein großer Fehler wäre, eine Katholikin zu heiraten. Allen Zweifeln, Warnungen und Widerständen zum Trotz siegte am Ende doch die Liebe.

Bertas und Wilhelms jüngster Sohn, Alfred, ein hochgewachsener kräftiger Junge mit dunkelbraunem Haar und ebensolchen Augen, glich im Aussehen ganz der Mutter. Auch er besuchte auf Wunsch des Vaters ein Jahr lang die »Präparandie«. Danach folgten zwei Jahre Lehre bei einem Forstmeister. Weitere zwei Jahre absolvierte er in der Forstschule und schloß seine Ausbildung mit der Försterprüfung erfolgreich ab. Er war ein stiller, besonnener Mensch, und die Liebe zur Natur war für ihn wichtiger als laute Geselligkeit und Betriebsamkeit. Nach dem Kriege heiratete er und betrieb eine Revierförsterstelle im Kreise Groß-Wartenberg, zu der auch Ackerland und Viehwirtschaft gehörten. Das Försterhaus lag direkt im Wald. Seine beiden Söhne mußten schon als Kinder tüchtig mit anpacken, denn es gab jede Menge Arbeit. Trotzdem war es ein Försterhaus, wie man es sich sonst nur in Träumen vorstellt. Die Heidelbeeren wuchsen nicht weit vom Haus und die schönsten Pilze gleich unter den allernächsten Bäumen. In meiner mädchenhaften Phantasie kam mir früher das ganze Anwesen verwunschen und märchenhaft vor.

Der zweitältesten Tochter Frieda ging es nicht anders als ihren Schwestern auch. Nach dem Abschluß der Volksschule, also mit vierzehn Jahren, ging sie »in Stellung«, wie man damals sagte. Erst als Stubenmädchen, dann lernte sie kochen, arbeitete in verschiedenen Speiselokalen. Das älteste der Mädchen, Else, organisierte und sorgte dafür, daß die Schwestern möglichst nahe beieinander oder gar im gleichen Haus arbeiten konnten. Frieda heiratete 1923, in der Zeit der schlimmsten Inflation. Vater Wilhelm sorgte für Aussteuer und allein das Schlafzimmer soll Millionen gekostet haben. Es wurde mit einem großen Korb voller Scheine wertlosen Inflationsgeldes bezahlt. Der stattliche junge Ehemann hieß Paul und war Berufssoldat. Er hatte am ersten Weltkrieg teilgenommen und sich nach dem schmählichen Ende dem »Schwarzen Freikorps« angeschlossen, das noch weiter gegen die polnischen Besetzer kämpfte. Von seinem unerschrockenen Einsatz zeugten zwei Tapferkeitsmedaillen. Nach Kriegsende wurde er zur berittenen Bereit-schaftspolizei übernommen. Das junge Paar wohnte in Oels, hier wurde auch das erste Kind, Tochter Ruth, geboren. Eine ausgedehnte Zecherei mit Kameraden hatte zur Folge, daß Paul nach Hannover strafversetzt wurde. Dort kam das zweite Kind, Edith, zur Welt. Nach Ablauf von zwölf Dienstjahren quittierte er den Militärdienst und ließ sich die entsprechende Abfin-dungssumme auszahlen, das soll ein beträchtlicher Betrag ge-wesen sein. Auf Anraten von Experten investierte er diese Sum-me als Geschäftsbeteiligung in eine Molkerei. Man glaubte an wirtschaftlichen Aufschwung nach den elenden Kriegsjahren, aber diese Rechnung ging nicht auf. Es herrschte Arbeitslosig-keit und Elend, die Menschen hatten kein Geld. Nun sollte man meinen, Milch würde doch als Grundnahrungsmittel immer ge-braucht. Das stimmt auch, aber nicht jeder Geschäftsführer ist clever und viele sind korrupt. Damals ging manche Firma plei-te, und der Pleitegeier ritt andere, die irgendwie abhängig oder verflochten waren, mit ins Verderben. Eines unglückseligen Ta-ges hieß es, die Molkerei, in die Paul sein gutes Kapital gesteckt hatte, müsse schließen, wäre bankrott. Das war das letzte, was Paul von seiner Investition erfuhr. Die Tore waren geschlossen, der Besitzer verschwunden, das Geld verloren.

Es hieß, die wirtschaftliche Krise der zwanziger Jahre sei Ursa-che für dieses Mißgeschick. Niemand konnte das voraussehen. Die gemütliche Wohnung war leider ohne Arbeit und Vermö-gen nicht mehr zu finanzieren. Die junge Familie zog in eine billige Unterkunft in einem alten Hinterhaus. Mühsam konnte der Unterhalt durch Gelegenheitsarbeiten sichergestellt wer-den, wenn man unter solchen Umständen überhaupt von »Si-cherstellen« reden kann. Eine sehr schlechte Zeit begann, in der oft am Nötigsten gespart werden mußte.

Im Jahre 1933 bekam Paul dann endlich wieder Arbeit, und zwar in den Continental-Gummiwerken. Wie viele andere Ar-beitslose schöpfte auch Paul wieder Hoffnung und baute auf eine rosigere Zukunft, die Hitler ja damals allen, denen in der schlechten Zeit Arbeit und Brot gefehlt hatten, versprach.

Edith war die jüngste in der Kinderschar, ein zartes blondes Mädchen mit praktischem Geschick und feinsinnigen Interessen. Das Lernen fiel ihr leicht und machte ihr Spaß, gern hätte sie auch eine Ausbildung wie ihre Brüder gehabt. Die finanziellen Möglichkeiten des Vaters waren aber anscheinend so erschöpft, daß es nicht möglich war. Zudem war das damals auch kaum üblich, Mädchen heirateten sowieso. Also: Grundausbildung in Kochen und Haushaltsführung. Edith schickte man nach Bad Warmbrunn in eine Pension. Dort waren bereits drei ihrer Schwestern angestellt und eingearbeitet. Else fungierte als Chefin und hatte Planung, Einteilung und Oberaufsicht. Gertrud waltete in der großen Küche als Köchin, Frieda, die zweitälteste, hatte die Aufgabe, alle Zimmer in Ordnung zu halten. Die Pension und Speisegaststätte gehörte zwei ledigen Schwestern, alte betagte Damen, die den jungen Frauen vertrauten und ihnen weitgehend freie Hand ließen. Da der Betrieb gut florierte, gab es jede Menge Arbeit für die Mädchen. Der Tag war lang und wurde nicht nach Stunden gezählt, wie es heute selbstverständlich ist. Gern hätten die beiden Besitzerinnen ihre Pension verkauft, um die Verantwortung los zu sein und noch in den Genuß ihres Vermögens zu kommen. Else erkannte die Chance für die ganze Familie, die sich hier anbot. »Vater, laß uns diese Pension kaufen. Das ist die beste Investition, die wir machen können! Wir sind hier alle eingearbeitet und wissen, daß das Unternehmen gut läuft!« Auch die anderen Schwestern waren begeistert und versuchten, den Vater für diese Idee zu gewinnen. Leider kam es nicht dazu. Vater Wilhelm hatte zwar etwas Vermögen angespart, es reichte aber nicht für den Kauf. Schulden machen, einen Kredit aufnehmen wollte er auf gar keinen Fall, er hatte anscheinend nicht mehr genügend Selbstvertrauen. Er wagte den Einsatz nicht.

Else hielt sich ab und zu auch bei Onkel und Tante Vogt auf, immer dann, wenn sie zur Aushilfe dringend gebraucht wurde. Tante Auguste war die Schwester ihrer Mutter.

August Vogt war in dem kleinen schlesischen Dorf Netsche im Jahre 1876 als Kind einer Dominiumarbeiterfamilie geboren worden. Seine Eltern sollen zugewandert sein, woher ist unbekannt. Die Familie lebte in einer kleinen Deputatwohnung und erhielt für ihre anstrengende Arbeit zu dem geringen Lohn bestimmte Mengen an Grundnahrungsmitteln, die auf dem Gut erzeugt wurden. Das waren Kartoffeln, Getreide, Fleisch, Brennholz. Dafür standen diese Leute für alle anfallenden Arbeiten den ganzen Tag über zur Verfügung, vom Morgengrauen bis zur Dunkelheit. Die Kinder wurden mit aufs Feld genommen und halfen bald auch bei den anfallenden Arbeiten mit. Zeit für ein schönes Familienleben blieb da kaum, und alle waren froh, wenn sie sich satt essen konnten. Die Verhältnisse müssen wohl sehr ärmlich gewesen sein, die Kinder waren froh, wenn sie ein Stück trockenes Brot in die Hand gedrückt bekamen. Der kleine August wurde also in freier Natur und vor allen Dingen mit Tieren groß. Seine besondere Liebe galt den prächtigen Pferden, den wichtigen Zugtieren, die Pflüge und Wagen zu ziehen hatten. Bereits als Schuljunge konnte er gut mit ihnen umgehen.

Als August neun Jahre alt war, verlor die Familie den Vater durch einen tragischen Unfall. Es gab noch einen zweiten Sohn in dieser Familie, der jünger war und Erdmann hieß. Die beiden Jungen gingen in die Dorfschule und mußten nachmittags die Gespanne fahren und das Vieh füttern. Bei jeder Feldarbeit mußten sie helfen, überall mit Hand anlegen, da blieb für Hausaufgaben meistens keine Zeit, todmüde fielen sie am späten Abend aufs Lager. August nahm sich vor, nicht wie seine Eltern sein Leben weiterhin als Dominiumarbeiter zu verbringen.

Als er vierzehn Jahre alt war und die Dorfschule verlassen konnte, sah er sich in der nahen Stadt Oels erst einmal näher um. Er nahm seinen ganzen Mut zusammen und fragte in verschiedenen Büros nach, ob nicht vielleicht ein Botenjunge gebraucht würde. Tatsächlich hatte er Glück, und stolz trat er seine erste Stelle als Botenjunge an. Mit wachem Verstand nahm er nun wahr, wie die Arbeiten der anderen, die dort beschäftigt waren, aussahen. Es dauerte gar nicht lange, da übertrug man ihm eine Schreiberstelle, und er arbeitete sich schnell ein. Als seine Position gefestigt war und sich eine Möglichkeit dazu bot, holte er auch seinen Bruder Erdmann in die Stadt und sorgte dafür, daß dieser eine ihm entsprechende Arbeit bekam. Ein Glück für beide, denn nach nicht allzu langer Zeit starb auch die Mutter. Die beiden Söhne aber hatten den Einstieg zu einer eigenen und besseren Lebensführung geschafft, viele Möglichkeiten standen ihnen offen.

Mit achtzehn Jahren meldete August sich freiwillig zum Militär. Da er mit Pferden gut umgehen konnte, teilte man ihn den Dragonern zu, der damals noch sehr geschätzten berittenen Truppe. Der Militärdienst hatte zu damaliger Zeit eine große Anziehungskraft und bot jungen Männern alles, was sie brauchten: Essen, Kleidung, Wohnung, Ansehen, Ausbildung und weitere Aufstiegsmöglichkeiten. Bald gab August seine Schreiberstelle auf und rückte in Mülhausen im Elsaß in die Dragonerkaserne ein. Dort stand er den harten militärischen Drill der Ausbildungszeit durch, ließ sich in Musik ausbilden und blies bei der Regimentskapelle kräftig in die Trompete. Gebotene Weiterbildungsmöglichkeiten nutzte er in Form von Lehrgängen in Buchführung, Schriftverkehr und der damals wichtigen Stenografie, alles in seiner Freizeit. Jeden der damals aktuellen flotten Märsche, die ständig in der Regimentskapelle gespielt wurden, konnte er auswendig, und es war ihm inzwischen geläufig, mit Notenblättern umzugehen. Während seiner Dienstzeit übte er zuletzt eine Bürotätigkeit in der Verwaltung aus und wurde bestens mit allen möglichen Finessen vertraut. Aber sein eigentliches Ziel, es einmal zu eigenem Besitz, zu einem Häuschen und Garten zu bringen, verlor er nie aus den Augen. Eines Tages wollte er sein eigener Herr sein, unabhängig und in guter wirtschaftlicher Position! Die Möglichkeiten in der Armee waren für ihn begrenzt wegen der fehlenden höheren Schulbildung. Die Söhne des Adels und der großen Gutsherren hatten meistens die besseren Aufstiegschancen. Auch der finanzielle Hintergrund spielte eine wichtige Rolle.

Nach einer Dienstzeit von fünf Jahren, er hatte inzwischen den Rang eines Korporals erreicht, nahm er seinen Abschied und ließ sich die für diesen Fall ausgesetzte Summe in Goldmark auszahlen. Er hatte vor, unter Nutzung seiner inzwischen erworbenen Kenntnisse ein eigenes Geschäft zu gründen. Nach reiflichen Überlegungen und Erkundigungen gelang es ihm, ein kleines Büro mit einer ebenso kleinen Wohnung in Oels in der besten Lage, der Ohlauerstraße, zu mieten. Hier richtete der unternehmungslustige junge Mann nun eine Zeitungsvertriebs-Agentur ein. Die Druckerei der Regionalzeitung, der »Lokomotive an der Oder«, lieferte die Ware an, und über Zeitungsjungen, die sich gerne etwas verdienen wollten, kamen die Zeitungen mit den neuesten Nachrichten schnellstens zur Verteilung. Nach und nach kamen noch eine große Menge anderer Zeitschriften verschiedenster Art hinzu.

Zu dieser Zeit, im Alter von etwa dreiundzwanzig Jahren, beschloß August zu heiraten. Die Schöne, die sein Herz entflammt hatte, war die älteste Tochter des Ludwigsdorfer Schmiedes. Zu dieser Zeit arbeitete sie, wie könnte es anders sein, als Köchin im Hotel »Goldener Adler«, dem renommiertesten Hotel in Oels, am Ring. Die junge Frau war, wie sich schnell herausstellte, nicht nur hübsch, sondern auch intelligent und verfügte über eine schnelle Auffassungsgabe. Bald hatte sie sich im Zeitungsgeschäft eingearbeitet, und ihr Mann versuchte, das Geschäft zu erweitern. Es dauerte nicht sehr lange, da war das Passende gefunden. Versicherungen boten einen Einstieg, und so entstand der Grundstock für eine vielseitige Versicherungsagentur. Für damalige Verhältnisse konnte gut verdient und auch fleißig gespart werden. Sparen waren beide von daheim aus gewöhnt, immer wieder überprüften sie ihr langsam, aber sicher wachsendes Häufchen Goldstücke. Schließlich wollten die beiden jungen Leute einmal ihren Traum von einem eigenen Besitz verwirklichen.

Eines schönen Tages kam August ganz aufgeregt heim und verkündete interessante Neuigkeiten. »Ich habe gehört, daß das Auszughaus an der Ludwigsdorferstraße mit vier Morgen Land verkauft werden soll. Wäre das nicht vielleicht was für uns? Was meinst du, Frau?«»Das muß ich mir erst einmal ansehen, aber schlecht wäre es wahrscheinlich nicht«, antwortete Auguste. Direkt an der Hauptstraße, nicht weit von der Stadt und Platz für einen großen Garten, das gefiel beiden sehr gut. So kam es, daß nach kurzer Überlegung der Kauf getätigt wurde. Das große Ziel, zu eigenem Haus, Hof und Garten zu kommen, war erreicht.

Ein Meilenstein im Leben! Das erworbene Gebäude war nicht sehr geräumig, auch in etwas heruntergekommenem Zustand, eben ein Auszughaus, in das man nicht mehr viel hatte investieren wollen. Es war einiges im Haus auszubessern und zu renovieren. Dafür fanden sich leicht Handwerker, die froh waren, wenn es Arbeit gab. Bedeutend aufwendiger gestaltete sich die Anlage des großen Gartens. Die Selbstversorgung war das erste Ziel, aber wenn irgend möglich, sollte das Grundstück darüber hinaus auch wirtschaftlichen Nutzen einbringen, also bares Geld.

Etwa zu dieser Zeit wurde die kleine Else Schlag zu der bisher kinderlosen Familie Vogt gegeben, um die eigene Familie zu entlasten. Else ging in Oels zur Schule und half dann nachmittags bei Onkel und Tante fleißig mit, den neuen Garten anzulegen. Ach, was war das für eine Arbeit. Erst einmal wurde die etwa hundert Meter lange Buchenhecke gepflanzt, als südliche Abgrenzung. Lange gerade Wege, mit Kies befestigt, entstanden und teilten die halbe Fläche in große Quadrate. Obstbäume aus der Baumschule »Lotze & Mascher« in Leuchten, die allerbesten Edelobstsorten, pflanzte man mit viel Liebe und hartem Arbeitseinsatz schön in Reih und Glied, in genau vermessenen Abständen, immer ein Halbstamm, ein Buschbaum im Wechsel. Das war auch früher schon eine ganz erhebliche Investition, es handelte sich immerhin um eine Pflanzung von über hundert Bäumen. Nun mußte doch noch eine Anleihe aufgenommen werden, was sich aber nicht als schwierig erwies. Ein Versicherungsunternehmen streckte den Betrag vor, und mit Kundenwerbung konnte das Geld schnell wieder hereingeholt werden. Die lange Buchenhecke erwies sich als guter Windschutz und wahres Vogelparadies. Dahinter lagen die Felder des Kreis-Versuchsgutes, ein Lehrbetrieb, der mit der später entstandenen Landwirtsschule praktisch zusammenarbeitete. Die Hecke erhielt jedes Jahr einen Schnitt von Hand, damit sie auch recht schön dicht wurde. Eine Anzahl Stachelbeer- und Johannisbeersträucher, Himbeeren, Spargel und Rhabarber vervollständigten das vielseitige Sortiment.

Zur besseren Bestäubung der Obstbaumblüten erwies es sich bald als nötig, Bienen anzuschaffen. Das zu dieser Zeit empfohlene war ein Original-»Gerstung Pavillon«, der alsbald im Garten aufgestellt wurde. An drei Wänden je zwei Etagen zu fünf Bienenvölkern bedeuteten einen Anfangsbestand von dreißig Stöcken. Wie es sich bald herausstellte, war der Umgang damit gar nicht so einfach. Die Bienen fliegen nicht einfach so von

Der »Gerstung-Pavillon«

34

selbst, bestäuben die Blüten und sammeln haufenweise Honig. Diverse Kenntnisse und eine Menge Arbeit sind erforderlich, um den Umgang mit Bienenvölkern zu beherrschen. Das Abonnement von Fachzeitschriften und eine Mitgliedschaft im Imkerverein konnten da schnell die nötigsten Kenntnisse vermitteln. Bald war es klar, daß Bienenzucht und erfolgreiche Imkerei nicht nur sehr interessant sind, sondern außer der Bestäubung auch noch süßen Lohn einbringen können. Selbstverständlich trat man auch dem örtlichen Obst- und Gartenbauverein bei, und erhielt von dieser Seite jeden gewünschten Rat und Hilfe. Fachbücher über Erwerbsobstbau, spezielle Obstsorten und ihren Schnitt usw. fehlten bald nicht mehr im Programm und ebensowenig eine Fachzeitung für Obst- und Gartenbau mit einem reichhaltigen Informationsangebot. Bald waren die jungen Eheleute bestens informiert und trimmten ihren jungen Baumbestand nach besten Möglichkeiten zu einem Mustergarten.

Natürlich durfte es auch an Kleinvieh nicht fehlen, es gab schließlich genug Platz und auch jede Menge zu fressen. Bald bevölkerten Hühner, Enten, eine stattliche Schar weißer schnatternder Gänse und graue, gravitätisch daherschreitende Puten das Gelände, im Stall meckerten einige Ziegen. Im Dachgiebel war noch ein schöner Taubenschlag ausgebaut, und die Täubchen flatterten und gurrten den lieben langen Tag. Die Selbstversorgung war fast sichergestellt, und die Tage mit Arbeit stets gut ausgelastet.

Die Buschbäume trugen bald die schönsten Früchte. Für das Winterobst war ein Lagerhaus nötig, und da man gerade am Bauen war, kam noch eine Waschküche mit einem eingebauten großen Wäschekessel dazu. Der Bestand an Bienenvölkern wuchs langsam und stetig bis es schließlich fünfundsechzig Stück waren. Die neu hinzugekommen Stöcke stellte man in einer langen Reihe nebeneinander auf Sockel, mit den Fluglöchern nach Süden gerichtet. Alle waren in verschiedenen Farben gestrichen und boten einen ästhetischen und gepflegten Anblick.

Dann kam der erste Weltkrieg, und August mußte sich wieder als Reservist bei seiner Truppe melden. Die junge Frau hatte daheim ihre liebe Last mit dem Büro, den Zeitungen, der Versicherungs-agentur und dem vielen Viehzeug. Doch dann erlitt ihr Mann einen Unfall, wurde zurückgestellt und bekam eine Lungenentzündung. Notdürftig wiederhergestellt, wurde ihm eine Tätigkeit beim Wehrbezirkskommando übertragen. Er organisierte dort größere Lebensmitteltransporte für die Truppe und auch für die Stadt Breslau. An die Front schickte man ihn nicht mehr. Dank der guten Pflege durch seine Frau und der guten Kost infolge der auch im Kriege möglichen Selbstversorgung ging es langsam gesundheitlich wieder aufwärts. An der Gesundheitsbetreuung war auch ein älterer Naturarzt, heute wohl Heilpraktiker, maßgeblich beteiligt. Der kam und verordnete Kneipp-Behandlungen. Die heilsame Wirkung dieser Wasserbehandlungen zeigte hier ihre volle Wirkung, der Patient erholte sich langsam und erlangte schließlich seine volle Gesundheit und Tatkraft wieder. Was blieb, war die ausgeprägte Vorliebe für Naturheilkunde und die Kneipp-Kur. Ein Leben lang wurden Wasseranwendungen als sehr wichtig, ja als Allheilmittel angesehen, und ungezählte Umschläge verhalfen auch mir in Notsituationen meistens zur Besserung. Der Naturarzt blieb ein Ratgeber und Nothelfer, der immer irgendwelche Tropfen bereit hatte, die nützlich waren.

Der erste Weltkrieg zeigte im letzten Kriegsjahr bereits verheerende wirtschaftliche Folgen. Die Versorgung der Stadtbevölkerung war sehr schlecht, es fehlte an allem. Brot war kaum zu bekommen, Fleisch selten, Butter gar nicht. Damals wurde die Margarine erfunden, deren Qualität allerdings zu wünschen übrigließ. Es soll damals ein Spottlied in Umgang gewesen sein mit dem Anfangsvers:»Margarine, Butter ohnegleichen – Margarine laß dich doch erweichen ...«
Kohlrüben, die gelben Steckrüben, waren in den Städten das Hauptnahrungsmittel, von einfallsreichen Köchen und Köchinnen in allen nur erdenklichen Variationen zubereitet. Auch Kaffee gab es nicht, als Kaffee-Ersatz verwendete man geröstete Gerste mit einem Zusatz von Zichorie, die diese Brühe dunkel färbte und nach allem anderen, nur nicht nach Kaffee schmeckte.

Wohl dem, der in der glücklichen Lage war, selbst etwas zu erzeugen. Was nur irgend möglich war, wurde in dieser Zeit verkauft oder gegen Mangelwaren getauscht.

Trotz der schlechten Wirtschaftslage lief die Agentur in Oels zufriedenstellend, und Hof und Garten warfen schon ganz beachtliche Erträge ab. Doch es gab ein drückendes Problem: Bei Familie Vogt wollte sich kein Kindersegen einstellen. Auf wiederholten Rat verschiedener Ärzte trat Auguste eine Kur in einer Klinik in Berlin an. Die Luft- und Kostveränderung sollte sich in solchen Problemfällen günstig auswirken. Die Hoffnungen zerplatzten jedoch wie eine Seifenblase, als sich herausstellte, daß alle Mühe vergebens gewesen war. Weitere Kuren an anderen Orten blieben ebenfalls erfolglos.

So gingen die Jahre dahin, und es änderte sich nichts an der Situation. Das Ehepaar Vogt war allseits bekannt und geachtet, gehörte verschiedenen örtlichen Vereinen an, nahm rege am öffentlichen Leben teil und hatte ein damals ansehnliches Vermögen erarbeitet. Gesellige Verpflichtungen nahm man gern wahr, hatte auch manchmal Gäste daheim in der gemütlichen Wohnung oder im schönen gepflegten Garten. Der hatte sich zu einem richtigen Paradies entwickelt. Die Bienenvölker sorgten für ausgezeichnete Befruchtung und die schönen, gesunden Obstbäume trugen jeden Sommer und Herbst reichlich Früchte. Blumenrabatten, meist Stauden, leuchteten am Wegrand, und eine romantische Laube, umrankt von Kletterrosen, bot ein ruhiges schattiges Plätzchen. Zwanzig Ehejahre brachten trotz allen Bemühungen nicht das, was sich wohl jedes Ehepaar am sehnlichsten wünscht: ein Kind. Der Wohlstand, durch eigener Hände Arbeit erreicht und durch tüchtiges Wirtschaften vermehrt, konnte nicht richtig erfreuen, weil das wichtigste im Hause fehlte: frohes Kinderlachen.

Eines schönen Tages hatte auch die dritte Tochter des Ludwigsdorfer Schmiedes, die Schwester von Auguste Vogt, sich entschlossen zu heiraten. An das Vogthaus an der Ludwigsdorferstraße baute man einfach zwei Zimmer und eine Küche an. Das reichte dem jungen Paar. Pauline war eine ruhige, etwas unselbständige Frau. Sie hatte Schneiderin gelernt. Wir Kinder nannten sie nur »Tante Nine«. Ihr Mann stammte aus der Umgebung, hieß Stefan und war Stellmacher von Beruf. Holzarbeiten an Haus und Ställen, Leitern und den damals benutzten Leiterwagen mit den großen Holzrädern waren seine Aufgabe. Obwohl jeder, wenn irgend möglich, selbst Reparaturen ausführte unter dem Motto: »Die Axt im Haus erspart den Zimmermann«, war ein Stellmacher doch immer wieder unentbehrlich. Es hieß, er litt an einem offenen Bein, das nicht heilte und immer schlimmer wurde. Nach längerem und scheinbar erfolglosem Herumkurieren und dem Rat der erreichbaren Ärzte begab sich Stefan nach Breslau in die Universitätsklinik. Dort konnte man anscheinend auch keine Heilung erzielen. Man kam zu der Erkenntnis, das Bein sei nicht zu retten, weil es von Knochentuberkulose befallen sei und die Zerstörung immer weiter fortschreiten würde. Niedergeschlagen und mit einem Termin für die Amputation seines Beines kehrte Stefan aus Breslau zurück. Er konnte kaum noch laufen, und unerträgliche Schmerzen quälten ihn unaufhörlich, machten ihm die Tage zur Qual. Wie schön hatte doch diese junge Ehe begonnen, und wie kurz war dieses unbeschwerte Glück gewesen. Die Tage bis zum Termin in Breslau verstrichen quälend langsam, und schließlich war es dann soweit. Seine Frau, die ihn gerne begleitet hätte, wollte er keinesfalls mitnehmen. Allein trat er den Weg zum Bahnhof an, stieg aber nicht in den Zug, sondern warf sich mit dem letzten Mut der Verzweiflung vor die herandampfende riesige Lokomotive und setzte so seinem jungen Leben ein grausiges, aber schnelles Ende. Vermutlich hatte er sich mit der Vorstellung, den Rest seines Lebens als Krüppel verbringen zu müssen, nicht abfinden können.

Beinamputierte Kriegsversehrte gab es damals viele. Den meisten Betroffenen ging es schlecht, viele konnten ihren Beruf nicht mehr ausüben, und dazu kam noch die schlechte Wirtschaftslage und die weit verbreitete Arbeitslosigkeit. Drei Jahre lang trauerte die junge Witwe. Schwager und Schwester kümmerten sich rührend um sie und fanden endlich, daß nun genug getrauert sei. Trotzdem kam Pauline nicht aus dem Haus, denn Ausgehen hielt man damals nicht für schicklich. Außerdem war sie zurückhaltend und schüchtern, ja man kann schon eher sagen unselbständig. Es bestand kaum eine Chance, den passenden neuen Lebensgefährten kennenzulernen. Die rettende Idee kam ihrem Schwager August, als er in seinem Büro saß und die neueste Ausgabe der Tageszeitung durchblätterte. Er gab ein Heiratsinserat auf. Gespannt wartete er, was sich daraufhin ergeben würde. Auch Auguste platzte bald vor Neugier, war das doch einmal eine interessante Abwechslung im täglichen Allerlei. Die Annonce wurde ein voller Erfolg, es meldeten sich viele heiratswillige Männer aus allen möglichen Himmelsrichtungen. Die junge Witwe fiel aus allen Wolken, als sie vor die Wahl gestellt wurde, sich für einen dieser Heiratskandidaten zu entscheiden. Ein Teil davon schied zwar von vornherein aus allen möglichen Gründen aus, einige Herren aber wurden zu einem Kennenlern-Besuch eingeladen. Das waren aufregende Tage. Letzten Endes fiel nach reiflichen Überlegungen die Wahl auf einen Postbeamten, Witwer mit zwei erwachsenen Töchtern. Er war also wesentlich älter, in gehobener Position, und schätzte sich glücklich, daß er noch einmal eine so junge hübsche Frau bekommen konnte. Er war ein gemütlicher, etwas fülliger Mann mit blondem Haar, das er hochgestellt trug, wie es wohl damals Mode war. Lustige, tiefblaue Augen blickten aus einem freundlichen Gesicht, dem die roten Bäckchen einen Hauch von Gesundheit und Frische verliehen. Ein schön hochgezwirbelter Kaiser–Wilhelm-Schnurrbart schmückte sein Gesicht und verlieh ihm eine respektable Note. Seine beiden Töchter lebten und arbeiteten in Breslau. Die jüngere noch ledig, die ältere mit Mann und einer Tochter.

Nines Mann tat noch ein paar Jahre Dienst bei der Post, dann wurde er pensioniert. Er bezog eine ansehnliche Rente, setzte einen schönen runden Schmerbauch an und ließ sich von seiner jungen Frau verwöhnen. August und Auguste waren riesig froh, daß es mit dem Heiraten von Pauline so gut geklappt hatte, waren sie doch nun wenigstens diese Sorge los, denn der zweite Ehemann, August Willert, trug seine Frau geradezu auf Händen. Jeden Wunsch versuchte er ihr zu erfüllen und machte sich durch sein gemütliches Wesen bei allen Familienmitgliedern beliebt. Der große Vogt-Garten hatte sich inzwischen zu einem wahren Paradies entwickelt. Dazu trug noch ein kleiner Gartenteich bei, dessen Ufer mit Flieder, Schneebällen und Haselnuß-Sträuchern umpflanzt war. Eine kleine Treppe führte bis an den Wasserspiegel. Frösche quakten lustig am Ufer.

August Vogt war inzwischen achtundvierzig Jahre alt, eigentlich im besten Mannesalter, seine Frau war nur ein Jahr jünger. Es schien wohl aussichtslos, noch auf eigenen Nachwuchs zu hoffen. Immer wieder sprachen die beiden darüber, was man tun wolle und ob es angebracht sei, ein fremdes Kind zu adoptieren. Auguste hatte die ganzen Jahre über sehr gelitten und war theoretisch ihrem Mann zuliebe zu allen Kompromissen bereit. Es wurde sogar der verwegene Gedanke aufgegriffen, ob es für August möglich wäre, ein Kind mit einer anderen Frau zu zeugen und dieses später zu adoptieren. Ein absurder Gedanke, der als völlig abwegig abgetan wurde. Welche Frau würde sich erst dazu hergeben und dann auch noch auf das Kind verzichten? So etwas gab es sicher nicht. Und das ganze auch noch gegen bares Geld? Nein, so etwas hielt Auguste absolut nicht für möglich. Trotzdem erklärte sie sich grundsätzlich mit allem, auch dem unmöglich Scheinenden, einverstanden. Sie nahm wohl dieses Geschwätz überhaupt nicht ernst. »Vielleicht findest du ja eine Lahme oder Bucklige, die grundhäßlich ist und sonst keinen Mann bekommt«, sagte sie spöttisch, und damit war dieses Thema für längere Zeit abgehakt, allerdings nur für sie. Der Gedanke wurde für August zu einer fixen Idee und ging ihm nicht mehr aus dem Kopf. Er begann systematisch, sich nach einer passenden Mutter für das von ihm so sehr ersehnte Kind umzusehen. Auguste hatte sich mehr oder weniger mit ihrem Schicksal, kinderlos zu bleiben, abgefunden, ging es doch auch vielen anderen Frauen so, auch ihrer Schwester Pauline. August aber war durchaus nicht bereit, diese Situation als endgültig zu akzeptieren. Ein fremdes Kind wäre erst die allerletzte Lösung gewesen. Er hatte eine ganz persönliche Einstellung, die sehr naturverbunden und logisch war. Er glaubte an ein Weiterleben nach dem Tode im Einvernehmen mit dem Kreislauf der Natur durch Kinder, die das Erbgut ihrer Eltern wieder an ihre Kinder weitergeben. Die ausgeprägten bildlichen Vorstellungen von Himmel und Hölle nahm er nicht ernst und von einem »blinden Glauben« hielt er nichts. Sehr interessiert verfolgte er alle Berichte über neue Erkenntnisse, Forschung, Psychologie, Hypnose und okkulte Gebiete, Seelenwanderung und Inkarnation. Großes Interesse zeigte er auch für Astrologie. Über diese und überhaupt alle aktuellen Fachgebiete beschaffte er sich Literatur, teils Bücher, teils Zeitschriften. Tag und Nacht zerbrach sich August den Kopf. »Wie stelle ich es bloß an, eine Frau zu finden, die mir ein Kind schenkt?« Er kannte viele Leute, hatte einen großen Kunden- und Bekanntenkreis. Jede alleinstehende Frau, die er aus dieser seiner speziellen Perspektive betrachtete, kam ihm ungeeignet vor, nein, es war einfach eine Zumutung, was er da vorhatte. Ja, wenn er einfach ein Inserat aufgeben könnte, aber in einer so delikaten Angelegenheit ging das einfach nicht. Er konnte auch niemanden fragen, seine Absichten sollten keinesfalls in der Öffentlichkeit bekannt und breitgetreten werden. Es war wirklich nicht so einfach, wie er im ersten Moment seines Einfalles geglaubt hatte.

Die Erleuchtung kam eines Tages wie ein Blitzstrahl, den der Himmel eigens für ihn geschickt hatte. Wie Schuppen fiel es ihm auf einmal von den Augen: Er hatte genau die richtige Frau alle Tage um sich, nämlich seine Nichte Else. Sie arbeitete zu dieser Zeit im Büro in Oels, sorgte dafür, daß der Zeitschriftenvertrieb reibungslos funktionierte, notierte Anzeigen und Inserate und was sonst noch so alles anfiel. So hatte August die nötige Zeit, um seine Versicherungskunden zu betreuen, Interessenten zu beraten und neue Kunden zu werben. Das Inkasso der Beiträge, meist aus heutiger Sicht kleinere Beträge, lief damals noch nicht über Bankeinzug. Viele Leute besaßen überhaupt noch gar kein Konto bei einer Bank. Die Beiträge mußten monatlich in bar und persönlich kassiert werden. Das war in manchem Fall mit mehrfachen Wegen verbunden, denn es gab viele Gründe, die Zahlung hinauszuschieben, und nicht immer war Geld im Haus. August war also meistens unterwegs, Else betreute das Büro und Auguste waltete daheim, kochte was Gutes, besorgte die Kleinarbeit mit dem vielen Vieh und was noch so alles anfiel.

Else war inzwischen achtundzwanzig. Sie war noch alleinstehend und ungebunden, hatte eigentlich bereits das übliche Heiratsalter um ein paar Jahre überschritten. Männer waren nach dem ersten Weltkrieg Mangelware, und manches Mädchen aus dieser Generation blieb ledig. Eigentlich hätte Else sehr gern eine eigene Familie gehabt. Aber wie es im Leben halt oft so ist: Den Richtigen zur richtigen Zeit am richtigen Ort treffen, das gibt's nicht allzuoft. Else war eine hübsche, gesunde junge Frau, intelligent, mit praktischem Sinn für alles Wichtige und Machbare. Diese junge Frau vereinte alle wünschenswerten Eigenschaften! »Die und keine andere!« sagte sich August und überlegte fieberhaft, wie er dieses für ihn so brennende Thema ansprechen könnte. Es war wirklich viel schwieriger als er es sich in seinen Träumen ausgemalt hatte.

Endlich faßte er sich ein Herz und sprach mit Else. Sie verstand ihn sofort, bekam aber einen riesigen Schrecken. Es folgte eine Denkpause, in der sich die beiden aus dem Wege gingen. »Was denkst du denn bloß«, fauchte ihn Else schließlich an. »Das kann ich der Tante doch nicht antun!«

Überhaupt war zur damaligen Zeit ein uneheliches Kind eine große Schande für die Beteiligten, obwohl so etwas immer wieder vorkam. »Was glaubst du wohl, was mein Vater dazu sagen wird? Der schlägt mich tot, wenn er das erfährt!« Else kannte die autoritäre, puritanische Einstellung ihres Vaters genau.

Dem ersten Schock folgten schließlich doch ernsthafte und logische Überlegungen. Wie gerne hätte Else Mann und Kinder gehabt! Doch ihr war völlig klar, daß sie über das gefragte Heiratsalter hinaus war und kaum Aussichten bestanden, daß ihre Träume noch in Erfüllung gehen würden. Nicht etwa weil sie nicht mehr begehrenswert und attraktiv war, sondern weil die passenden Männer dieser Generation in diesem schrecklichen Weltkriege zum großen Teil ihr Leben oder einen wesentlichen Teil ihrer Gesundheit eingebüßt hatten. Viele Frauen waren dadurch in noch jungen Jahren zu Witwen geworden und mußten sehen, wie sie sich mit ihren Kindern durchschlugen. Um eine Versorgung war es schlecht bestellt. Auch die vielen Invaliden waren ungenügend abgesichert, es reichte bei bescheidensten Ansprüchen kaum zum Allernötigsten.

Nun, da das brisante Thema erst einmal offen diskutiert werden konnte, war es schon viel leichter, konkrete, weiterführende Überlegungen anzustellen. Die Schande mit dem unehelichen Kind mußte unbedingt vermieden werden. »Weißt du was?« sagte August schließlich zu Else, »Ich habe da eine Idee! Was hältst du denn davon, wenn wir eine Heiratsannonce in die Zeitung setzen?«

»Was willst du denn da reinschreiben?«, fragte Else verwundert. »Vielleicht ›Älteres Mädchen, mittellos, mit Kind, sucht Ehemann‹?«

»Aber wo denkst du denn hin! Das formuliere ich so, daß mit Sicherheit Zuschriften kommen! Ich habe mir über eine finanzielle Absicherung schon Gedanken gemacht und über alle erdenklichen Möglichkeiten Informationen eingeholt. Ich habe Geld genug, um für dich vorzusorgen, und falls es mit der Heiratsvermittlung so funktioniert, wie ich das hoffe, soll es für den Ehemann nur von Vorteil sein, das verspreche ich dir. Du kannst dich voll und ganz auf mich verlassen.«

Das war immerhin zu überlegen. Je mehr Else sich dieses Angebot überlegte und August Einfluß auf sie nahm, um so interessanter erschien ihr mit der Zeit sein Angebot. Ihr Widerstand schmolz langsam dahin. Schließlich kannte sie August lange genug, schätzte ihn sehr und verstand auch seinen sehnlichsten Wunsch, ein eigenes Kind zu zeugen. Der Gedanke an Auguste verursachte ihr jedoch ein schlechtes Gewissen. Diese wußte ja immer noch nicht Bescheid. August war da konsequent. Er hatte klar mit ihr besprochen, daß er versuchen wolle, egal wie, zu einem eigenen Kind zu kommen. Sie hatte sich ausdrücklich einverstanden erklärt und sich wahrscheinlich nicht im Traume einfallen lassen, daß so etwas zu verwirklichen sei.

Der Countdown lief, und die Zündung funktionierte planmäßig: Else warf alle Bedenken über Bord, verließ sich vertrauensvoll auf die mündlichen Versprechungen, stürzte sich mutig in dieses riskante Abenteuer und wurde prompt schwanger. Nun war alles nicht mehr umkehrbar und es blieb abzuwarten, wie sich die Dinge entwickeln würde. August war der glücklichste Mensch, den man sich nur vorstellen kann und vollkommen überzeugt, den wichtigsten Schritt in seinem Leben vollzogen zu haben.

Nun aber kam das schwierige Unterfangen, Auguste einzuweihen und ihr schonend beizubringen, was sich anbahnte. Sie reagierte zutiefst verletzt und war am Boden zerstört.

Mit viel Behutsamkeit konnte man ihr aber langsam klar machen, daß sie keinesfalls ihren Mann verlieren, dafür aber ein Kind gewinnen würde. Da Auguste eine vernünftige und praktisch denkende Frau war, konnte sie den Tiefpunkt und ihre Minderwertigkeitsgefühle langsam überwinden. Die drei Menschen lebten weiter im Hause zusammen und vermochten einigermaßen fair miteinander umzugehen, obwohl unterschwellige Spannungen sicher vorhanden waren.

Else arbeitete weiter im Zeitungsvertrieb. Die Heiratsannoncen hatten einen lebhaften Widerhall gefunden. Nachfrage war also vorhanden, aber »der Richtige« war nicht dabei. Zeit verging. Schließlich erschien doch der Mann, der den passenden Schlüssel zu ihrem Herzen zu besitzen schien. Er tauchte im Büro auf, als Else gerade dabei war, ihre Zeitungsträger mit großen Stapeln von Tageszeitungen in alle Richtungen zu schicken. Beide empfanden sofort Sympathie füreinander. Erich, so hieß der nette junge Mann, sah gut aus in seiner schmucken Polizeiuniform. Wie sich herausstellte, hatte er den ersten Welt-

krieg unbeschadet überstanden und war danach in den Polizeidienst übernommen worden. Das machte ihm überhaupt keinen Spaß, es war ihm zuwider. Viel lieber hätte er eine eigene
Existenz aufgebaut, wäre unabhängig und selbständig und nie-
mandem Rechenschaft schuldig gewesen. Erich und Else nahmen sich Zeit und lernten sich langsam näher kennen. Auch die
gegebenen »Umstände« und die damit verbundenen Versprechungen kamen zur Sprache. Die beiden jungen Menschen kamen überein, zu heiraten und alles so zu akzeptieren, wie es
kommen würde.

Nun war August an der Reihe mit dem, was er zu tun gedachte.
Schon seit einiger Zeit war ihm zu Ohren gekommen, daß ein
Grundstück gleich neben seinem eigenen Besitz zum Verkauf
stand. Es handelte sich um einen total verqueckten Kleeacker,
der zum Kreisgut gehörte. Darauf, direkt an der Ludwigsdorfer
Straße, stand das alte Zollhaus, ein Ziegelbau alten Stils. Dieses
Haus konnte August kaufen, allerdings war es nicht frei. Eine
Arbeiterfamilie mit zehn Kindern lebte dort. Der strebsame Vater und die schon erwachsenen Kinder verdienten fleißig den
Unterhalt und hatten soviel als möglich gespart, in der Absicht,
ein eigenes Häuschen zu bauen, wo alle besser Platz hätten. Auf
der anderen Seite der Ludwigsdorfer Straße entstand eine Reihe
Siedlungshäuser mit schönen großen Gärten. Die ersten beiden
standen bereits und waren bewohnt. Das dritte Baugrundstück
erwarb die Familie mit den zehn Kindern und fing mit den Bau-
arbeiten an. Eigenleistung spart Arbeitslöhne, und diese Familie
war in dieser Hinsicht entschieden im Vorteil. Es standen viele
Hände zur Verfügung, die tüchtig anzufassen gewohnt waren.
Mit Rat und Tat stand ihnen August Vogt zur Seite, er sorgte für
einen günstigen Kredit und gab auch noch seinerseits ein Darle-
hen, damit alles zügig vorangehen konnte. Das lohnte sich, denn
als das Siedlungshaus fertig war, zog Familie L. mit Mann und
Maus sofort um, und das Zollhaus wurde frei.
Damit war eine der Grundbedingungen erfüllt. Für das junge
Paar stand eine Wohnung zur Verfügung. Im Oktober 1921 hei-
rateten Else und Erich und zogen in das Zollhaus, das nach wie

vor diesen Namen behielt, ein. Das Haus und auch das Grundstück hatte August Vogt finanziert und ließ es nun auf die Namen beider Eheleute im Grundbuch eintragen. Erich war zu einer hübschen jungen Frau und zu Haus und Grundstück gekommen. Dafür verpflichtete er sich, das ungeborene Kind als sein eigenes anzuerkennen. Die Schande eines unehelichem Kindes war damit vermieden.

Erich quittierte den ungeliebten Polizeidienst und nahm eine Stellung bei der Wach- und Schließgesellschaft an. Er war eigentlich ein gelernter Gärtner und hatte mit viel Liebe zur Natur in seinem Beruf gearbeitet, bis ihn dann der Militärdienst aus seinem beschaulichen Dasein riß. Er stammte aus der Gegend um Glogau. Dort hatte sein Vater eine Schloßgärtnerei geleitet, und der Sohn wuchs praktisch in diesen Beruf hinein. Seine ganze Freude waren besonders schöne Pflanzen, und seine Liebe gehörte allen Tieren.

Zu dem erworbenen Grundstück gehörte auch eine Fläche tiefergelegtes Gelände, der »Schacht«. Lehm und Sand waren dort von einer Ziegelei abgebaut worden. Das war wohl nicht mehr rentabel gewesen, und das Gelände war verkauft worden. Kein gutes Stück Land, es mußte neu planiert und urbar gemacht werden. Mit aller Energie arbeitete man nun an der Sanierung des Bodens, um diese verhältnismäßig große Fläche auch recht bald nutzen zu können. Die Einteilung von Nachtdienst und körperlicher Tagesarbeit war für Erich zwar sehr praktisch, aber auf die Dauer recht anstrengend. Trotzdem war er sehr zufrieden, langsam wieder in seinen Beruf zurückzukommen. Bald wurde eine Gärtnerei eingerichtet und Erich konnte seinen lästigen Nachtdienst quittieren.

Es mußte noch viel investiert werden. Erich hatte eine Abfindungssumme bekommen, aber durch die Inflation war es schon bald nicht mehr allzuviel wert. Immer mehr Geld mußte für die Dinge des täglichen Lebens hingeblättert werden. August hatte gerade noch zum richtigen Zeitpunkt Haus und Grundstück kaufen können, verlor jedoch einen beträchtlichen Teil seines

Vermögens, das in den berühmten Goldpfandbriefen angelegt war. Die Papiere hatten auf dem Höhepunkt der Inflation keine Deckung, und niemand gab auch nur einen Pfifferling mehr dafür. Die Wirtschaftskrise trieb ihrem Höhepunkt entgegen. Dessen ungeachtet, bemühten sich die beiden jungen Eheleute mit dem gewohnten schlesischen Fleiß, ihr Land bebaubar zu machen Beide waren zufrieden und hofften auf eine gute gemeinsame Zukunft. Der allerglücklichste war aber sicher der werdende Vater, August Vogt, der sich auf sein eigenes Kind freute und hoffte, es würde ein Junge werden.

Eines kalten Januartages war es dann soweit, das Wunschkind meldete sich unmißverständlich an. Die Hebamme wohnte im Dorf Leuchten, etwas abgelegen für damalige Verkehrsverhältnisse. Sie war rechtzeitig informiert worden, aber auch andere Frauen benötigten die Hilfe dieser Frau. In Leuchten sollten Zwillinge auf die Welt kommen und ließen sich ungebührlich viel Zeit. Erich sollte die gute Frau holen und ihr Köfferchen tragen, doch sie schickte ihn wieder heim mit dem Bescheid: »Hier dauert es noch eine Zeit, ich komme dann sofort zu euch!« Diese Zeit zog sich hin, aber keine Hebamme erschien. Auguste, als erfahrene und beherzte ältere Frau betreute Else. Es herrschte grimmige Kälte, die Fenster waren mit Eisblumen bedeckt, und ein Feuer prasselte im Ofen. Langsam brach die Nacht herein, die Frauen schauten nervös auf die Tür, aber die so dringend benötigte Hebamme war noch nicht in Sicht. Nur die Männer guckten ab und zu durch den Türspalt und wußten nicht, was sie machen sollten. Schließlich schickte Auguste den jungen Ehemann noch einmal auf den Weg. »Komm ja nicht ohne diese Frau wieder, sag ihr, es wird höchste Zeit!« rief sie ihm noch nach. Ganz froh, dem sich anbahnenden Drama entronnen zu sein, stapfte Erich los, den Kragen seiner Joppe hochgestellt und die Mütze tief in die Augen gezogen. Es hatte angefangen zu schneien, und der Wind jagte ihm die Eiskristalle wie Nadeln ins Gesicht. »Bei so einem Wetter jagt man ja keinen Hund raus!« knurrte er. Als er endlich bei der Hebamme angekommen war und den Schnee aus seinen Sachen schüttelte, sagte man ihm, er müsse noch warten. Es sei noch nicht so weit. Du lieber Himmel! kam es ihm in den Sinn. Was soll das geben? »Ich darf nicht eher heimkommen, bis ich die Hebamme mitbringe«, sagte er und wartete eben. Man bot ihm einen Stuhl und einen steifen Grog an, da ließ es sich aushalten. Schließlich war es dann doch endlich soweit, die Zwillinge waren versorgt, und Erich und die »weise Frau« brachen auf zum nächsten Einsatz. Im Eiltempo hatten die beiden den beschwerlichen Weg durch Schnee und Kälte hinter sich gebracht. Die Natur hatte jedoch inzwischen ihren Lauf genommen, das Kind war bereits da.

Auguste hatte diesem kleinen ungeduldigen Wesen auf die Welt geholfen. Es war ihr gar nichts anderes übrig geblieben, niemand sonst war zugegen. Sie legte es ihrem Mann, dem frischgebackenen Vater, in den Arm mit den Worten: »So, da hast du nun deinen Sohn!« Allerdings war es nicht zu übersehen, daß dieser ersehnte Sohn ein Mädchen war.

Inzwischen, es war schon später Abend, mußte einer der Männer noch die Hebamme heimbegleiten, die ja an diesem Tage schon einiges hinter sich hatte und vor Müdigkeit bald umfiel. Wie froh war sie, daß sie mit dem kleinen Mädchen nicht mehr viel Arbeit hatte! Ein aufregender Tag ging zu Ende, als schließlich alle in die Betten sanken. Es war der 24. Januar 1922, der Geburtstag des so heißersehnten Wunschkindes, meiner Wenigkeit.

Erich meldete das Kind ordnungsgemäß und wie vereinbart als seine Tochter beim Standesamt an, und das kleine Mädchen erhielt den schönen Namen Erika. Als zweiten Namen fügte man noch »Auguste« hinzu, um dieser geplagten Frau wenigstens diese Freude zu machen. Sicherlich wußte sie diese Geste zu schätzen. Trotzdem stand sie der ganzen Angelegenheit weiterhin sehr skeptisch gegenüber. Argwöhnisch beobachtete sie das Verhältnis ihres Mannes gegenüber Else, der Mutter seines Kindes. Diese war nun als Arbeitskraft im Stadtbüro ausgefallen und hatte mehr als genug mit ihren eigenen Aufgaben zu tun. Dafür mußte nun Auguste wieder einspringen, und es blieb ihr sicher nicht viel Zeit zum Grübeln. Laufend sah sie nach dem Baby und hatte sicher ihre Freude daran, denn welche Frau freut sich nicht, wenn sie die Entwicklung eines süßen, gesunden Babys miterleben kann. »Kleines Kindel – Feierstündel!« war ein unvergeßlicher Spruch von daheim.

Als das kleine Mädchen Erika ein Jahr alt wurde, war das der Anlaß, ein großes Familienfest zu feiern. In Schlesien, zumindest in unserer Familie, war das so üblich.

Den Kinderwagen mit Inhalt bekam Auguste fast jeden Tag gebracht, denn die jungen Gärtnersleute brauchten immer wieder dringend jemand, der sachkundig und zuverlässig das Kind versorgte und beaufsichtigte. Auguste betrachtete es wohl ein wenig auch als ihr Kind, hatte sie doch geholfen, es zur Welt zu bringen, und hatte es nicht auch das Blut, also die Erbfaktoren der Kunze-Familie, also ihrer Linie? Auguste war sehr glücklich darüber, daß sie nicht ausgeschlossen war, sondern immer mehr geschätzt und gebraucht wurde. Die große Bitterkeit verschwand langsam aus ihrem Herzen, Muttergefühle gewannen die Oberhand, und sie betreute das kleine Wesen, als wäre es ihr eigen Fleisch und Blut.

Geliebt und zärtlich umsorgt von Mutti, Mamachen, zwei Vätern und Tante Nine, überstand ich problemlos das früher noch kritische Babyalter, bis ich dann Konkurrenz bekam. Auch Erich Papa hatte Wert auf eigenen Nachwuchs gelegt. Zufrieden schmunzelnd besah er eines Tages seinen strammen, kräftig schreienden Jungen, der gut gewickelt wie eine kleine Mumie in der Wiege lag. Das habe ich ja wieder prima hingekriegt, dachte er. Die Nachfolge ist auch schon gesichert, es sieht ja fast so aus, als hätte ich in dieser schwierigen Zeit eine dicke Glückssträhne erwischt. Mit sich und der Welt zufrieden ging er erstmal zum Schrank und genehmigte sich zur Feier des Tages ein Gläschen »Klaren« auf das Wohl und die Zukunft seiner jungen Familie. Das kleine Kerlchen taufte man auf den Namen Wolfgang Heinrich.

Kurz vor der Geburt meines Bruders wurde ich in die Obhut von Familie Vogt übergeben. Mutti konnte mich nicht versorgen, denn Wöchnerinnen hatten früher noch strikt eine ganze Woche Bettruhe einzuhalten, so war es Sitte. Ich durfte bei Auguste im großen Bett schlafen, kuschelte mich glücklich an ihren warmen molligen Busen, genoß die Wärme und Geborgenheit, eine Liebe und Fürsorge, die mich die Veränderung kaum spüren ließen. Zu Mutti gingen wir oft, ich durfte das Baby sehen und streicheln, denn Auguste versorgte und pflegte die Wöchnerin, kümmerte sich um alles, was sie für erforderlich hielt. Sie war eben eine tüchtige und hilfsbereite Frau. Ich durfte weiter bei »Vatel« und »Mamachen« bleiben, so nannte ich die beiden. Ich schlief in der Mitte der beiden Ehebetten, auf dem »Ritz« auf einem dicken weichen Schafsfell und hatte eine eigene Zudecke. Wurde ich munter, dann konnte ich, wenn ich Lust hatte, hüben oder drüben unter das dicke flauschige Federbett krabbeln und Hautkontakt bei Mamachen oder Vatel suchen. Auch der kleine Junge wurde je nach Bedarf im Kin-

derwagen gebracht, von Mamachen gefüttert, gewindelt, geschaukelt. Notfalls, wenn das kleine schreiende, zappelnde Bündel nicht zufrieden sein wollte, schob ich den Wagen in der Küche hin und her. Es war immer interessant, immer gab etwas zu sehen, zu tun, und Langeweile kam nicht auf.

Nach weiteren zwei Jahren folgte als dritte im Bunde noch ein süßes kleines Mädchen, das den schönen Namen Dorothea erhielt. Neugierig betrachtete ich das winzige Etwas, das kaum aus den Kissen herausschaute. Mutti brauchte viel Ruhe. Der kleine Bruder hatte sich zu einem lebhaften, eigensinnigen kleinen Dickschädel entwickelt, der wild entschlossen war, sofort die Welt auf eigene Faust zu entdecken. Immer wieder brachte ihn Mutti zu Vogts mit der Bitte:»Behaltet ihn mal eine Weile da.« Oft hieß es auch:»Erika, paß gut auf ihn auf und spiel schön mit ihm.« Da kamen also schon die ersten Pflichten auf mich zu, und die waren gar nicht so einfach zu erfüllen, denn der Bengel wollte nicht immer das, was ich eigentlich wollte. Gab es Ärger und Geschrei, dann hieß es:»Der Klügere gibt nach.« Das war dann immer ich, denn um jeden Preis wollte ich die Klügere sein. Mamachen sorgte derweil mit viel Geduld für Brote und sonstiges Essen, wechselte Windeln, putzte laufende Nasen, erzählte Märchen, schlichtete Streit und brachte das heillose Durcheinander immer wieder in Ordnung, das spielende Kinder eben so anrichten.
Die Bezeichnungen»Mamachen« und»Vatel« wurden auch von meinen Geschwistern übernommen und ein Leben lang benutzt. Es hatte sich alles bestens eingespielt, und Auguste und August hatten nun mehr mit Kindern zu tun, als sie es sich jemals hatten träumen lassen. Fast übergangslos hatte sich für mich der Wechsel zur Vogt-Familie vollzogen. Ich war bei Mamachen und Vatel zu Hause, konnte aber jederzeit, wenn ich Verlangen hatte, einfach über den Hof und durch den Garten zu Mutti laufen, wurde dort erst mal ans Herz gedrückt und dann versorgt, wie es sich gerade ergab. Der»Erich Papa« sah dem Treiben mit Vergnügen zu, ihm konnte nur recht sein, wie

sich die Dinge entwickelt hatten. Am besten erging es natürlich mir, dem Wunschkind. Ich hatte, was sonst niemand besaß: zwei Mütter, zwei Väter, Geschwister und außerdem noch Tante Nine und ihren Mann, die mich umsorgten. Diese Großfamilie hielt in allen Situationen zusammen, unterstützte sich gegenseitig, arbeitete und feierte zusammen. Das brachte für alle Beteiligten zwar manche zusätzliche Arbeit, aber auch gemeinsame lustige Geburtstagsfeiern, stimmungsvolle Weihnachtsfeste, unvergeßliche Silvesterabende und noch viele andere verbindende Gemeinsamkeiten, an die später noch oft und gerne zurückgedacht wurde.

Muttis Vater, unser Opa Wilhelm war ein richtiger Bilderbuch-Opa. Er war von großer Statur, hatte leuchtend blaue Augen, silberweißes Haar und einen ebensolchen Spitzbart. Meist stützte er sich auf einen Stock, den er stets in Reichweite behielt. Ab und zu führte er Selbstgespräche, die keiner verstand. Stets trug Opa einen schwarzen Anzug und einen alten schwarzen Hut. Aus den unergründlichen Taschen seiner graugestreiften Hose förderte er immer wieder Bonbons in allen Farben, Schokolade, Pfefferminzbruch und zu Ostern Unmengen kleiner bunter Ostereier ans Tageslicht. Man durfte sich seine Gunst nie verscherzen, wollte man in den Genuß dieser Köstlichkeiten gelangen.

Opa fungierte in der warmen Jahreszeit als Kinderwächter und Ordnungshüter im Hof. Stets blieben wir in seiner Reich- und Sichtweite, wenn er auf der Holzbank vor dem alten Zollhaus saß und seine Glieder in der warmen Sonne streckte. Eine Karre neben die Haustür gekippter Sand und reichlich Förmchen, Schippchen und Eimerchen genügten unserer Phantasie und Kreativität. Bald konnte man eine ganze Reihe Sandtorten, mit Gänseblümchen und Blättern verziert, bewundern, bis das nächste freche Huhn kam und die Kostbarkeiten auseinanderkratzte.

Opa konnte auch Geschichten erzählen, oftmals selbst erfundene. Seine Phantasie kannte keine Grenzen. Er gab Obacht, daß das Hoftor und die Seitentür immer geschlossen waren, niemand sie unachtsam offenließ, damit weder wir Kinder nach draußen auf die Straße, noch die Hühner aus dem Hof hinaus konnten. »Kinder gehören nicht auf die Straße« war ein geflügeltes Wort. Dort war es allerdings gerade besonders interessant, denn hier spielten die Kinder aus der Siedlung von der anderen Straßenseite. Eine ganze Schar von größeren und kleineren tobte da herum, spielte mit Reifen und Kreisel, Murmeln oder »Räuber und Prinzessin«. Obwohl die wirtschaftlichen Verhältnisse nicht gerade rosig waren, hatten doch die meisten Familien mehrere Kinder. Diese fröhliche, ausgelassene Schar, die da herumtobte, meistens lautstark, immer dreckig, das waren die »Gassenkinder«, und die durften möglichst nicht herein in den Hof.

Das große hölzerne Tor schloß den Hof, der das Vogt- und das Linke-Grundstück verband, zur Straße hin ab. Das war allgemein üblich und machte Außenstehenden deutlich: Halt, hier beginnt die Privatsphäre des Besitzers, ungebetene Gäste haben draußen zu bleiben. Oft bewachte ein Hofhund diesen Bereich, bei uns waren es meistens die Gänseschar und ein äußerst wachsamer Gänserich, der mit wütenden Zischen und notfalls auch kräftigen Bissen in die Waden fremde Eindringlinge verscheuchte. Als ich größer wurde und aus dem Sandkastenalter herausgewachsen war, ließ sich allerdings der Kontakt mit den Kindern der Umgebung nicht mehr vermeiden. Natürlich blieb es bald nicht mehr aus, daß ich auf die Straße entwischte oder doch andere Kinder in den Hof kamen. Staunend machte ich die Erfahrung, daß diese sich mit mir ganz unbekannten Worten verständigten. Schnell erweiterte ich meinen Wortschatz um »Arschloch« und »Drecksau«. Deren Anwendung daheim brachte mir aber nur Ärger ein, Mamachen fiel fast in Ohnmacht vor Schreck, schnappte ein paarmal nach Luft und sagte dann: »So was will ich nie wieder hören, so was nimmt man nicht in den Mund, und wenn andere Kinder das sagen, dann überhört man das einfach und achtet nicht darauf«. Das habe ich mir gemerkt, es war ein nützlicher Rat, und er kam mir später noch manches Mal in den Sinn.

Eines Tages nahm mich Mutti bei der Hand und wanderte mit mir nach Oels. Ich wurde im Kindergarten angemeldet. Das war interessant, und all die Lieder und Spiele, die dort eifrig geübt wurden, wiederholte ich daheim. In diesem Alter glaubte ich, die ganze Welt wäre voll guter Feen und überall wären kleine zarte Elfen, die nachts zum Tanzen in den Garten kämen. Das stand in den Märchenbüchern, aus denen mir Vatel alle Tage vorlas. Sowie er sich daheim auf das weiche Sofa legte, kuschelte ich mich dazu und quengelte »Bitte, bitte, lies mir ein Märchen vor.« Sobald ein Märchen vorgelesen war, wollte ich es noch mal erzählt haben, denn das war noch viel schöner und lebendiger als die schriftliche Version. Zum Schluß kam dann immer: »Und wenn sie nicht gestorben sind, dann leben sie heute noch.« Das Hühnchen und das Hähnchen, der Müller und der Esel sind bestimmt nicht gestorben, sie sind fester Bestandteil meiner Kindheitserinnerungen.

Der Weg in den Kindergarten war für mich kleinen Springinsfeld noch zu weit, um ihn ohne Begleitung sicher zu bewältigen. Aus diesem Grunde brachte mich Vatel morgens mit dem Fahrrad dorthin und holte mich mittags ebenso wieder ab. Auf die Mittelstange dieses damals meistbenutzten Verkehrsmittels hatte er einen kleinen, zierlichen Kindersattel geschraubt, und darauf thronte ich stolz vor seiner Brust und sicher zwischen seinen starken Armen. Wie eine Prinzessin im Märchen und geborgen wie in Abrahams Schoß fühlte ich mich da und allen anderen Kindern im Vorteil, die nicht in diesen Hochgenuß kamen, deren Väter keine Zeit hatten, weil sie früh morgens zur Arbeit mußten. Eines Tages klappte der gewohnte Abholservice allerdings nicht, Vatel war aufgehalten worden und hatte sich verspätet. Es war Mittag, alle Kinder gingen durch das große Tor auf die Straße oder wurden erwartet. Nirgends war Vatel zu sehen, und schnell waren die anderen Kinder weg. Ich wußte nicht, was ich machen sollte. Das letzte kleine Mädchen hatte Mitleid, weil ich noch so alleine dastand, und sagte: »Komm doch einfach mit zu meiner Mutti.« Da ich den weiten Heimweg allein nicht sicher finden würde, erschien mir diese Einladung als Rettung aus dieser Situation, und kurz entschlossen marschierte ich mit der Kleinen nach Hause. Die fremde Mutti wunderte sich zwar über den unerwarteten Mittagsgast, aber das Essen reichte für mich mit, wir wurden satt, spielten noch eine Weile, dann brachte uns die Frau wieder auf den Weg zum Kindergarten.

Vatel war in heller Aufregung. Ich war spurlos verschwunden und die Kindergärtnerin wußte nichts über meinen Verbleib. Voller Verzweiflung fuhr Vatel alle Straßen auf und ab, es hätte ja sein können, daß ich mich in der Richtung geirrt und verlaufen hätte. Die schlimmsten Gedanken schossen ihm durch den Kopf, und er wagte nicht, sich auszumalen, was so alles passieren könnte, Unfälle, Entführungen, Kindermörder und Kinderschänder gab es ja auch damals. Immer wieder stand in den Zeitungen, was alles passierte. Ich muß sofort zur Polizei und eine Vermißtenmeldung aufgeben, damit man nach dem Kind sucht, war sein Gedanke, und schnurstracks lenkte er sein Fahrrad über den Ring auf das Rathaus zu. Die nette Frau, die ihre Tochter und mich an der Hand führte, muß wohl ähnlich gedacht haben, denn genau vor dem Eingang zum Polizeibüro trafen wir Vatel. Ein wirklicher Zufall hatte uns genau in diesem Moment wieder zusammengeführt, und alle Beteiligten waren glücklich über diese Fügung, der größte Stein fiel Vatel vom Herzen.

Bald gingen dann auch Kinder aus der Nachbarschaft in den Kindergarten, und in der Gruppe fanden und bewältigten wir den Weg ganz gut. Natürlich blieb es nicht aus, daß ich dann später auch draußen auf der Straße mitspielen wollte. Die Größeren mochten mich kleinen Fratz noch gar nicht akzeptieren, aber ich fand eine Freundin in meinem Alter, die auch Erika hieß, genau wie ich. Dagegen hatte auch Mamachen nichts einzuwenden, meine Freundin durfte mich besuchen, und bald waren wir unzertrennlich. Die »Land-Erika«, wie ich sie nannte, wohnte mit ihren Eltern und Geschwistern im vierten Siedlungshaus auf der anderen Straßenseite. Sie kam, wenn sie Zeit hatte, in den Hof, rief unter dem Fenster nach mir und durfte dann in Haus und Garten. Ich hatte nun eine Spielgefährtin, sollte aber ja nicht mit ihr weggehen. Die Verandatür war stets abgeschlossen und behinderte meinen Freiheitsdrang erheblich. Das machte ich eine Zeitlang mit, lernte aber bald mit Geschicklichkeit und Kletterkunst, die verschlossene Lattentür wie auch jeden Zaun, der meine Bewegungsfreiheit einengte, zu überwinden. Doch Mamachen war sehr wachsam. Kaum war ich weg und wähnte mich in Sicherheit, wurde meine Flucht auch schon bemerkt. Mamachen sandte ihren lauten melodischen Pfiff aus, den wir mit »Pipifax« deuteten. Mit diesem Pfiff verständigten sich auch Mamachen und Vatel im sehr weiträumigen Garten, man hörte ihn mit Sicherheit im äußersten Winkel. Jeder war trainiert, sich in diesem Fall sofort zu melden, weil man sich sonst Sorgen machte.

Ganz besondere Ereignisse für groß und klein, von uns Kindern heiß herbeigesehnt, waren die Jahrmärkte. Einmal im Jahr tat sich da ein wahres Paradies auf, Händler aus allen Himmelsrichtungen kamen und schlugen ihre Zelte, Buden und Stände am Rande des Ringes auf. Da gab es die allerschönsten Naschereien, Spielzeug, Schießbuden voller schöner bunter Papierblumen, Tongeschirr aus Bunzlau, einen Stand mit Körben in allen Größen, und einen Scherenschleifer. Eine mit vielen Ringen und Spangen geschmückte Zigeunerin sagte neugierigen Besuchern die Zukunft voraus, und ein Leierkastenmann stand mitten im Getümmel und drehte ohne Unterlaß seine Kurbel. Über dem ganzen Markt hing eine Duftwolke von den Würstchenbuden, wo man heiße Knoblauchwurst oder Bratwürstchen haben konnte, in aus meiner damaligen Sicht riesigen Portionen. Geröstete Mandeln und die schönen Lebkuchenherzen zum Umhängen hatten es mir besonders angetan.
Diese sagenhaften Jahrmärkte durfte ich mit Vatel besuchen. In dem Menschengewimmel hielt er mich ganz fest an der Hand und hob mich hoch, wenn es etwas Wichtiges zu sehen gab. Ich hatte immer Angst, ich könnte ihn verlieren. Hatten wir den

Markt umrundet und genug gesehen, dann kaufte Vatel für Mamachen kandierte Mandeln, eine Tüte Magenbrot und ein neues scharfes Küchenmesser. Tagelang wurde noch über dieses Ereignis geredet.

Gemütlich und anheimelnd waren die langen Winterabende, wenn im großen Kachelofen ein wärmendes Feuer knisterte und in der Bratröhre duftende Äpfel brutzelten. Vatel streckte sich gern auf dem Sofa lang aus und las Mamachen aus der Tageszeitung »Lokomotive an der Oder« die interessantesten Lokalberichte vor. Mamachen saß auf einem Stuhl dicht neben ihm, sie strickte meist Strümpfe. »Die gekauften dünnen Dinger, die taugen ja überhaupt nichts, die sind nach dreimal Anziehen kaputt«, meinte sie.

Beiden genügte das milde Licht einer Petroleumlampe mit einem großen, schön geschwungenen, milchig-gelben Lampenschirm. Die kräftige Flamme brannte in einem dicken runden Glaszylinder, den Mamachen jeden Tag blitzblank putzte. Der elektrische Strom hielt erst etwas später Einzug und tauchte unsere beschaulichen Abende in gleißendes Licht. Man gewöhnte sich schnell daran, aber es fehlte der vorher selbstverständliche gewisse Zauber. Ich durfte mit am Tisch sitzen, mir die älteren Monatshefte vom Obst- und Gartenbauverein ansehen und die vielen schönen Bilder mit Buntstiften ausmalen. Wenn mir dabei die Augen zufielen, hieß es: »Nun aber marsch ins Bett!«

Im Schlafzimmer stand meine Bettstelle quer vor dem Fußende der Ehebetten, davor ein Stuhl, damit mir beim Träumen nicht die Bettdecke herausrutschen konnte. Gleich nach dem Abendgebet trug mich das Schutzengelchen ins Reich der Träume. Irgendwann in der Nacht schreckte ich plötzlich hoch. Ich meinte, es hätte am Fenster geklappert. Das stand nachts immer etwas offen, denn Vatel schätzte die kühle Nachtluft. Angestrengt horchte ich in die Dunkelheit, es hätte ja ein Einbrecher sein können. Oder vielleicht auch ein Gespenst, von dem die Tanten immer so gern an Geburtstagen erzählten. Vielleicht ist gar schon eines hereingeflogen, dachte ich verzagt und sah mich vorsichtig im stockdunklen Zimmer um. Da, direkt neben meinem Bett auf dem Stuhl, da saß ja tatsächlich so ein seltsames Ding! Hell, mit unbestimmten Umrissen war es in der Dunkelheit gerade noch zu sehen, und jetzt wackelte es auch noch mit den Armen, als wolle es mich holen. Das Entsetzen schnürte mir die Kehle zu, ich brachte keinen Schrei und kein Wort heraus. Ich hätte ja nur zu rufen brauchen, Vatel und Mamachen schliefen im selben Zimmer. Vatels leises Schnarchen schien mir beruhigend, und das Gespenst bewegte sich kaum. Es blieb auf dem Stuhl sitzen und wackelte ab und zu mit den Armen. Meine Hoffnung, es würde schließlich zum offenen Fenster hinaus in die dunkle Nacht entschwinden, erfüllte sich nicht. Langsam und vorsichtig kroch ich ganz unter die Zudecke und hoffte, das dumme, abscheuliche Gespenst würde das nicht merken und mich vergessen. Für den Rest der Nacht muß ich wohl in einen unruhigen Schlaf gefallen sein und schwitzte tüchtig. Endlich, als das erste Tageslicht zum Fenster hereinfiel, wagte ich einen vorsichtigen Blick unter der sicheren Zudecke hervor. Was war denn das? War dieses bleiche Gespenst immer noch da? Schnell verschwand meine vorwitzige Nase wieder, und ich beschloß, sicherheitshalber unter der Zudecke zu warten, bis Vatel aufstand. Der würde schön erschrecken, wenn er merkte, daß auf meinem Stuhl ein Gespenst saß und nicht dort weg wollte. Vielleicht konnte es auch nicht mehr weg, weil es die Zeit verpaßt hatte, und es war jetzt schon heller Tag? Dann hörte ich, wie Vatel aus dem Bett stieg und in seine Pantoffeln fuhr. Gespannt wartete ich, was sich nun ereignen würde und war auf etwas ganz Schlimmes gefaßt. Ob Vatel mit dem Gespenst kämpfen mußte? Vorsichtig lunzte ich unter der Decke hervor, und was sah ich da? Vatel kam, nahm sein weißes warmes Unterhemd von meinem Stuhl und verschwand ohne weitere Umstände durch die Tür. Das Gespenst war tatsächlich weg, Vatel hatte es mitgenommen. Es war sein Hemd gewesen, das er ausnahmsweise vor dem Schlafengehen über meine Stuhllehne gehängt hatte. Der kühle nächtliche Luftzug hatte ab und zu die Ärmel hin- und hergeweht. Ein riesiger Stein fiel von meinem kleinen ängstlichen Herzen, und ich dankte ausgiebig meinem Schutzengel, daß er mich so gut beschützt hatte.

Muttis Mutter, Oma Berta, wurde sehr krank, und es gab keine Hilfe für ihr Leiden. Sie konnte zuletzt nicht mehr schlucken und nicht mehr reden, sie hatte Kehlkopfkrebs. Nach längerem Leiden starb sie, still und gottergeben, wie sie auch gelebt hatte. Ich kann mich noch dunkel an ihre Beerdigung erinnern. Eingekeilt stand ich inmitten der Trauergemeinde auf dem Friedhof und konnte mich kaum rühren. Es war todlangweilig und lauter schwarz gekleidete Erwachsene, riesengroße Leute, versperrten mir die Sicht. Mutti hielt mich an der Hand und so konnte ich auch nicht weglaufen. Neben mir stand Cousine Erna, und ihr erging es auch nicht besser. Da hatte ich eine rettende Idee. Laut und vernehmlich in der andächtigen Stille fragte ich meine Cousine Erna, was sie denn zu Weihnachten bekommen habe. Augenblicklich legte sich eine große eiskalte Hand ganz fest auf meinen Mund und blieb unendlich lange darauf liegen. Das war Tante Edith, meine Patin, die auf diese drastische Weise die feierliche Trauerandacht gerettet hat. Vermutlich hatte man in der großen Trauer und Aufregung der Stunde versäumt, mir zu sagen, ich hätte unbedingt den Mund zu halten.

Opa Wilhelm blieb allein in der Wohnung in der Ohlauer Straße 20 wohnen und wollte seine Eigenständigkeit nicht aufgeben. Manchmal brutzelte er sich selbst etwas zu essen, meistens aber kam er gegen Mittag zu uns, denn es schmeckte ihm eben besser in der gemeinsamen Runde. Als wir Kinder größer waren und seiner Aufsicht und Obhut nicht mehr bedurften, wandte er sein Interesse erstaunlicherweise der modernen Technik zu und schaffte sich ein leichtes »Fichtel und Sachs«-Motorrädchen an. Das Laufen und Fahrradfahren war er leid. Mit diesem Motorrädchen schnurrte er nun dahin und dorthin, besuchte seine Kinder, soweit sie in seinem erreichbaren Radius lagen, und war ganz zufrieden.

Leider wurde ihm die starke Schwerhörigkeit zum Verhängnis. In seiner Wohnung in Oels, Ohlauer Straße, kochte er sich jeden Morgen ein Milchsüppchen. Vermutlich überhörte er das Zischen, als sein Frühstück überkochte und die Gasflamme löschte. Erst durch den Gasgeruch im ganzen Haus wurden Mitbewohner aufmerksam und fanden den alten Herren bereits tot in seiner Wohnung.

Großvater Wilhelm Schlag

Mein kleiner Bruder Heini trug bis zum Alter von etwa drei Jahren einen Pagenkopf, denn Mutti war so entzückt von seinem seidigen hellblonden Haar, daß sie es nicht abschneiden wollte. Das Kerlchen sah wirklich süß aus und erweckte den Eindruck, es könne kein Wässerchen trüben. Eines schönen Tages kamen Erich Papa und Onkel Max in den Vogtgarten hinter die Laube, wo unser schönster Spielplatz war. Max hatte eine große Schere und einen Kamm in der Hand, und Papa setzte den kleinen Jungen auf einen Stuhl. »Paß mal auf, jetzt machen wir einen richtigen Jungen aus dir«, sagte Papa, »oder willst du etwa weiter aussehen wie die kleinen Mädchen?« »Ich will ein Junge sein!« rief spontan der kleine Blondy, und schon fielen die ersten Haarsträhnen. Erst hätte er doch fast geweint, als er aber merkte, daß es überhaupt nicht weh tat, ließ er großzügig die Prozedur über sich ergehen. Was von den seidigen, geliebten, hellblonden Locken übrig blieb, war ein etwas ramponierter Stiftekopf:»So, jetzt gehst du zur Mutti und zeigst ihr deine neue Frisur«, sagte Papa, und Onkel Max tröstete:»Jetzt ziept es auch nicht mehr beim Kämmen, und man sieht erst jetzt richtig, daß du ein Junge bist.« Stolz marschierte der»richtige Junge« zur Mutti, um sich und das Machwerk der beiden»Übeltäter« zu präsentieren. Im Vergleich zu vorher sah er mit seinem Stoppelkopf aus wie ein kleines Monster, und Mutti erkannte ihren kleinen»Sonnenschein« fast nicht wieder. Die Sprache blieb ihr vor Schreck weg, als sie ihren süßen kleinen Liebling derartig verunstaltet daherkommen sah.»Wer hat denn das verbrochen?« fragte sie, den Tränen nahe vor lauter Zorn.»Der Papa und der Onkel Maxe, die haben jetzt einen richtigen Jungen aus mir gemacht«, verwahrte sich da der kleine Mann selbstbewußt und war mit seinem neuen Status voll und ganz zufrieden.»Reg dich nicht auf, die wachsen ja wieder«, sagte Mamachen und lachte sich halbtot, als sie das kleine stachelköpfige Ungeheuer sah. Man gewöhnte sich schnell an den Igelkopf, und weil es so praktisch und pflegeleicht war, wurde diese Frisur einige Zeit beibehalten, es trugen sie aus den gleichen Gründen noch mehr Kinder.

Im Vogtgarten hinter der Laube war der allerschönste Spielplatz, denn dort war es sonnig, warm und windgeschützt. »Spiel schön mit Heini und Dorchen«, sagte Mamachen. Wir konnten uns dort gut und gern beschäftigen, und das Sandkuchenbacken war immer beliebt, weil kreativ. Wurden doch die am schönsten verzierten Schöpfungen von den Erwachsenen besonders bewundert, Erfolgserlebnisse, die auch schon kleine Kinder brauchen und anstreben.
Es war Mittagszeit, Mutti hatte die beiden kleineren Geschwister zum Essen geholt. Mamachen war mit ihrem Menü noch nicht so weit. Ich war allein im Garten und besah meine kunstvolle Gartenanlage aus Sand. Plötzlich kam mir eine tolle Idee.

Am Gartenteich wuchs doch so wunderschönes dunkelgrünes Moos mit ganz kleinen gelben Blütenköpfchen. Wenn ich davon etwas in meiner Anlage verwenden könnte, das würde bestimmt herrlich aussehen. Gedacht – getan. Eilig lief ich zum Gartenteich, der links vom Weg und direkt vor Tante Nines Wohnzimmerfenstern lag. Das vordere Ufer hatte Vatel mit kräftigen Pfählen und stabilen Brettern befestigt, damit die Enten, die gelegentlich dort im kühlen Wasser herumschnatterten, nicht das Ufer locker machen konnten. Das war allerdings schon eine Weile, nein, ein paar Jahre her. Das Holz, immer naß und der andauernden Feuchtigkeit und dem mal höheren, mal niedrigeren Wasserstand ausgesetzt, war morsch geworden und an vielen Stellen mit Moosen bewachsen. Vögel und Bienen setzten sich dort nieder, um ihren Durst zu löschen, Libellen schwirrten mit ihren zarten Flügeln in allen Regenbogenfarben hin und her, Mückenlarven und Kaulquappen tummelten sich scharenweise im dunklen Wasser. Das schönste Moos wuchs natürlich an der Wasserseite, kurz über dem Wasserspiegel. Dort hatte es die meiste Feuchtigkeit. Genau dieses wollte ich holen, beugte mich nach vorn und stützte mich mit einer Hand auf das Brett. Ich hörte gerade noch einen Knacks, dann schoß ich kopfüber ins kalte Wasser und tauchte unter. Das abgebrochene Stück Brett hielt ich krampfhaft in der Hand, aber es nützte mir nichts mehr. Prustend kam ich wieder hoch und versuchte einen Halt am Ufer zu finden. Schließlich bekam ich einen Zweig zu fassen, konnte mich an den Rand ziehen und dann bis zu den Stufen hinhangeln, die aus dem Wasser führten. Dort erst bekam ich wieder Grund unter die Füße und konnte mich hustend und spuckend aus dem Teich retten. Ich hätte ertrinken können, wäre mir nicht zufällig der rettende Zweig in die Finger geraten. Wie eine gebadete Katze schleppte ich mich, ganz erschöpft von dem Schock, in die Küche. Die Kleidung hing wie Blei an meinem Körper, und ich klapperte vor Kälte und vor Schreck mit den Zähnen. Das arme Mamachen bekam fast einen Herzschlag, als sie mich Unglückswurm hereinwanken sah. Nicht auszudenken, daß ich hätte ertrinken können, ohne daß es überhaupt jemand bemerkt hätte. Man streifte mir die nassen Kleider ab und setzte mich erst mal in ein schönes heißes Bad. Dann steckte mich Mamachen vorsorglich für den Rest des Tages ins Bett. Ich begriff nie, warum das Schutzengelchen nicht besser auf mich aufgepaßt hatte, obwohl ich doch abends immer treu und brav betete. Eines von den vierzehn Englein jedenfalls hatte seine Aufsichtspflicht nicht erfüllt. Geschadet hat mir dieses nasse Abenteuer nicht, nur der Gedanke, daß ich im Teich vielleicht eine von den vielen Kaulquappen oder Mückenlarven hätte verschlucken können, ließ mir lange Zeit keine Ruhe.

Eine schöne und uns Kindern unvergessene Sitte war das »Sommersingen«, das wir immer kaum erwarten konnten. Zu allererst durften wir beim Basteln der Sommerstecken helfen. Mutti fertigte diese Besonderheiten für den Marktverkauf an. Buntes Seidenpapier und Krepp-Papier lag in Mengen herum und wurde in breitere und schmalere Streifen geschnitten, je nach Verwendung. Oben am etwa einen Meter langen Stock befestigte man eine schön gedrehte Papierrose, darunter band man eine ganze Menge schmale Seidenpapierstreifen, alles möglichst bunt, die sollten tüchtig im Winde flattern. Auch der Stock mußte noch mit Seidenpapierstreifen umwickelt werden. Scharen von Kindern zogen am »Sommersonntag« (Frühlingsanfang) von Haus zu Haus und sangen althergebrachte Lieder. »Rot Gewand, rot Gewand, schöne grüne Linden, suchen wir, suchen wir, wo wir etwas finden, ist die Wirtin drin im Haus, bringt sie uns gleich Gaben raus« und viele andere Versionen. Meistens beschenkte man dann die Sänger mit Schokolade, Kuchen, Eiern und den speziell für diese Gelegenheit gebackenen »Mehlweisen«. Machte aber einmal niemand auf und es gab nichts, dann sangen die Kinder einen ganz anderen Reim: »Hühnerdreck und Taubendreck, von diesem Hause bleibt man weg« und ähnliche, weniger freundliche Reime. Mit dem größten Vergnügen wurden dann die Gaben, die man in einem Säckchen gesammelt hatte, geteilt und verzehrt.

»Was ist denn heute nur mit den Tauben los?« rief Mamachen eines Tages und runzelte die Stirn. »Die großen sind alle draußen, und der blaugraue Täuberich gurrt und läuft ganz aufgeregt auf dem Dachfirst hin und her. Da müssen doch welche brüten oder junge Täubchen drin sein. Ruf doch gleich mal den Vatel, damit er im Taubenschlag nachsieht, was da los ist.« Auch Vatel kam es so vor, als stimme da etwas nicht. Sofort stieg er die Bodentreppe hoch, über das Heu, auf den großen Balken bis vor die Tür zum Taubenschlag. Als er sie leise und vorsichtig einen Spalt breit öffnete, sah er sofort die Bescherung: ein Wiesel. Was nun? Vorsichtig kletterte er wieder hinunter und informierte erst mal Mamachen über das Unheil im Taubendomizil. Die wußte wie immer sofort Rat. »Ich hole die Flinte, und du gehst wieder nach oben und machst Krach. Ich wette, daß es vorn herauskommen und einen Fluchtweg suchen wird«, meinte Mamachen. »Schnell, beeil dich! Vielleicht hat es noch sonstwo ein Schlupfloch und ist längst verschwunden.« Genauso wurde es gemacht, und Mamachen behielt Recht. Das Wiesel hatte sich noch nicht von den Eiern trennen können, als Vatel am Taubenschlag polterte und rüttelte. Blitzschnell sprang es zum vermeintlichen Fluchtweg und erschien auf dem Abflugbrett. Erschrocken hielt es sekundenlang inne, diese luftige Höhe hatte es anscheinend nicht erwartet. Das war ein tödlicher Moment des Zögerns, denn genau darauf hatte Mamachen gewartet. Ein scharfer Knall! Getroffen fiel der kleine Räuber vom Abflugbrett des Taubenschlages. Er war mausetot. Die Tauben beruhigten sich erst am Abend wieder. Die ganze Nachbarschaft lief auf den Schuß hin zusammen, um zu erfahren, was passiert sei. Das ausgewachsene Hermelinwiesel war eine hervorragende Jagdtrophäe und wurde gebührend bestaunt und Mamachens Reaktion und Treffsicherheit bewundert. Sie ließ es präparieren. Lange Jahre noch schaute es von einem Aststück an der Wohnzimmerwand nach Beute aus, ein sehr beeindruckendes Bild mit seinem schneeweißen geschmeidigen Körper, dem zierlichen schwarzen Näschen und der kohlrabenschwarzen Schwanzspitze.

In unserem Ziegenstall meckerten drei muntere Ziegen, immer hungrig, stets in Erwartung einer unverhofften Futtergabe. Zwei hatten kräftige Bärte, die dritte besaß dieses Rassemerkmal nicht. Dafür war sie weiß-braun gescheckt, und am Hals baumelten zwei Glöckchen. Jedes Frühjahr, so um die Osterzeit, sorgten sie für reichlich Nachwuchs. Der Zuchtbock, gekürt und ein strammer gehörnter Bursche, genoß sein abwechslungsreiches Leben bei einem Bauern in Leuchten. Im Herbst, wenn die Zeit reif war, blieb jedem Ziegenhalter nichts anderes übrig, als seine Geiß dem erwartungsvollen Bock zuzuführen. Schließlich erwartete man ja die regelmäßige Versorgung mit den traditionellen Osterbraten und weiterhin mit der guten gehaltvollen Ziegenmilch. Da es eine ganze Menge Ziegenhalter gab, Ziegen waren ja die »Kühe des kleinen Mannes«, setzte zu gegebener Zeit eine regelrechte Wallfahrt ein.

Das Privileg, mit der »Mecke« zum Bock zu gehen, stand Mamachen zu, und es war einer der ganz wenigen weiten Wege, den sie freiwillig zu Fuß zurücklegte. Gottergeben stellte sie eines Tages fest: »Es ist wieder mal soweit.« Mit der meckernden schwänzelnden Ziege am Seil marschierte sie los, in ihren alten dicken gelbbraunen Mantel gehüllt, und die beiden Pilgerer kamen erst nach Stunden völlig erschöpft wieder daheim an. Alles stank noch eine Woche lang impertinent nach dem Ziegenbock. Das war eben der Preis dafür, daß die Ziegen im Frühjahr meistens je zwei süße kleine »Zickel« zur Welt brachten und später Milch in Hülle und Fülle zur Verwendung stand. Langsam war aber Papa diese Rennerei mit den Ziegen leid, und er ließ einfach eines von den Jungtieren heranwachsen. Bald hatte dieses zuerst reizende Böckchen spießige Hörner, stieß nach jedem, der auch nur in seine Nähe kam, und begann, greulich zu stinken. Das war eine Erlösung für Mamachen, die nun in diesem Herbst keinen weiten Weg mehr zu gehen hatte.

Meine Freundin Erika und ich spielten beide sehr gerne mit unseren Puppen. Ich hatte mehrere Prachtexemplare, insbesondere zwei sehr schöne Porzellanpuppen mit Schlafaugen, beweglichen Gliedern und echten Haaren, die man zu allen möglichen Frisuren kämmen konnte. Dann gab es noch eine Zelluloid-Babypuppe, die ich einmal von Tante Nine bekommen hatte, das war der »Fritzel«. Wir beiden Mädchen entwickelten uns zu den allerfürsorglichsten Puppenmüttern, und schon ganz beizeiten lernten wir, Kleidung für unsere Lieblinge zu nähen. Das ergab sich ganz einfach daraus, daß Mamachen fleißig schneiderte, ebenso Tante Nine, und auch Erikas Mutter nähte das meiste für ihre große Familie selbst. Zum einen war es billiger, zum anderen auch Ehrensache. Wo immer ich auch war, stets lagen Modehefte und Schnittmusterbogen parat, hingen Stoffe über einer Stuhllehne, wurde eifrig abgemessen, anprobiert, abgesteckt. Wir kleinen Mädchen sahen das und wandten bald alles im Miniformat für unsere Puppen an, denn es fielen immer genügend Schnipsel und Reste für uns ab. Jeden Monat brachte der Postbote ein neues Modeheft, in dem manchmal auch Modelle für unsere Puppen zu finden waren. Es dauerte gar nicht allzulange, da hatten wir den Kniff herausgefunden, wie man einen Schnitt ausradelt, denn Mamachen hatte oft ihre liebe Not, die vielen verschlüsselten Linien zu finden, die sich auf einem Schnittmusterbogen zuerst als unentwirrbares Knäuel darbieten. Dazu benutzte sie einen »Kneifer«, eine Brille mit Goldrand, die teuer aussah, wohl auch teuer gewesen war, aber eher als Folterinstrument eingestuft werden konnte. Mir tat es immer selber weh, wenn ich sah, wie sie auf die Nase geklemmt wurde, und nach kurzer Zeit dort rote oder gar blaue Flecke hinterließ, die kaum mehr weggingen. Mamachen hatte alle Mühe, die zugeschnittenen Teile für ihre Kreationen vor unserem Zugriff zu retten, und eines schönen Tages passierte es dann. Die neue Bluse sollte am nächsten Tage bei einem Familiengeburtstag vorgeführt werden und war noch nicht ganz fertig. Nur noch ein Ärmel war einzunähen, eine Kleinigkeit, aber das Problem war schwieriger als vermutet »Wo ist denn nur dieser Ärmel hingekommen, das ist ja wie verhext! Gestern hing er doch noch hier über der Stuhllehne! Helft mir doch schnell mal suchen, ich will doch heute noch fertig werden«, rief sie verzweifelt. Die Suche blieb ergebnislos, die schöne Bluse hing wie ein Invalide mit nur einem Ärmel auf dem Bügel. Auf einmal schwante der guten Mamachen Fürchterliches. Mit einem Ruck zog sie die Zudecke von meinem Puppenwagen und erstarrte augenblicklich. Darin lag nämlich meine schönste Puppe, neu eingekleidet mit dem vermißten Ärmel von der neuen Seidenbluse. Ich floh schnellstens, ehe sie die Sprache wiederfand, die ihr vor Schreck weggeblieben war, und ließ mich sicherheitshalber nicht so schnell wieder blicken. Zu meinem allergrößten Erstaunen war die Bluse am nächsten Tage doch noch fertig geworden, und ich glaubte, nicht richtig zu sehen: Sie hing da auf dem Bügel, makellos und formvollendet, mit zwei gleichen langen Ärmeln. Vatel kam zu mir, zog mich am Ohr und sagte:»Deinetwegen hat mich Mamachen auf der Stelle in die Stadt gescheucht, ich mußte noch einen Meter von dem Stoff kaufen, eher hatte sie keine Ruhe. Mach das ja nicht nochmal!«

Tante Gertrud, von uns Kindern nur »Tante Trude« genannt, und Onkel Gustav kamen oft mit ihrer kleinen Tochter Renate zu Besuch. Das war immer lustig. Stets brachten sie etwas Schönes mit, meistens Süßigkeiten. Der Kolonialwarenladen in Breslau, Ecke Herderstraße, lief gut. Onkel Gustav war ein cleverer Geschäftsmann und der Kunde König. Die kleine Renate blieb das einzige Kind. Eine angeregte Familienverbindung entstand vor allen Dingen nach Oels. Da es mit der Bahn nicht weit und damals auch nicht teuer war, wurden oft sonntägliche Besuche unternommen. Man konnte Landleben, Sonne und Natur genießen, was in der Großstadt Breslau nicht möglich war. Klein Renate genoß das ganz besonders. Überglücklich streichelte sie die Hasen und packte die jungen Zicklein in den Puppenwagen. Erstaunlich, daß die damit zufrieden waren. Sie ergaben sich scheinbar in ihr Schicksal. Auch die braunen plustrigen Hühner duckten sich und ließen sich immer wieder streicheln, wenn sie ein paar Körner vor den Schnabel gestreut bekamen. Die große, immer wachsame Gänseschar weckte zwar reges Interesse, aber besser hielt man einen Sicherheitsabstand. Da wachte nämlich ein aufmerksamer großer Gänserich und ließ drohende Zischer los, wenn jemand wagte, seinem Harem zu nahe zu kommen. Dieser Gänserich trieb jeden in die Flucht, der ihm nicht geheuer vorkam. Eine Attraktion auf dem Geflügelhof, der große Truthahn, erregte immer wieder ganz besondere Aufmerksamkeit. Es war doch zu schön anzusehen, wenn der große Kerl erst einen blauen Kopf bekam, dann dunkelrot wurde, die Schwanzfedern aufstellte und zuletzt laut kollerte. Am schlimmsten aber war unbestritten der Ziegenbock. Wer nur in seine Nähe kam, dem haftete sein intensiver Gestank an. Obgleich Klein Renate nur die kleinen »Zickel« streichelte und herumtrug und den Bock niemals anfaßte, soll sie noch in Breslau drei Tage nach Ziegenbock gestunken haben.

Wir nahmen Klein Renate überallhin mit, so auch zum Gänsedistel- und Löwenzahnholen für die hungrige Gänseschar. Mit dem Messer umgehen konnte das kleine Mädchen allerdings nicht so wie wir. Es ging in den Finger, dicke Blutstropfen fielen zu Boden.

»Wie könnt ihr dem Kind nur ein Messer in die Hand geben?« rief Tante Trude entsetzt, als wir ihr kleines Herzblatt bluttriefend und herzerschütternd weinend zu ihr brachten. Mit dick

Gärtnerei Linke
Dorchen, Heini, Cousine Renate, Erika

verbundenem Finger mußte sie brav bei ihrer Mutti bleiben. Wir wurden tüchtig ausgeschimpft, was als sehr ungerecht empfunden wurde. Was wir da machten, das war doch ganz einfach gewesen. Am allerschönsten fanden wir es, wenn die »Breslauer« zu Ostern kamen. Das Ostereiersuchen machte alt und jung einen riesigen Spaß. Und was für wunderschöne Ostereier brachte der »Breslauer Osterhase« immer. Dicke Schokoladeneier in buntes Stanniolpapier gehüllt, Marzipanhäschen und -schweinchen, Eier aus duftender Seife und die vielen kleinen und kleinsten Eierchen aus buntem Zuckerzeug; mir läuft heute noch das Wasser im Mund zusammen, wenn ich an all die Herrlichkeiten denke. Ähnlich ging es an Weihnachten zu. In Breslau rückten gleich die Räumfahrzeuge aus, sobald der erste Schnee fiel. Bei uns in der Kleinstadt oder gar auf dem Lande ließ man dem Winter seinen Lauf. Die weiße Pracht blieb fast überall liegen, nur die wichtigsten Wege schaufelte man frei. Im Schnee herumtollen, Schlittenfahren und eine zünftige Schneeballschlacht mitmachen, das waren Winterfreuden, die die »Breslauer« immer wieder genossen, so oft das möglich war. Tante Trude sah aus wie eine Braut, wenn ein Schneeball in ihr dunkles Haar geraten war, und Onkel Gustav stand an der Tür und lachte sich halbtot. Das Schlachtfest fand nie ohne die »Breslauer« statt. Onkel Gustav brachte eine ordentliche Flasche echten Breslauer Korn mit, das gehörte zum deftigen Essen. Die Wurst bereitete Mutti selbst zu und schmeckte sie ab. Eine schlesische Spezialität war es, an diesem Tage außer dem sowieso anfallenden Wellfleisch, auch noch frische Blutwurst mit Kartoffelbrei und Sauerkraut zu essen. Nie wieder hat mir Blutwurst so gut geschmeckt wie damals zu Hause, als noch Mutti alles selber gemacht hat.

Ein lustiges Ereignis, das passierte als »die Breslauer« wieder einmal da waren, ist mir unvergeßlich in Erinnerung geblieben. Es war ein wunderschöner Sonntag im Sommer. Eine schöne Buttercremetorte war gebacken worden, und Tante Trude hatte Schlagsahne mitgebracht, die man sofort auf die Steinstufen im Keller zum Kühlen gestellt hatte. Die Männer stellten zwei lan-

ge Tische im Hof auf, und bald wartete eine appetitlich gedeck-
te Kaffeetafel auf Gäste, die »ganze Tanterei« war eingeladen.
Erst kurz vor dem Kaffeetrinken durfte die süße Sahne geschlagen werden, in einem großen braunen Bunzeltopf und von
Hand mit dem Schneebesen. Zu viert hockten wir Kinder um
den Topf, hielten die Hände an den Rand, und schleckten die
einzelnen Sahnespritzer an den Händen lustvoll immer wieder
ab. Endlich war auch diese zeit- und kraftaufwendige Arbeit geschafft, und bald stand die Glasschüssel voll Schlagsahne auf
dem Tisch. Die Plätze wurden eingenommen, der Kaffee dampf-
te, die Sonne schien, und die Torte schmeckte ausgezeichnet.
Es war ein richtig gemütlicher Sonntagnachmittag. Die Erwachsenen nahmen sich Zeit, hatten sie sich doch so viel zu erzählen. Natürlich hatten wir Kinder weder Geduld noch Sitzfleisch, und bald ging es los mit Ballspielen, und zwar ziemlich
lebhaft. Plötzlich hörte man so etwas wie einen »Platsch«, und
augenblicklich verstummte das lebhafte Geplauder. Der Ball
war ausgerechnet in der noch halbvollen Schlagsahneschüssel
gelandet. Die schöne Sahne klebte an Onkel Gustavs Hemd-
brust und in seinem Gesicht, verdutzt und mühsam zwinkerte
er in die plötzliche Stille. Langsam stand Tante Trude auf und
sagte beherzt: »Na, Dickerchen, ich hab dich sowieso zum Fressen gerne, da will ich dich gleich mal ablecken.« Womit sie
auch sofort zum Gelächter der ganzen Tischrunde anfing. Niemand schimpfte, alle amüsierten sich köstlich, es wurde ein unvergeßlicher Sonntagnachmittag. Das war typisch für die schlesische Mentalität. Möglichst alles mit Gelassenheit anzugehen,
sich nicht gleich aufzuregen, warum auch? Die Männer kippten
darauf noch einen echten Breslauer Korn, und die Frauen
räumten den Tisch ab und sorgten wieder für Ordnung.

Mittlerweile war es soweit, daß ich zur Schule angemeldet werden sollte. Eigentlich gehörten wir zu dem Dorf Leuchten, aber
der Schulweg zu dieser Dorfschule war viel weiter als der in die

Stadt. In den Oelser Stadtschulen wurden bessere Bildungsmöglichkeiten geboten. Man entschloß sich, mich in der Kronprinzenschule anzumelden. Mit von der Partie war zu meiner großen Freude auch die »Land-Erika«, meine beste Freundin. Den Besuch der Stadtschule konnte sich nicht jeder leisten, es kostete für »Auswärtige« Schulgeld. Die anderen Siedlungskinder gingen nach Ludwigsdorf in die Schule, denn nach der damaligen Ortseinteilung gehörte die Siedlung zu Ludwigsdorf. Dieser Schulweg war weit, und wenn es im Sommer ein Vergnügen war, den kürzesten Weg, nämlich den Fußpfad durch die Wiesen zu nehmen, so war es im Winter oft ein Problem für die Kinder, wenn der Schnee hohe Wehen bildete oder alles vereist war, und ein schneidender Wind wehte.

So ging ich also in die nächstgelegene Stadtschule, eigentlich eine Knabenschule, die aber auch gemischte Klassen führte, je nach Bedarf. Gründer und Förderer dieser modernen und bestens ausgestatteten Schule war der Kronprinz, dessen Namen sie aus diesem Grunde auch führte. Sie lag an der Kronprinzenstraße. Größere Ländereien um Oels gehörten zum kronprinzlichen Besitz, und den Mittelpunkt der schönen Stadt Oels bildete das gepflegte Schloß, ein ausgedehnter repräsentativer Bau, den die Familie zeitweise bewohnte. Waren die Herrschaften anwesend, wehte die Fahne am Mast.

Das Beeindruckendste des ersten Schultages war in jedem Fall die große Schultüte, leuchtend blau, fast so groß wie ich und gefüllt mit Süßigkeiten, Buntstiften, Heften usw. Nicht alle Kinder hatten so große Schultüten, denn das hing von der Größe des Geldbeutels der jeweiligen Eltern ab. Es war ein fürchterliches Gewimmel in der Klasse, denn vierzig bis fünfzig Kinder mußten da ihren Platz finden, was nicht ohne Geschrei und Geschubse vonstatten ging. Mir war angst und bange, die einzige Sicherheit bot meine Freundin Erika, die neben mir saß. Zu zweit war alles leichter auszuhalten. Jedes Kind wurde nach seinem Namen gefragt und eingetragen. »Soll ich euch nun auch sagen, wie ich heiße?« fragte die nette geduldige Lehrerin, Fräulein Bartsch.

»Ich heiße Olga.« Alle Kinder fanden diesen Namen zum Totlachen. Ein riesiges Gelächter und Geschrei setzte ein, und die arme Lehrerin tat mir ganz furchtbar leid, war das doch ein wirklich schöner Name. Sie hatte ihre liebe Not, sich Respekt zu verschaffen und immer wieder für Ruhe zu sorgen, und ich befürchtete, es würde ihr nie gelingen. Ich hatte Probleme, in dem Gewimmel von durcheinanderschreienden und -rennenden, scheinbar halbwilden Erstkläßlern die richtige Klasse und meinen Platz zu finden. Da setzten sich einfach frech andere hin, ich mußte mich selbst behaupten. Das Abenteuer »Schule« hatte begonnen.

Der Aufgabe, uns die ersten Grundschulkenntnisse beizubringen, widmete sich unser »Fräulein«, wie wir sie nannten, mit viel Einfühlungsvermögen und einer endlosen Geduld. Ich war mit dem Namen »Erika Vogt« in der Schule angemeldet worden und behielt diesen über die ganze Schulzeit und auch später bei. Dessen ungeachtet war man über meine Identität informiert, Vatel hatte da spezielle Sonderabsprachen getroffen.

Die damals übliche Sütterlinschrift zu lernen, fiel mir nicht schwer, hatte ich doch zu Hause schon gern gemalt und alle möglichen Kreationen mit viel Phantasie in meinem »Atelier« aufs geduldige Papier gezaubert. Lesen konnte ich fast auf Anhieb, kannte ich doch bereits all die interessanten kurzen Geschichten des ersten Märchenbuches auswendig und erfaßte dadurch die Wortbilder mit Leichtigkeit. Bald machte ich die Erfahrung, daß dem, der lesen kann, sich eine ganz neue Welt öffnet. Ich las alles, was mir an Gedrucktem in die Hände fiel.

Zuerst schrieb ich nur auf der Schiefertafel, wurde später jedoch stolze Besitzerin eines Schönschreibheftes und eines bunten hölzernen Federhalters, bestückt mit einer Redisfeder. Ganz vorsichtig tauchte man die Spitze ins Tintenfaß, damals fester Bestand jeder Schulbank, in eine Vertiefung eingelassen, damit es nicht etwa umfallen konnte. Doch diese Technik hatte auch ihre Tücken. Kam das kleinste Fusselchen an die Feder, dann verwischte sich die Schrift und alles, was man mit so vieler Mühe blitzsauber und regelmäßig dahingemalt hatte, mußte noch einmal neu geschrieben werden. Tintenbeschmierte Finger und Kleckse in den Heften waren Alpträume von Lehrern und Schülern gleichermaßen. Das allerschönste war für mich gleich von Anfang an das Lesen. Jedes neue Lesebuch studierte ich sofort von vorne bis hinten durch, ich mußte einfach wissen, was alles da drinstand. Völlig aufgehen konnte ich in meinem Lesestoff, und Zeit und Raum lösten sich einfach auf. Mit Zauberern und Geistern konnte ich mich mühelos in die Lüfte schwingen, litt und freute mich mit Prinzessinnen, den vielen Guten und Bösen, die nun einmal immer wieder phantastisch durch die Märchen geistern. Bei jeder passenden Gelegenheit bekam ich Märchenbücher geschenkt und kannte schon beizeiten Grimms und Andersens Märchenschatz, erlebte die Abenteuer von 1001 Nacht und Sindbad dem Seefahrer hautnah. Später bot eine gut sortierte Schulbücherei genügend Lesestoff. Für zehn Pfennige in der Woche konnte man lesen, was man nur wollte.

Trotz damaliger moderner Lehrmethoden haperte es zu gegebener Zeit mit der sexuellen Aufklärung. Derlei Themen waren nicht im Lehrplan vorgesehen und auch zu Hause ein ausgesprochenes Tabu. Der tägliche Anschauungsunterricht, den ja die vielen Haustiere boten, sagte mir überhaupt nichts. Der Bezug auf das menschliche Leben gelang mir einfach nicht. Das war doch etwas ganz Anderes. Als die Neugier fast unbezähmbar war, geriet ich beim Herumstöbern ganz zufällig an ein dickes altmodisches Doktorbuch, das verstaubt ganz hinten auf dem hohen Geldschrank lag. Darin die Geheimnisse der menschlichen Natur zu enträtseln und die Antworten auf geheimste Fragen zu suchen, geriet zu einem aufregenden Abenteuer. Ich konnte ein großes Geheimnis entschlüsseln, daß die Erwachsenen sorgsam zu hüten versuchten, nämlich das Geheimnis des Lebens.

Die Anlage des Gartens am alten Zollhaus hatte inzwischen gute Fortschritte gemacht. Obstbäume nur der besten Sorten standen in Reih und Glied, lange Reihen einer Spargelanlage und eine größere Fläche mit verschiedenen Sorten von Erdbeerpflanzen konnte man in ihrer Ausdehnung kaum überschauen. Kastenanlagen waren angelegt und Frühbeetfenster angeschafft worden zur Anzucht von Gemüsepflanzen für den Verkauf, aber überwiegend zur Weiterkultur auf den ausgedehnten Gartenflächen. Die Pflanzzeit fing schon beizeiten mit frühem Salat und Kohlrabi an, Frühkohl, Blumenkohl und Spätkohl folgten. Sellerie, Lauch, Möhren, Tomaten und Gurken fehlten nie im Sortiment und brachten meistens zufriedenstellende Ernten. Stauden und Sommerblumen lieferten vom Frühjahr bis zum späten Herbst Schnittblumen für Sträuße.

Alles, was anfiel, konnte marktgerecht aufbereitet Mittwoch und Samstag vormittag in Oels auf dem Wochenmarkt abgesetzt werden. Der Markt fand auf dem Ring statt, jeder Anbieter hatte seinen festen Standplatz und eine entsprechende Standgebühr wurde gleich morgens abkassiert. »Erich Papa« hatte einen Pritschenwagen und ein kleines braunes Pferd erstanden, das er »Fuchs« nannte. Mit diesem Transportmittel konnte nun alles, was verkäuflich war, auf den Markt geschafft werden. Dort herrschte vor allem samstags reger Betrieb, meistens konnte ein guter Umsatz erzielt werden.

Die gepflegten Bäume auf dem Vogt-Grundstück trugen bereits das schönste Edelobst, und Vatel sprach in den Feinkostgeschäften der Stadt rechtzeitig vor, nahm Bestellungen auf und traf Preisabsprachen. Am nächsten Markttag lud man die bestellten Körbe voller Obst mit auf den Pritschenwagen und lieferte sie an die Geschäfte aus. Es wurde stets peinlich genau sortiert, damit es nur ja keine Beanstandungen gab. Lagerschuppen waren entstanden, das »Erdhaus« war gebaut worden, eigentlich ein ausgedehnter Lagerkeller, überbaut mit einer großen Küche und einem Arbeitsraum. Das erwies sich als so praktisch, daß sich fortan das Leben der Familie Linke überwiegend dort abspielte. An diesen Bau fügte man in Südlage ein schräg angebautes Gewächshaus, davor eine Lage Frühbeetkästen und später noch einen Gewächshausblock. Eine Heizanlage und das Kesselhaus schlossen sich an.

Leider haperte es mit der Wasserversorgung für diesen groß angelegten Betrieb, denn eine Wasserleitung gab es nur in der Stadt. Auf dem Lande sorgte jeder für sein eigenes Wasser, und es war bei dem hohen Grundwasserstand kein großes Problem, einen Brunnen zu graben. Ein Wünschelrutengänger prüfte das Gelände und konnte feststellen, wo eine Wasserader verlief und wie tief sie etwa lag. Im weiteren Verlauf wurde von Hand ausgeschachtet, bis man dann auf das gesuchte Wasser stieß. Die günstigste Stelle lag nahe beim Hof, und die Arbeit wurde einem renommierten Brunnenbauer übertragen. Mit mehreren Männern hatte man das Loch schon mehrere Meter tief ausgehoben, da geriet der in der Grube stehende Mann mit den Füßen in Schlicksand, eine fließende Mischung von Sand und Ton. Der Mann bekam die Füße nicht mehr frei, und das Wasser stieg unaufhörlich in dem Schacht höher und höher. Man versuchte zu schöpfen, aber je mehr man schöpfte, um so schneller stieg der Wasserspiegel. Herbeigerufene Nachbarn und Helfer schöpften und zogen mit vereinten Kräften so gut sie konnten, aber die Situation wurde immer kritischer. Der arme Mann erlitt vor lauter Angst einen Herzschlag und konnte nur noch tot geborgen werden. Nach diesem schrecklichen Vorfall wollte niemand mehr Hand anlegen, und der Schacht wurde einfach wieder zugeschüttet. Da das Wasserproblem schnellstens gelöst werden mußte, grub man noch einen Brunnen an anderer Stelle, der Wasser aus neun Metern Tiefe lieferte, und einen weiteren, der Wasser aus einer Tiefe von vierzehn Metern anbot. Beide lieferten genügend Wasser zum Bewässern der vielen Gemüsepflanzen, die bei trockener Wetterlage mit Gießkannen von Hand gegossen wurden, bis sie gut angewachsen waren.

Damals war es auf dem Lande überall üblich, das Wasser mit Handpumpen ans Tageslicht zu befördern. Meistens standen auch mit Wasser gefüllte Wannen bereit, damit es sich vor Gebrauch etwas erwärmen konnte. In die Küche trug man das Brauchwasser mit speziellen Wasserkannen, die hatten ihren festen Platz auf der Wasserbank. Das Schmutzwasser sammelte man in einem Eimer, der dann zu den Bäumen getragen wurde, die immer großen Wasserbedarf hatten. Alles war sehr naturgebunden und wurde nach Gebrauch der Natur wieder überlassen. Das war auch so mit dem Plumpsklo, das immer an der Jauchegrube und neben dem Misthaufen seinen Platz hatte. Im Sommer war das eine einfache Sache, höchstens störte je nach Wetterlage eine weniger angenehme »Duftmarke«. Im Winter schnell und unbeschadet bei dringendem Bedürfnis dorthin zu kommen, war schon manchmal problematisch.

Die große Arbeitsküche im »Neubau« erwies sich als ein wahrer Segen, denn gekocht und gegessen werden konnte so nebenbei. Den ganzen Tag über gab es jede Menge Arbeit im Garten, und das Zollhaus wurde meistens nur noch als Schlafgelegenheit benutzt. Eine Hausgehilfin bewohnte ein Zimmer, und oben gab es noch einen großen Raum, der einem Gehilfen und einem Lehrling Unterkunft bot. Der Stauraum unter der Dachschräge bot Platz für alles mögliche Abgestellte und Zurückgelegte, für uns Kinder eine Fundgrube, denn zum Spielen konnten wir das alles gut gebrauchen. Dort oben, zwischen abgestellten Kleinmöbeln, Zeitungen und ausrangierten Kleidungsstücken befand sich das »Mäuseparadies« und zugleich das Schlaraffenland für unsere Katzen, die eifrig in Haus und Garten ihrer Jagd nachgingen und sich auch gerne streicheln ließen.

An den Hühner-, Schweine- und Ziegenstall schloß sich die Scheune an. Eine Außentreppe endete in einer Art Kanzel, dort wurde das Heu hinaufgegabelt. Das wurde ziemlich mühselig geerntet, aber für unser Pferd und die gefräßigen Ziegen mußte genügend Winterfutter eingebracht werden.

Die Ludwigsdorfer Straße war damals eine befestigte aber ungeteerte Landstraße, mit einem schönen Kirschbaumbestand an beiden Seiten und üppig mit Gras bewachsenen Straßengräben. Die Straßenverwaltung verpachtete die Nutzung für ein paar Mark, und Ziegen- wie Karnickelbesitzer konnten das Futter mit der Handsense mähen und Winterfutter einbringen. Erich Papa mähte immer die gegenüberliegenden Gräben, und zur Heuzeit stand das Pferdchen mit dem kleinen Wagen dort, und Papa lud auf. Wir Kinder traten es ein bißchen fest, und wenn dann noch Tomatenpfähle an die Seiten gesteckt wurden, ging eine ganze Menge drauf. Mit einer langen Heugabel reichte der Gehilfe, der große Josef, das knisternde duftende Heu nach oben auf die »Kanzel«, der kleinere Josef, seines Zeichens Lehrling, nahm es oben ab und schaffte es weiter. Wir Kinder »durften« alles festtrampeln und in dem Heu herumspringen, soviel wir nur wollten, ein herrliches Kindervergnügen, solange wir »durften«. Als wir dann etwas älter waren, das Vergnügen zur Pflicht ausartete und das Ganze nach »Arbeit« roch, da war es auch kein Vergnügen mehr.

Tante Nine und ihr Mann hatten auch ein Stück Garten zur Selbstversorgung auf dem Vogt-Grundstück, es lag ziemlich weit hinten, anschließend an die Obstanlage. Auch das kleine Stückchen Land hatten die beiden zu einem kleinen Juwel verzaubert, gab es doch dort alles im Kleinen, was in der Gärtnerei im Großen angelegt war. Versteckt hinter einem langen Himbeerbeet und dichten Stachel- und Johannisbeerbüschen stand eine kleine Laube. Innen und an der Westseite gab es eine Sitzbank. Onkel Willert sammelte schöne Steine und hob alles auf, was in seinen Augen außergewöhnlich gemasert, gefärbt oder geformt war. Das waren seine »Edelsteine«. Einen Teil hatte er aus seiner Heimat, dem kleinen Ort Wüstegiersdorf, mitgebracht, wirklich Prachtexemplare, denn bei uns gab es kaum Steine zu finden. Wir Kinder konnten ihm keine größere Freude machen, als seine Edelsteine zu bewundern. Überhaupt war dieser kleine Garten wie verzaubert, ein Märchengarten und ideal geeignet, überall Verstecken zu spielen. Kleine Zwerge lugten hier und da aus dem üppigen Grün. Im Hochsommer boten die verschiedenen Reihen der Spargelbeete ein wunderschönes Bild mit ihrem üppigen zarten Grün. Die Pflanzen standen so hoch, daß ein kleineres Kind darin nicht zu sehen war. Dort, zwischen diesen lichten Reihen, hatte ich mir als kleines Kind mein »Häuschen« eingerichtet, von dem aus ich den Bienen, Käfern, Raupen und den Licht- und Schattenspielen der Sonnenstrahlen zusah. Da kam auch Onkel Willert und setzte sich neben mich. Ganz ungewohnterweise legte er den Arm um mich und sagte: »Ach, mir geht es heute gar nicht so gut wie sonst. Mir tut hier am Bauch was so schrecklich weh.« Der arme Onkel tat mir leid. »Soll ich dir die gute Salbe von Mamachen holen?« fragte ich sogleich. »Ich weiß, wo die liegt, und die hilft immer, hat Mamachen gesagt.« »Ach nein, da wird wohl die Salbe auch nichts nützen«, meinte der Onkel traurig, »aber du könntest schon etwas für mich tun. Vielleicht wird es besser, wenn du mich dort, wo es so weh tut, streichelst?« Natürlich tat ich das sofort, das war ja die einfachste Sache, denn wenn ich selbst Probleme hatte, half Streicheln manchmal auch. »Hier mußt du streicheln, da tut es am meisten weh, und es ist schon ganz dick«, sagte der liebe Onkel, und ich streichelte und streichelte, bis er endlich aufstand und sagte: »Das hat mir aber gutgetan. Ich hatte schon Angst, ich muß sterben, aber du hast mir geholfen. Ich geh jetzt hinter die Laube und ruh' mich noch ein bißchen aus. Wenn ich wieder so Schmerzen kriege, dann streichelst du mich doch sicher wieder?« Ich versprach es ihm, tat mir doch der arme Onkel ganz furchtbar leid.

Das passierte mehrere Male und jedesmal ging es dem armen Onkel wieder viel besser, wenn ich ihn nur lange genug gestreichelt hatte. Aber ich hatte furchtbare Angst, er könnte an dieser Krankheit, die immer wieder kam, doch einmal schnell sterben, ehe ich ihn streicheln konnte. Es ließ mir keine Ruhe. Zwar sollte ich niemand etwas erzählen, aber schließlich fragte ich in meiner Angst um den lieben Onkel doch Mamachen um Rat, die wußte doch sonst immer alles. Die hörte mir ganz aufmerksam zu und wollte genau wissen, wo der Onkel immer wieder diese furchtbaren Schmerzen hatte. »Ich glaube, ich weiß, was für eine Krankheit das ist«, sagte sie dann und zog ihre Stirn in Falten. »Dem werde ich aber helfen.« Auf der Stelle marschierte sie entschlossen in den Garten, wo sich der arme Onkel gerade von seinen großen Schmerzen wieder erholte. Nach einer Weile, es dauerte gar nicht lange, tauchte Mamachen mit hochroten Backen und fliegenden Röcken wieder auf und sagte zu mir: »Den Onkel Willert habe ich ein für allemal kuriert, der kriegt diese Krankheit so schnell nicht wieder, und du brauchst ihn nicht mehr zu streicheln, und sterben wird er ganz bestimmt auch nicht.« Da fiel mir ein Stein vom Herzen, war ich doch ganz sicher, daß ich und dann später Mamachen, dem Onkel das Leben gerettet hatten. Auch Tante Nine gab Obacht auf ihren Mann, damit sie gleich merkte, wenn die schlimmen Schmerzen wieder kamen, ließ sie ihn nicht mehr allein in den Garten gehen und auf der Bank an der Laube in der Sonne sitzen.

Mamachen war eine beeindruckende Persönlichkeit. In meiner Kindheit trug diese Frau noch fast knöchellange weite Röcke, große Schürzen davor und diverse Unterröcke darunter. Das lange Haar wurde kunstvoll hochgesteckt, in der Art, wie es in ihrer Jugend, Anfang des Jahrhunderts, Mode war. Immer nahm sie sich dafür Zeit und änderte diese Gewohnheit auch nicht, als das Haar schon merklich dünner geworden war. Das klassische, früher bestimmt schöne Gesicht, erhielt so den ihm gebührenden Rahmen. Mamachen besaß ein damals modernes Fortbewegungsmittel, ein schönes blau-weißlackiertes, chromblitzendes Damenfahrrad. Leider hatte dieses Prachtgefährt noch keinen Freilauf. Die Pedalen drehten sich immerzu, und bremsen konnte man nur mit der Handbremse. Es war ein atemberaubender Anblick, wenn sie sich mit ihren langen Röcken auf ihr Vehikel schwang, was jedoch nicht allzu oft vorkam. Meist fanden sich einige Zuschauer, die sie mit guten Ratschlägen eindeckten, bis sie in Schwung kam, und dann unbeirrt ihr Ziel ansteuerte. Sie war nicht ängstlich, hatte sie doch schon in jungen Jahren die ersten Anfänge des Fahrradsportes miterlebt und war zusammen mit Vatel auf der Erstkonstruktion gefahren, das ein riesiges Vorderrad und ein klitzekleines Hinterrad hatte.

Eines Tages packte mich der verwegene Wunsch, auf dem »guten Stück« von Mamachen radfahren zu lernen. Leider vermochte ich dieses tückische Ungetüm kaum zu halten, war es doch viel größer als ich. Die sich ständig drehenden Pedale entpuppten sich als reinste Katastrophe und brachten mir nichts als blaue Flecke ein. Schließlich kam ich auf die glorreiche Idee, mich auf den Mittelrahmen zwischen die Pedale zu stellen und bergab zu rollen. Das glückte so etwa zwanzig Meter tatsächlich, aber in meiner großen Freude darüber achtete ich zu wenig auf den Weg, landete unsanft im nächsten Zaun, und verletzte mich am rostigen Stacheldraht. Mamachen schimpfte und hatte mehr Sorge um ihr Fahrrad als um meine bösen Schrammen. Das war zuviel. Sollte sie sich das Ding doch einsalzen! Nun versuchte ich es mit Vatels Herrenrad, das schon über Freilauf verfügte. Natürlich war es viel zu groß, aber unter der Querstange hindurch konnte ich mit einiger Mühe die beiden Pedale erwischen und, o Wunder, ich konnte darauf tatsächlich fahren.

Zwar konnte ich kaum über die Lenkstange gucken, aber mit langgerecktem Hals, krampfhaft die Lenkstange umklammernd und in abenteuerlicher Körperverrenkung, gelang es mir, die Balance zu halten und von der Stelle zu kommen. Bald hatte ich den entscheidenden Kniff heraus, und ich konnte tatsächlich radfahren. Was für ein Triumph über die damalige Technik! Mamachen konnte sich gar nicht genug wundern, stemmte beide Arme in die Seiten und rief immer wieder: »Nu guckt doch bloß das Mädel an, die fährt ja wie der Deiwel!«

Aber Vatel brauchte seinen Drahtesel meistens selbst. Aus diesem Grunde, vielleicht auch, weil er um die Sicherheit seines guten Stückes fürchtete, versprach er schmunzelnd, mir ein eigenes Fahrrad zu stiften, wenn ich etwas älter wäre. Mir kam es sehr lange vor, bis ich älter wurde, alt genug für ein eigenes Fahrrad. Schließlich aber standen wir eines schönen Tages in einem Geschäft voller leuchtend bunter und chromblitzender Fahrräder. Der Besitzer war ein Versicherungskunde von Vatel und wollte uns das allerbeste, allerschönste, allerdings nicht allerbilligste

Stück seines Bestandes verkaufen. Nach vielem fachlichen Hin und Her verließen wir das Geschäft mit einem Prachtstück von Damenfahrrad, kleinste Ausgabe, selbstverständlich mit Freilauf und allem Drum und Dran, herrlich leuchtend rot-weiß lackiert. Glückstrahlend trat ich die Heimfahrt an, und dank meiner fürsorglichen Pflege, die ich meinem kostbaren Besitz angedeihen ließ, tat es mir sehr lange gute Dienste.

Mamachen wagte sich mit ihrem Museumsstück bald nicht mehr in die Stadt, und es bekam einen Abstellplatz ganz hinten im Schuppen. Für Besorgungen zuständig waren nur noch Vatel und ich, Mamachen erteilte großzügig und souverän ihre Anweisungen. Ab und zu ging es ihr gesundheitlich nicht gut, es plagte sie das Rheuma, und wenn es ganz schlimm kam, auch ab und zu ein Hexenschuß. »Komm mal ganz schnell und hilf mir wieder hoch!« rief sie dann verzweifelt, wenn die »Hexe« sie in gebückter Stellung »angeschossen« hatte. Mit Stöhnen und »Aujedichjedichne« jammernd rutschte sie dann zur nächsten Liegestatt und versuchte in die horizontale Lage zu kommen. Wärmeanwendungen mit frisch gekochten Kartoffeln, gedrückt und in Leinensäckchen auf die schmerzende Stelle gelegt, halfen meistens. Manchmal mußte Vatel aber auch Bienen auf die schmerzenden Stellen setzen und zum Stechen veranlassen. Es wurde tapfer ertragen, denn es half.

Mein jüngerer Bruder lernte das Radfahren zur gleichen Zeit wie ich, aber er hatte das Glück, daß er sich nicht mit einem Monstrum ohne Freilauf abquälen mußte. Er hatte im Schuppen ein Fahrrad entdeckt, das entweder Papa oder einem der Gehilfen gehörte. Im Handumdrehen hatte der Kerl den entscheidenden Kniff heraus und lachte mich aus, wenn ich mich noch ungeschickt anstellte und mit geschundenen Knien herumlief. »Du bist doch 'n Pfannekuchen mit Beene. Das lernste nie!« wagte er mir nachzurufen, dieser verflixte Lausebengel. Wenn ich ihn nur erwischt hätte! Liebend gerne hätte ich ihn in der Luft zerpflückt, ihn wenigstens anständig verprügelt. Aber er konnte einfach schneller »wetzen« als ich. Als wir beide dann richtig fahren konnten, vertrugen wir uns auch wieder und übten einmütig Kunststücke wie Freihändigfahren oder mit den Beinen auf der Lenkstange durch den Hof sausen. Es war alles eine Frage des Trainings. Mamachen hielt alle Ängste aus und schimpfte über unsere Unvernunft. Später, als ich größer war, konnte ich dann gut die Balance halten, wenn ich mit einem großen Korb voller frischer Hühnereier in die Stadt zur »Eierei« unterwegs war. Unsere fünfzig Hühner sorgten dafür, daß jeden zweiten Tag ein großer Korb voller Eier zum Verkauf in die Stadt gebracht werden konnte.

Erich Papa fütterte alle Tiere – und das waren eine ganze Menge – immer selbst. Er hatte zu seinen Viechern ein ganz besonderes Verhältnis, sprach sie alle an und unterhielt sich mit ihnen, wie mit seinesgleichen. Interessanterweise reagierten sie, als würden sie genau verstehen, was er ihnen erzählte, spitzten die Ohren, wackelten mit dem Schwanz und bekundeten sichtlich ihre Freude. Ganz besonders in sein Herz geschlossen hatte er das braune Pferdchen, den »Fuchs«. Wenn im Garten das Land zur Bestellung hergerichtet und die langen Gemüsebeete geackert wurden, war das auch für den Fuchs eine harte Arbeit. Aber Papa scheuchte ihn nicht, damit es schneller ging, nein, er gönnte seinem treuen Arbeitsgefährten immer wieder eine Ruhepause, wenn er sah, daß es nötig war. Dann konnte es mit neuen Kräften gemütlich weitergehen, und die Arbeit ohne Hetze geschafft werden.
In der geräumigen Scheune stand ein einspänniger Kutschwagen, mit dem sich die Familie ab und zu einen Sonntagnachmittagausflug leistete. Hatte Erich Papa keine Zeit oder keine Lust, dann sprang einer der Gehilfen ein, entweder der lange Johann oder den kleine Josef, auch Mutti konnte mit Pferd und Wagen umgehen, und wenn sie nicht zu müde war, gönnten wir uns eine lustige Kutschfahrt. Einfach in die Kutsche setzen und wegfahren, so etwas kam jedoch überhaupt nicht in Frage. Zu-

erst waren Vorleistungen zu erbringen. Der Wagen war hell poliert, sah gut aus und mußte selbstverständlich blitzsauber sein. Eifrig schleppten wir dem Fuchs Heu und Hafer in den Futtertrog, das war dem Papa sehr wichtig, das Tier durfte nicht hungrig vor den Wagen gespannt werden. Erst wenn der gute Fuchs gestriegelt war, das Fell glänzte, das Geschirr und die Hufe gewichst und der Schwanz gekämmt waren, durfte angespannt werden. Erich Papa war Soldat gewesen und hielt auf Ordnung. Manchmal aber hieß es auch:»Der Fuchs hat in dieser Woche genug geschafft, der braucht heute seine Ruhe.« Kamen wir aber in den Genuß einer Kutschfahrt, dann fühlten wir uns wie die Könige, und wenn Papa nicht mit von der Partie war, dann ließen wir das Füchschen auch schon mal rennen.

Angespannt zur Sonntagskutschfahrt
Auf der Kutsche Mutti, Dorchen, Heini, Erika.
Vor dem Pferd der»kleine Josef«. Links das»alte Zollhaus«.

Die Grenze zwischen dem Vogt- und dem Linke-Grundstück bildete die Giebelseite eines älteren Zweifamilienhauses, das zum Vogtschen Besitz gehörte. Kleintierställe für Ziegen, Hühner, Gänse und ein Kohlenschuppen schlossen sich daran an.

Die Rückseite dieser Ställe bildete eine zwei Meter hohe Mauer, die als Grenze zwischen Vogt- und Linke-Grundstück fungierte. An dieser Wand rankten Schattenmorellen- und Weichselkirschen–Spalierbäume, die ohne besondere Pflege jedes Jahr eine gute Ernte einbrachten. Die leuchtend orangeroten saftigen Weichselkirschen wuchsen kräftig und ragten weit bis über das Stalldach hinaus, so daß sie von dort aus bequem geerntet werden konnten. Als die Hühnerställe gebaut wurden, standen zwei schöne kräftige Tafelbirnbäume im Weg und hätten eigentlich weichen müssen. Vatel konnte das einfach nicht übers Herz bringen, und ihm fiel eine ungewöhnliche Lösung für dieses Problem ein. Der Stall erhielt seinen vorgesehenen Platz, aber das leichte Teerpappe-Dach baute man um die kräftigen Stämme herum. Durch die Wärmeabstrahlung erreichten die Früchte dieser beiden prächtigen Bäume eine Extragröße und ein ganz besonders gutes Aroma. Leider erlitten sie aber bei Unwettern mit Hagelschlag die größten Schäden, jedes Hagelkorn hinterließ eine braune schadhafte Stelle, die diese Früchte unverkäuflich machten.

In dem alten Zweifamilienhaus wohnte eine Familie mit fünf kleinen Kindern, die immer, wenn die Mutter einkaufen ging, in der Wohnung eingeschlossen wurden. Sie sannen auf Abhilfe dieser Freiheitsbeschränkung und immer, wenn sie wieder allein waren, kletterten sie zum Giebelfenster im ersten Stock hinaus, am Kirschenspalier hinab und machten die Umgebung unsicher. Alles mögliche verschwand, was sie meinten, brauchen zu können, und nach und nach auch die Kirschen. Ließ sich jemand auch nur von weitem blicken, verschwanden sie wie die Eichhörnchen wieder in ihrem Giebelfenster. Meinem Bruder fiel es schließlich ein, wie er Abhilfe schaffen konnte. Das Gesicht schwarz mit Ruß beschmiert, ein großes Messer im Mund, stieg er am Kirschenspalier hoch und sah in seiner furchterregenden Aufmachung zum Fenster hinein. Die Wirkung war durchschlagend. Der Teufel war am Fenster erschienen und wollte alle holen. Ab sofort gab es von dieser Seite her keine Beanstandungen mehr, das Fenster blieb zu.

Weiter vergrößerte sich die Gärtnerei, es kam der »Eimerak-ker« dazu, ein Baugrundstück, das sich nach dem fünftem Siedlungshaus erstreckte und zur Gemarkung Ludwigsdorf gehörte. Auf diesem Gelände baute man überwiegend Erdbeeren in verschiedenen Sorten an, auch zu verschiedenen Zeiten reifend. Die ersten Erdbeeren und Kirschen, allererste vereinzelte reife Früchte, brachte Vatel immer Mamachen zu ihrem Geburtstag, das war der 30. Mai, als Präsent. Am Tag darauf, am 31. Mai, hatte Mutti Geburtstag, und erhielt das gleiche Präsent. Bei schönem Wetter folgte bald die Erdbeerernte mit anhaltendem Streß, schmerzendem Rücken vom stundenlangen Pflücken und die Erdbeermarmeladen-Zeit. Frauen halfen für Stundenlohn, denn die reifen empfindlichen Erdbeeren mußten fortlaufend in Spankörbe gepflückt und gleich sortiert werden. Bereits am Abend war Erich Papa damit beschäftigt, den Pritschenwagen zu beladen und den Fuchs gut zu füttern. »Komm hier, friß noch eine Portion Hafer zusätzlich, denn du mußt morgen früh weit laufen.« Morgens um zwei Uhr spannte Papa dann den Fuchs an den Wagen, und los ging die Fahrt nach Breslau zum Großmarkt. Wenn man einen guten Preis erzielen wollte, mußte das Gespann spätestens um fünf Uhr dort sein. Mit fortschreitender Zeit sanken die gebotenen Preise. Etwas zurückzubringen lohnte sich nicht, denn die Beeren wurden dann langsam matschig und der Saft lief unten aus dem Korb. Das war immer ein anstrengender Tag für Pferd und Fuhrmann, die Wegstrecke betrug so etwa zweiunddreißig bis fünfunddreißig Kilometer. Alles, was Hände hatte, wurde zum Erdbeerenpflük-ken eingesetzt, die Frauen arbeiteten für einen Stundenlohn von ganzen dreißig Pfennigen, aus heutiger Sicht überhaupt nicht diskutabel, damals aber schon erstrebenswert. Kleine und schadhafte Früchte sortierte man sofort aus, die wurden dann noch am späten Abend geputzt und zu Erdbeermarmelade verarbeitet, was sich nicht selten bis Mitternacht hinzog. Es durfte nichts verkommen, alles wurde bestens verwertet, nichts konnte stehenbleiben bis zum nächsten Tag, dann war alles schon verschimmelt und faulig. Gefriertruhen kannte man noch nicht, dafür war der Vorratskeller immer gut gefüllt mit Eingemachtem, Marmeladen, Säften und selbstgemachtem Wein. Was dann noch übrig war, fand immer noch im Stall gefräßige Abnehmer. Der Fuchs, die naschhaften Ziegen, das Schwein, die Gänse, Enten und Hühner fraßen alles, aber auch wirklich alles, die Ziegen sogar Papier und Wäsche, wenn sie nur drankamen. In der Erdbeerzeit gab es alle Tage mehrmals Erdbeeren mit Ziegenmilch und Zucker, für mich das köstlichste Gericht.

Das Bargeld, das alle Tage vom Verkauf und vom Markt in Breslau hereinkam, hatte Papa in einer schönen handlichen Zigarrenkiste im Heizungskeller unter dem großen Kokshaufen versteckt. Immer wenn er wieder etwas dazutun konnte, freute er sich über sein so diebstahlsicher verstecktes Kapital. Mutti hatte auch Bargeld griffbereit und mit Sicherheit auch etwas Gespartes, aber das vertraute sie lieber ihrem Küchenschrank an, und weil sie öfters im Garten Kundschaft zu bedienen hatte, trug sie immer eine Geldtasche umgehängt unter ihrer Schürze. Da konnte sie bei Bedarf jederzeit Wechselgeld herausgeben und verlor keine Zeit. Papa wickelte zu Hause im Betrieb fast nie Geschäfte ab, das war Muttis Sache. Nach turbulenten Tagen, als es einmal etwas ruhiger im Betrieb war, begab sich Erich Papa frohen Mutes zum Heizkeller. Das Kesselhaus war nur ein Anbau, man mußte eine Treppe hinuntersteigen, unten lag ein großer Haufen Koks in den Ecke, der im Bedarfsfalle gleich mit einer großen Schippe in die Einfeuerung des Heizkessels geschippt wurde. Damit wurden die Gewächshäuser geheizt, und im Winter mußte die Heizung auch nachts gewartet werden. Unter dicken Koksbrocken holte der verhinderte Bankier seine versteckte Zigarrenkiste hervor, um seinen Saldo zu überprüfen. Doch mit Entsetzen mußte er feststellen, daß diese Idee nicht die beste gewesen war. Diebstahlsicher war das Versteck auf jeden Fall gewesen, denn wer wühlt schon einen Kokshaufen um, in der Hoffnung, einen Schatz zu bergen? Mäuse hatten jedoch Geschmack an den deponierten Werten gefunden, ein klitzekleines Mauseloch in die Zigarrenkiste gefressen und sich darin ein gemütliches Nest gebaut. Auch sie hatten das Bedürfnis nach größtmöglicher Sicherheit. Die Mäuschen waren aber immerhin so nett gewesen, noch genügend erkennbare Fragmente von den Scheinen übrigzulassen. Auch damals war nichtangegebenes Vermögen eine heikle Angelegenheit, und man hielt Kriegsrat, was wohl am besten zu tun, um die Situation zu retten. Schließlich wurde mein Bruder Heini in voller HJ-Uniform mit den angeknabberten Geldscheinen und der Geschichte, wie das passiert war, zur Kreissparkasse geschickt, um dort das Geld einzutauschen. Was niemand für möglich gehalten hatte, geschah: Er kam tatsächlich mit einer ansehnlichen Summe in nagelneuen Scheinen wieder zurück und wurde gefeiert wie ein Held. Wieviel eigentlich in dieser geheimnisvollen Zigarrenkiste gewesen ist, wußte wohl selbst Papa nicht genau, er hatte immer wieder mal was dazugelegt. In Zukunft wußte Papa jedenfalls, wo sein Geld am sichersten war: Es folgte eine rege Geschäftsverbindung mit der Kreissparkasse.

Im Spätherbst, als schon fast alle Blätter von den Bäumen gefallen waren, ging es an einem ruhigen noch sonnigen Tag in die Fasanerie zum Laubrechen. Wie das Gras an den Straßengräben, so wurde auch das Laub in der Fasanerie verpachtet. In den Gärtnereien stellte man die gute Humuserde noch selbst her. Große Komposthaufen setzte man immer wieder um, behandelte sie pfleglich und arbeitsaufwendig, waren sie doch die Grundlage für das Gelingen der gärtnerischen Kulturen. Sie lieferten naturbelassene Gebrauchserde von bester Qualität. Eifrig fuhren die großem Holzrechen durch das goldbraune, raschelnde Laub und kehrten es zu großen Haufen zusammen. Mit großen Weidenkörben schaffte man es auf den Kastenwagen, um es dann später daheim zum Verrotten aufzusetzen. Hinter der Fasanerie lagen Feuchtwiesen, und im Winter glitzerte dort die große Fläche einer Eisbahn. Sie lockte viele Schlittschuhläufer an, eine Sportart, die regen Zuspruch fand. Für einen minimalen Betrag konnten sich dort groß und klein

tummeln, bis der unweigerliche Muskelkater oder »Eisfüße« dem Treiben ein Ende setzten. Doch es gab auch noch andere Möglichkeiten, die Freuden des Winters zu genießen, beispielsweise den Rodelberg im Kritschener Wald. Im Winter war in der Gärtnerei nicht so viel zu tun, und der »lange Johann« oder der »kleine Josef« spannten den Fuchs an. »Das Tier braucht mal Bewegung!« hieß es. »Wer will mit zum Rodelberg?« Das Angebot sprach sich in Windeseile unter den Kindern der näheren Umgebung herum, man ließ alles andere stehen und liegen, zog schnell die warmen Sachen an und packte den Schlitten. Er mußte eine gut befestigte Schnur, besser einen Strick haben, mit dem man dann sicher und haltbar ankoppeln konnte. Auch eine warme Decke oder ein Kissen waren sehr gut zu brauchen, denn von unten her konnte es während der Fahrt ganz schön kalt werden. Bald standen zehn und mehr Kinder mit ihren Schlitten vor dem Tor. Diese band man dann aneinander, davor den Fuchs, der schon ganz übermütig mit den Hufen im Schnee scharrte, und ab ging die lustige Schlittenpartie mit lautem Geklingel und Hallo. In den Kurven bei flottem Trab konnte auch schon mal ein Schlitten umkippen, wenn der Passagier nicht aufpaßte. Es passierte auch, daß irgendein Strick riß, und nicht immer kamen alle auch wirklich am Rodelberg an. Dieser sagenhafte Rodelberg, mitten im Wald, wurde viel besucht und mit atemberaubendem Schwung glitt man, noch beschleunigt durch eine kleine Bodenwelle, hinunter. Den Schlitten am Rande der spiegelglatten Rodelstrecke wieder hochzuziehen, war Schwerarbeit, man kam da ganz schön ins Schwitzen. Auf der Heimfahrt am späten Nachmittag kroch einem die Kälte langsam, aber sicher eisig in die Glieder. Todmüde, mit klammen Fingern und eiskalten Füßen war jeder Teilnehmer so einer lustigen Schlittenpartie froh, wenn er wieder zu Hause war und die warmen Hausschuhe anziehen und sich am Kachelofen wärmen konnte.
Für uns Kinder gab es auch daheim im Garten ein ganz spezielles Wintervergnügen, wir brauchten gar nicht weit weg, hatten wir doch den Gartenteich. Im Sommer Tummelplatz für alle Sorten Frösche und ab und zu auch für Fische, fror er im Win-

ter völlig zu und bekam meistens eine dicke Eisdecke. »Geht ja nicht aufs Eis, ehe Mamachen es euch erlaubt hat!« so erging die Mahnung, und alle warteten geduldig, bis es lange genug kalt gewesen war. Man hackte am Rande ein kleines Loch, um die Dicke der Eisbildung zu kontrollieren, und eines Tages war es dann so weit. Mamachen, eine »gewichtige« Erscheinung, betrat langsam und vorsichtig die verlockende Eisfläche. Erst wenn sie langsam, und ab und zu federnd über die Mitte der Wasserfläche, nun Eisfläche, gelaufen war, ohne daß es laut geknackt hätte, durften auch andere Interessenten drauf. Das war immer ein atemberaubendes Schauspiel, und man zelebrierte diesen Sicherheitstest regelrecht. Auf der kleinen Teich-Eisbahn konnte man mit den Schlittschuhen Runden drehen, soviel, bis es langweilig wurde. Auch alle anderen Übungen versuchte ich mit mehr oder weniger, meistens leider mit weniger Erfolg. Das Talent zu einer Eislaufkünstlerin war mir, trotz günstiger Voraussetzungen, wohl nicht in die Wiege gelegt worden. Die kleineren Geschwister kamen mir immer wieder in die Quere, denn die hatten ihren Spaß am Glitschen, wir sagten früher in unserem schlesischen Dialekt »Kascheln«. Das wurde aber gar nicht gern gesehen, denn die Schuhsohlen hielten den Strapazen nicht lange stand, und gutes festes Schuhwerk erwies sich in den kalten, schneereichen Wintern immer als sehr wichtig. Immer wieder streute man zu unseren Leidwesen Asche auf die schönen »Kascheln«, die sich überall, auch im Hof, mit einem Eimer hingeschüttetem Wasser anlegen ließen, das schnell gefror und eine spiegelglatte Bahn ergab. »Macht das ja nicht wieder!« hieß es.

»Das sei euch das Zeichen! Das sei euch das Zeichen: Ihr werdet ein Kind finden ...«, heißt es im Lukas Evangelium 2, 12. Wo es um Gottes Herrlichkeit, um die Wirklichkeit und Kraft seines Kommens geht, da ist ein Kind das Zeichen der Kleinheit, der Hilfslosigkeit und Ohnmacht ... Ein Kind Gottes.

Nicht von ungefähr blieben mir die weihnachtlichen Zeichen aus der frühen Kindheit in Schlesien unzerstörbar in Erinnerung. Die winterlichen Tage vor dem Christfest, an denen der Frost in den kahlen Zweigen der Obstbäume klirrte, sind vor meinem inneren Auge noch so lebendig wie damals. Eisblumen malte der Frost an die Fensterscheiben, es war ein herrliches Spiel, vor den silberglänzenden Urwäldern aus Eiskristallen zu kauern und dem Entstehen von immer neuen Strukturen zuzusehen. Mit dem warmen Hauch des Atems konnte man die zarten Eisgebilde zerstören und zerrinnen sehen, und warten, bis sie sich wie durch ein Wunder sofort wieder neu, und noch schöner und phantasievoller aufbauten. Wir Kinder sahen die Eisblumen an der Scheibe in unserer Phantasie als Christrosen an und verbanden mit ihrer Entstehung das Lied: »Es ist ein Ros' entsprungen«. Sie waren für uns wie ein Zeichen der Verheißung, wir wußten: Bald kommt Weihnachten. Der tiefere Sinn des schönen Liedes kam uns erst viel später zum Bewußtsein. Auch der Adventskranz war ein Zeichen, daß nun bald Weihnachten war.

Ein weiteres sichtbares Zeichen der nahenden Weihnachtsherrlichkeit war das Pfefferkuchenbacken. Das brauchte viel Zeit. Es war schon ein besonderes Ereignis, wenn die duftenden Zutaten alle bereitgestellt wurden, und Mutter überprüfte mit kundigem Blick, was alles noch zu besorgen war. Endlich ging es dann los mit dem Rühren, Abwiegen und Kneten. Alles mußte ganz genau nach einem alten überlieferten Rezept zusammengefügt werden, das noch von der Großmutter stammte und in einem dicken, ehrfurchtgebietenden Folianten von Kochbuch aufgeschrieben stand. Wenn dann alles zusammengeknetet war, wurde der Teig erstmal kaltgestellt und hatte vierzehn Tage Zeit zum Ruhen, damit sich das Aroma entwickeln konnte. Nie waren wir Kinder so brav wie in diesen Wochen. Jeder suchte den Eltern alle Wünsche von den Augen abzulesen. Die Spielsachen ordentlich aufräumen, für Brennholz sorgen, Geschirr abtrocknen, Gedichte lernen und sich ja nicht miteinander zanken, das war das allermindeste, was verlangt wurde.

Kartoffeln in die Küche bringen geschah schon nicht ganz selbstlos, konnte man doch davon so schöne Kartoffelmännchen machen oder eine Herde Kühe. Die mußte die Mutter dann unter allgemeinem »Hallo« wieder einfangen, um sie zu schälen und in den Kochtopf zu bekommen. Eines Tages war es dann soweit. Die Schüssel mit dem dicken braunen Honigteigklumpen wurde wieder herbeigeholt. Das war stets ein ereignisreicher Freudentag. Ich durfte helfen, den Teig breitzuwalzen und dann mit den Blechformen die Lebkuchen auszustechen. Sterne, Halbmonde, Vögel, Kringel, Rauten und Schweinchen, ja sogar Engel entstanden da, und ganz behutsam und vorsichtig legte sie die Mutter auf die Bleche. Gottes ganze Schöpfung versammelte sich hier auf den großen Kuchenblechen und wies auf das bevorstehende Weihnachtsfest hin. Inzwischen hatte der Vater den Backofen hinter dem Haus mit Reisig angeheizt. Es war wohlig warm im kleinen Backhäuschen, und die rotglimmende Glut hatte für die richtige Backhitze gesorgt. Nun kratzte man sie heraus und schob schnell in mehreren Etagen die großen Bleche mit den Pfefferkuchen hinein. Schnell wurden sie dick und dicker, als wären sie lebendig, und es dauerte nicht lange, da sagte die Mutter: »Sie riechen schon, wir müssen sie herausholen!« Als nächstes sollte ein Streuselkuchen in den Ofen, und die Tante brachte auch noch ein Blech zum Mitbacken. »Kinder, geht weg! Jetzt ist hier kein Platz für euch! Ihr verbrennt euch noch«, rief die Mutter, und widerstrebend verkrümelten wir uns, jeder mit einem heißen, frisch gebackenen Pfefferkuchen in der Hand. Dann folgte das nächste Ereignis, das unsere Herzen höher schlagen ließ: Der Zuckerguß kam auf einen Teil der braunen duftenden Lebkuchen. Schließlich, am dritten Tage verstaute die Mutter dann die ganze Pracht in großen Dosen, denn die Herrlichkeiten sollten noch einmal nachreifen, dem Weihnachtsfest entgegen. Als braven Kindern war uns geboten, in der Adventszeit auf Süßigkeiten und Leckereien zu verzichten. Das war allerdings kein »Muß«, und ab und zu gab es schon mal einen kleinen Vorgeschmack auf Weihnachtsengelchen.

Geschärfter als sonst waren unsere wachen Sinne. Spitzohrig wurde aufgepaßt, was die Eltern so alles zu besprechen hatten. »Ich hab gesehen, daß der Briefträger ein großes Paket gebracht hat. Die Mutter hat es irgendwo versteckt!« rief eines Tages mein Bruder. Zielstrebig wurde überall gesucht, war doch die Neugier kaum noch auszuhalten, und gar zu gern hätten wir gewußt, was das Christkind bringen würde. Alles hatten wir schon kontrolliert, ohne Erfolg. Nur noch oben auf dem alten hohen Schrank vom Opa konnte etwas verborgen sein. Erst stellten wir einen Stuhl vor den Schrank, aber der war nicht hoch genug, also kam noch eine Fußbank auf den Stuhl und darauf ein dickes Buch. Das reichte dann allerdings, um den letzten sicher geglaubten Platz zu erreichen und auszuspähen. Tatsächlich lagen da oben Pakete, die verdächtig nach Weihnachten aussahen, sie waren schön verpackt. Hineingucken konnte ich deshalb nicht, denn das Papier zu zerreißen, das traute ich mich nun doch nicht. »Hier ist was ganz Schönes drin«, erklärte ich deshalb meinem kleineren Bruder. »Ich verrat' es dir aber nicht.« Damit zog ich mich aus der Affäre, und obwohl wir wußten, wo sich die ersehnten Geschenke befanden, war doch das Geheimnis gewahrt geblieben. Schließlich waren ja ausgiebig Wunschzettel geschrieben worden, und es war zu hoffen, daß etwas, wenn auch nicht alles, in Erfüllung ging.

Ein zischender Bratapfel in der Ofenröhre, der schmorte und sang, und auf der heißen Platte spuckte und hin und herwackelte, machte Kinderherzen glücklich. Die Phantasie fand überreiche Nahrung. Doch o Schreck! Wir wurden krank, bekamen den Mumps. Auch die Mutter hatte Probleme, es war wohl eine Grippe, Mit hochrotem Kopf vor Fieber machte sie uns Halswickel, und zu dritt lagen wir in den Betten und konnten nichts essen wegen der Halsschmerzen. Unvermutet kam ein Mädchen vom Kindergarten und brachte uns zwei große braune Tüten mit. Nüsse, Plätzchen und Schokoladenengelchen purzelten auf die Bettdecke. Für jeden war auch ein kleines Zelluloid-Püppchen dabei. Mein kleiner Bruder liebte das kleine süße Wesen abgöttisch. Es war für ihn der Inbegriff der Seligkeit, daß auch er, als Junge, ein Püppchen geschenkt bekommen hatte. Er ging mit ihm um wie eine Mutter mit ihrem Kind, so behutsam und zärtlich. Als wir nach Tagen wieder aufstehen durften, wurden die Püppchen gebadet und frisiert, obwohl sie nur angemalte Haare hatten. Meinem kleinen Bruder kam es so vor, als sei es im Zimmer zu kühl für sein kleines Kind, und er legte es vorsorglich auf die Herdplatte, damit es nicht auch noch krank werden solle. Diese Vorsorge und die Hitze der Herdplatte bekamen dem Puppenkind aber überhaupt nicht. An Armen und Beinen, an Kopf und Po brannte die Hitze große Löcher in den zarten rosigen Puppenkörper. Großes Leid und bittere Tränen brachte dieses Erlebnis, und die Erkenntnis, wie nahe Freude und Leid beieinanderliegen. Ich weiß heute noch, was Mutter an jenem trüben und kalten Dezembertag gesagt hatte, als man uns die Geschenke brachte: »Kinder, nun sind wir alle so krank, und gute Menschen haben an uns gedacht und uns so liebevoll beschenkt!« Diese Worte vom »guten Menschen« haben sich mir unvergeßlich eingeprägt.

Jedes Jahr am Heiligen Abend gab es Karpfen in Pfefferkuchensoße. Das war ein traditionelles schlesisches Gericht, das einmalig gut und pikant schmeckte. »Hast du auch schon den Karpfen bestellt«, fragte Mamachen, und wehe, Vatel hatte das vergessen. Mit einem Einkaufszettel in der Hand schwang sich Vatel auf sein Fahrrad und hatte darauf zu achten, daß auch ja nichts vergessen wurde. Dann, einen Tag vor Weihnachten, schaffte Vatel den Karpfen herbei – lebend. Er durfte die letzten Stunden seines Daseins noch in der Badewanne schwimmend verbringen und war ein bestauntes und bewundertes Studienobjekt für mich und meine Geschwister. In der Schloßkirche begann, soweit ich mich erinnere, die Christmette um siebzehn Uhr. Vatel ging mit mir immer rechtzeitig dorthin. Den Christbaum hatten wir schon am Tage vorher geschmückt. Die feierliche Weihnachtsverkündigung in der geschmückten Schloßkirche, die festlich im Kerzenschein erstrahlte, war stets ein besonderes Erlebnis. Inzwischen wirkte Mamachen daheim und bereitete das Festmenü zu. Kamen wir, meist etwas durchgefroren, heim von der Christmette, war das Essen fertig, und der Duft kam uns schon draußen verführerisch entgegen. Die Zubereitung brauchte ja nicht allzulange, wenn nur alle richtigen Zutaten zur Hand waren. Dunkles Bier mußte in die Soße, eine ganz spezielle Sorte Pfefferkuchen, der extra gekauft wurde, dicke weiße Pastinakwurzeln und noch eine Menge mehr. Im Radio konnte man stimmungsvolle Weihnachtsmusik hören. Nach dem guten Essen, während wir Frauen das Geschirr spülten, war es Vatels Aufgabe, die schönsten Äpfel, die er im Lager finden konnte, und eine Schüssel Walnüsse eigener Ernte bereitzustellen. Bald kamen dann auch schon Tante Nine und ihr Mann von nebenan und Heini und Dorchen mit Mutti. Man wünschte sich frohe Weihnachten, tauschte Geschenke aus, bewunderte und bestaunte die der anderen, und die schönen bekannten Weihnachtslieder ertönten, meist mit Harmoniumbegleitung. Dann gingen wir ins Zollhaus zu den anderen und das gleiche wiederholte sich dort. »Gesegnete Weihnachten!« hörte man überall, Geschenke wechselten den Besitzer, Lebkuchen wurden geknuspert, Nüsse geknackt. Festlich erstrahlten in jedem Haus die Kerzen. An den Feiertagen gab es meistens Besuch, überall herrschte Ausnahmezustand. Es gab knusprigen Streuselkuchen, und die Mohnklöße durften nie fehlen.

Fast in jedem Gehöft gab es eine mehr oder weniger zahlreiche Schar von Gänsen, diesen hochgeschätzten Bratenanwärtern und Federlieferanten. Federbetten, gefüllt mit selbstgeschlissenen Gänsefedern, Kopfkissen mit Daunenfüllung, das waren Dinge, die unbedingt zur Aussteuer eines schlesischen Mädchens gehörten. Gänse waren leicht zu halten, sofern genügend Auslauf zur Verfügung stand, wo sie ihr Gras rupfen konnten. Die dicken Eier bekamen notfalls auch brütende Hennen untergelegt, die dann aufopfernd die geschlüpften jungen Gössel schützten und führten. Bald aber entwickelten die Kleinen einen ungeheuren Appetit, und wie die eifrige Henne auch locken mochte mit ihrem »dock dock ...«, sie konnten noch keine Körner aufpicken.

»Geh schnell und hol einen dicken Strauß junge Brennesseln«, sagte Mamachen zu mir. Diese wurden dann ganz fein geschnitten, mit Schrot und Quark vermischt, und siehe da, heißhungrig stürzten sich die kleinen gelben Knäuel von Gösseln darauf und fraßen sich dicke Kröpfe an. Jede Menge Grünfutter war täglich zuzubereiten, und die kleinen süßen Dinger wuchsen zusehends, bekamen lange Hälse, bald erste Federspitzen und liefen mir als ihrer Hauptversorgerin nach, wo sie mich nur entdecken konnten, manchmal bis in die Küche. Nachts waren sie im Ziegenstall untergebracht, wo noch genügend Platz extra für die Gänse abgeteilt war.

Eines Tages begann ein unvorhergesehenes Drama, daß die ganze Familie in Atem hielt. Jeden Morgen lag eines der jungen Gänschen totgebissen im Stall, angefressen. Was für ein Raubtier konnte das nur sein? Mamachen zerbrach sich den Kopf. Ein größeres Tier auf jeden Fall nicht, ein Marder konnte nicht in den Stall, und es war kein größeres Loch zu finden. Eine aufgestellte Marderfalle blieb leer, aber wieder lag ein Gänschen am nächsten Morgen tot im Stall. Mamachen stand am Küchenfenster und sah prüfend über den Hof zum Stall hinüber. Plötzlich nahm sie irgend etwas Ungewöhnliches wahr. Aufmerksam geworden bemerkte sie ganz plötzlich eine kleine Bewegung und erkannte, was es war. Aus dem offenen Jauche-Abflußrohr neben der Stalltür schaute eine Ratte mit dem Kopf heraus, blinzelte ins helle Sonnenlicht und prüfte interessiert die Umgebung. »Na warte, du Biest! Dich werden wir gleich haben«, sagte Mamachen, holte schnell das Gewehr aus dem Schrank und legte sich am geöffneten Fenster auf die Lauer. »Na komm und guck doch wieder! Ich warte doch schon auf dich! Ich hab' Zeit, du entgehst mir nicht.« Gespannt stand ich daneben und wagte nicht zu atmen vor lauter Aufregung. Zeit verging, und die Minuten kamen mir wahrscheinlich wie Stunden vor. Ich glaubte nicht, daß diese freche Ratte tatsächlich so neugierig sein würde, den Kopf noch einmal aus diesem Loch herauszustrecken. Schließlich ging ich weg, es war mir zu langweilig, auf diese dumme Ratte zu warten. Plötzlich – ein scharfer

Knall! Wie der Blitz sauste ich zurück. »Ich glaube, ich hab sie erwischt, sie muß ins Jaucheloch gefallen sein!« rief Mamachen aufgeregt. Verblüfft sah ich auf das kleine Abflußrohr. »Da guckt ja noch eine raus«, entfuhr es mir. Da fiel auch schon der nächste Schuß! Mamachen reagierte blitzschnell, hatte außerordentliche Treffsicherheit. Zwei große tote Ratten fischten wir anschließend aus dem kleinen Jaucheloch. Damit hatten wir anscheinend die Mörderbande erwischt, denn es gab keine nächtlichen Probleme mehr, und die Gänse konnten in Ruhe heranwachsen.

Im November/Dezember hatten sie ihre Schlachtreife erreicht, Mamachen hatte sie vorsorglich im Oktober noch mit Kartoffeln und Maisschrot gemästet. Schwer und gewichtig watschelten sie über den Hof, bis eine nach der anderen einen Kopf kürzer gemacht und schön sauber gerupft an Stammkunden verkauft wurde. Zwei bis drei Stück dieser ausgenommenen und bratfertigen Gänsekörper hängte man als Wintervorrat in die Bodenluke, dort hingen sie sicher, gut gekühlt und zumeist gefroren, bis man sie brauchte. Als Überlebende blieben lediglich der erfahrene Gänserich und zwei bis drei seiner Haremsdamen übrig, damit im nächsten Frühjahr das Gänsejahr wieder von neuem beginnen konnte.

Die Federn hob man in porösen Federsäckchen aus billigem Baumwoll-Nessel trocken und luftig auf, bis die Zeit des Federnschleißens gekommen war. Bestens eigneten sich die Monate Januar und Februar mit ihren gemütlichen Nachmittagen und Abenden in der mollig warmen Küche. Im großen, fest gemauerten Küchenherd prasselte ein munteres Feuer, die Herdplatte spuckte und glühte, in der Bratröhre brutzelten ein paar Bratäpfel, und eine Kanne duftender Kräutertee stand immer parat. Um den Küchentisch versammelt saßen Mamachen, Tante Nine, manchmal noch andere Frauen, ich und ab und zu meine Freundin Erika oder Cousine Erna. Auf den Tisch leerte man eines der Federsäckchen aus, und jeder bekam ein Litermaß oder ein anderes Gefäß, das dieser Größe entsprach. Es galt, die feine Feder rechts und links vom Kiel abzuziehen, eine

Geduldsarbeit. Mit dem so gewonnenen Flaum füllte man das Litermaß so, daß es, wenn die Füllung festgedrückt war, »purzelte«. Das heißt, das Gefäß wurde auf den Kopf gestellt, und wenn es voll genug war, kippte es durch die Schwerkraft des Inhalts, nämlich der Federn, um. Daran war zu erkennen wie fleißig die Federnschleißerin gewesen war, Schummeln war nicht drin, und nach jedem »Purzeln« gab es einen Kontrollstrich auf einem Block. Wer die meisten Striche verbuchen konnte, galt unbestritten als fleißigste Federnschleißerin und bekam höchstes Lob. Zur Kaffeepause gab's dann auch noch riesige Gänsefettschnitten oder auch Honigschnitten Das schmeckte vielleicht! Da konnte auch mal herumgealbert werden. Beim Federnschleißen aber, da durfte keiner lachen, denn sonst wären durch die unkontrollierten Luftstöße, die Lacher nun mal verursachen, Mengen von Federn in die Luft gewirbelt worden. Mamachen oder die anderen erzählten beim Arbeiten alle möglichen interessanten Geschichten von früher und wie es ihnen in ihrer Kindheit ergangen war. Es war immer spannend zuzuhören, und bei dieser Gelegenheit wurden die Federn so nach und nach alle miteinander geschlissen. Einmal aber, als Tante Nine Schnupfen hatte, passierte doch noch ein größeres Malheur. Trotz aller gebotenen Vorsicht konnte sie ein überraschendes »Hatschi!« nicht mehr abfangen. Explosionsartig ging der ganze Federberg in die Luft und verteilte sich im ganzen Raum. Die ganze Küche sah aus, als hätte ein Schneesturm gewütet, und die Köpfe sahen alle interessant aus mit der malerischen Federdekoration. Dem Schreck über dieses unvorhergesehene Ereignis folgte erst mal ein allgemeines Gelächter, bis Mamachen als erste ihre Sprache wiederfand, eine in den Mund geratene Feder ausspuckte und sagte: »Na denn mal los, ihr Gänse, dann sucht mal eure Federn wieder schön zusammen!« Was dann auch sofort in Angriff genommen wurde. Noch nach Tagen fanden sich an den unmöglichsten Orten Gänsefedern, und Vatel konnte sich nicht genug wundern, wie die Federn zwischen die Honiggläser gekommen sein könnten. Wir wußten Bescheid, lachten und guckten zur Seite. Das Mißgeschick behielten wir für uns, hätten wir doch sonst auch noch den Spott anhören müssen. Waren die Federn endlich alle von den Kielen befreit, gab es den »Federball«, eine gemütliche Abschlußrunde mit Kaffee und Kuchen, und damit war dann wieder mal die Wintersaison beendet.

Ab und zu gelang es einem Bettler, unbemerkt das Hoftor zu passieren. Er bat dann an jeder Tür um eine milde Gabe. Mamachen schickte keine dieser abenteuerlichen Gestalten weg, ohne eine Kleinigkeit zu geben. »Zum Vergnügen gehen die nicht von Haus zu Haus«, sagte sie. »Um so zu leben, muß die Not schon riesengroß sein.« Stank aber einer nach Schnaps, dann rückte sie keinen roten Pfennig heraus, nur etwas Eßbares. Ab und zu tauchte auch ein Hausierer auf und versuchte, seine Waren wie Knöpfe, Nähnadeln, Gummi, Rasierklingen, Schuhriemen usw. an die Hausfrau zu bringen. Nie ging einer dieser beredten Händler aus dem Haus, ohne etwas verscherbelt zu haben. Diese Kerle, die überall herumkamen, kannten sich überall aus und trugen eifrig zur Verbreitung mehr oder weniger brisanter Neuigkeiten bei, die nicht in der Tageszeitung zu lesen waren. Hin und wieder waren auch Musikanten unterwegs und spielten in den Höfen oder vor den Fenstern. Es konnte vorkommen, daß vor dem Küchenfenster urplötzlich ein lautstarkes Trompetensolo ertönte. Im Handumdrehen öffneten sich Türen und Fenster, das war immer etwas Besonderes. Meistens traten zwei ältere Männer in Erscheinung, die sich zusammengeschlossen hatten und ihr Talent nutzten. Auch ein alter Kriegsinvalide mit Ziehharmonika kam regelmäßig und veranstaltete das reinste Wunschkonzert. Dann blieb alles stehen und liegen, man hörte zu und widmete seine ganze Aufmerksamkeit der Musik und denen, die sich ihren Lebensunterhalt damit erspielten. »Geh mal gleich in die Küche! Rechts oben in der blauen Dose im Schrank da ist Kleingeld. Hol mal ein paar Böhm für die armen Musikanten«, sagte Mamachen. Doch das Musikangebot war damit noch längst nicht ausgeschöpft. Es gab auch noch einen Leiermann, der durch die Gegend zog und unermüdlich seine Kurbel drehte. Eine kleine verknitterte Gestalt, alt und mit wettergegerbtem, verrunzeltem Gesicht, die sich auf ihren Leierkasten stützte. Er redete nie, hoffte, daß gutherzige Menschen ein paar Böhm, Sechser oder Pfennige in seinen bereitstehenden Hut werfen würden. Gleichförmig ertönte es aus dem Leierkasten:»Warum weinst du, schöne Gärtnersfrau ...« oder»Schön ist die Jugend, vergangene Zeiten ...« Für Musik nach Feierabend sorgte auch ein»Grammophon«, das die Gärtner, der lange Johann und der kleine Josef, immer wieder spielen ließen. Die einzige Platte hatte bald einen Kratzer, denn die jungen Männer hatten rauhe Hände von der Arbeit und gingen wahrscheinlich nicht zimperlich mit dem Gerät um. So tönte es ständig aus dem monströsen Trichter:»Wenn du mal in Hawaii bist – und wenn es grade Mai ist,– und wenn du grade frei bist,– dann komm zu mir zu mir zu mir zu mir ...«, unendlich weiter, bis einer sich erbarmte und die Nadel über den Kratzer hob.

Ein weiteres, etwas gehoberenes Musikangebot bot eine große Spieluhr, ein dekoratives Möbelstück, das in meinem Schlafzimmer stand. Die Platten waren groß, grob gezähnt, die Technik lief ab wie bei einem Uhrwerk, Zähne griffen in das Lochmuster der Platten, ein ganzes Räderwerk drehte sich langsam, und man konnte genau beobachten, wie das Kunstwerk funktionierte. Ein wundervoller, warmer Klang tönte aus diesem altertümlichen Instrument, hätte man es heute noch, es wäre sicher eine Kostbarkeit. Leider ist es nach der Flucht 1945 wahrscheinlich Plünderern zum Opfer gefallen, genau wie das Harmonium. Ob es wohl noch irgendwo in einer polnischen Wohnung steht? Oder ob es längst als»altes, überholtes Gerümpel« den Weg alles Irdischen gegangen ist? Diese Klänge der Kindheit, der Jugend, der Heimat sind in mir heute noch so lebendig wie damals.

Tante Nine bekam keine Kinder, was sie auch gar nicht so wichtig nahm. Ihr zweiter Mann hatte zwei Töchter, die immer wieder zu Besuch kamen. Gretel, die jüngere Tochter, sie muß damals so etwa Mitte Zwanzig gewesen sein, wurde stets bewundert und beneidet wegen ihres tipptopp ondulierten modernen Bubikopfes und ihrer todschicken, modischen Kleidung. Eine typische Großstädterin, sie konnte sich das leisten, arbeitete sie doch in Breslau als Polizeisekretärin und verdiente gutes Geld. Auch die Tochter Klara kam ab und zu mit ihrer Tochter Rosel, ein Mädchen etwa in meinem Alter, zu Besuch, und ich freute mich jedesmal, denn wir verstanden uns recht gut. Einmal durfte ich sogar mit Rosel in der Bahn nach Breslau fahren, ein sehr aufregendes Erlebnis. Rosel war in den großen Ferien vierzehn Tage bei den Großeltern geblieben und hatte richtig rosige Wangen bekommen. Da die Eltern beide in festen Arbeitsverhältnissen standen, hatten sie keine Zeit, das Kind bei den Großeltern abzuholen. Als Notlösung setzte man uns beide in den Zug und vertraute unsere Sicherheit dem Schaffner an. Zu zweit würde schon nichts passieren, meinte man. Aufgeregt saßen wir im Zug und zählten die Haltestellen, hatten Angst, irgendwo falsch auszusteigen, war es doch für uns beide die erste Bahnfahrt ohne die Begleitung von Erwachsenen. Auf dem Hauptbahnhof war sowieso Endstation, und Tante Klara erwartete uns, in ihrer Körperfülle unübersehbar, auf dem Bahnsteig und schloß uns in die Arme.

Tante Klara wohnte ganz in der Nähe des Hauptbahnhofs in der Paradiesgasse. Etwas ganz Wunderschönes hatte ich mir unter diesem Namen vorgestellt, etwas mit vielen Blumen, Bäumen, Vögeln die zwitschern und einer Menge Schmetterlinge, zumindest sehr viel schöner als bei uns zu Hause. Kein Wunder, bei so einem hochtrabenden Namen, und in einer Großstadt konnte ja sicher alles möglich sein. Meine Enttäuschung war, als Tante Klara bald in eine enge Gasse mit hohen, schwarzgrau verräucherten Häusern gleich neben dem Bahndamm einbog. Ständig donnerten Züge vorbei, damals noch von fauchenden, zischenden Dampflokomotiven gezogen, aus denen sich dicke Dampfwolken den Bahndamm herabwälzten. Es stank erbärmlich.

Ächzend stieg Tante Klara mit uns eine häßliche, ausgetretene Treppe hoch, die überhaupt kein Ende zu nehmen schien. Endlich, im vierten Stock, hielt sie an und schloß die Wohnungstür auf. Die Wohnung war genauso enttäuschend wie die Paradiesgasse. Klein, eng und dunkel, mir war, als müsse ich ersticken, war ich doch von zu Hause Licht, Luft, Sonne und Weite gewöhnt. Das viel zu kleine Fenster im Wohnzimmerchen war hoch angeordnet und durfte möglichst nicht geöffnet werden, weil da wahrscheinlich die Rauch- und Dampfwolken von der so nahen Bahnstrecke hereingequollen wären. Dauernd, so kam es mir vor, donnerten Züge vorbei, und man verstand zeitweise sein eigenes Wort nicht. Heilfroh war ich, als dann am Nachmittag endlich Tante Klara die Initiative ergriff und mich wieder zum Hauptbahnhof brachte. Glücklich winkend trat ich die Heimreise an und zählte die Bahnstationen. Ich hatte keinerlei Probleme, kam mir schon recht groß und erfahren vor und war riesig stolz, das erste Mal ganz allein mit der Bahn gereist zu sein.

Zu Hause sah ich nun alles mit anderen Augen, dehnte meinen Körper der hellen Sonne entgegen, rannte wie der Wind eine große Runde durch unseren schönen weiten Garten und war rundum glücklich, daß ich gerade hier, und nicht in Breslau in der Paradiesgasse zu Hause war. Jetzt erst begriff ich, warum Rosel immer wieder zu den Großeltern geschickt wurde und dort so lange bleiben durfte, warum sie immer so dünn und blaß aussah. In den Ferien, wenn Rosel da war, wurde sie von Tante Nine richtig verwöhnt und aufgepäppelt.

Etwa zu dieser Zeit bekam ich Klavierstunden, konnte bereits nach kurzer Zeit ganz leidlich spielen und wirkte bei Schülerkonzerten mit. Auch Heini bekam Musikunterricht, obwohl er nicht sonderlich musikalisch war. Großvater Wilhelm besaß eine Geige. Sein Wunsch war es gewesen, und das war so gut wie ein Befehl: Der Junge soll Geige spielen lernen, das gehört zum Bildungsniveau. Aus dem gleichen Grund stand im Wohnzimmer auch ein großer Flügel, vermutlich aus Opas besseren

Zeiten. Darauf spielen konnte nur Onkel Max. An den von Opa
verordneten Geigenstunden konnte Heini keinerlei Geschmack
finden. Er war eher ein »Forscher- und Entdecker-Typ«. Für
die schönen Künste ging ihm damals noch jeder Sinn ab. Der
armen alten Geige entlockte er die grausamsten Mißtöne und
erntete nichts als Tadel. Das ging nicht lange gut, und Heini
wußte diese beiderseitige Quälerei bald auf drastische Art und
Weise zu beenden. Kam der Musiklehrer vorn zur Haustür herein, sprang der Schüler mit einem großen Satz hinten zum
Schlafzimmerfenster hinaus und wurde für den Rest des Tages
nicht mehr gesehen. Wutentbrannt wartete Opa mit dem Stock
in der Hand vergeblich auf ihn und ging schließlich heim, ohne
seine Wut losgeworden zu sein. Morgens lag Heini dann wieder
friedlich in seinem Bett, und die Mutti sagte: »Gott sei dank,
der Junge ist wieder da!« Die verdienten Prügel fielen aus, denn
er mußte ja in die Schule.

Heini interessierten Basteln und Tüfteln viel mehr als Musik, und
Interessantes aus dem Physikunterricht oder der Chemiestunde
in der Schule gingen ihm auch daheim nicht aus dem Kopf. Eines Tages hatte er die glorreiche Idee, selbst Schießpulver herzustellen. Als Labor hatte er Muttis kleine Küche im Zollhaus aus-
erkoren, die nicht mehr viel benutzt wurde. Doch es erging ihm
wie so manchem großen Genie vor ihm. Nicht jedes Experiment
glückt auf Anhieb. Auf jeden Fall lief irgend etwas schief. Es gab
einen großen Knall, und begleitet von dicken Rauchschwaden
kam der »Möchtegernchemiker« aus der Tür gestürzt.

Die ganze Küche war voll beißendem Qualm, und als der endlich abgezogen war, sah sie schwarz aus wie die Hölle, auch die
Fensterscheiben waren zerbrochen! Heini, dem der Schreck
mächtig in die Glieder gefahren war, war schwarz wie der leib-
haftige Teufel. Er hatte aber Glück gehabt, nur die vorderen
Haare, die Augenbrauen und die Wimpern waren versengt.
Nach dem »Kanonenschuß« waren Mamachen und Tante Nine
in Panik aus ihren Küchen gerannt, um zu sehen, was denn passiert sei. Sie trauten ihren Augen nicht, als sie das Bild der Verwüstung sahen. »Du lieber Himmel!« rief Mamachen, »Wenn

der nicht bald mal eine ordentliche Tracht Prügel bekommt ... Der Bengel brennt uns noch mal das Dach über dem Kopf ab!« Die Prügel fielen auch dieses Mal wieder aus, denn Mutti war froh, daß nicht mehr passiert war. Papa kam mit dem Glasschneider und setzte neue Scheiben ein, die Küche wurde wieder geweißt, was sowieso nötig gewesen wäre, man schrubbte die Möbel wieder sauber. Heini mußte so lange wie ein Monster herumlaufen, bis die versengten Haare wieder nachgewachsen waren, und er hat seitdem nie wieder versucht, selbst Schießpulver herzustellen. Das konnte man bei Bedarf viel bequemer fertig kaufen.

In der Schule ging zu dieser Zeit eine Lesesucht um: Wir verschlangen förmlich die »Rolf-Torring«-Hefte. Ungeahnte und sehr interessante Abenteuer gingen von Hand zu Hand, in Form von kleinen handlichen Taschenheftchen, die nur sehr wenig kosteten. Sie wurden eifrig getauscht und in jeder freien Minute gelesen. Es war wie ein Fieber, man konnte einfach nicht aufhören zu lesen, wenn fremde Länder, turbulente Abenteuer und andere Kulturkreise dargestellt wurden. Ab und zu durfte ich auch ins Kino gehen, und bekam nach langem Quengeln dann endlich mal vierzig Pfennige für einen billigsten Platz in den ersten Reihen. Ein einziges Mal nahm Vatel mich und Mamachen mit ins Kino. Es lief ein Dokumentarfilm mit dem Titel: Afrika spricht. Es war ein eindrucksvoller Naturfilm, der die Tiere Afrikas in freier Wildbahn, soweit es die Technik damals zuließ, zeigte. Sprechen sollten wohl die Aufnahmen weitgehend für sich, denn es war ein Stummfilm mit begleitendem Kommentar.
Für Unterhaltung sorgte ansonsten ein Radio, allerdings in abenteuerlicher Ausführung. Ein kleiner Kasten, der mit einem Akku verbunden war und noch an ein weiteres Gerät mit Hebeln und Wellen angeschlossen war, tat sein Bestes. Bewegte man die Welle, konnte man tatsächlich alle möglichen Sender klar hören. Das waren vor allen Dingen Radio Breslau, der Deutschlandsender und Radio Luxemburg. Doch manchmal, je

nach Wetterlage, pfiff es in allen Tonlagen und der Empfang schwankte stark. Gerade wenn eine interessante Sendung lief, die man gerne hören wollte, ließ der Akku nach, der Ton wurde schnell leiser und leiser, dann herrschte Stille. Das Aufladen dauerte zwei Tage, eine sehr lange informationslose Pause in dieser aufregenden Zeit. Auf die Dauer war das einfach kein Zustand, und Vatel griff tief in den Geldschrank und kaufte ein modernes Gerät: ein »Mende«-Radio.

Eines Tages herrschte große Aufregung, und das hatte einen ganz besonderen Grund. »Kinder, morgen bekommt ihr alle schulfrei, aber nicht, weil ihr so besonders ordentlich und fleißig seid, sondern weil es etwas ganz Einmaliges zu sehen gibt«, sagte der Lehrer. »Was denn?« tönte es vereinzelt aus dem vielstimmigen Freudengeschrei. »Morgen vormittag wird das Luftschiff ›Graf Zeppelin‹ über Oels fliegen, und das wollen wir uns doch auf keinen Fall entgehen lassen.« Das war ja wirklich eine sehr aufregende Aussicht. Die Oelser wanderten in Scharen auf den »Weinberg«, die einzige kleine Erhebung weit und breit, um das Ereignis auch ganz bestimmt gut zu sehen. Die Sonne schien heiß, und so mancher hat sicher vom vielen In-den-Himmel-Gucken ein steifes Genick bekommen. Endlich hörte man laute Rufe: »Da kommt er! Da kommt er ja!« Langsam und majestätisch zog der wie Silber in der grellen Sonne blitzende Zeppelin seine Bahn über den klaren Himmel. Es sah aus wie eine blitzende silber-goldene Zigarre. Die Passagierkabinen sah man wie winzige Würfel an der Unterseite des Rumpfes hängen. Mit einem gleichmäßigen sanften Brummen zog diese Riesenzigarre gelassen und zielstrebig ihre Bahn, bis sie den Blicken wieder entschwand.

Nach diesem aufregenden Tag nahm dann die Schule wieder alle Aufmerksamkeit in Anspruch. Lesen, Schreiben und Zeichnen waren meine starken Seiten, was sich auch in besten Zensuren niederschlug. Rechnen war etwas schwieriger, ich brauchte etwas mehr Zeit, um zu den richtigen Resultaten zu kommen. Wettrechnen im Kopf war der reinste Alptraum. Immer war einer eine Sekunde schneller als ich, für ein Kind ein ungeheurer Leistungsdruck. Die allerletzte war ich zwar nie, litt und schämte mich aber mit dem Letzten immer so sehr, als wäre dieses Mißgeschick mir selbst passiert. Ich konnte mich völlig in andere hineinversetzen. Als das vierte Grundschuljahr zu Ende ging, setzte sich meine Klassenlehrerin, Fräulein Bartsch, dafür ein, mich wie einige andere Kinder dieser Klasse auf eine weiterführende Schule zu schicken. Dieser Rat stieß allerdings auf taube Ohren. Mir selbst war das egal, ich war nicht besonders ehrgeizig. Allerdings übersah ich die Tragweite einer solchen Entscheidung bei weitem nicht, was auch auf meine Lieben daheim, die ja immer nur das Beste für mich wollten, zutrifft. Mamachen und auch Vatel waren der Ansicht, daß Mädchen ja sowieso heiraten und für mich auf jeden Fall gesorgt sei. Ich hätte es nicht nötig, einen Beruf zu ergreifen und Geld zu verdienen. Das Grundstück sei bereits auf meinen Namen eingetragen, ich hätte eine gute Aussteuer zu erwarten, für meine Zukunft sei also gut vorgesorgt. Ich kann mir aus heutiger Sicht wirklich nicht erklären, wie dieses Sicherheitsgefühl damals entstehen konnte. Schließlich hatte diese Generation doch bereits den ersten Weltkrieg, Weltwirtschaftskrise und Inflation erlebt. Die Wirtschaft steckte noch immer in einer kritischen Phase. Die Kommunisten und die Nationalsozialisten kämpften mit wechselnden Erfolgen um die Macht, und es kursierten alle möglichen Parolen. Der Gehilfe Johann holte abends immer die Tageszeitung »Lokomotive an der Oder«, die ausgetauscht und gemeinsam gelesen wurde. Er interessierte sich sehr für die politische Lage und berichtete immer wieder von Schlägereien und politischen Vorträgen der jeweiligen Parteien. Kinder von arbeitslosen Vätern erhielten eine kostenlose Schulspeisung, denn vielen, vor allem kinderreichen Familien ging es schlecht, es gab eine Menge Armut, Not, Elend und Arbeitslose. Die damalige Situation der Wirtschaft konnte man ganz bestimmt nicht als sicher und überschaubar bezeichnen. Es war der althergebrachte Trend der Zeit, daß Mädchen zwar

Allgemeinbildung, aber vor allen Dingen Kenntnisse in Küche und Hauswirtschaft erwerben müßten. Hier wurde die von Männern bestimmte und geförderte Sichtweise vom Leben eine Frau deutlich. Trotzdem wurde ich von Vatel immer wieder darauf hingewiesen: »Lerne so viel wie möglich, denn was du im Kopf hast, kann dir keiner mehr nehmen.« Man könnte meinen, er hätte es geahnt, was uns noch alles bevorstand und was mit dem damals noch so sicher erscheinenden Besitz geschehen würde.

Inzwischen war ich zwölf Jahre alt geworden. Leider mußten die Mädchen die Knabenschule verlassen und wurden für die letzten zwei Schuljahre in die Mädchenschule eingegliedert. Diese lag am Ring, wodurch sich der Schulweg um zwanzig Minuten verlängerte. Die Schule war ein altes Gebäude mit zwei Eingängen, das mir ziemlich vorsintflutlich vorkam. Die zwei Eingänge hatten ihren guten Grund, denn das Haus war geteilt in eine evangelische und eine katholische Hälfte – eine Kuriosität. Der Schulhof, von hohen Mauern umgeben, bot viel Platz, und seitlich stand ein sehr schöner riesengroßer Ahornbaum. Wie ich zu meinem allergrößten Erstaunen feststellte, mieden sich die Kinder der beiden Konfessionen in der Pause auf dem Hof wie Feuer und Wasser, obwohl sie doch Kinder einer Stadt waren. Rechts hielten sich die evangelischen, links die katholischen Schülerinnen in Gruppen auf. Das fiel mir ganz besonders auf, weil in der Kronprinzenschule religiöse Toleranz geübt worden war. Es gab auch ein paar jüdische Kinder, die in der Religionsstunde frei hatten.

Identitätsprobleme hatte ich bis zu dieser Zeit keine, ich war auch in der Schule mit meinem amtlichen Namen Erika Linke eingetragen, der aber von niemand benutzt wurde. Überall war ich als Tochter von August Vogt bekannt, und trug in der Öffentlichkeit seinen Namen. Teils kannte man meine Identität, oder Vatel sorgte irgendwie dafür, daß ich seinen Namen in der Öffentlichkeit tragen durfte. Amtliche Papiere hatte ich zu dieser Zeit noch nicht zu unterzeichnen, und mein Name Vogt war für alle, die mich kannten, selbstverständlich. Eigentlich wollte mich Vatel offiziell adoptieren, aber Mutti war zu diesem Schritt nicht mehr bereit. Die Zustimmung hätte ihr das Gefühl gegeben, ihr Kind ganz und gar weggegeben zu haben. Das wollte sie auf keinen Fall. Wie die weitere Entwicklung gezeigt hat, war das sowieso völlig unwichtig, es wäre eine reine Formsache gewesen. Mir entstanden nie Probleme, und jeder in dieser Großfamilie fühlte sich für mich verantwortlich. Die Geborgenheit und Sicherheit die ich und selbstverständlich auch meine Geschwister in der Kindheit genießen konnten, gab es auch damals schon nicht in jeder Familie. Erst heute begreife ich das ganze Ausmaß dessen, was sich damals abgespielt hat. Ich selbst hatte nie irgendwelche Schwierigkeiten mit meiner etwas ungewöhnlichen Herkunft und war stets stolz auf meine Eltern. Daß dies alles damals so außerordentlich gut funktioniert hat, liegt sicherlich auch mit in der schlesischen Gelassenheit begründet.

Einige Mädchen, die ich in der neuen Klasse kennenlernte, motivierten mich, in den Kirchenchor einzutreten, den ein junger, aktiver Kantor leitete. Die wöchentlichen Übungsstunden in der Schloßkirche waren interessant und abwechslungsreich. Der Kreis meiner Freundinnen erweiterte sich zusehends, ich wurde eingeladen und auch besucht. Inzwischen war ich Mitglied im BDM geworden. Der Beitritt war zwar freiwillig, aber es fand eine ganz massive Werbung statt, und zwar dort, wo alle beieinander waren, in der Schule. BDM-Gruppenführerinnen gingen mit Aufnahmeblock und Schreibzeug durch die Klassen und nahmen auf, wen sie nur konnten. Nur wenige Mädchen konnten sich diesem Trend, oder besser gesagt Druck, entziehen, zumal er von den Lehrern gebilligt und unterstützt wurde. Natürlich entstanden Beitragskosten und die Kosten für Anschaffung der »Tracht«. Die bestand aus weißer Bluse, dunkelblauem Rock, schwarzem Binder mit gelbem Lederknoten und einer braunen Blousonjacke. Manche Väter waren arbeitslos und diese Ausgaben für sie fast unerschwinglich. Alle Veranstaltungen waren ebenfalls mit Kosten verbunden, dem »Unkostenbeitrag«. Die Blousons waren nicht imprägniert, obwohl sie eigentlich wasserdicht sein sollten. Bei Regenwetter hinterließen sie große braune Flecken auf den weißen Blusen. Es gab auch Väter, die Kommunisten waren und aus Überzeugung ihren Sprößlingen den Beitritt zur Nationalsozialistischen Jugend nicht erlaubten. Diese Kinder waren tatsächlich allen möglichen Schikanen ausgesetzt, so lange, bis auch der letzte Außenseiter erfaßt und eingegliedert war.

Mir gefiel es eigentlich recht gut bei der Gruppe. Die neuen Marschlieder waren schmissig und es machte richtig Freude, in der Formation zu marschieren und forsche Lieder in den Himmel zu schmettern. Ich glaube, alle profitierten davon. Schulung und politische Bildung in Form von Vorträgen, Bild und Buch sorgten für die gewünschte Ausrichtung im Sinne des »Führers«. In unseren Herzen entstand das Bild des zukünftigen tausendjährigen Reichs und seiner erstrebenswerten Ideale. Es gab wieder Arbeit. Die Zeitungen brachten regelmäßig Meldungen über Wirtschaftserfolge im In- und Ausland. Ausländische Exzellenzen und Majestäten besuchten Hitler. Von Frieden, Freiheit und Völkerverständigung wurde gesprochen, und genau das war es, was sich jeder dringend wünschte. Die Aussicht auf bessere, sichere Zeiten sorgte dafür, daß fast alle Hitler zujubelten. Begeistert sangen wir das Lied der deutschen Jugend: »Vorwärts Vorwärts – schmettern die hellen Fanfaren ... Vorwärts – Vorwärts – Jugend kennt keine Gefahren – Führer wir gehören dir ...« Die kommenden Gefahren sollten wir bald kennenlernen.

Die organisierte Hitlerjugend teilte man damals planmäßig zum Geldsammeln ein. Mit einer Sammelbüchse in der Hand sollte man, mehr oder weniger aufdringlich, auf jeden Fall aber erfolgreich, Geldspenden für die Aktion »Winterhilfe« oder die »NS-Volkswohlfahrt« sammeln. Die vielen Sammelbüchsen in sehr vielen Händen eifrig den Passanten vor die Nase gehalten, brachten beachtliche Beträge zusammen, denn kaum jemand konnte sich der »Opferpflicht« entziehen. Notleidende Familien, und davon gab es viele, unterstützte man mit diesem Geld, eine humanitäre Hilfeleistung, von der Allgemeinheit erbracht. Außerdem gab es noch die Eintopfsonntage. Laut »Führererlaß« sollte an jedem ersten Sonntag im Monat nur eine Eintopfsuppe auf den Tisch kommen, und das solidarisch bei allen, auch den gutgestellten Familien. Den dadurch gesparten Betrag sammelte man für notleidende Volksgenossen, und der Blockwart kam genau um die Mittagszeit, sah oder roch, was es zu essen gab, und hielt die Sammelbüchse in die Höhe. Das schlesische Sonntagsgericht »Schweinebraten, Sauerkraut und Klößel« hat sich da manch einer verkneifen müssen, da sich niemand von dieser großangelegten Spendenaktion ausschließen wollte. Im Kino konnte man sehen, wie Adolf Hitler und seine engsten Mitarbeiter Goebbels und der wohlbeleibte Hermann Göring in Berlin aus einer Gulaschkanone auf einem öffentlichen Platz Erbsensuppe auf Teller geschöpft bekamen und sich diese munden ließen. Jede Menge Witze kursierten, auch und gerade über dieses Thema. Vor allen Dingen den »schweren Brocken« Hermann Göring hatte man aufs Korn genommen.

Ich pflegte meine Freundschaften. Anziehungspunkt für Freundinnen aus der Stadt war immer wieder unser großer Garten. Den ganzen Sommer über gab es da immer etwas zu naschen: Beeren aller Art, Pfirsiche, Birnen, Äpfel, Weintrauben. Immer gab es auch irgendwelche besonderen Blumen zu bestaunen. Vatel ließ alle möglichen Besonderheiten, die für die Bienen als Pollenspender oder gute Nektarlieferanten angepriesen wurden, schicken. Auf der Rabatte stand deshalb manche unscheinbare Pflanze, die aber stark von Bienen besucht wurde, neben einer exotischen Schönheit.

Vatel war Frühaufsteher. Jeden Morgen um sechs Uhr schwang er sich aus den Federn und marschierte in die Küche. Dort stand auf einem Stuhl die weiße Waschschüssel, auf der Wasserbank daneben drei blaue große Wasserkannen, am Vorabend mit Brunnenwasser gefüllt. Er wusch den ganzen Oberkörper kalt ab, was mir kalte Schauder über den Rücken jagte. Dann lief er eine Runde durch den Garten, durch das taufeuchte Gras, barfuß. Das tat er für seine Gesundheit als Anhänger der damals beliebten Kneipp-Heilmethode, die ja auch noch heute angewendet wird. Es sah sehr nach Strapaze aus, aber es tat ihm sichtlich gut. Mamachen stand lieber etwas später auf, sie legte mehr Wert auf etwas längere Ruhe und hielt nichts von der Rennerei. Auch ich schlief gerne länger, vor allen Dingen in den Ferien, was Vatel gar nicht gefiel. Doch hat er nie geschimpft oder mich aus dem Bett geworfen. Er wandte andere Methoden an. Wachte ich dann endlich auf, lag ein großer Zettel vor meiner Nase.»Morgenstund hat Gold im Mund« oder: »Spare, lerne, leiste was, haste du, kannst du, bist du was«. Das prägte sich mir intensiv ein. Ich kann mich nicht erinnern, jemals laute, zornige Schimpfworte aus seinem Munde oder überhaupt einen Ehekrach gehört zu haben. Diese innere Ausgeglichenheit beruhte wohl auf seiner großen Naturverbundenheit und inneren Güte. Sie strahlte auch auf uns aus.

Auch in den Schulferien gab es jede Menge Arbeit in dem großen Garten. Ein besonderer Feriengenuß konnte bei sonnigem Wetter das Frühstück sein. Jeden Morgen kam ein Bäckerjunge mit dem Fahrrad und einer Kiepe voller knuspriger, duftender Semmeln und sonstigem Gebäck. Da konnte ausgesucht werden, was das Herz begehrte. Bei uns wurden die Semmeln gewählt. Sie kosteten damals ganze vier Pfennig. Dann konnte im Garten vor dem Haus gemütlich gefrühstückt werden, und Tee aus eigener Ernte, Ziegenmilch, Semmeln mit Butter und Honig oder Erdbeermarmelade, waren ein Hochgenuß. Nie wieder habe ich so gut gefrühstückt. Bei schönem Wetter, wenn es warm genug war, wurde Sonntag nachmittag auch im Garten Kaffee getrunken. Oft kam auch noch eine Freundin oder Bekannte dazu. Allerdings gab es dann zur Feier des Tages Bohnenkaffee. Mamachen leistete sich ab und zu auch in der Woche diesen Luxus. Sie wird es wohl nötig gehabt haben. Außerdem gab es sonntags Napfkuchen oder Streuselkuchen zum Kaffee.

Die Gartenarbeit fing bei uns im Frühjahr mit den Spargelbeeten an. Die mußten beizeiten angehäufelt werden, und das war von Hand mit Spaten und Rechen zu bewältigen. Die langen weißen Triebe wuchsen schnell und mußten dann täglich geerntet, gewaschen, sortiert, gewogen und gebündelt werden. Der Umsatz lief über die Feinkostgeschäfte und den Markt. Gott sei Dank war der leichte Lößboden gut zu bearbeiten, es gab keine Steine. Das Unkrauthacken war eher ein Vergnügen. Mit leichten, schmalen und vor allen Dingen scharfen Hacken wurde ziehend gearbeitet, nach beiden Seiten, also nicht unbedingt ein schwerer Kraftaufwand. Schnell wachsendes Unkraut gab es in jeder Länge, vor allem das »Franzosenkraut«. Chemische Mittel kamen nie zum Einsatz.

Wurde das Unkraut zu groß, um mit der Hacke beseitigt zu werden, mußte eben gerupft werden. Abnehmer waren immer genügend vorhanden: Ziegen, Gänse und Kaninchen.

Vom zeitigen Frühjahr an mußten die Bienenvölker ständig kontrolliert werden. Nur wer selbst schon einmal mit Imkerei zu tun hatte, kann beurteilen, wieviel Zeit und Geduld aufgebracht werden müssen, um einen Bestand von fünfzig bis sechzig Völkern unter Kontrolle und in guter Ertragslage zu halten. Im Sommer, wenn Schwarmzeit war, wurde mir die Aufsicht übertragen. Ich mußte auf der Hut sein und dauernd den Bienenstand im Auge behalten und feststellen, aus welchem Stock ein Schwarm kam und wohin er sich absetzte. Vatel war auf Grund seiner Versicherungsgeschäfte viel unterwegs. Abends konnten wir dann oft auf abenteuerliche Weise und meist halsbrecherisch, die Bienenschwärme wieder einfangen. Teils setzten sie sich an Ästen der Obstbäume fest und hingen dort in einer dicken Traube. Da war es meistens einfach sie einzufangen, wenn die Leiter in eine günstige Position zu bringen war. Allerdings war es nicht immer leicht, einen Kasten genau darunterzuhalten und im entscheidenden Augenblick schnell den Deckel darüberzuschieben. Vatel hatte in solchen Situationen immer viel Geduld und war stets auf Sicherheit bedacht. Allerdings prägte er den Satz: »Der liebe Gott hätte dem Menschen unbedingt noch eine dritte Hand geben sollen. Das hat er sicher vergessen«. Schwieriger war es schon, wenn sich ein Schwarm als Ruheplatz die dichte Buchenhecke oder die Haselbüsche über dem Teich ausgesucht hatte. Auch in einem Stachelbeerstrauch konnte sich ein Schwarm festsetzen, der war absolut nicht zu bergen. Manche Bienenschwärme stiegen gleich hoch in die Luft und flogen weiter, auf Nimmerwiedersehen. Vatel betrieb Königinnenzucht und Selektion von den besten Völkern. Jedes Jahr ließ er mehrere neue Zuchtexemplare aus der Bienenzucht und Forschungsanstalt von Professor Dr. Zander in Erlangen schicken. Jede trug auf dem Rücken ein kleines Stanniolplättchen als Kennzeichen, damit konnte sie bei Kontrollen im Stock gefunden werden, und ihr Alter war damit gekennzeichnet. Später haben wir dann die besten eigenen Königinnen auch in dieser Art gekennzeichnet.

Es machte Spaß, mit Vatel bei den Bienen zu arbeiten, und es war sehr interessant, das Auf und Ab eines Bienenvolkes zu beobachten. So manche Regel war zu beachten. Vor der Arbeit rieben wir unsere Hände mit den duftenden Blättern von Zitronenmelisse ein, um den Geruch zu neutralisieren. Der menschliche Schweißgeruch reizt Bienen. So konnten wir stets mit bloßen Händen arbeiten, die Bienen blieben ruhig. Auch auf langsame, ruhige Bewegungen wurde großer Wert gelegt. Nicht zuletzt sorgten die Gesichtshaube und der Schmoker für Ruhe und Sicherheit. Morgens der erste und abends der letzte Weg führten Vatel und später auch mich an den Bienenstand, um zu kontrollieren, ob auch alles seine Ordnung hatte. Die geringste Veränderung hatte ihre Ursachen und entging der Kontrolle nicht. Einmal fanden wir einen dicken, großen Totenkopf-Schmetterling vor einem Flugloch sitzen, der wohl Appetit auf Honig hatte, aber nicht eingelassen worden war, sondern halb tot gestochen. In einem Glas nahm ich ihn mit in die Schule, wo der arme Kerl dann den Rest seines Lebens lassen mußte und später schön präpariert in einem Schaukasten an der Wand hing. Ein anderes Mal fanden wir eine Spitzmaus totgestochen vor dem Flugloch. In der Schleuderzeit war Hochbetrieb. Überall mußten die voll verdeckelten Waben herausgenommen, und abgedeckt werden. In der Schleuder konnte ihnen dann durch Drehung der Honig entzogen werden. Das war meist Mamachens Arbeit. Heiß war es, und gegen alle Gepflogenheiten mußte alles schnell gehen. Die leeren Waben schnell zurück, die Türen schnell geschlossen, denn es war doch ein großer Eingriff, der unsere Bienen beunruhigte. Der Honiggeruch lockte eine Menge Sammlerinnen an, die unbedingt in den Schleuderraum hinein wollten. Durch zwei Siebe floß die süße, goldene Pracht in handliche Gefäße und konnte dann zuletzt in die großen Kübel, die eine Füllmenge von fünfundzwanzig und fünfzig Kilogramm hatten, gefüllt werden. Die weitere Abfüllung in die Fünfhundert-Gramm-Verkaufsgläser erfolgte dann erst später je nach Bedarf. Mit einer Qualitätsbanderole versehen, stand immer eine gewisse Menge verkaufsbereit, und wöchentliche Lieferungen an die Oelser Feinkostgeschäfte erfolgten je nach Absprache.

Mit dem Honigernten war aber noch nicht die ganze Arbeit getan. Das »Einwintern« im Herbst kann man als ebenso zeitaufwendig bezeichnen. Ab Mitte September wurde Zuckerlösung gefüttert, damit die Bienenvölker genügend Wintervorrat einlagern konnten. Doppelzentnersäcke mit grobem, ungebleichtem Zucker wurden angeliefert und etwa vierzehn Tage lang im großen Waschkessel in der Waschküche Wasser erhitzt und Zucker in einem bestimmten Mengenverhältnis gelöst. Diese Mischung wurde in Dreiviertelliterflaschen gefüllt und den Bienen über eine spezielle Tränkevorrichtung angeboten. Bis zum nächsten Abend hatten die fleißigen Arbeiterinnen diese Lösung verarbeitet und als Wintervorrat in ihre Waben getragen. Hatten sie diese Arbeit geschafft, konnte der Winter kommen, der Nahrungsvorrat würde normalerweise bis zum Frühjahr reichen. Bald kam dann auch der Winter mit den ersten Schneefällen bereits im November. Die Bienenstöcke wurden noch zusätzlich mit Altpapier und leeren Kartoffelsäcken gegen stärkere Kälteeinbrüche abgesichert und möglichst vor Mäusen geschützt. Hier und dort stellte man Fallen auf, denn diese kleinen grauen Überlebenskünstler suchten überall etwas zum Fressen und zum Nestbau. Mausefallen und alles andere Arbeitsgerät und Handwerkszeug bewahrte man üblicherweise im Schuppen auf, im Garten gleich neben dem Bienenstand. An einem stockfinsteren Winterabend fiel es Mamachen noch ein, sie müsse unbedingt einen Hammer aus dem Schuppen haben, um weiß der Himmel was zu reparieren. Sie war eine resolute praktische Frau und erledigte alles, auch kleine Reparaturen, selbst und möglichst sofort. Pflichtschuldig marschierte ich durch die tiefe Finsternis, ohne mich irgendwie zu fürchten, kannte ich doch jeden Schritt und Tritt. Ahnungslos öffnete ich die Tür des Schuppens, um nach dem Hammer zu greifen. Zwei seltsame Lichter blitzten über dem Tisch, und als ich einen Schritt weiter ins Dunkel riskierte, fauchte mich etwas Unsichtbares so furchterregend und böse an, daß ich vor Schreck zurücksprang und die Tür wieder zuschlug. War das ein fremder verwilderter Kater, der da versehentlich in den Schuppen geraten war? Der hätte doch einfach an mir vorbei das Weite suchen können! Da sollte Mamachen mal schön selber gucken. Ohne Hammer und ganz verschreckt erschien ich wieder in der Küche, mit der Meldung, in dem Schuppen sei ein fauchendes unsichtbares Monster und ließe mich nicht hinein. »Hast du wieder gut zugesperrt?« fragte Mamachen. »Was da drinnen ist, das werden wir mal morgen früh, wenn es hell ist, genauer feststellen.« Am nächsten Tage, als ich aus der Schule kam, erfuhr ich, wer mich am Abend zuvor so aggressiv angefaucht hatte. Es war doch kein Kater gewesen, der mich so erschreckt hatte. Vatel und Mamachen hatten im Schuppen mit viel Mühe einen Iltis gefangen. Er sah ganz possierlich aus, stank aber entsetzlich. Mamachen zog ihm geschickt und vorsichtig das dichte Fell über die Ohren, ließ dieses gerben und einen wunderschönen Pelzkragen davon anfertigen. Schwarz mit langen weißen Grannen.

Vatels ganz besondere Liebe gehörte außer seinen Bienen den Obstbäumen. Er experimentierte gern und verfügte über ausgezeichnete Fachkenntnisse. Aus einer Baumschule ließ er sich zweihundert Obstbaumwildlinge schicken. Mamachen erklärte ihn für verrückt und prophezeite, daß die meisten auf dem Kompost landen würden. Diesmal irrte sie sich aber gründlich. Schön in schnurgeraden Reihen pflanzte Vatel die vielen Setzlinge sorgfältig in ausreichenden Abständen, und ich durfte ihm dabei fleißig helfen. Sie wurden bewässert und wuchsen zu unserer Freude alle gut an. Im folgenden Jahr ging es ans Veredeln. Vatel hatte inzwischen Edelreiser der besten Lokalsorten besorgt, die standen gebündelt und mit Etiketten versehen an einem schattigen Platz tief im Sand. Erst zeigte mir Vatel, wie veredelt wird, dann gingen wir jeder eine Reihe entlang und brachten die Edelreiser in Position. Das funktionierte hervorragend und machte richtig Spaß. Mamachen kam, staunte, konn-

Vatel, August Vogt, stolz mit seinen Birnen.

115

te aber das Unken nicht lassen.»Da wird wohl kaum was Ordentliches draus werden, ich bin ja mal gespannt, wieviele davon angehen« sagte sie. Um so gewissenhafter waren wir beiden Veredler bei der Sache. Und siehe da, die Mühe hatte sich gelohnt, und die meisten Edelreiser trieben gut aus. Den weiteren Schnitt und die Etikettierung schafften wir wieder gemeinsam, und es war eine Freude und unser ganzer Stolz, die jungen Bäumchen wachsen zu sehen. Nach und nach wurde eines nach dem anderen verkauft, die besten verwendeten wir für eine Neuanpflanzung im hinteren Teil des Gartens. Hier entstand der »Garten Erika«. Das sollte einmal meine Existenzsicherung für später sein. Zur optimalen Flächenausnutzung wurde jeweils ein Buschbaum und ein Halbstamm im Wechsel gesetzt. Die Halbstämme lieferte die Baumschule »Lotze und Mascher« aus Leuchten. Darunter die ausgezeichnete Sorte »Schöner aus Herrnhut«, reichtragend, wohlschmeckend und mit seinem rotgeflammten Aussehen gut absetzbar. Vatel war bemüht, in jeder nur erdenklichen Art für meine Zukunft vorzusorgen. Die Zeichnung für ein neues Wohnhaus lag bereits vor, er hatte sie bei einem bekannten Architekten, einem seiner Versicherungskunden, anfertigen lassen. Der Platz war gleich an der Straße, wo der große Prinzenapfelbaum stand, vorgesehen. Ich war damals noch ein junges, unbeschriebenes Blättchen, und keiner ahnte, wohin mich der Wind wehen würde.

Das letzte Schuljahr verging schneller als alle vorangegangenen, mir kam es jedenfalls so vor. Viele Mädchen meines Alters besaßen schon mehr oder weniger ausgeprägte Rundungen, aber bei mir tat sich in dieser Hinsicht noch wenig. Mit Watte versuchte ich, nicht Vorhandenes vorzutäuschen, aber es half auch nicht viel. Mit den von der Natur bevorzugten Mädchen versuchte ich Kontakt zu halten, aber einfach war das nicht. In jeder Situation meine beste treue Gefährtin und Vertraute war und blieb meine Busenfreundin Erika.
Eines schönen Tages herrschte Getuschel und Aufregung in der Mädchenklasse. Der Grund war eine Zigeunerin, die sich ganz

in der Nähe aufhielt und den Leuten ihre Zukunft voraussagte. Es hieß, sie würde aus den Handlinien lesen wie andere aus einem Buch.»So ein Blödsinn! Und das auch noch für fünf Mark! Da geh' ich doch nicht hin!‹ Schließlich siegte aber doch die Neugier. Erika und ich beschlossen, der Zigeunerin einen Besuch abzustatten. Zwar glaubten wir absolut nicht an die Wahrsagerei, aber wir wollten doch gern wissen, was in unseren Handlinien geschrieben stand. Erwartungsvoll betraten wir den kleinen, düsteren Raum und nahmen, nun doch etwas schüchtern, auf zwei Stühlen Platz. Eine schwarzhaarige Frau unbestimmbaren Alters saß an einem kleinen Tisch. Ketten und Ringe glitzerten an Hals, Handgelenken und Fingern und zogen erst mal unsere faszinierten Blicke wie magisch an. Eine exotische Erscheinung. Mit tiefer Stimme bat sie zuerst um die rechte Hand meiner Freundin. Nach kurzem Studium der Handlinien wußte sie alles mögliche zu erzählen, was auf Hinz und Kunz ebenso passen konnte und bestimmt jeder, der seine fünf Mark auf den Tisch legte, erzählt bekam. Das Wichtigste: Sie würde heiraten und zwei Kinder haben. Na ja, nicht besonders aufregend, aber zufriedenstellend, diese Aussichten. Dann war ich dran. Na ja, es lief ziemlich ähnlich, bis auf die wichtigste Frage, die jedes Mädchen sicher am meisten interessiert. »Sie werden heiraten und ihnen werden sieben Kinder geschenkt werden«, hörte ich da zu meinem allergrößten Erstaunen. Ich starrte sie ungläubig an, und sprachlos verließ ich mit meiner Freundin diesen »Ort der Erleuchtung«. Na so was! Als die anderen Mädchen erfuhren, was mir vorhergesagt wurde, lachten sie sich halbtot, und noch tagelang gab es Neckereien und Gelächter, wenn die Rede auf meine Zukunftsprognose kam. Zu dieser Zeit hatte ich noch kaum einen Ansatz von Figur und nicht das entfernteste Interesse am männlichen Geschlecht. Na ja, nach einem Jahr sah das dann schon anders aus. Die erstaunliche Tatsache aber ist, daß diese Zigeunerin damals für die lumpigen fünf Mark eine exakt richtige Voraussage machte. Meine Freundin hatte zwei Kinder, während ich tatsächlich sieben gesunde Kinder auf die Welt gebracht und glücklich großgezogen habe. War nun diese zutreffende und außerordentlich wichtige Vorhersage ein purer Zufall? Unwahrscheinlich.

1936, im Alter von vierzehn Jahren, wurde ich konfirmiert und aus der Schule entlassen. Zwei Wochen vor diesem großen Fest fand die »Prüfung« in der Schloßkirche statt. An diesem Tag wurden vom Pfarrer alle möglichen Fragen zu Bibelthemen und zum Glaubensbereich gestellt, die von den Prüflingen zu beantworten waren und Zeugnis von dem vermittelten Glaubensfundament ablegen sollten. Das Ganze fand bereits in feierlichem Rahmen im Beisein der Eltern statt. Zwar konnte niemand durchfallen wie beim Abitur, aber die Aufregung und das Lampenfieber waren bestimmt vergleichbar. Wer war schon in allen Fragen so sicher, eine richtige Antwort zu finden, auf Anhieb und in der Öffentlichkeit einer vollbesetzten Kirche? Es war üblich, zu diesem besonderen Anlaß neu eingekleidet zu erscheinen, also wurde schon Wochen vorher fleißig geschneidert. Das »Prüfungskleid« entstand aus weinrotem Wollstoff, hatte einen einfachen Schnitt mit weitem Rock und dreiviertellangen, damals modischen unten weiten Ärmeln mit Gummizug. Ein schöner weißer Kragen aus modischer Spachtelspitze vervollständigte das Ganze. Auf ähnliche Weise entstand nach einem Modellschnitt aus dem neuesten Modenheft das weiße Konfirmationskleid. Als Verzierung waren bei diesem die Passe, oberes Ärmelteil und das obere Rockteil mit Smoknäherei eingehalten, ein besonders schönes Kleid. Beide Kleider, aus gutem Material und mit reichlichen Nahtzugaben gearbeitet, wurden später in der schlechten Zeit dreimal umgearbeitet, gefärbt und auf »neu« hergerichtet. Hierbei kamen mir die Nähkniffe, die ich bei den »Kursen« erwerben konnte, zugute.

Sowie die Schulpflicht geendet hatte, wollte ich möglichst nicht mehr wie ein kleines Mädchen aussehen, obwohl meine Figur bislang kaum sichtbare Rundungen erahnen ließ. Die langen Zöpfe steckte ich bald hoch in allen Variationen, um etwas älter zu erscheinen, was aber sicherlich mißlang. Später kam dann die erste Dauerwelle in Mode, und ich ließ meine schönen hüftlangen Zöpfe abschneiden. Die neue Dauerwelle entpuppte sich als mittlere Katastrophe, denn ein Kamm hatte da keine Chance und die Wellen veränderten sich bald zu wirren Knäueln. Die Methode war noch nicht ausgereift, und die beste Lösung war, zur Lockenschere zu greifen.

Nun, da ich aus der Schule war, wollte ich gerne ab und zu mal ins Kino gehen, aber es wurde mir nicht erlaubt, abends allein wegzugehen. Was konnte da einem Mädchen wie mir nicht alles passieren! Was das sein konnte, darüber hatte ich keinerlei Vorstellungen, versuchte aber dennoch meinen Wunsch zu verwirklichen. Es gelang mir, Erich Papa für einen Abend als Kinobegleitung zu gewinnen, ich quälte ihn einfach so lange, bis er widerwillig zusagte. Das gefiel ihm dann so gut, daß er nun jede Woche bereitwillig mit mir ins Kino ging und auch die Karten bezahlte: Sperrsitz für achtzig Pfennig, weil er sich auf den vorderen Reihen beim ersten Mal die Genickstarre geholt hatte. Allerdings stellte er die Bedingung, daß er sich nicht umziehen müsse. Das mußte ich akzeptieren. So sorgte ich eben für saubere Schuhe und eine saubere Joppe, das genügte schon. Abends war es sowieso dunkel, mit der Straßenbeleuchtung nicht weit her, und im Kino hatte nur die Kartenverkäuferin in ihrem Kabüffchen Licht. So schirmte ich meinen Begleiter möglichst gegen neugierige Blicke ab und verschwand mit ihm schnell im dunklen Kino. Heini bekam das bald spitz, und es dauerte gar nicht lange, da war er mit von der Partie. Auf diese Art und Weise sahen wir alle schönen alten Filme. Papa hatte sichtlich Spaß an diesen regelmäßigen Kinobesuchen, er hatte ja auch sonst keine Ablenkung nach den langen Arbeitstagen. Die schönen Frauen, die damals die Leinwand beherrschten, wie Zarah Leander, Greta Garbo, Lilian Harvey, Olga Tschechowa und viele andere gefielen Papa sehr, und für Willi Fritsch, Willi Birgel, Heinz Rühmann, Theo Lingen und viele andere männliche Schauspieler schlugen alle Frauenherzen höher. Eifrig sammelte man Zigarettenbildchen dieser Filmstars, tauschte sie je nach Bedarf und füllte dekorative Alben damit. In den Wochenschauen, dem Filmvorspann, zeigte man, was sich in Deutschland und der übrigen Welt ereignete. Bilder vom Bau der Autobahnen erschienen groß und beeindruckend auf der Leinwand, wichtige Staatsbesuche und politische Empfänge konnte man auf der Leinwand miterleben und wurde bei dieser Gelegenheit gleich wunschgemäß beeinflußt. Der wirtschaftliche Aufschwung für Frieden und Freiheit konnte auf diese Art und Weise bestens populär gemacht und dem Volk vor Augen geführt werden. Zeitung und Kino waren machtvolle Medien.

Nach dem Abschluß der Volksschule wechselten damals die jungen Mädchen vom BDM in die Organisation »Glaube und Schönheit«. Ich ging, weil es mich interessierte, zur Singspielschar, Sondergruppe Feiergestaltung. Der Leiter dieser künstlerisch tätigen Gruppe war zu dieser Zeit ein kompetenter Pädagoge aus der Logauschule. Schüler seiner Klasse, Abiturienten, wirkten zum Teil als Musiker mit. Nach Vorgaben übten wir etwas ganz Neues: Die nationalsozialistische Feiergestaltung. Veranstaltungen, bei denen unsere Mitwirkung erwünscht war, gab es oft, auch Trauungen wurden feierlich umrahmt mit Musik, Gesang, Einzelsprechern, Sprechchören und festlich dekoriert von Fahnen. Natürlich fanden diese Trauungen nicht in einer Kirche statt, sondern in Versammlungsräumen. Die Begriffe wie Freiheit, Ehre, Pflichterfüllung, Stolz, Treue, Mut gehörten stets zum festen Wortschatz. Es war, entsprechend der damals herrschenden programmierten Ausrichtung, eindrucksvoll. Es war eine schöne, angenehme und motivierte Gemeinschaft in dieser Singspielschar. Der Leiter hatte fachlich und menschlich alles bestens im Griff. Innerhalb der Gruppe duzten wir ihn als Kameraden, und einen der Unseren, brachten ihm aber allen Respekt entgegen. Außerhalb der Gruppe fiel das vertraute »Du« selbstverständlich flach, der Pädagoge wurde von jedermann respektiert wie alle seine anderen Kollegen. Diese Möglichkeit, alle Wochen mindestens einmal in einer solchen Kameradschaft mitwirken zu können, verhalf mir zu einem gewissen Maß an

Selbstbewußtsein und Selbstsicherheit. Die Übungsstunden lagen natürlich abends, und ich ging mit meiner Freundin Erika dorthin. »Gott sei Dank, daß ihr zu zweit seid, da kann euch ja wohl auf dem dunklen Heimweg so spät abends nichts passieren.« Doch manchmal nach den Übungsstunden nahmen wir uns auch mal mehr Freiheiten. Ein romantischer Bummel durch die Fasanerie wurde ab und zu eingelegt, und die Gruppe brachte einen nach dem anderen nach Hause. Mamachen wartete immer besorgt auf mich, und wunderte sich, daß es wieder so lange gedauert hatte. Sie konnte sich wohl nicht vorstellen, wie schön für uns damals spätabendliche Spaziergänge waren.

»Nächstes Wochenende ist Erntedankfest und abends Tanz beim Schiller in Ludwigsdorf«, sagte Vatel. »Der ist bei mir versichert, wir müßten uns da eigentlich mal sehen lassen!« »Ach, dann werden Kunzes sicher auch dort sein, und wir können mal wieder schön gemütlich zusammensitzen und hören, was es so alles Neues gibt«, meinte Mamachen. »Darf ich auch mitgehen?« fragte ich zaghaft, denn ich war eigentlich noch viel zu jung. »Na, mal sehen. Wir gehen sowieso nicht spät heim«. Das war so gut wie »ja« gesagt. Mit Herzklopfen erwartete ich das Wochenende und quengelte, ich hätte überhaupt nichts Schönes anzuziehen. Das wollte Mamachen natürlich nicht auf sich sitzenlassen und wußte sofort Abhilfe, wie immer. »Ach da liegt doch noch dieser bildschöne, grüne Seidenstoff mit den schwarzen Punkten vom letzten Schlußverkauf! Da können wir noch schnell ein reizendes Blüschen draus nähen, hoffentlich reicht's dafür!« Gesagt, getan. Die neue Bluse entstand unter Mamachens flinken, geschickten Händen im Handumdrehen, grün mit schwarzen Punkten, natürlich solide, hoch geschlossen, weit bauschig gereiht und mit einem reizenden Rüschenabschluß am Ausschnitt und den langen Ärmeln. Damals war ich noch sehr jung, trug noch meine schönen langen Zöpfe und kam mir in dieser Bluse vor wie ein Giftzwerg mit Sommersprossen, wie das legendäre »häßliche Entlein« aus dem Märchen. Dieses erste Erlebnis einer dörflichen Tanzveranstaltung mit ohrenbetäubendem Getöse, Gelächter, Betrunkenen und schließlich einer Rauferei war für mich der reinste Alptraum. Mir fiel ein Stein vom Herzen als die »alten Herrschaften« endlich fanden, es sei nun spät genug, und den Heimweg antraten. Der Nachhauseweg war die reinste Erholung. Die Bluse war das letzte Kleidungsstück, das mir Mamachen »solide« genäht hat. Später, in den Schneiderkursen, entwarf und fertigte ich meine Kleidung selbst an, nach eigenem mehr »unsolidem« Geschmack. Die Mode wurde immer kürzer, die Rocklänge rutschte von schicklicher halber Wadenlänge hoch bis zum Knie. Mamachen murmelte leise für sich so was wie »Man muß sich ja bald schämen, so wie du rumläufst«, aber als sie sah, daß dieser Trend auch in den neuen Modeheften vorherrschte, wurde ihr langsam klar, daß ihr »solider Stil« wirklich nicht mehr aktuell war.

Mamachen gab sich alle erdenkliche Mühe, mich auf die Pflichten einer guten Hausfrau vorzubereiten. Selbstverständlich stand dabei an erster Stelle die »gutbürgerliche Küche«, die deftigen schlesischen Spezialitäten, die gut mundeten, nicht allzu teuer waren und mit den Zutaten herzustellen waren, die man meist selbst erzeugte. Ihre unschlagbare These lautete: »Satte und zufriedene Ehemänner sind die sichere Garantie für eine glückliche Ehe«. Ganz wichtig war es für sie, daß gründlich geputzt wurde, und nicht husch-husch geschludert. Immer wieder erzählte sie mir mit beeindruckenden Worten und Gesten, wie es ihr in der Jugend während ihrer Tätigkeit als »Hausmädchen« bei einer vornehmen »Herrschaft« ergangen war. Die Dame des Hauses kontrollierte stetig und überall. Mit ihren feinen, weißbehandschuhten Händen fuhr sie unter die Schränke und an die unmöglichsten Stellen. Wehe, es fand sich an den Fingerspitzen auch nur eine Spur von Staub! In so einem Fall von grober Nachlässigkeit mußte das ganze Haus noch einmal vollkommen durchgeputzt werden. Zum Wäschewaschen gab es nur ein ganz klitzekleines Stückchen Seife für die speckigen verschwitzten weißen Hemdkragen des Hausherrn. »Nimm mehr Kniebelseife« (das bedeutete: mehr mit den Händen reiben), sagte die geizige Hausfrau. Doch das geplagte Mädchen war nicht auf den Kopf gefallen, sie nahm einfach einen Stein zum Reiben zu Hilfe. Schadete das auch dem Stoff, so war es sicher nicht ihre Schuld. Eines Tages kam unverhofft ein Gast ins herrschaftliche Haus und sollte Rühreier zum Frühstück serviert bekommen. Das flinke Hausmädchen sorgte sofort für das Gewünschte und servierte knicksend. Die Delikatesse schmeckte dem Herrn ausgezeichnet, und er wendete wohl anscheinend dem hübschen Hausmädchen mehr Interesse zu als seinem Frühstück. Dann schenkte er ihm ein fürstliches Trinkgeld von einem ganzen blinkenden Taler (ein Dreimarkstück). Stolz und glücklich wurde dieses Trinkgeld in der Schürzentasche verwahrt. Als der Gast das Haus wieder verlassen hatte, kam aber noch ein dickes unerwartetes Ende. Das Rührei wäre viel zu trocken gewesen, sie hätte sich ja schämen müssen, zeterte die Chefin und verlangte den Taler wieder zurück, weil er unverdient wäre. Dieser verlorene Taler ärgerte Mamachen noch nach Jahrzehnten. So erging es Dienstboten Anfang dieses Jahrhunderts, aber man traute sich nicht, den Gehorsam zu verweigern.

Nun war es soweit, daß für mich die Berufswahl anstand. Vatel überlegte ernsthaft, ob er mich wohl auf die Bienenzucht-Lehranstalt nach Erlangen unter der Leitung des bekannten Professor Dr. Zander schicken solle. Das wäre sicher sehr interessant gewesen, aber Mamachen schlug sofort Alarm. »Du bist wohl nicht ganz bei Trost! So weit weg von zu Hause gibt man ein Mädchen in diesem Alter doch nicht – allein in einem Zimmer müßte sie wohnen, und wer weiß, in was für Gesellschaft sie da käme! Nein, nein, das kommt überhaupt nicht in Frage!« Das sah Vatel natürlich sofort ein, und auch andere Möglichkeiten hielten den Diskussionen nicht stand. »Was willst du denn eigentlich?« hielt man meinen Ideen entgegen. »Du bist noch viel zu jung und solltest erst mal das allernötigste für den Haushalt lernen, Grundkenntnisse, die man daheim nicht lernen kann.«

Aha, daher wehte also der Wind, zu damaliger Zeit hielt man es für angebracht, Töchter, die gerade die Schule verlassen hatten, erst mal in praktische Kurse zu schicken. Ich fing also bald bei einer Schneiderin in Oels an, die auf diese Art Kurse spezialisiert war und ihre Werkstatt in der Georgenstraße hatte. Das erste halbe Jahr stand »Weißnähen« auf dem Programm, das hieß »Unterwäsche« nähen. »Das fängt ja gut an,« dachte ich. »So ein Blödsinn! Das werde ich später für mich sowieso nie machen.« Doch es war ganz lustig. Wir waren eine Gruppe von etwa zehn Mädchen, und für je zwei stand eine Nähmaschine zur Verfügung. Es handelte sich jeweils um eine andere Marke und sie waren dementsprechend auch technisch verschieden. Diese Technik zu verstehen und zu beherrschen war das erste, was wir lernten. Dann übten wir alle möglichen vorkommenden Nähte, bis sie einigermaßen fehlerfrei ausfielen. Das war gar nicht so einfach, wie es aussah. Materialkunde, Maßnehmen, Zuschneiden und Anpassen folgten. Mit großem Eifer waren die Schülerinnen bei der Sache und überlegten fieberhaft, was sie so alles Schönes nähen wollten. Krumme Nähte mußten verärgert wieder getrennt, falsch zusammengenähte Einzelteile geordnet werden, es gab jede Menge Gelächter, und manchmal ging es ganz schön laut her. Die Meisterin half mit Engelsgeduld, verhaspelte Spulchen wieder zu entwirren. Mit eigenem Material konnte man nach Entwurf für sich selbst schneidern und wunderschöne Unterwäsche mit Loch und Plattstickerei aus hellblauer Bembergseide entstanden als »Glanzstück« meiner Karriere. Diese Garnitur fungierte als »Ausstellungsstück«.

Nachdem wir Mädchen im ersten Halbjahr wichtige Grundbegriffe gelernt und gewisse Fertigkeiten erworben hatten, begann der zweite Teil des Kurses. Nun konnten wir beginnen, Oberbekleidung zu nähen, und darauf freute ich mich schon ganz besonders. Ich würde nämlich nicht mehr auf Mamachens sehr soliden Geschmack angewiesen sein und konnte eigene Kreationen anfertigen. Für wenig Geld konnte man beim jüdischen Geschäft »Tockuss« im Schlußverkauf die allerschönsten Stoffreste erstehen, kombinieren und die reizendsten Kleidungsstücke daraus anfertigen. Dann war da noch das Textilgeschäft »Gläser«. Dort lagen Ballen auf Ballen von herrlichen Stoffen, es wurde damals ja noch viel geschneidert. Wer da erst mal drin war, der verließ das Geschäft nicht ohne irgend etwas gekauft zu haben. Selbstverständlich lernte ich auch, ältere Kleidung aufzuarbeiten, zu ändern, Schäden auszubessern, und aus alt neu zu machen, nein besser gesagt zu zaubern, denn was vormals alt gewesen war, erkannte man, wenn es durch unsere geschickten Hände gegangen war, meist nicht wieder. Das war eine Fertigkeit, die sich später als sehr wichtig erweisen sollte.

Es war schade, daß mich meine Eltern nicht auf weiterführende Schulen geschickt hatten, obwohl es ihnen von seiten der Lehrkräfte empfohlen worden war. Leider hatten die Lehrer zu tauben Ohren gesprochen. Mir war das auch ziemlich egal, ich nahm es gerade so, wie es sich ergab.

Auch meine Cousine Erna aus Ludwigsdorf nahm an dem zweiten Schneiderkurs teil. Wir sahen uns nun täglich, teilten Erfolge und Mißerfolge und verstanden uns ganz ausgezeichnet. Die Kunze-Familie war sehr kontaktfreudig und gesellig, gab es Grund zum Feiern, wie beispielsweise die Geburtstage, dann kam man zum Kaffeetrinken zusammen oder fand sich zum Abendessen ein. Bei solchen willkommenen Anlässen plante man großzügig vor. Eifrig wurde gerührt und geknetet, »abgerührte« und Streuselkuchen, die berühmte schlesische Spezialität, meist auch eine schöne Buttercremetorte gehörten traditionell auf die Kaffeetafel. Für den Abend stand dann auf jeden Fall eine riesengroße Schüssel köstlicher Kartoffelsalat bereit, der zusammen mit Würstchen und belegten Broten reißenden Absatz fand. Für die gehobene Stimmung sorgte dann anschließend eine süffige Erdbeerbowle, oder Mamachen holte aus dem Keller einige Flaschen Hagebuttenwein oder Johannisbeerwein, selbstgemacht, versteht sich. Der schmeckte so gut, daß es gar nicht lange dauerte, bis der Geräuschpegel merklich anstieg. Erich Papa trank mit Genuß das erste Gläschen mit den anderen, aber wenn es so gegen zehn Uhr war, stand er auf. »Ich muß erst noch mal nach dem Pferd sehen«, sagte er beiläufig und verkrümelte sich auf diese Art und Weise still und heimlich. Er brauchte seine Ruhe, denn schließlich begann er ja seinen Tag bereits morgens um vier Uhr, so wie es sich für einen ordentlichen Gärtner gehört. Die anderen Gäste vermißten ihn kaum und hielten es bedeutend länger aus, wurde es doch gerade erst gemütlich und interessant. Tante Anna erzählte und erzählte, sie war kaum noch zu bremsen, und ihre beiden Schwestern Auguste und Pauline ebenso. Waren die Dorfgeschichten alle kommentiert und die nächstliegenden Probleme gelöst, kam man auf »früher« zu sprechen. Dann wurde es spannend, denn bald konnte man Gespenstergeschichten hören, daß einem die Haare zu Berge standen. Zum Beispiel als der »Großel« starb, an einem Heiligen Abend genau um Mitternacht, wie alle Türen geknarrt haben, obwohl sie geschlossen waren, als wäre er noch einmal zum Abschied durch das Haus gegangen. Und geklopft hätte es überall, daß alle die im Hause schliefen, munter wurden und sich wunderten. Er hatte sich verabschiedet, davon waren alle miteinander fest überzeugt.

Dann kam die Geschichte vom Schloßgespenst an die Reihe, das früher im Ludwigsdorfer »Schlößchen« gespukt hatte. Tante Anna hatte als blutjunges Mädchen dort bei der Herrschaft als Kammerzofe gedient und wollte das Gespenst mehrmals beobachtet haben, wenn es wie der Wind durch die Zimmer fegte, alles mögliche herunterwarf und dann mit wehendem weißen Schleier zum Fenster hinaus verschwand. Das »Schlößchen«, ein kleines Herrenhaus, gewann entschieden an Ansehen und Respekt in der ganzen Umgebung, weil es ein ordentliches Schloßgespenst vorzuweisen hatte. Es war schon interessant, was es in dem kleinen Dorf Ludwigsdorf so alles für Besonderheiten gab. Aber das war noch lange nicht alles. Onkel Koarle behauptete doch tatsächlich steif und fest, er selbst wäre einmal nachts auf der Landstraße, als er noch spät auf dem Heimweg war, etwa dort, wo linker Hand der Friedhof liegt, einem Mann begegnet, der den Kopf unter dem Arm trug. Er wäre so erschrocken gewesen, daß er den Rest des Weges bis nach Hause rannte und schreckensbleich mit weichen Knien und schweißtriefend zu Hause ankam. Als er sein nächtliches Abenteuer am nächsten Tage im Dorf erzählte, erfuhr er, daß auch schon andere diesen kopflosen Geist gesehen hatten. Nicht zu fassen! Es soll ein Mann gewesen sein, der wegen irgendeines Verbrechens vor langer Zeit geköpft worden war und keine Ruhe finden kann.

Dem Onkel Koarle schmeckte der Wein besonders gut, aber bald war dann der Höhepunkt erreicht, und er fing an zu singen:»Der Sperling ist ein Vögelein ...« und alle fielen in den Refrain ein:»summ summ summ ...« Zum Abschluß folgte dann noch:»Still ruht der See, die Vöglein schlafen.« Langsam wurde nun Tante Anna unruhig und drängte zum Aufbruch, denn sie hatte mit ihrem angeheiterten Karl noch einen Fußmarsch von etwa drei Kilometern vor sich. Die Jugend hielt natürlich noch länger aus. Cousin Konrad, zu der Zeit noch ein flotter, forscher Abiturient, flirtete mit der Willner Gretel. Die war zwar etwas älter, dafür aber sicher auch um einiges erfahrener. Auf jeden Fall eine hübsche, gepflegte, großstädtisch zurechtgemachte und nach allen verführerischen Wässerchen der Welt duftende Dame, die ihn bezauberte. Bald verschwanden die beiden nach draußen, um frische Luft zu schöpfen. Auch Cousin Gerhard wurde es plötzlich zu warm, er zog mich an der Hand mit nach draußen in den stockfinsteren Garten. Man sah die Hand vor Augen nicht, und das Herz klopfte mir vor Aufregung laut und heftig. Von den anderen beiden war nichts zu sehen.

Doch scheinbar ging es Gerhard ähnlich wir mir. Eine kurze Umarmung und ein kleiner linkischer Kuß die Backe waren alles, und aus Angst vor der eigenen Courage waren wir beiden schneller wieder drinnen als gedacht. Trotzdem hatte ich das Gefühl, etwas Besonderes erlebt zu haben.

Gerhard hatte in Breslau eine Lehre angetreten. Onkel Karl wollte, daß sein Sohn die Schmiede und Schlosserwerkstatt nach seinem Ableben weiterführte. Der Schlosserlehrling Gerhard fuhr jeden Morgen von Ludwigsdorf nach Oels mit dem Fahrrad, stellte dies bei uns ab und ging dann noch mal fünfundzwanzig Minuten bis zum Bahnhof zu Fuß und fuhr mit dem Zug zu seiner Lehrstelle. Das gleiche lief abends in entgegengesetzter Richtung ab und gab uns Gelegenheit zu schnellen und unromantischen Treffen, bei denen wir ab und zu mal einen flüchtigen Kuß austauschten, das war's aber auch schon. Gerhard, der Dorfjunge, mauserte sich langsam zu einem aufgeweckten, flotten, gutaussehenden jungen Mann.

Mit der Kunze-Familie hielt man auch sonst stets guten Kontakt. Bei besonderen Arbeitsspitzen, zum Beispiel beim Kartoffelnlesen half Erna bei uns, und ich in Ludwigsdorf. Und sonntags statteten wir uns öfters mit dem Fahrrad gegenseitig Besuche ab. Tante Anna freute sich immer, war stets sehr gastfreundlich, kochte gleich eine Kanne Kaffee und hatte meistens auch einen guten Kuchen parat, denn Kunzes aßen alle miteinander gern Kuchen. Dann gingen wir jungen Leute über die Wiesen und an die Baache, das klare dahinmurmelnde Bächlein, das sich durch die Landschaft schlängelte. Dort gab es Forellen und Weißfische, die die Jungen zu fangen wußten. Innen am Bachrand holten sie kleine Krebse aus ihren Höhlen, die gebührend bestaunt, dann aber schnell wieder ins Wasser geworfen wurden. »Ach, guck mal, was hast du denn da?« rief Gerhard, dieser Schlawiner, und tat, als müsse er mir einen Käfer aus dem Haar ziehen. Dabei bugsierte er mir blitzschnell einen kleinen Frosch in die Bluse. Das Manöver, den wieder herauszubekommen, war dem Bengel der Spaß wert. Nach viel Gelächter war der Nachmittag schnell vorbei, und bevor es Abend wurde, ging es per Fahrrad wieder heim. Diesmal dauerte es etwas länger, denn der Weg führte bergauf. »Wo bleibste denn wieder so lange!« empfing mich dann Mamachen, die sich immer Sorgen machte, wenn ich nicht daheim war oder wenn es gegen Abend ging und ich noch nicht in Sicht war.

Der Kunzehof lag ganz am Ende von Ludwigsdorf, und dort standen noch uralte Bäume. Gleich neben der Holzhalle stand solch ein dicker, alter Veteran, den man in Dachhöhe abgesägt hatte. Auf dem abgesägten Stumpf war ein Wagenrad angebracht worden, und ein stabiles, aus Reisern geflochtenes Storchennest hatte dort seinen sicheren Platz. Jedes Jahr wurde es von einem munteren Storchenpaar aufgesucht. Im Ort gab es noch eine ganze Anzahl Storchennester, und ging man durch den Ort, hörte man hier und dort das freudige Schnabelklappern, wenn ein Partner den anderen begrüßte. In den Feuchtwiesen am Bach konnte man immer ein paar dieser langbeinigen Vögel herumstolzieren sehen. Sie waren an Menschen gewöhnt und ließen sich durch arbeitende Bauern und Gespanne nicht so schnell aus der Ruhe bringen. Zielstrebig fingen sie ihre Ration an Fischen oder Fröschen, von denen in der näheren Umgebung genügend vorhanden waren, und ließen sich nicht ablenken. Im Ort gab es zwei schöne Dorfteiche, die waren beliebte Tummelplätze großer Scharen von Gänsen und Enten. Zu jedem Bauernhof gehörte selbstverständlich eine größere Anzahl Federvieh, das tagsüber meist die goldene Freiheit genoß, sich selbst versorgte und nicht viel Arbeit verursachte. Kurz vor Anbruch der Dunkelheit besann sich jede Tiergruppe darauf, wo sie hingehörte Mit lautem Geschnatter und Gequake watschelte eine Schar Gänse in diesen Hof, eine andere in den Stall des Nachbarn. Jedes Federvieh wußte genau, wann es heimzugehen hatte und wo es hingehörte. Sicher wartete im heimatlichen Stall noch eine Sonderration Futter im Trog.

Auch auf dem Kunzehof gab es alles, was Federn hat und Eier legt: Hühner, Gänse, Enten, Perlhühner, Truthühner und kleine Zwerghühner. Die Perlhühner, wahre Flugkünstler, bevorzugten als Landeplatz meistens den uralten knorrigen Zuckerbirnbaum. Wagte sich eine fremde Person auf den Hof, dann schlugen die Perlhühner sofort Alarm und veranstalteten ein derartiges Gegacker, daß sich ein Hofhund erübrigte. Unbekannte, wie Hausierer oder Bettler, die es damals noch gab, wagten sich erst gar nicht bis zum Haus, sondern machten kehrt und verschwanden, als wäre der Teufel hinter ihnen her.

Sonntags schön brav zu Hause sitzen und fleißig Handarbeiten anfertigen, wie sich das damals für brave Mädchen gehörte, gefiel mir auf Dauer ganz und gar nicht. Mein Unternehmungsgeist, der mich schon als Kind immer auf Trab gehalten hatte, ließ mir keine Ruhe. Es war so ein todlangweiliger Sonntag, kein Besuch gekommen, meine Freundin nicht daheim. Da fiel mir ein, daß Cousine Erna gesagt hatte, in Kritschen in der Gastwirtschaft Knobloch wäre am Nachmittag jemand, der Ziehharmonika spielt, und da könne auch getanzt werden. Das war doch mal was Interessantes! Schnell war mein Entschluß gefaßt, ich wollte dorthin. Erna und die beiden Brüder würden auch dort sein, da hatte ich doch Gesellschaft und außerdem den Vorwand, ich wollte die Verwandtschaft treffen. Sicherheitshalber fragte ich nicht erst um Erlaubnis, denn ein Sprichwort besagt: Wer viel fragt, bekommt viel Antwort. In meinem neuen, damals modischen hellgrünen Dirndlkleid mit weißem Schürzchen und weißen Kniestrümpfen kletterte ich ganz heimlich, still und leise zum Schlafzimmerfenster hinaus, damit es nicht auffiel, schnappte mein Fahrrad und strampelte los in Richtung Kritschen. Die Straße zog sich sehr lang hin, es kam mir ziemlich weit vor. Erst durch Ludwigsdorf, dann freie Strecke bis zum Wald, durch diesen hindurch, dann endlich kamen die Häuser von Kritschen in Sicht. Endlich geschafft. Es war tatsächlich genauso wie Erna gesagt hatte. Abgehetzt konnte ich mir gerade eine Limonade leisten, eine Tour mit dem Kunze Gerhard tanzen, dann mußte ich mich schon wieder auf den Heimweg machen, um rechtzeitig zu Hause zu sein und nicht aufzufallen. Auf jeden Fall war's schön. So viel wie damals hat mir das schlechte Gewissen nie wieder zu schaffen gemacht. Ich hatte begriffen, daß frisch gewagt halb gewonnen sein kann.

An einem der nächsten Sonntage stand wieder mal eine Kutschfahrt auf dem Programm. Papa, Mutti, Heini und Dorchen waren auch dabei, und es wurde eine richtig lustige Familienrundfahrt. Auf dem Heimweg bekamen wir alle Durst und so wurde Rast in der »Alten Apothekerei«, einer bekannten Gaststätte am Stadtrand von Oels, eingelegt. Für den Papa war es sicher am wichtigsten, daß sich der Fuchs etwas ausruhen und etwas fressen konnte. Im Garten standen einfache Bänke und Tische, dort

ließen wir uns nieder und tranken mit Genuß Selters mit Him-
beersaft. Der müde Fuchs bekam einen Eimer Wasser und durfte unter den hohen alten Bäumen soviel frisches Gras rupfen,
wie er wollte. Es dauerte nicht lange, da kam in forschem Gleichschritt eine
Soldatenkapelle anmarschiert und begann, ihre Instrumente zu
stimmen. In kürzester Zeit füllte sich das Lokal, und es stellte
sich nun heraus, was hier vorbereitet wurde: Es war Manöver-
ball, Oels war ja eine Garnisonsstadt und Soldaten aller Waf-
fengattungen gehörten zum gewohnten Stadtbild. Papa hatte
seine Freude daran, war er doch auch Soldat gewesen und erinnerte sich an manche schöne Stunde. Die flotten Märsche
versetzten ihn wieder zurück in jüngere Jahre. Sofort forderte
man mich zum Tanz auf, es waren nur wenige Mädchen anwesend, und ich kam überhaupt nicht mehr zum Sitzen. Mutti sah
zu und amüsierte sich, Heini und Dorchen waren zufrieden, solange sie Limonade hatten. Die Stunden vergingen wie im Fluge. Obwohl ich noch keine Ahnung vom Tanzen hatte, lernte
ich an diesem Abend alle zu dieser Zeit aktuellen Tanzschritte
auf einmal, wanderte atemlos von einem Soldatenarm in den
anderen. Schließlich stand Papa auf und sagte: »Jetzt reicht's
aber! Ich spanne den Fuchs wieder an und fahre heim. Wer nicht
mit will, der kann ja heim laufen!« Schnell setzten wir uns von
der lustigen Gesellschaft ab und stiegen auf unsere Kutsche.
Noch ein ganzes Stück begleitete uns der Klang der Blasmusik,
bis dann endlich Ruhe herrschte und nur das Klappern der Hufe
unseres guten, geduldigen Pferdes zu hören war, das langsam
mit der müden Besatzung heimwärts zockelte. Daheim herrschte
bereits helle Aufregung. Mamachen hatte sich größte Sorgen gemacht, als das Fahrzeug mit seiner Besatzung auch um zehn Uhr
noch nicht in Sicht war. »Das ist doch nicht normal. Da ist sicher
was passiert!« rief sie und lief immer wieder händeringend auf
die Straße, um Ausschau nach den Säumigen zu halten. Als dann
endlich die vermißte Fracht eintraf und schlaftrunken vom Wagen stieg, schimpfte sie aufgebracht: »So ein Unverstand! Mit
den Kindern so lange wegzubleiben!« Sie hatte ja keine Ahnung,

wie schön dieser Ausflug gewesen war. Noch im Traum klang die Tanzmusik in meinen Ohren nach, und ich schwebte und tanzte im Traum immer weiter. Am nächsten Tag hatte ich einen ganz fürchterlichen Muskelkater. Die Sonntagsschuhe, die ersten wirklich guten Salamander-Pumps waren ziemlich ruiniert. Mamachen konnte sich gar nicht genug wundern, und mir tat es entsetzlich leid um die guten Schuhe. Auf den Holzdielen, immer im Kampf mit Soldatenstiefeln, hatten sie keinerlei Chance gehabt. Sechsundzwanzig Mark hatten sie gekostet und waren gleich ruiniert.

Erich Papa hatte stets große Probleme, seine langen Beete von Stiefmütterchen, Gartennelken und Maßliebchen vor Wildschäden zu schützen. Im Winter, wenn hohe Schneewehen den Tieren Brücken über den Gartenzaun bauten, hoppelten die notleidenden Hasen, Kaninchen und auch ab und zu Rotwild bis zu den Beeten, scharrten das Grün frei und fraßen ab, was sie nur finden konnten. Beschwerden beim Jagdpächter nutzten nicht viel, denn der hatte nicht die geringste Lust, bei Kälte und Schneetreiben das Wild von unserem Grundstück fernzuhalten. Bald wurde es Papa klar, daß Selbsthilfe der sicherste Weg zum Erfolg ist. Früh im ersten Morgengrauen ging er mit seiner Flinte im Garten auf Pirsch, und wehe dem Graurock, der ihm vor den Lauf geriet. Bald bekam das auch mein Bruder Heini mit, und von da an wollte er unbedingt dabei sein. Papa zögerte zwar erst, war aber dann doch recht froh über dieses Interesse. Welcher Vater freut sich nicht, wenn der Sohn an seiner Seite stehen will? Leise weckte nun öfter der Papa den Jungen bereits, ehe die ersten Sonnenstrahlen über den Horizont krochen. Der reagierte sofort, und ruck zuck waren beide mit einem Tesching in der Hand auf der Pirsch. Der Mutti war das nicht geheuer und besorgt fragte sie noch im Halbschlaf: »Wo willst du wieder mit dem Jungen hin?« Doch da waren die beiden bereits weg, und als sie merkte, daß die Jagdausflüge erfolgreich verliefen, ab und zu ein Hase in die Pfanne kam und das Schadwild vertrieben werden konnte, gab sie sich zufrieden. Legal waren diese Aktionen natürlich nicht, aber man konnte sie als eine Notwehrmaßnahme entschuldigen. Heini verstand es bald, hervorragend mit der Schrotflinte umzugehen, aber Mamachen und Tante Nine standen alle möglichen Ängste aus. Sie blieben hartnäckig bei ihrer Meinung, daß ein Schießeisen doch ganz gefährlich wäre, daß es nicht in Kinderhand gehöre, und so leicht etwas passieren könne.

Sie sollten recht behalten, denn eines Tages geschah wirklich etwas, aber die beiden besorgten Frauen bekamen das Drama zunächst überhaupt nicht mit und erfuhren erst viel später, was sich zugetragen hatte.

Im Besitz des Inspektors befand sich ein sogenannter gräflicher Hund, ein Rassetier aus der edlen Zucht des Grafen von der Statur eines ausgewachsenen Kalbes. Ab und zu bekam dieses wertvolle Tier wohl Urlaub, nahm seine zeitweilige Ungebundenheit wahr und wilderte. Das durfte natürlich niemand laut behaupten, wenn er sich nicht die Ungnade höherer Stellen einhandeln wollte. Was nicht sein durfte, das wurde einfach ignoriert. Dieser »Grafenhund«, wie er allgemein hieß, suchte in regelmäßigen Abständen auch die Gärtnerei heim. Er sprang mühelos über jeden Zaun, nahm Fährte auf und verfolgte seine Jagdbeute quer über die Beete. Man sah es an den Löchern im Boden, die seine riesigen Pfoten hinterließen. Auch Mistbeetfenster bildeten kein Hindernis auf solchen Jagdvisiten, aber während Hasen elegant darüber hinwegsprangen, verursachte der »Grafenhund« große Schäden. Die Scheiben gingen unter seinem Gewicht zu Bruch. Trotz mehrfacher Beschwerden passierte das immer wieder, und Papa hatte eine Riesenwut auf dieses Viech. »Fang deine Hasen, wo du willst, aber nicht in meinem Garten!« rief er eines Tages hinter ihm her und jagte ihm eine Ladung Schrot in die Hinterfront. Vierzehn Tage vergingen, und schon glaubte Papa, daß dieser Schreckschuß seine Wirkung getan habe. Aber nein, er hatte sich gründlich geirrt, wieder kam der Grafenhund fast jeden Tag im Morgengrauen.

Eines Morgens saßen Papa und Heini hinter der Hecke und beobachteten aufmerksam das Gelände vor sich. Eigentlich hatten sie ein Stück Rotwild im Visier, aber das zog sich auf einmal erschreckt zurück, und über den Zaun sprang wie gewohnt lässig und elegant der »Grafenhund«. Gelb-orange leuchtete in den ersten Morgensonnenstrahlen sein gepflegtes Fell auf. Dem könnte ich ja auch mal eine Schrotladung von der Seite verpassen, vielleicht ist das wirkungsvoller als von hinten, dachte Heini und drückte sofort ab. Allerdings hatte er in diesem Moment nicht daran gedacht, daß im Lauf nicht Schrot, sondern eine Patrone steckte. Die Wirkung war dementsprechend durchschlagend. Der Grafenhund sprang hoch, fiel wie ein Stein zu Boden und streckte alle viere von sich. »Ach du liebe Zeit! Was haste denn jetzt gemacht!« rief Papa erschrocken.

Heini war sprachlos und versuchte verdattert, sich zu rechtfertigen. »Ich wollte ihm doch nur einen Schrecken einjagen, genau wie das letzte Mal!« stotterte er.

»Na, der steht bestimmt nicht wieder auf«, sagte Papa bedächtig. »Passiert ist passiert! Den wären wir erst mal los, der macht uns keinen Ärger mehr.«

»Keinen Ärger mehr?« fragte Heini zaghaft, »Was machen wir denn nun mit dem toten Hund? Das darf doch niemand merken, daß wir den abgeknallt haben, sonst bekommen wir erst richtig großen Ärger!«

Die Sache mußte mit Mutti besprochen werden. »Ach du Schreck!« rief sie »Dem Grafen seinen Rassehund zu erschießen, das kann teuer werden! Der soll ein paar tausend Mark wert sein, und dann noch die Sache mit dem Wildern, wer weiß, was da draus wird. Schafft bloß schnell dieses Vieh fort und gebt Obacht, daß es niemand merkt.« Ja, fortschaffen, das war allen Beteiligten klar, aber wohin so schnell und unbemerkt? Papa und Heini verzogen sich in den hintersten Schuppen, um dort dem verblichenen Grafenhund das Fell über die Ohren zu ziehen. In einem sehr tiefen Loch hinten im Garten versenkten sie dann das Corpus delicti und beschwerten es mit einem dicken Stein und schaufelten wieder zu. Den abgezoge-

nen Körper zwängten sie dann in den großen Kartoffelkipp-
dämpfer, der im Gewächshaus gleich rechts in der Ecke stand,
und füllten Kartoffeln oben drauf. Dieses praktische Gerät arbeitete mit Nachtstrom, sehr preiswert, und am nächsten Morgen zog appetitlicher Duft durch die Gegend, die gemischte
Mahlzeit war fertig gegart. Papa schöpfte ein Gefäß voll Fett ab
und bewahrte dieses zur weiteren Verwendung auf. Die gemischte Füllung verfütterte man an die Schweine, die sich sicher
über die Abwechslung in ihrem Speiseplan gefreut haben. Inter-
essehalber kosteten die beiden Männer, Vater und Sohn, das gut
gegarte, appetitlich aussehende Fleisch und fanden überein-
stimmend, daß es gut schmeckte. »Die Chinesen, die ja be-
kanntlich Hundefleisch genießen, haben gar keinen schlechten
Geschmack«, meinte Papa. Mutti allerdings konnte sich nicht
überwinden, mal einen Happen zu probieren. Aufgeregt schimpfte
sie: »Traut euch ja nicht, das auch noch in die Küche zu bringen!
Ich will davon nichts mehr hören und sehen!« Bald wurde der
selige Grafenhund vermißt und überall gesucht. Obwohl in der
»Lokomotive an der Oder«, der örtlichen Tageszeitung, eine Be-
lohnung ausgesetzt war für den, der den Rassehund wiederbrin-
gen würde, kam das Tier nicht mehr zum Vorschein. Das Gefäß
mit dem abgeschöpften Hundefett verschenkte Papa an eine Familie, die mit Tuberkulose zu kämpfen hatte. Das war früher
ein Geheimtip, der sicher helfen sollte. Ob es gewirkt hat, ist
nicht überliefert.

Unter den Schießübungen, die mein Bruder ab und zu veranstaltete, natürlich unerlaubt, hatte auch der imposante, kollerige
Truthahn zu leiden, wie sich allerdings erst später herausstellte.
Heinis Ziele waren meistens Elstern, Stare in der Kirschenzeit,
notfalls auch Spatzen, davon gab es unzählige. Mamachen hatte
eines Tages den großen alten Truthahn geschlachtet und fein
säuberlich gerupft. Mit diesem Bratpfannenanwärter, einem
ganz schönen Brocken an Gewicht in den Händen, kam sie
zornbebend zur Mutti gelaufen. Des Truthahns Hinterteil hielt
sie ihr vor die Nase, denn das, was sie dort entdeckt hatte, war

fürchterlich.»Sieh dir das bloß mal an!« rief sie ganz außer sich.»Alles voller Schrotkörner! Das kann doch nur dieser lausige Bengel, der Heini, gewesen sein. Dem sieht das ähnlich. Da muß man ja bald Angst haben, vor die Haustür zu gehen.« Als sie ihren Zorn abreagiert hatte, mit rauschenden Röcken wieder in ihrer Küche verschwunden war und krachend die Türe zugeschlagen hatte, setzte sich Mutti erst mal auf den nächsten Stuhl, um sich von dem Schreck zu erholen. Wohl oder übel war die Sache zu klären, und der böse Bube kam nicht um eine hochnotpeinliche Befragung herum.

»Ja eigentlich wollte ich nur die Elster schießen, die da immer hin- und herflog, aber da war der Truthahn, der kollerte und seine Schwanzfedern zu einem Rad aufstellte. Das sah aus wie eine Schießscheibe, eine magische Zielscheibe, die mich anzog, ich konnte plötzlich nicht anders, ich mußte da draufhalten. Als es knallte, sprang der Truthahn gleich einen halben Meter in die Höhe und rannte kollernd weg, als wäre der Teufel hinter ihm her. Das war ein Schauspiel, kann ich euch sagen, das hat sich wirklich gelohnt.«

»Daß dem armen Kerl der Bürzel wie Feuer von den Schrotkugeln gebrannt hat, das kannst du dir wohl überhaupt nicht vorstellen«, hielt ihm Mutti vor.»Erlaub dir das ja nicht noch einmal. Was du nicht willst, das man dir tu, das füg auch keinem andern zu. Und laß dich bloß nicht von Mamachen erwischen, die hat eine Stinkwut auf dich!«

Mit roten Ohren und ziemlich kleinlaut verkrümelte sich der ertappte Schütze, hatte er doch geglaubt, daß keiner etwas von dieser Untat bemerken würde. Den Rat»Verschwinde und schäm dich« befolgte er nur zur Hälfte und verschwand schnell, um die Strafpredigt zu beenden. Ob er sich aber tatsächlich schämte, möchte ich stark bezweifeln.

Die Wiese, mit der das Gelände der Gärtnerei abschloß, wurde zur Heuzeit von einem der Männer, meistens von Herrn Thorenz, mit der Handsense gemäht. Bereits am Abend vorher klangen die regelmäßigen Hammerschläge durch den Hof, wenn das Blatt scharf geschlagen, die Sense gedengelt wurde. Kein Halm sollte ihr Widerstand leisten können, und es gab eine Menge härterer Stengel. Auch Maulwurfshaufen und Ameisenbauten konnten eine Sense schnell stumpf machen. Mamachen erwies sich als Wetterfrosch und lag mit ihrer Vorhersage meistens richtig. Sie achtete auf die Wolkenformationen, den Mond, und ausschlaggebend war nicht zuletzt ihr Rheuma. Sie irrte sich sehr selten.

Zur Frühstückszeit wurde ich herbeigerufen. »Geh und bringe unserem Schnitter mal das Frühstück und was zu trinken«, ordnete Mamachen an, und ich trabte pflichtbewußt sofort mit meinem Körbchen los. Herr Thorenz war wirklich schon ganz von Kräften, hatte er doch bereits bei Sonnenaufgang mit seiner anstrengenden Arbeit begonnen. »Sieh mal, was hier ist«, sagte er, »da hat ein Rebhuhn im dichten Gras gebrütet und sich sicher gefühlt. Schade, daß ich es erst so spät gesehen habe. Jetzt ist die Henne weggeflogen, und das Nest hat keinen Schutz mehr. Die kommt auf die kahlgemähte Wiese bestimmt nicht mehr zurück.« Die kleinen gesprenkelten Eier waren schon etwas abgekühlt, fühlten sich aber noch lauwarm an. Was sollten wir tun? Schnell sammelte ich sie ganz behutsam in das leere Frühstückskörbchen und brachte sie zu Mamachen in die Küche. Die wußte natürlich gleich Rat, so wie immer. »Die legen wir der dicken rotbraunen Glucke unter, die sich entschlossen hat, unbedingt zu brüten. Eier legt die in den nächsten Wochen sowieso nicht, da kann sie ja die Rebhühnchen ausbrüten. Wir werden ja sehen, ob das klappt.« Gesagt, getan. Mit Spannung erwarteten wir nun, wann die untergejubelten Rebhühnchen schlüpfen würden. Die Henne ließ sich bereitwillig immer wieder unter die Flügel sehen, hackte hin und wieder mit dem Schnabel, aber das war wohl mehr als Warnsignal gedacht, nicht bösartig. Eines aufregenden Tages lagen Eierschalen vor dem Nest, es war so weit. Winzige graue Küken saßen unter den schützenden Flügeln und versteckten sich blitzschnell in den dichten Federn. Die alte Henne wird sich schön gewundert haben über ihren fremdartigen Nachwuchs.

Die klitzekleinen, flinken, mausgrauen Rebhühnchen kamen sofort, wenn sie die Henne zum Futter rief, und sie verstanden die Gluckensprache auf Anhieb, Hirsekörnchen, Reisbruch und Unkrautsamen mochten sie, und erstaunlicherweise suchten sie bald selbst ihr Futter. Unglaublich schnell verschwanden sie im höheren Gras und unter Blättern, jedwede Deckung instinktmäßig nutzend. Bei vermeintlicher Gefahr verhielten sie sich entweder völlig reglos, oder schlüpften blitzschnell unter die schützenden Flügel der Glucke, falls diese in der Nähe war. Auf Futtersuche im Gelände konnte man sie nur sehen und beobachten, wenn sie in Bewegung waren und sich die Halme leicht bewegten. Die unscheinbare Farbe machte sie fast unsichtbar. Langsam wuchsen sie heran, wurden aber nie zahm und ließen sich keinesfalls streicheln. Die Katzen waren sehr interessiert an diesen kleinen Rebhühnchen und ich hatte immer Angst, die könnten sie leicht fangen. Tatsache ist, daß es keiner der Katzen gelang, auch nur ein einziges zu erwischen, obwohl sie immer wieder in der Nähe auf der Lauer lagen. Bald waren sie der fürsorglichen Glucke entwachsen und übernachteten in niedrigem Gebüsch. Konnten sie erst fliegen, nahmen sie ihren regelmäßigen Aufenthalt auf den hohen Fichten und Lärchen der Windschutzpflanzung. Alle blieben als Gruppe zusammen, hielten sich zumeist in nächster Nähe in den Gärten auf und pickten emsig die Samen der in genügender Menge vorhandenen Unkräuter ab. Kam ihnen aus Versehen jemand zu nahe, weil man sie einfach nicht sah, dann flog die ganze Gruppe mit einem kräftigen »Purr« auf und ließ sich in gebührendem Sicherheitsabstand wieder zur weiteren Nahrungssuche nieder. Wir waren an sie gewöhnt, behielten sie, wenn möglich, im Auge und nannten sie stolz »unsere Rebhühner«, wenn wir von ihnen sprachen. Da es aber noch mehr Rebhühner in der Gegend gab, verloren wir sie schließlich doch langsam aus den Augen. Möglicherweise schlossen sie sich anderen Artgenossen an und vermehrten sich weiter. Vermutlich fiel ein Teil von ihnen in der herbstlichen Jagdsaison der Flinte des Jagdpächters zum Opfer, was natürlich nicht so ohne weiteres zu verhindern war. Zumindest war dieser Rebhühnersommer eine interessante Erfahrung.

Von einer Waschmaschine träumte in meiner Jugend noch keine Hausfrau. Etwa alle vierzehn Tage stand ein Waschtag auf dem Plan, aber meistens wurden zwei daraus. Das Einweichen am Abend vorher mit dem Zaubermittel »Burnus«, war das Anfangsritual, denn ein viel gebrauchtes Sprichwort besagte: »Gut geweicht ist halb gewaschen«. Am nächsten Tag, sowie die ersten Sonnenstrahlen am Horizont auftauchten, ging es los: Wasser schleppen, Waschkessel anheizen, waschen mit dem Rubbelbrett, das Weiße in heiße Sillauge legen, und immer wieder rubbeln, rubbeln, spülen, spülen, auswringen. Flatterte dann die saubere Pracht endlich an der Leine, gut festgeklammert, und man hatte das Glück, daß die Sonne schien, dann endlich konnte man aufatmen und sich die wohlverdiente Ruhepause gönnen. Waschtage waren Streßtage. Flecken, die hartnäckig und unschön diese Prozedur überstanden hatten, bekamen noch eine Sonderbehandlung: die Bleiche. Auf einem sonnenbeschienenen Grasplatz ausgebreitet, begoß man sie immer wieder mit Wasser, und langsam aber sicher tat die Sonne ihr Werk. Der Erfolg zeigte sich zumeist in strahlendem Weiß. Schöne weiße Wäsche war auch damals schon der Stolz jeder Hausfrau, aber man trug traditionell noch Leinenwäsche, und Tisch- und Bettwäsche aus feinem Leinen war der Hauptbestandteil jeder Aussteuer. Eines schönen sonnigen Tages, Mamachen und ich hatten einige gute Stücke auf die Bleiche bringen müssen und schon tagelang fleißig begossen, war ein Unheil passiert. Über mehrere strahlend weiß gebleichte Wäscheteile führten unverkennbar die Spuren von Vogelfüßen, wahrscheinlich Amseln, die immer wieder nach Würmchen und sonstigem nahrhaften Getier an den unmöglichsten Orten suchen. Die hatten sich unter der Wäsche, im Schatten, aufgehalten, aber den Amseln kann so schnell keiner entgehen. »Ach du Schreck! Sieh doch mal, was hier drauf ist«, rief Mamachen entsetzt und besah sich ihren schönen Sonntags-Leinen-Spitzenunterrock. Da prangte doch tatsächlich ein Häufchen Vogeldreck auf der Brustpartie. »Laß es doch gleich als Brosche«, rief ich lachend, aber sie hatte für diese Art Humor kein Verständnis und schoß nur einen ärgerlichen Blick in meine Richtung. Na ja, die Wäsche mußte nochmal die gleiche Prozedur durchstehen, aber was soll's, sowas kam eben vor.

Vor der Scheune, unter einem geräumigen Vordach, gab es eine urtümliche Wäschemangel, die regelmäßig nach der großen Wäsche benutzt wurde. Das stabile, aber schon abgenutzte Eichenholz ließ darauf schließen, daß diese schon der vorhergehenden Generation treue Dienste getan hatte. Auf einem stabilen Unterbau mit einer ganz glatten Holzplatte von einem Meter Breite und zwei Metern Länge lagen vier dicke glatte Holzrollen. Darauf ruhte ein stabiler Holztrog, der mit dicken Steinen vollgepackt war, die ihm das nötige Druckgewicht verliehen. »Komm mit, wir wollen mal die Wäsche mangeln« sagte Mamachen, und zu zweit trugen wir den gehäuft vollen Wäschekorb. Schön glatt und fest wickelte man die Teile einzeln um eine der Holzrollen, andere breitete man darunter glatt aus. Die Rollen gab der Mangelkasten erst frei, wenn man ihn genügend zurückzog und leicht kippte. An jeder Seite mußte eine Person schieben, immer abwechselnd. Obendrauf durfte meist eines der kleinen Kinder sitzen, was denen einen Riesenspaß machte. Dann rollte man das Ganze so etwa fünf bis zehn Minuten langsam hin und her. Dabei konnte man sich gemütlich unterhalten, und die Wäsche konnte dann schön glatt wieder von den Rollen gewickelt und passend für den Schrank zusammengelegt werden. Erwies es sich aber als nötig, Oberbekleidung zu glätten, kam das schwere eiserne Bügeleisen zum Einsatz. Das war ein eisernes Monstrum, für das ein Bolzen im Herdfeuer bis zur Rotglut erhitzt werden mußte. Mit dem Feuerhaken fischte man ihn heraus und beförderte ihn geschickt in das Innere des Bügeleisens. Es war aufregend für mich als Kind zuzuschauen, wie die feuchten Tücher dampften und zischten, wenn Mamachen die Nähte ihrer selbst geschneiderten Kreationen ausbügelte und haltbare Falten in meine Rökke zauberte. Erst später, in den dreißiger Jahren, hielt das elektrische Bügeleisen triumphalen Einzug in unseren Haushalt, und ebenso noch ein anderes sehr nützliches Elektrogerät: Mamachen legte sich ein Heizkissen zu, damit sie besser als mit der traditionellen Wärmflasche ihr Rheuma kurieren konnte.

Viele Erinnerungen knüpfen sich an die alte Weide an der Ludwigsdorferstraße. Was könnte sie nicht alles erzählen über Freud und Leid, das sich unter ihren Fittichen abspielte? Bereits in meiner Schulzeit in den dreißiger Jahren soll sie ein ehrwürdiges Alter von zwei- bis dreihundert Jahren auf dem Buckel, nein, in diesem Falle muß man wohl eher sagen »auf der Rinde« gehabt haben. In älteren Karten soll ihr Standort bereits als markanter Punkt vermerkt gewesen sein. Dieses jahrhundertealte Relikt stand genau gegenüber unserem Anwesen. Nicht weit hinter ihrem dicken Stamm, den mehrere Menschen mit ausgebreiteten Armen umspannen konnten, begann der Zaun des ersten Siedlungshausgartens. Ein älteres Ehepaar wohnte dort, und ich hatte ihnen einmal im Monat die Zeitung »Praktischer Wegweiser« zu bringen. Selten sah man diese Leute, sie pflegten kaum Kontakte. Ein bitterböse bellender Hund riß wie wahnsinnig an der Leine, wenn ich den Hof betrat, die Haustür war immer abgeschlossen, und ich mußte jedesmal lange klopfen, bis jemand öffnete. Währenddessen stand ich Todesängste aus, daß dieser schreckliche Hund sich vielleicht doch einmal losreißen oder die tückisch zischenden Gänse sich jeden Augenblick auf meine Waden stürzen könnten.
Der Württemberger Weg führte links an der alten Weide vorbei. Abends konnte man oft junge Paare beobachten, die unter den Ästen dieses Baumriesen ihr Stelldichein verabredet hatten oder nach dem Besuch einer der vielen Veranstaltungen noch einen liebevollen Abschluß suchten. Heiße Küsse in lauen Sommernächten unter der alten Weide waren beliebt. Manchmal drangen Wortfetzen aus der Dunkelheit durch die lauschige Stille wie »Ach, nicht doch« oder auch ein Schreckensruf wie »Meine Wellen meine Wellen! Denkste vielleicht, meine Wellen

kosten nischte?« Wie stürmisch die Begegnungen unter der alten Weide auch jeweils gewesen sein mögen, sie sind bestimmt den damals Beteiligten noch in lebhafter Erinnerung. Bei Manövern galt die alte Weide als unfehlbarer Orientierungspunkt. Kinder aller Altersklassen spielten Fangen um den dicken knorrigen Stamm. Gerne kletterten die »Siedlungsjungen« hinauf, stiegen im Geäst herum und suchten die Eulennester auszukundschaften.

Eines schwülen Sommertages ballten sich drohend Gewitterwolken am Horizont auf. In kurzer Zeit wurde es halbdunkel, und heulende Sturmböen brausten über das Land. Ein schweres Unwetter nahm seinen Weg genau über unseren Landstrich. Schwerer Hagelschlag und wolkenbruchartiger Regen verwandelten alles, Hof, Garten, Straße, in eine Wasser- und Eiswüste. Noch nach Stunden lagen überall Haufen von tennisballgroßen Hagelkörnern, die erst langsam in der zaghaft wieder zum Vorschein gekommenen Sonne tauten. So schnell wie dieses Unwetter gekommen war, zog es auch wieder ab, aber die Schäden, die es verursacht hatte, waren verheerend. In der Gärtnerei waren eine große Anzahl Scheiben zu Bruch gegangen, die Pflanzen sahen aus wie gehäckselt und hatten einen Großteil ihrer Blätter eingebüßt. Schwer waren auch die Obstbäume betroffen, einige lagen entwurzelt am Boden, andere waren schiefgeweht, große Äste aus den Kronen gebrochen. Es gab jede Menge Aufräumungsarbeiten. Auch die standhafte alte Weide war nicht ungeschoren davongekommen. Einer der starken Hauptäste lag quer über der Straße. Jungvögel und auch die jungen Eulen hatten ihr Leben eingebüßt und lagen tot auf der Straße. Die Alten hatten sich anscheinend schützen können, man hörte sie später wieder, wenn sie sich verständigten und sich ihr langgezogenes »Huhuhuhu« zuriefen. Die alte Weide sah nun plötzlich ganz verändert und ramponiert aus. Mit kräftigem jungem Wuchs aus der unteren Astbasis versuchte dieser vitale Baum, den Verlust wieder auszugleichen, behauptete seinen Platz wie eh und je, als wäre nichts geschehen und als würde jeder Verlust zum täglichen Dasein gehören.

Noch etwas ganz Einmaliges habe ich später an lauen Frühlings- und Sommerabenden sehr vermißt: Das Lied der Nachtigall und das Quakkonzert der Frösche. Nachtigallen brüteten in den kleinen Erlenwäldchen in den Wiesengründen hinter der Siedlung. In unserem Sprachgebrauch waren das die »Püschel«. Diese kleinen Gehölzgruppen standen sicher zum Schutz des Wildes in den feuchten Wiesen. Hasen, Rebhühner und alle Arten von heimischen Vögeln wußten diese Zufluchtstätten zu nutzen und fühlten sich dort unbehelligt. Noch einen weiteren besonderen Schatz bargen diese feuchten Wiesen: Im Herbst leuchteten überall die weißen Köpfe von ganzen Champignonnestern aus dem satten Grün. Man brauchte gar nicht allzuweit zu gehen, schon hatte man eine Schürze voller Pilze gesammelt und die Aussicht auf eine wohlschmeckende Mahlzeit. Die Nachtigallen bezogen auch unseren Garten mit den alten großen Obstbäumen in ihr Revier mit ein. Befand sich ein Nachtigallenkavalier auf Brautwerbung, dann konnte man bis Mitternacht das melodische Trillern und Flöten hören. Immer neue Tonfolgen und Varianten erfanden diese eifrigen Sänger, und eine ganz erstaunliche Ausdauer und Vielfalt in der Tonfolge sollten das Nachtigallenweibchen von der Leistungsfähigkeit des Partners überzeugen. Man meinte, Sphärenklänge zu hören, wenn man verzaubert und entrückt in der abendkühlen, sternenflimmernden Nacht ganz still dasaß und nur einfach lauschte. Die Frösche konnten natürlich so einen himmlischen Gesangsgenuß nicht bieten. Im Frühjahr war das vielstimmige »Rack, Rack, Rack«, das aus dem Kreisgutteich unüberhörbar herüberschallte, ein alltäglich gewohntes Geräusch. Dann gab es auch noch andere Stimmen, die sich mit »Quark, Quark, Quark« verständigten. Meldete sich aber die hauseigene Unke im Gartenteich mit ihrem melodischen »Unk, Unk, Unk«, dann konnte man so gut wie sicher sein, daß es in drei Tagen Regenwetter gab. Das gleiche war zu erwarten, wenn sich der Laubfrosch im hohen Geäst mit seinem etwas helleren »Reck, Reck, Reck« hören ließ. Mamachen hatte immer ein Ohr für diese Wetterpropheten, denn auf die konnte man sich verlassen. Eine lustige Gesellschaft, die zu Hause zur Geräuschkulisse dazugehörte.

Wer kennt heute noch Maikäfer, diese dicken braunen Krabbler? In den zwanziger und Anfang der dreißiger Jahren gehörten sie zum Mai wie der Löwenzahn mit seinen ungezählten goldgesternten Blütenköpfen. Sowie die Strahlen der warmen Frühlingssonne die Erde ausreichend erwärmt hatten, krochen sie an die Oberfläche, putzten sich, breiteten ihre Flügel aus und summten und brummten emsig durch die lauen Frühlingsabende. Mit Jubel begrüßten wir Kinder damals den ersten Maikäfer. Diese in der ersten Dämmerung massenhaft herumschwirrenden Brummer zu fangen und ihnen nachzurennen, galt als größtes Kindervergnügen. Oft flogen sie an die hell erleuchtete Fensterscheibe oder verfingen sich am Maschendrahtzaun. Wir sammelten und sortierten sie in helle, das waren die »Müller«, und dunkle, das waren die »Schornsteinfeger«. Stundenlang hielten wir die Käfer in Zigarrenkisten und versuchten sie zu füttern, aber sie mochten die vermeintlichen Delikatessen nicht, die wir ihnen zugedacht hatten. Bald ließen wir sie wieder fliegen.
In einem Jahr gab es so viele Maikäfer, daß sie drohten, die Bäume kahlzufressen. In früher Morgenstunde, wenn die Tiere noch steif und unbeweglich auf den Blättern saßen, schüttelte man die Bäume. Wie reife Früchte fielen sie herunter und konnten aufgelesen werden. Die Hühner hatten eine gute Zeit, denn anfangs fraßen sie die knackigen Käfer mit Vorliebe. Aber es dauerte nicht allzulange, da hatten sie diese üppige, aber eintönige Kost satt, schüttelten die Köpfe, als würden sie sich ekeln, und ließen die Maikäfer einfach liegen.
Beim Umgraben im Garten fanden sich immer wieder Engerlinge in allen Größen, die gewissenhaft gesammelt werden mußten. Da die Entwicklungszeit dieser Käfer vier Jahre beträgt, wußte Papa genau vorherzusagen, und zwar nach der Menge und Größe der Engerlinge, wann wieder eine ganz starke Maikäferplage zu erwarten war.

Erst die Einführung und unbedenkliche Anwendung der modernen Schädlingsbekämpfungsmittel hat anscheinend dazu geführt, daß die Maikäfer heute zu den Seltenheiten gehören, und die meisten Kinder noch nie einen gesehen haben. Schade für die Kinder, daß ihnen dieses Erlebnis nicht zuteil wird, und schade für uns alle, denn zu einer intakten Natur gehören im Mai auch die Maikäfer. Ich vermisse sie jedenfalls an lauen Frühlingsabenden sehr.

Es war ein wunderschöner Vorfrühlingstag, ein Sonntag. Man schrieb das Jahr 1938. Ein Familienkaffee im kleineren Kreise stand an. Alles war gut vorbereitet, der Tisch schön gedeckt, und schon beizeiten kamen Onkel und Tante aus der Nachbarschaft und setzten sich zu gemütlichem Plausch zusammen, auf den sie sich schon lange gefreut hatten. Da es noch früh am Nachmittag war, hatte es mit dem Kaffeetrinken noch keine Eile. Damals war ich ein unternehmungslustiger Teenager von sechzehn Jahren und fand es todlangweilig, bei der »Tanterei« herumzusitzen. Weder ihre Sorgen noch ihre Klatschgeschichten interessierten mich. Dieser Sonntag war für mich ein ganz besonderer Tag, denn ich hatte mein erstes Rendezvous und wartete mit beträchtlichem Herzklopfen auf einen passenden Moment, an dem ich mich unbeobachtet durch die Gartentür verkrümeln konnte. Um Erlaubnis zu fragen wagte ich nicht, wahrscheinlich hätte ich eine Abfuhr erhalten. Damals hielt man es für ein Mädchen meines Alters noch für unschicklich, Interesse an einem Mann zu bekunden und allein mit ihm spazierenzugehen. Man hatte den »guten Ruf« zu wahren. Draußen auf der Straße marschierte inzwischen das Objekt meines regen Interesses ungeduldig hin und her und sah hin und wieder auf seine Armbanduhr, weil die verabredete Zeit längst überschritten war. Es war ein junger Soldat, schmuck aussehend in seiner feschen Ausgehuniform. Meine neue Bekanntschaft hatte einen dichten, blonden Lockenkopf, strahlend blaue Augen und war groß und schlank. An seiner Seite baumelte klirrend das Status-symbol der Dragoner, ein blinkender Säbel. Eine reizvolle Er-scheinung. Mit schlechtem Gewissen, neugierig und erwar-tungsvoll, sagte ich mir: »Es braucht ja nicht lange zu sein, eine halbe Stunde kann ich mir sicher erlauben, wegzubleiben ohne aufzufallen.« Es sollte allerdings anders kommen. Schnell kam eine angeregte Unterhaltung zwischen uns in Gang, und bald stellten wir fest, daß wir sehr viele gemeinsame Interessen hatten. Der Spaziergang führte uns durch die gewundenen Wege der Fasanerie, und bis wir daran dachten umzukehren, verging vielmehr Zeit als vorgesehen. Als ich endlich wieder vor der Gartentür stand, waren drei Stunden wie im Fluge vergangen.

Fröhlich verabschiedeten wir uns und vereinbarten ein weite-res Treffen um die gleiche Zeit für den nächsten Sonntag. Strahlend kam ich ins Haus, wo sich die Kaffeerunde bereits wieder aufgelöst hatte. Angeregt und mit heißen Wangen wollte ich von der Bekanntschaft und dem interessanten Spaziergang berichten. Dazu kam es aber vorerst nicht. Alle starrten mich an, als ich zur Tür hereintrat. Langsam stand Vatel von seinem Stuhl auf und verabreichte mir links und rechts eine schallende Ohrfeige. »Wo hast du dich die ganze Zeit herumgetrieben?« fragte er grollend. Ich war wie vom Donner gerührt. Vor Schreck blieb mir fast das Herz stehen. Darauf war ich nicht gefaßt gewesen, denn Vatel hatte mich nie geschlagen. Von sol-chen Erziehungsmethoden hielt er nichts. Auch regte er sich grundsätzlich nie auf, versuchte alle Probleme mit Ruhe zu lö-sen. Schlagartig wurde mir klar, daß mein stundenlanges Ver-schwinden Grund für Aufregung und Sorge gewesen war. Man hatte anscheinend detaillierte Vorstellungen von dem, was einem so jungen, unerfahrenen und neugierigen jungen Ding alles pas-sieren konnte. Bekannte hatten mich gesehen und umgehend meine Eltern informiert. Einer hatte dem anderen Vorwürfe ge-macht. Wie dumm, daß ich zu feige gewesen war, um Bescheid zu sagen oder zu fragen. Das waren die ersten und letzten Ohr-feigen, die ich von meinem Vater bekommen habe. Als ich mich von meinem großen Schrecken erholt hatte, erzählte ich, wie es wirklich gewesen war, um alle Zweifel auszuräumen. »Hm, hm«, sagte Mamachen, und »So, so«, sagte Vatel, und beide machten sich ihre eigenen Gedanken. Die Woche verging langsam und schleppend. Einerseits war es wirklich nicht so wichtig, andererseits wollte ich aber die eben erst begonnene, nette und interessante Bekanntschaft nicht schon wieder aufgeben und mich von der erhaltenen Lektion ins Bockshorn jagen lassen. Nach einiger Überlegung faßte ich den Entschluß, den »Stier bei den Hörnern zu packen«. Am Sonntag lud ich den erwartungsvollen jungen Mann ein, mit ins Haus zu kommen und stellte ihn kurzerhand meinen Eltern vor. Als diese nun den Urheber der großen Aufregung persönlich kannten und einen guten Eindruck von ihm bekommen hatten, beruhigten sie sich schnell. Den zweiten Spaziergang durften wir nun mit offizieller Erlaubnis antreten, nur mußten wir versprechen, zu gewünschter Zeit wieder daheim zu sein. Vatel machte Hans, so hieß der nette Junge, klar, daß er erwarte, er würde mich wie seine eigene Schwester behandeln.

Vergnügt lachten wir alle darüber und sahen diese Bedingungen als akzeptabel an. Eine wunderschöne und unbeschwerte Zeit folgte. Hans führte mich Sonntagnachmittags in ein seriöses Tanzcafé, oder wir verbrachten unbeschwerte Stunden mit Musik und Gesang daheim mit Freunden und Freundinnen. Wir hatten ganz ähnliche Interessen, täglich verstanden wir uns besser. Die anfangs versteckt knisternden Funken führten bald zu einem schwelenden Flammenherd, und es blieb nicht aus, daß wir uns unsterblich ineinander verliebten. Für beide Seiten war es die erste Liebe, ein Schweben über Wolken und ein Flug in den Himmel des Glücklichseins.

Doch außer dieser ersten Liebe kam auf mich auch eine große Sorge zu. Vatel wurde krank und verlor zusehends an Kräften, seinen Elan. Ärzte meinten, es wäre das Herz und schickten ihn zu einer Kur in ein Sanatorium nach Berlin. Als er wieder heimkam, ging es ihm nicht besser, er war noch schwächer und blasser geworden. Es ging ihm schlecht. Zwar hatte ich ihm bereits bei den Geschäften der Versicherungsagentur fleißig geholfen, mußte aber bald das Geschäft selbständig weiterführen. Die wichtige Kundenbetreuung, Beratung, Werbung, Neuaufnahmen, den Schriftverkehr und damals auch noch das Direktinkasso hatte ich plötzlich allein zu bewältigen. Mit Vatels Sachs-Motorrädchen besuchte ich die Kunden auf den entlegensten Dörfern, und Hund und Hühner suchten entsetzt das Weite, wenn ich knatternd auf den Hof gefegt kam. Mamachen pflegte derweil daheim ihren immer schwächer werdenden Mann und suchte ihm jeden Wunsch zu erfüllen und mit ihren Kneipp-Methoden zu stärken. Sie übertraf sich fast selbst mit ihrer guten Küche, versorgte das zahlreiche Kleinvieh und litt mit ihrem Mann.

Um den Garten mußte ich mich weitgehend allein kümmern. Im Herbst gehörte es zu meinen Hauptaufgaben, die Mengen von Edelobst zu pflücken und zu vermarkten oder einzulagern, je nach Sorte. Die Reife- und Pflückzeit begann bereits im Juli und zog sich bis Ende Oktober hin, je nach Sorte und Wetter. Ich hatte beizeiten gelernt, geschickt mit den hohen Leitern umzugehen und die schönsten Früchte, die stets in den höchsten Spitzen hingen, ohne Beschädigung zu pflücken. So rückte ich im August 1939 emsig die großen Leitern zwischen die dicken Äste und kletterte wie alle Tage hinauf in das grüne Blätterdach. Ein ganz ungewohnter Ton ließ mich aufhorchen und den Himmel absuchen. Das waren doch Flugzeuge!
Staunend sah ich eine Staffel Flugzeuge nach der anderen über den Himmel ziehen. Ein ganz neuer, ungewohnter Anblick, denn Flugzeuge sah man damals nicht allzuoft. »Die üben nur«, hieß es von zuständiger Seite. Mamachen aber meinte sofort: »Das bedeutet nichts Gutes!« Sie sollte recht behalten. Im Radio lief plötzlich nicht mehr das gewohnte Unterhaltungsprogramm, und die Sondermeldungen waren ganz erschreckend. Es war der erste September 1939, und über Nacht war der Krieg ausgebrochen. Schockiert nahmen wir alle diese Neuigkeiten zur Kenntnis. Was war dann nun plötzlich mit all den Friedensbeteuerungen unseres »Führers«?

Hans kam noch einmal ganz schnell vorbei, um sich zu verabschieden, seine Einheit rückte sofort aus, denn die polnische Grenze war nicht weit. Ich war fix und fertig, keine Spur von Stolz und Opferbereitschaft, ich hatte nur eine wahnsinnige Angst, daß Hans etwas passieren könne. Es vergingen vierzehn lange Tage ohne ein einziges Lebenszeichen, der Blitzkrieg war längst zu Ende, der Feind besiegt, ich aber bangte in entsetzlicher Ungewißheit um den Menschen, den ich liebte. Endlich flatterte eine Karte aus einem entfernten Lazarett ins Haus, meine Erleichterung war grenzenlos, als ich lesen konnte, Hans habe eine Blinddarmentzündung mit Komplikationen, und es gehe ihm langsam wieder besser. Endlich, nach langen vier Wochen, kehrte er wieder heim in seine Garnison und nach einer weiteren Woche Erholungsurlaub konnte er auch wieder seinen Dienst als Ausbilder versehen. Mit Kriegsbeginn hatten sich aber alle möglichen Veränderungen ergeben. Die einschneidendste war die Rationierung der wichtigsten Lebensmittel. Für uns ergaben sich allerdings daraus keine größeren Probleme, waren wir doch weitgehend Selbstversorger und nicht auf die beschränkten Zuteilungen angewiesen wie die Stadtbevölkerung. Die Vorgesetzten von Hans gingen in unserem Hause gern als Gäste aus und ein. Sie kauften den guten Bienenhonig, tranken mit Genuß ein Gläschen von unserem selbstgemachten Johannisbeerwein, ließen sich mit Vorliebe zu Kaffee und schlesischem Streuselkuchen einladen. Vatel ging es ständig schlechter, und schließlich mußte er sich einer Magenoperation unterziehen. Den Termin bekam er in der Universitätsklinik in Breslau kurzfristig eingeräumt.

Als ich ihn dort mit dem aufgeregten Mamachen am Arm besuchte, sagte der Chefarzt zu uns:»Wir mußten leider etwas mehr wegschneiden, als wir erwartet hatten«. Das Wort Krebs fiel nicht. Nach sechs Wochen Krankenhausaufenthalt durfte Vatel wieder heim, war aber sehr schwach und pflegebedürftig. Er hatte zwar selbst einen starken Willen und die Hoffnung, wieder ganz gesund zu werden, aber die Wunde heilte nicht mehr zu, er sollte es nicht mehr schaffen. An Arbeiten war überhaupt nicht mehr zu denken, und es fiel uns, die wir ihn pflegten, immer mehr ins Auge, daß seine Tage gezählt waren. Im Sommer konnte er wenigstens noch im Garten im Liegestuhl ruhen und seine geliebten Bienen beobachten. Mit Leib und Seele hing er an dem stattlichen Bestand von sechzig Bienenvölkern von bester Zucht, den er jahrzehntelang aufgebaut und durch Selektion der besten Königinnen auf Höchsterträge gebracht hatte. Vatel durfte alles essen, allerdings nur in kleinen Mengen. Schmerzen plagten ihn gottlob nicht, nur diese entsetzliche Schwäche. Eine Chemotherapie gab es damals noch nicht, sie hilft ja auch heute selten. Ich hatte alle Hände voll zu tun, denn die Versicherungsgeschäfte mußten termingemäß erledigt werden. Eine Menge Beiträge waren zu kassieren, und die Abrechnung war kaum noch aufzuschieben. Vatel versuchte, mir dies und jenes zu erklären und gab Anweisungen, so gut es ihm noch möglich war. Mamachen wich nicht von seiner Seite, der Kummer und die Sorge brachten sie fast um. Jeden Tag las ich Vatel das Wichtigste aus der Tageszeitung vor. Alte Bekannte kamen und besuchten ihn, was meistens eine Belastung für alle Teile war. Die Obsternte mußte ich nun schon zum zweiten Mal allein unter Dach und Fach bringen. Die Bienenvölker einzuwintern war auch mir zugefallen, eine zeitaufwendige Sache, die viel Sorgfalt erforderte. Mamachen hatte Probleme mit ihrem Rheuma, und es ging ihr zeitweise recht schlecht. Bei der Kartoffelernte hatte meine Cousine, die Kunze-Erna, geholfen, die auch öfter mal hereinschaute und sich informierte, was sich bei uns ereignete. Langsam wurde es Winter, der Krieg hatte sich ausgeweitet, und es sah nicht nach einem schnellen Ende aus. Flammende Hitlerreden tönten immer wieder aus dem Lautsprecher und wurden nie verpaßt. »Wenn ich doch wenigstens das Kriegsende erleben würde«, wünschte sich Vatel.

Kaum war die erschreckende Tatsache »Wir haben Krieg« ins Bewußtsein der Menschen vorgedrungen, wurden weitere Maßnahmen erforderlich. Ab sofort waren alle Lichtquellen zu verdunkeln, um dem Feind keine Hinweise zu geben. Rollos mußten an den Fenstern angebracht werden, und Lichtschleusen vor den Türen. Fahrradlampen und Autoscheinwerfer überzog man mit Tarnkappen, die nur einen dünnen Schlitz aufwiesen, damit diese Fahrzeuge auf kurze Entfernung hin erkennbar waren. Es begann plötzlich ein ungewohntes Leben in Dunkelheit. Finstere Straßen ohne Straßenbeleuchtung, kein dekorativ beleuchtetes Schaufenster, nur hier und da eine glimmende Zigarette. Erstaunlicherweise gewöhnte man sich schnell an diesen Zustand. Nachts, bei Dunkelheit, verlangsamte sich jeder Bewegungsablauf. Man ertrug die tintenschwarzen, oft pechfinsteren Nächte ebenso, wie man klare, sternenflimmernde Nächte zu genießen begann. Eine ganz neue Dimension tat sich auf, ein Hauch von Abenteuer, aber auch zitternde Angst vor kommenden, unbekannten und bedrohlichen Ereignissen. Alle möglichen Sparmaßnahmen waren von Staats wegen angeordnet. Plakate mit der Aufschrift »Kohlenklau geht um« hingen überall, denn die Kohleförderung kam nun hauptsächlich der Rüstungsindustrie zugute, für die Zivilbevölkerung gab es auf Antrag Bezugsscheine, die Menge war knapp bemessen. Gottlob gab es bei uns genug Holz, Abfälle vom Obstbäumeausschneiden. Außerdem wurde noch der Begriff »Groschengrab« kreiert, denn Sparmaßnahmen gab es an allen Ecken und Enden, und Anweisungen, wie sie zu bewerkstelligen waren. Die Verbraucher wie die Geschäftsleute hatten Probleme mit den verschiedenen Lebensmitteln, die genau nach Gramm und Punkten zugeteilt wurden. Die Abrechnungen hatten zu stimmen. Da hatte »Otto Normalverbraucher« keine Gewichtsprobleme, ganz im Gegenteil. Keinem wurde zu wohl, obgleich es genug gut proportionierte Parteifunktionäre gab. Der Krieg zog immer mehr die Wirtschaft und jedermanns Leben in seinen Sog und in Mitleidenschaft.

Dann kam der kalte Winter 1940/41 mit Minustemperaturen um dreißig Grad und tiefer. Vatel wurde zusehends schwächer. Zu Weihnachten war er das letzte Mal auf, danach konnte er

das Bett nicht mehr verlassen. Die Operationswunde war nicht verheilt, und beim Verbinden roch sie entsetzlich. Die große Kälte verursachte alle möglichen Probleme. Ich versuchte die Bienenstöcke mit Säcken, Zeitungspapier und Stroh zu verpakken, so gut es nur eben möglich war. Am Tage herrschte strahlender Sonnenschein und ließ alles in der Natur, tief verschneit und teils vereist, gleißen und glitzern. Ein Panorama wie im Märchen. Die Pumpe im Hof fror ein und mußte mit Strohfeuer wieder aufgetaut werden. Die Hühner im Stall hatten erfrorene Kämme und legten keine Eier mehr. Kohle und Holz mußten dauernd hereingeschleppt und die Öfen geheizt werden, auch im Obstlager. Ein böser Winter. Das schlimmste aber war, daß ich ja die Inkassotouren zu fahren hatte, eine Menge Geld ausstand, und der Inkassotermin immer näherrückte. Schließlich kam mir die rettende Idee. Die Ludwigsdorfer Bauern fuhren im Winter alle mit Pferdeschlitten in die Stadt. Dort konnte ich so einen Schlitten borgen, der Fuchs wurde vorgespannt, und Hans kutschierte. So fuhren wir eine Tour nach der anderen ab. Obwohl wir uns in dicke Decken hüllten, kamen wir am Ende immer ziemlich durchgefroren wieder daheim an und waren froh, einen schönen warmen Kachelofen vorzufinden. Daß Hans als Kutscher fungieren konnte, war nur möglich durch das gute Verhältnis, das zwischen Hans, seinem Spieß und uns bestand. Hans hatte Sonderurlaub bekommen.
Daheim sorgte Erich Papa dafür, daß anstehende Probleme gelöst wurden. Vatel machte sich große Sorgen um seine Bienen und die Obstbäume. »Alles wird erfrieren«, sagte er. Wie recht sollte er behalten. Im März schien dann die Sonne wieder warm. Ich öffnete das Schlafzimmerfenster, vor dem Vatels Bett stand, um die schöne frische Frühlingsluft hereinzulassen. Eine Biene kam hereingeflogen, setzte sich auf seine Hand, putzte sich die Flügel und fiel plötzlich tot um. Das war fast, als wollte sie sich für alle Bienen stellvertretend verabschieden. Wenige Tage später ging es Vatel merklich schlechter.
Mamachen merkte es zuerst, seine Hände bekamen blaue Flecke. »Lauf schnell und hol deine Mutter«, sagte sie. Ich rannte

schluchzend in die Gärtnerei, wo Mutti gerade einen Kunden bediente. Ich konnte nur die Worte »Komm gleich zum Vatel« herausbringen. Mutti schickte die Kundin zu Papa, und schnell liefen wir zurück. Es waren seine letzten Minuten. Er konnte nichts mehr sagen, sah uns nur alle drei ruhig an. Wir hielten seine Hände, und so starb er ruhig, umgeben von seinen Lieben. Erst dann beweinten wir drei den Menschen, der uns und den wir so sehr geliebt hatten. Seine Leiche wurde im Wohnzimmer aufgebahrt, das war so üblich. Die Kränze wickelten wir natürlich selbst. Es wurde eine große Beerdigung. Der Kriegerverein ging mit Fahne und Kapelle dem Leichenzug voran. Der Leichenwagen wartete auf der Straße. Bis zum Ludwigsdorfer Friedhof, auf dem unsere Vorfahren begraben sind, ist es etwa eine halbe Stunde zu Fuß. Diesen Weg legten wir langsam unter der Begleitung von Trauermusik zurück, es war ein langer Trauerzug. Der Friedhof liegt auf einer kleinen Bodenerhebung links der Straße nach Ludwigsdorf, inmitten von weiten Feldern und Wiesenflächen. Einige uralte Laubbäume breiten ihre Äste weit ausladend über dieses Stück Land, als wollten sie den dort Ruhenden ausreichenden Schutz gewähren. Ein Mittelweg führt über die ganze Anlage. An der höchsten Stelle stand damals ein Glockenturm, eine Holzkonstruktion. Die Glocke wurde geläutet, solange der Leichenzug unterwegs war. Die Grabstelle von Vatel befindet sich gleich rechts am Hauptweg, etwa zehn Meter unterhalb des Glockenturms. Einen »Tröster«, wie das heute üblich ist, gab es nicht, es herrschte Krieg, und die Lebensmittel waren alle rationiert. Mamachen war völlig mit den Nerven am Ende. Sie hatte Ischias und Hexenschuß, wollte am liebsten auch sterben. Da sie aber eine praktische, patente Frau war, raffte sie sich bald wieder auf, kurierte ihre Beschwerden mit altbewährten Hausmitteln und wandte sich wieder ihren gewohnten Pflichten zu. Sie hatte das Kleinvieh zu versorgen und sonst noch so viele Pflichten, daß die Trauer langsam immer mehr in den Hintergrund trat. Schließlich hatte sie ja auch noch mich, und ich brauchte sie doch auch noch. Alles mußte weiterlaufen wie bisher, und alles Nötige mußte getan werden wie immer. In dieser schweren Zeit unterstützte uns Hans, so gut es möglich war. Zeitweise hatte er weiterbildende Lehrgänge belegt und war nicht da. Ich mußte sehen, wie ich mit Behörden, Bescheinigungen, Anträgen usw. zurechtkam.

Die große Kälte des vorangegangen Winters hatte verheerende Schäden hinterlassen, Vatels Befürchtungen bestätigten sich in ganzem Umfang. Die Bienenvölker waren zum Teil erfroren, der überlebende Rest stark geschwächt und der ganze Bestand auf die Hälfte dezimiert. Die Obstbäume, die edelsten und besten Sorten, schlugen nicht mehr aus, und so oft wir meinten, sie müßten nach Wärme und Regen doch Blätter und Blüten treiben, tat sich doch absolut nichts mehr. Andere grünten nur ganz spärlich, versuchten noch mit letzter Kraft zu überleben, schafften es aber nicht. Alle Pfirsiche, Aprikosen und die herrlichen Edelbirnen waren dem Frost zum Opfer gefallen. Es war, als wäre ein Teil dessen, das Vatel so viel bedeutet hatte, mit ihm gegangen. All die Probleme, die da unerwartet auf mich zukamen, konnte ich natürlich nicht gleich in den Griff bekommen. Meine Tage begannen bedeutend früher und endeten sehr viel später als bisher. Die Versicherungsgeschäfte liefen weiter, ich hatte die Agentur zur Weiterführung übertragen bekommen, da ich eingearbeitet war. Zeitweise war ich wieder mit dem Sachsrad unterwegs, um die gewohnten Touren zu fahren. Daheim im Garten mußte das Gras gemäht werden, wenn nicht eine Wildnis entstehen sollte, und alle Tage Futter für die Ziegen beigeschafft werden. Schließlich war die Wiese zu mähen. Herr Thorenz, der das immer gemacht hatte, war bei der Arbeit verunglückt und konnte eine Hand nicht mehr benutzen. Es blieb mir nichts anderes übrig, als selber die Sense in die Hand zu nehmen. Drei Tage lang stand ich bei Sonnenaufgang auf und mähte ein beachtliches Stück, schließlich hatte ich es geschafft. Es ging alles weiter, nur langsamer und viel schwerer. Notfalls kam auch mal die Kunze-Erna aus Ludwigsdorf, aber die hatte daheim ihre Last. Onkel Karl und Tante Anna waren nicht mehr die Jüngsten, und die Söhne waren irgendwo weit weg beim Militär. Erna hielt die kleine Landwirtschaft bei Kunzes in Gang und half, wenn nötig, auch ihrem Vater in der Schmiede.

Hans war immer noch in der Oelser Garnison als Ausbilder tätig. Da Wohnung und Auskommen vorhanden waren, beschlossen wir zu heiraten. Von der Reichsarbeitsdienstpflicht war ich freigestellt worden, weil ich mich um die Versicherung und den Betriebsablauf daheim, und natürlich um Mamachen kümmern mußte. Hans stellte den Antrag auf Heiratsgenehmigung, und es stellte sich heraus, daß eine Menge Fragebogen auszufüllen waren. Ein polizeiliches Führungszeugnis für mich war schnell und einfach zu beschaffen. Das Gesundheitszeugnis machte etwas mehr Umstände. Eine Untersuchung vom Amtsarzt überstand ich Gott sei Dank gut. Dann waren aber endlose Bogen über die Gesundheit der Vorfahren – Eltern, Großeltern, Urgroßeltern – auszufüllen. Das war nicht so einfach, sollten doch auch deren Krankheiten und Todesursachen angegeben werden. Mit einiger Phantasie konnte ich schließlich auch diese Hürde überwinden. Geburtsurkunden wurden von den Eltern verlangt, und zu dem Zwecke der Beschaffung fuhr ich in die Nähe von Glogau, wo mein Großvater Erich Linke geboren worden war. Erfolgreich kehrte ich mit der Urkunde zurück. Dann war noch der Ariernachweis zu erbringen, was mir problemlos gelang. All diese Papiere mußte auch Hans vorlegen, um die Heiratserlaubnis zu bekommen. Wie wir bald merken sollten, gerieten wir dadurch in Schwierigkeiten größten Ausmaßes.

Eines Tages kam Hans heim und war wie verwandelt. Niedergeschlagen ging er jedem aus dem Wege und redete nicht. Es war nichts mit ihm anzufangen. Irgend etwas Schlimmes mußte passiert sein. Er zog seine Jacke aus, hängte sie über die Stuhllehne und ging in den Garten, um allein zu sein. Als hätte mich etwas angezogen, nahm ich seine Jacke und untersuchte den Inhalt seiner Taschen. In der Brieftasche fand ich ihn dann, den Schicksalsbrief. Er hatte in Berlin die Papiere seiner

Eltern angefordert. Auf dem von seinem Vater stand »Jude« – Hans war also Halbjude und konnte seinen Ariernachweis nicht erbringen. Das war damals so ziemlich das Schlimmste, was uns passieren konnte. Waren wir doch beide von den NS-Idealen, die wir von Kind an eingetrichtert bekommen hatten, überzeugt und besten Willens, alle Gebote des »Führers« zum Wohle und Nutzen Deutschlands zu erfüllen. Nun wurde mir klar, was Hans für Kummer hatte.

Ich warf den Brief auf den Tisch und drehte fast durch. Ich lief durch den Garten, weiter über Wiesen und zwischen Feldern hindurch, hatte den unwiderstehlichen Drang, dem schrecklichen Wort »Jude« einfach davonzulaufen. Schluchzend kam ich fast bis an den Bahndamm und hätte mich am liebsten vor den nächsten Zug geworfen. Da kam ich zur Besinnung, setzte mich hin und blickte zurück.

Von weitem sah ich die Lärchen und Fichten der Windschutzpflanzung in unserem Garten, die Vatel vor Jahrzehnten angelegt hatte. Langsam verließ mich das Gefühl der Panik. Ich wußte: hinter diesen Bäumen liegt alles, was mir lieb und teuer ist, und dort sind auch die Menschen, die mich lieben und brauchen. Was würde wohl Vatel sagen, wenn er noch leben würde? Als ich so intensiv an Vatel dachte, wurde mir klar, daß er das, was ich tun wollte, nämlich davonlaufen vor den Problemen, nie billigen würde. Ich hörte ihn förmlich sagen: »Du kannst Mamachen nicht allein lassen, denk an deine Pflichten! Was habe ich alles für dich getan, willst du alles zunichte machen?« In Gedanken an Vatel, der in allen schwierigen Situationen immer so stark gewesen war und immer eine Lösung gefunden hatte, beruhigte ich mich langsam wieder. Eine Weile lag ich noch im Gras, sah den wandernden Wolken nach und versuchte, meine Gedanken in logische und praktische Bahnen zu dirigieren. Dann ging ich langsam wieder zurück zum Haus.

Mamachen hatte mich schon sehr vermißt und mich überall gesucht. Sie hatte den Brief auf dem Tisch liegen sehen, gelesen und war informiert, was auf uns zukam. Hans war noch da, und wir hielten uns wortlos in den Armen. Nach Überwindung des ersten Schocks beschlossen wir, zu kämpfen. Hans beantragte Urlaub, bekam ihn auch anstandslos, und fuhr zu seiner Mutter nach Berlin. Dort stellte er Nachforschungen an. Er war ein uneheliches Kind seiner Mutter, und diese hatte den zahlungskräftigsten ihrer Verehrer als mutmaßlichen Vater ihres Kindes angegeben. Der hatte zwar die Vaterschaft bestritten und nicht anerkannt, war aber durch Gerichtsbeschluß rechtskräftig zur Zahlung von Alimenten verurteilt worden. Damals war die Tatsache, daß er Jude war, uninteressant, wichtig war für Mutter und Gericht, daß er in der Lage war, zu zahlen. Für die damalige Zeit eigentlich gut. Nun stellte sich nach Aussage der Mutter heraus, daß ein anderer der Vater gewesen sein sollte, jedenfalls nicht der verurteilte Jude. Diesen aufzusuchen war nicht mehr möglich, er war bereits gestorben. Hinweise auf seine Blutgruppe gab es nicht. Von seiner Mutter konnte Hans eine eidesstattliche Erklärung bekommen, daß der Jude nur des Geldes wegen angegeben worden sei und ein anderer armer Schlucker der wirkliche Vater wäre. Mit dieser mußte er einen Gerichtsbeschluß erwirken. Dieser fiel dann so aus, daß die eidesstattliche Erklärung nicht anerkannt wurde. Der Jude hatte gezahlt und damit wäre die Vaterschaft anerkannt worden. Daß die Zahlung nur infolge gerichtlicher Verurteilung erfolgt war und er stets die Vaterschaft bestritten hat, wurde nicht als bedeutsam erachtet.

Alle, auch die Richter, waren auf die Richtlinien des dritten Reichs zur Reinhaltung der arischen Rasse eingestellt und bemüht, diesen blind und, weil es am einfachsten war, ohne selbständig zu denken, Folge zu leisten. Im richterlichen Beschluß hieß es, die eidesstattliche Erklärung wäre ein Papier, das man unter den gegebenen Umständen nicht akzeptieren könne. Wohlwollende Richter hätten ja vielleicht auch anders entscheiden können, aber wohlwollend war keiner. Für diese Herren war es ja auch so viel einfacher. Man hielt sich an die gegebenen Richtlinien, damit war die Angelegenheit schnell vom Tisch und weitere Scherereien vermieden. Sicher hatten noch mehr Menschen derartige Probleme.

Auf jeden Fall erreichte Hans trotz aller Bemühungen nichts. Es war so, als würde er gegen eine Wand laufen. Schwarz auf weiß behielt er es in der Hand, er war Halbjude. Aus heutiger Sicht überlegt man, was wohl damals sonst noch hätte getan werden können. Wenn wir damals gar nichts unternommen und Stillschweigen bewahrt hätten, wer weiß, wie es dann gekommen wäre? Vielleicht wäre dann die »Braune Lawine« nicht ins Rollen gekommen? Schließlich lief ja vorher, als nichts bekannt war, auch alles normal. Hans hätte seinen Vorgesetzten gar nichts sagen sollen, nur seinen Antrag auf Heiratserlaubnis zurücknehmen. Die Begründung, daß wir noch warten wollten, wäre plausibel gewesen. Wahrscheinlich wäre da überhaupt nichts passiert. Nachher erkennt man meistens, was man hätte anders machen können, aber dann ist es zu spät. Damals jedenfalls waren wir wie vor den Kopf geschlagen, konnten uns nicht mit den Tatsachen abfinden, sahen keinen Ausweg und keine Zukunft mehr.

Wie ein flammendes Fanal standen die nationalsozialistischen Rassengesetze zwischen uns. Schließlich verlangten die Vorgesetzten seiner Dienststelle, daß er die Papiere vorlegen solle. Nach längerem Zögern wurden sie an die nächste, höhere Dienststelle weitergeleitet, und alles ging seinen Weg.

Dieser war vorprogrammiert, nach Vorschrift. Hans wurde zuerst für eine Woche beurlaubt, danach folgte die Entlassung aus dem Dienstverhältnis. Es sei nicht erlaubt, daß Halbjuden als Berufssoldaten, also im Staatsdienst, tätig sein. Hans stand vor den Scherben seiner Zukunft, die so gut und gesichert ausgesehen hatte. Hans trug nun Zivil und mußte sich beim Arbeitsamt melden. Er bekam eine Arbeitsstelle in einem Büro. Dann war er gezwungen, ein möbliertes Zimmer zu mieten, denn bei uns durfte er nicht weiter wohnen. Es gab damals den Kupplerparagraphen, der das untersagte.

Das waren gravierende Veränderungen. Er sagte, er gebe mich frei, unter diesen Umständen brauche ich mich nicht an das gegebene Wort zu halten, ich wollte aber davon nichts wissen. Auch weiterhin versuchte ich, ihn zu stützen und ihm moralisch beizustehen. Dann bekam auch ich Schwierigkeiten. Man lud mich vor ins »Braune Haus«, den Sitz der Partei-Zentrale. Vorhaltungen, dumme Fragen und versteckte Drohungen sollten mich zur »Ordnung« rufen. Einem BDM-Mädchen müßten doch die Richtlinien des »Führers« heilig sein, ich hätte mich nach den Idealen der deutschen Jugend zu richten – Druck und NS-Gehirnwäsche, das mehrmals, in regelmäßigen Abständen. Schließlich hieß es, mein Verhalten wäre nicht im Sinne meines Vaters, den ja fast jeder gekannt hatte. Wenn ich nicht zur Vernunft käme, gäbe es auch noch andere Wege, ich würde mich noch wundern. Das war schon eine offene Drohung, mir wurde bange und bänger. Was war, wenn sie Hans in ein Konzentrationslager steckten unter dem Motto »Arbeit macht frei«? Unter diesen gespannten Umständen war alles möglich, man erzählte sich unter vorgehaltener Hand, daß mißliebige Personen dorthin gebracht würden. Wir trafen uns unter diesen bedrohlichen Umständen nur noch selten. Schließlich kamen wir zu der Vereinbarung, daß wir weiter füreinander da sein würden, aber für eine Weile den persönlichen Kontakt meiden wollten. So hofften wir, daß sich die Wichtigtuer im »Braunen Haus« wieder beruhigen würden. Wir gaben uns unsere Ringe und unser Wort zurück, jeder bemüht, den anderen vor Schaden zu bewahren und Scherereien zu vermeiden. Jeder wollte das beste für den anderen, wir behielten uns im Herzen in der Hoffnung, die Zeit würde Rat bringen und eine Lösung für uns bereithalten.

Erst jetzt konnten wir ermessen, was die Rassengesetze für viele Menschen zur Folge hatten, übersahen aber bei weitem nicht das ganze Ausmaß. Vorbei war es mit der blinden Begeisterung für alle Ideale, die uns bisher hoch und heilig gewesen waren, und der blinde Glaube, daß alles gut und richtig war, was der »Führer« befahl, schwand. Damals konnten wir uns weder einen verlorenen Krieg noch einen Umsturz vorstellen, obwohl manches nicht gut aussah. Es wurde unter der Hand alles mögliche gemunkelt.

Der Mann, in dessen Büro Hans nach seiner Entlassung aus dem Wehrdienst arbeitete, sagte: »Wartet nur die Zeit ab, so bleibt das nicht.« Er hatte ein behindertes Kind. Die Behörden wollten unbedingt, daß er dieses in ein Pflegeheim geben sollte, und er kämpfte mit allen Mitteln darum, das Kind daheim zu behalten und es selbst zu betreuen. Er hatte Informationen, daß die Kinder in den Pflegeheimen nicht allzulange leben würden. Der kleine Junge saß im Rollstuhl, war aber lustig und intelligent, etwa sechs Jahre alt. Er konnte flott Ziehharmonika spielen, und legte den Marsch »Wien bleibt Wien« ganz lässig hin. Wir waren mehrmals dort eingeladen, es waren sehr liebe und uns wohlgesonnene Leute.

Hans und ich sahen uns nur noch, wenn wir uns zufällig bei Geschäften in der Stadt trafen, und waren bemüht, auch das noch zu vermeiden, weil die Stiche in der wunden Herzen schwer zu verkraften waren. Eines Tages erfuhr ich dann, daß Hans in eine andere Stadt gezogen sei. Er könne es nicht ertragen, mir immer wieder zu begegnen und so zu tun, als wäre nie etwas zwischen uns gewesen. Es war nicht zu erfahren, wohin er sich gewendet hatte. Ich hörte nichts mehr von ihm. Er hatte sich abgesetzt, um mir weitere Schwierigkeiten zu ersparen. Mir blutete noch lange das Herz.

Das Leben ging aber weiter. Ich hatte jede Menge Pflichten, auf die ich mich nun konzentrierte. Wenn ich mir aber den Garten mit den vielen erfrorenen Obstbäumen ansah, wußte ich wirklich nicht, was ich da tun sollte. Ebenso war es mit den Bienen. Überall Schäden, Reste, Scherben von all dem Schönen, was einmal gewesen war. Mamachen war kränklich, stöhnte über Ischias, Herz und Magen. Onkel Willert war inzwischen gestorben. Tante Nine wurde zusehends blasser und teilnahmsloser, hörte immer schlechter und trauerte nur noch. Das einzige, was sie zu verwöhnen hatte, war ihre Ziege, ein paar Hühner und ihr kleines Hündchen, das »Ronni« gerufen wurde. Diesen kleinen giftigen Kläffer fütterte sie kugelrund.

Ich hatte alle Hände voll zu tun, die beiden alten Frauen zu umsorgen, zu pflegen und zu trösten. Das massenhaft vorhandene Viehzeug war zu versorgen. Alle Tage mußte ein Schubkarren voll Grünfutter für die Ziegen herangeschafft werden. Eine Honigernte gab es in diesem Jahre nicht, die Bienenvölker waren damit beschäftigt, sich zu regenerieren. Auch das Obst war knapp. Hin und wieder kam Erna mal kurz vorbei, wenn sie in der Stadt zu tun hatte. Erna hielt bei Kunzes alles auf Trab, redete ihrer Mutter gut zu, half dem Vater in der Schmiede, bewältigte die Arbeiten der kleinen Landwirtschaft und war dabei immer guter Laune. Wie ich erfuhr, hatte sie eine sehr praktische Art herausgefunden, wie man zu Hilfskräften kommen kann.»In der Stadt wimmelt es doch nur so von Soldaten. Die meisten wissen nicht viel mit ihrer Freizeit anzufangen und versuchen, Bekanntschaften zu schließen. Ich brauche nur einen anzulachen, es dauert nicht lange, da sind wir bekannt, und bald taucht er bei mir zu Hause auf dem Hof auf. Wenn er dann sieht, daß ich wenig Zeit habe, packt er schon mit an. Für das Essen sorgt dann die Mutter, was ja auch nicht zu verachten ist, und alles Weitere bleibt halt offen. Natürlich haben sie alle die Hoffnung, mehr bei mir zu erreichen, aber da muß man halt aufpassen, daß einem keiner zu nahe auf den Pelz rückt. Ich komme mal und bringe dir jemand mit.«

So ergab es sich tatsächlich, daß Erna für mich ab und zu einen ihrer Bekannten zum Arbeitseinsatz beorderte. Es gab nette Jungs, die vom Lande stammten und mit allen möglichen Landarbeiten vertraut waren. Denen machte das Spaß. Allerdings hatten sie alle mit Sicherheit Hintergedanken. Die geheimen Wünsche und Absichten dieser starken, hilfsbereiten Männer waren bei der leichten Sommerbekleidung unschwer zu erkennen. Mit viel Feingefühl, Diplomatie, einem angebotenen Essen und den besten Aussichten auf die nächsten Tage mußten diese Klippen umschifft werden.

Eines Tages, als ich wieder auf Inkassotour war, hatte ich eine Fahrradpanne. Das Hinterrad hatte einen Plattfuß. Zwar hatte ich für alle Fälle Flickzeug dabei, wußte auch damit umzugehen, aber es würde wohl eine ganze Weile dauern, bis ich den Reifen geflickt hätte. Mißmutig fing ich an herumzuschrauben. Ausgerechnet auf offener Landstraße, weit weg von daheim, mußte mir sowas passieren. Wie vom Himmel geschickt, tauchte plötzlich neben mir ein netter Radfahrer auf und bot mir seine Hilfe an. Wie sich zu meinem größten Erstaunen herausstellte, war der Mann ein Profi, der nach der Stoppuhr binnen fünf Minuten den Fahrradschlauch wieder flickte, einschließlich Auseinander- und Zusammenbau. Ich staunte nur so. Er war Kraftfahrzeugmeister, Rennfahrer und trainierte in seiner Freizeit, die ihm der Dienst bei der Wehrmacht ließ, mit seinem Rennrad, einem Aluminium-Leichtrad mit allem Komfort, superleicht und zusammenklappbar. Wir führten eine angeregte Unterhaltung und beschlossen, in Verbindung zu bleiben. Das erwies sich als sehr vorteilhaft, denn bald bewies dieser nette, hilfsbereite junge Mann, daß er alles reparieren konnte, was defekt war, und das war nicht wenig. Er genoß natürlich gern die Gastfreundschaft, die »Bratkartoffelstelle«, wie es damals hieß, den selbstgemachten Hagebuttenwein, und hätte sehr gern auch noch mehr genossen. Zwar fand ich ihn sehr nett, traute ihm aber nicht. Eines Tages hatte er die Jacke arglos abgelegt und war nicht in Reichweite. Diese Gelegenheit nutzte ich sofort, um einen Blick in seine Papiere zu werfen. Gleich hatte ich festgestellt, daß er verheiratet war. »So ein Schlitzohr bist du also«, dachte ich. Übers Wochenende hatte er angeblich Dienst, wie meistens. Da war er nämlich zu Hause bei seiner lieben Frau, was mir nun klar wurde. Montag abends kam er dann wieder anmarschiert und brachte mir weiße Wolle für einen Pullover mit, als Gegenleistung dafür, daß er öfter zum Essen eingeladen worden war. Das war sehr nett und anerkennenswert, gab es doch so etwas offiziell längst nicht mehr zu kaufen. Er sagte nur, er hätte Beziehungen. Das konnte natürlich sein.

Eines Tages kam ein Brief an meinen Vater, der ja längst nicht mehr lebte. Zu meinem allergrößten Erstaunen kam er von Peters, meines Rennfahrers, Ehefrau. Sie jammerte, ihre Ehe sei bedroht, und ich sei die Ursache. Ich bekam zuallererst einen gehörigen Schrecken, mußte aber dann doch tüchtig lachen. Dieser Esel, was der sich nur einbildete! Es war doch überhaupt nichts zwischen uns gewesen. Ob er angegeben hatte, oder Kameraden die Frau gewarnt hatten? Ich weiß es nicht. Jedenfalls schrieb ich einen netten Brief, beruhigte sie und versicherte ihr, daß ich nicht das allergeringste Interesse hätte, ihr den Mann wegzunehmen. Sie müsse schon selber sehen, wie sie ihren Peter fesseln könne. Es gab ja schließlich noch so viele andere schöne Mädchen außer mir. Für mich natürlich sicher auch noch genügend ledige Männer zur Auswahl. Peter ließ sich nie wieder bei mir blicken. Weiß der Himmel, wie er das daheim ausgebadet hat. Von der Wolle strickte ich mir einen schönen, warmen Pullover, vorn mit rotem Querstreifen und Norwegermuster. Das war die Romanze »Peterle«, damals war auch ein gleichnamiger Schlager in aller Munde.

Im Winter gab es in Oels einen festen Veranstaltungsplan, den Kulturring. Alle vierzehn Tage fand im Laufe des Winterhalbjahres eine kulturelle Veranstaltung in der Stadthalle, dem »Elysium«, auch die Stadtsäle genannt, statt. Diesem »Veranstaltungsring« konnte man beitreten und zu einem günstigen Preis an der bunten Palette eines schönen, unterhaltsamen Angebots teilnehmen. Operetten, Schauspiele, Konzerte standen auf dem Programm, die immer hervorragend besetzt waren mit Künstlern aus dem Schauspielhaus Breslau, dem Breslauer Opernhaus und aus anderen Großstädten. Das waren die Haupt-Kulturereignisse in Oels und immer ausverkauft. Erna und ich hatten selbstverständlich abonniert und waren immer dabei. Zu dieser Zeit gab es sehr kalte und schneereiche Winter. Erna kam mit dem Fahrrad aus Ludwigsdorf, etwa drei Kilometer, dick angezogen und gestiefelt. Bei uns war Zwischenstation, da wärmte sie sich erst mal wieder auf. Dann mummelten wir uns warm ein für den Fußmarsch von dreißig bis vierzig Minuten und marschierten los zum »Elysium«, das auf der anderen Seite der Stadt lag. Ein schickes Kleid, passende Schuhe und Strümpfe trug jede von uns in einer Tasche bei sich. In der Stadthalle angekommen, verschwanden wir in der Toilette, aus der wir nach kurzer Zeit als schicke junge Damen wieder zum Vorschein kamen. Nun konnten wir uns ohne Probleme sehen lassen und den Abend gebührend genießen. Am Schluß folgte die gleiche Prozedur, nur in umgekehrter Reihenfolge. Zwei hübsche junge Mädchen verwandelten sich wieder in unkenntlich eingemummelte Nachtwandler, die im Dauerlauf heimwärts trabten. Erna blieb dann bei uns über Nacht. Beizeiten mußte sie schon wieder heim, um die Kühe zu melken.

Erna war meist die Unternehmungslustigere von uns beiden. Eines Tages beschlossen wir, abends ins Ringcafé zu gehen. Es war zwar November, aber noch nicht kalt, und man konnte schick angezogen in die Stadt gehen. Im Ringcafé konnte man immer irgendwelche Freundinnen oder sonstige Bekannte treffen. Es war ein Treffpunkt junger Leute, man sah sich und wurde gesehen, es war immer unterhaltsam. »Auf, komm, wir sehen uns mal den Betrieb an«, sagte Erna, und ich war dabei, froh über die Aussicht auf interessante Unterhaltung und Abwechslung. Mamachen war immer besorgt um mich, mußte sie doch dann allein bleiben und sich von Vorstellungen plagen lassen, was mir alles passieren könnte. Ihr einziger Trost schien es zu sein, daß ich nie allein ausging. Entweder Erna oder meine Freundin Erika teilten meist meine Erlebnisse, und alles, was nicht für andere Ohren bestimmt war, blieb selbstverständlich unter uns. So spazierten wir, Erna und ich, also an jenem Abend im November unternehmungslustig die Ludwigsdorfer-, dann die Ohlauer Straße entlang und betrachteten sachkundig die schön dekorierten Schaufenster. Bald leuchtete das Panoramafenster des zentral gelegenen Ringcafés vor uns, es herrschte ein ständiges Kommen und Gehen. Ein runder Tisch in der Mitte war gerade frei geworden, und sofort belegten wir diesen Platz. Einige Bekannte winkten uns zu, und machten uns wieder mit Freunden und deren Partnerinnen bekannt. Überall junge Leute in ungezwungener Unterhaltung, genau die Atmosphäre, die wir an diesem Lokal so schätzten. Scherzworte flogen hin und her. Bald kamen wir mit zwei jungen Soldaten ins Gespräch, denen anfangs nichts Geistreicheres eingefallen war, als nach der Zeit zu fragen, um anzubändeln. Schließlich ergab sich dann noch genügend interessanter Gesprächsstoff. Als wir heim wollten, boten sie ihre Begleitung für einen Teil des Weges an. Ein weiteres Treffen wurde ganz unverbindlich vereinbart. Die beiden hoffnungsvollen jungen Männer waren von völlig unterschiedlicher Körpergröße. Während Leonhard, mein Partner, von der Statur her gut zu mir paßte, überragte sein Kamerad uns alle. Deshalb gaben Erna und er leider kein glückliches Paar ab. Beim nächsten vereinbarten Treffen brachte »der Lange« seinen Stubenkameraden Erich mit, der genau zu Ernas Statur paßte. »Das nennt man Kameradschaft«, sagte dieser ganz erfreut und belegte Erna von diesem Tag an mit Beschlag. Die sofortige gegenseitige Sympathie war nicht zu übersehen, und es dauerte nicht allzulange, da waren die beiden ein Herz und eine Seele.

Im Laufe des Gesprächs erzählte ich, daß wir Adventskränze verkaufen. »Wir haben in unserem Zimmer auch noch keinen«, meinte Leonhard. Sofort erbot ich mich, einen zu wickeln und beim nächsten Stelldichein mitzubringen. So kam es, daß ich am nächsten Wochenende am vereinbarten Treffpunkt Ecke Wilhelmstraße mit einem Adventskranz in der Hand stand und wartete. Es war kalt und windig, ich – natürlich mehr schick als warm angezogen – fror erbärmlich. Leonhard war nicht pünktlich. Gerade wollte ich verärgert wieder heimgehen, da sah ich ihn im Sturmschritt in Begleitung seines »überragenden« Stubenkameraden kommen. Es wurde doch noch ein ganz netter, unterhaltsamer Abend. Wir blieben weiter in Kontakt. Leonhard hatte an Weihnachten keinen Heimaturlaub. Er nahm den Urlaub lieber im Sommer in der Erntezeit und half daheim. Für einen Kurzurlaub war die Entfernung zu weit, es lohnte sich nicht, über die Feiertage heimzufahren. Über meine Einladung, den Heiligen Abend bei uns zu verbringen, freute er sich und sagte zu. Als es dann soweit war, ließ er sich den Festschmaus schmekken, redete wenig, registrierte zunächst alle neuen Eindrücke.

Sicher fühlte er sich fremd und wäre lieber zu Hause gewesen. Wir kannten uns ja auch noch nicht lange, zumindest noch zu wenig, um ihn in die Familie einzuführen. Ich konnte es einfach nicht übers Herz bringen, ihn am Heiligen Abend allein in der Kaserne zu wissen, fern von seinen Lieben daheim. Mamachen fand meine Idee, ihn spontan einzuladen, gut, und so war der heilige Abend für ihn gerettet. Als ich ihn dann nach dem Essen und der Bescherung auch noch mit zu Linkes nahm, kam er aus dem Staunen nicht mehr heraus. Dort wurde Weihnachten im Wohnzimmer im Zollhaus gefeiert. Ein großer Lichterbaum und für jeden ein Geschenk waren liebevoll aufgebaut, und ein gemütliches Feuer knisterte im eisernen »Kanonenofen«.

Mutti wollte dem unbekannten Soldaten, den ich so unvorhergesehen mitgebracht hatte, natürlich auch eine kleine Weihnachtsfreude bereiten. Da er ja bei der Bescherung leer ausging, überreichte sie ihm wenigstens eine Schachtel Zigaretten, eine impulsive Geste, um auch ihm eine kleine Freude zu machen. Mein stolzer Gast lehnte aber ab, mit den Worten: »Nein danke, ich rauche nicht.« Er hatte offenbar den Sinn dieses kleinen Geschenks, das ihm Mutti anbot, nicht verstanden, nicht begriffen, daß es von Herzen kam.

Am ersten Feiertag kam Leonhard wieder, und ich dachte, wir könnten spazierengehen oder sonst irgend etwas unternehmen. Er sagte jedoch, zuerst müßte er unbedingt seiner Mutter schreiben. Zwar meinte ich, daß er das längst hätte tun sollen, aber vielleicht hatte er ja keine Zeit gehabt. So nahm ich eine Handarbeit zur Hand und setzte mich zu ihm an den Tisch. Von daheim erzählte er mir ab und zu, aber sehr wenig. Ich konnte mir kein Bild von seiner Familie zusammenreimen. Wir trafen uns gelegentlich, oder Leonhard besuchte mich abends nach Dienstschluß. Es war ein weiter Weg vom Zesseler Flugplatz bis zu uns, etwa sechs Kilometer, auf der anderen Seite der Stadt und dann noch weit außerhalb. Trafen wir uns in der Stadt, dann ging ich meist ohne seine Begleitung heim. Oft war Erna mit von der Partie, die mit ihrem Erich zusammengeblieben war und ihn daheim bei ihren Eltern eingeführt hatte. Der arme Kerl hatte es noch viel weiter bis nach Ludwigsdorf. Hier zeigte sich die Bestätigung des Sprichwortes »Kein Weg ist zu weit, wenn die Liebe naht«. Die Männer, die zum Flugplatzpersonal gehörten, waren in einem Waldgebiet gegenüber dem Flugplatz in Holzbaracken untergebracht. Meistens war die Ausgangszeit bis Mitternacht begrenzt, nur in Sonderfällen gab es eine Verlängerung um eine Stunde. Oft konnte man Soldaten in Richtung Unterkunft flitzen sehen, denn jede Zeitüberschreitung wurde mit Urlaubssperre oder Strafdienst geahndet. Das Waldgebiet mit dem Barackenlager war mit einem zwei Meter hohen Drahtzaun mit Stacheldrahtsicherung umgeben: militärisches Sperrgebiet. Wie man hörte, soll es für »Spätheimkehrer« spezielle Schlupflöcher gegeben haben. Inzwischen waren Leonhard und ich uns wesentlich nähergekommen. Er konnte Vatels Fahrrad benutzen und brauchte nicht mehr so viel Zeit für den weiten Weg.

Allmählich kam das Frühjahr. Der Schnee verschwand, die Sonne schien warm, und alle liegengebliebene Arbeit trat wieder zutage. Die erfrorenen Obstbäume reckten ihre dürren Äste in den blauen Frühlingshimmel. Es sah schlimm aus. Leonhard sah sich die Bescherung an, dann ging er in den Schuppen, kam mit der Axt heraus und fing an, den ersten dürren Baum umzuhacken. Das erste, was unter seiner geballten Kraft den Geist aufgab, war nicht etwa der Baum, sondern die Axt. »Mit so einem Bruchwerkzeug kann man doch nichts schaffen!« rief er entrüstet. Es wurde gesägt, eine Axt von Erich Papa geborgt. Ich traute meinen Augen nicht, als bald auch diese Axt das gleiche Schicksal erlitt. Papa knurrte und murrte: »Sag deinem starken Mann, er soll lieber etwas haushalten mit seiner überschüssigen Kraft!« Leonhard befand, alles Gerät wäre uralt und morsch und ginge fast von selber entzwei. Das gleiche Problem ergab sich auch bei dem Gebrauch von Spaten, Rechen und anderem Werkzeug. Nachdem alles neue Stiele bekommen hatte, wurde Holz gesägt und gehackt. Wenn wir Zeit hatten, konnten wir beide flott in der warmen Märzsonne arbeiten und wurden braun wie Urlauber.

Da ich mich mit Leonhard recht gut verstand, kam mir der Gedanke, daß er ja vielleicht auf Dauer der Richtige sein könnte. Seinen hessischen Dialekt fand ich so nett, obwohl ich meist nur die Hälfte verstand. Ich fand ihn reizvoll und gefällig, die Worte »Mädche« und »Schätzche« usw. hatten für mich einen zärtlichen Klang. Ließ ich gelegentlich mein schlesisches »Nichtdoch« hören, nahm er das überhaupt nicht ernst und war geneigt, stets das »nicht« zu überhören. Als Berufssoldat bot er eine gute Zukunftssicherung. Er scheute keine praktische Arbeit und hatte Ahnung von Landwirtschaft. Allerdings kannte er aus seiner hessischen Heimat ganz andere Arbeitsmethoden als sie bei uns üblich waren. Wir bauten Streifen von Kartoffeln und Futterrüben zwischen der Obstbaumjunganlage an. Das Kleinvieh, nach wie vor arten- und zahlreich, hatte immer Hunger und ein gewisser Wintervorrat mußte angelegt werden. Das Ackern hatte bisher immer Erich Papa mit dem Fuchs erledigt, in gewohnter und bewährter schlesischer Gemütlichkeit, ein gut aufeinander eingespieltes Team. Papa redete mit dem Tier wie mit seinesgleichen, und das Tier reagierte aufs Wort. »Der Fuchs versteht mich ganz genau, der ist schon alt und gescheiter als mancher Mensch«, sagte Papa. Wir lachten zwar, zweifelten aber nicht daran, daß es tatsächlich so sein könnte. Beim Kartoffellegen mußte das Füchschen erst den Pflug, kurz darauf den »Fürchler« ziehen, einen kleineren Pflug mit der Möglichkeit, gleich drei Furchen auf einmal zu ziehen. Das war Schwerarbeit, und immer wieder legte der alte Gaul eine Verschnaufpause ein. Die Saatkartoffeln legten wir sorgfältig in die Furchen, die dann mit dem gleichen Gerät wieder zugeschoben wurden. Späteres Eggen, Hacken und Häufeln sorgten für laufende Beschäftigung. Leider wuchs auf dem leichten Lößboden auch sehr viel Unkraut, vor allen Dingen das schnellwüchsige Franzosenkraut, die »gelbe Blümel«, wie es bei uns hieß. Dazu kamen noch Gänsedisteln, Hirsegras und Ackerwinde, die bei günstigem Wetter schneller als die Kartoffeln wachsen konnten. Trotzdem gediehen die Kartoffeln immer gut, denn sie hatten alles, was sie lieben: einen gut vorbereiteten Akker, genügend Dünger und Pflege. Bei der Ernte schüttete man sie auf den Wagen. Nur der nötige Wintervorrat kam in den Vorratskeller, der Rest wurde eingemietet, so überstanden die Vorräte gut mit Stroh, Erde und nochmals Laub oder Stroh geschützt, den Winter unbeschadet und frisch.

Leonhard führte neue Methoden ein, nämlich die, die er von Ulmbach kannte. Er meinte, wir machten das viel zu umständlich, das dauere alles viel zu lange, die Kulturmethode, die er von daheim kenne, sei die einzig richtige. Beim Ackern mußten die Saatkartoffeln gleich in die Furche gelegt werden, der Boden war nicht weiter vorbereitet. Im Herbst zeigte sich der Unterschied, die Ernte fiel bedeutend kleiner aus, reichte aber trotzdem. Wenn Leonhard den Fuchs im Gespann hatte, durfte dieser nicht, wie gewohnt, seine kleinen Ruhepausen einlegen, wenn es schwerer ging; Leonhard sorgte für eine schnelle Arbeit. Papa konnte das nicht lange mit ansehen, sah er doch seinen alten Gaul als seinesgleichen an. Er wollte den Fuchs nicht mehr ausborgen. Mit der schlesischen Mentalität nach dem Motto »Nur mit der Ruhe« konnte Leonhard nichts anfangen. Bald hatte er bei Bedarf ein Gespann vom Fliegerhorst organisiert. Das waren zwei riesige Pferde, geführt von einem Hünen von Mann, dem die schnaubenden und stampfenden Rosse aufs Wort gehorchten.

Trotz aller Ängste, die wir aushielten, klappte die Aktion bestens, aber wir waren doch recht froh, als dieses riesige Gespann wieder aus dem Hof abzog. Soweit es Leonhard betraf, war das Füchschen nicht mehr gefragt.

Der Zesseler Flugplatz war ein weiträumiges ebenes Grasgelände, diente der Ausbildung, war aber technisch kaum als komfortabel zu bezeichnen. Selbstverständlich hatte kein Außenstehender Zutritt oder Einblick. Dem Flugplatz war eine eigene »Versorgungsabteilung Landwirtschaft« angegliedert. Pferde, Ochsen, Schweine und Angorakaninchen lebten in den nahegelegenen Stallgebäuden. Auf ausgedehnten Feldern wurde Gemüse wie Kraut, Zwiebeln, Möhren, Tomaten und Gurken angebaut.

Leonhard war in der Abteilung Landwirtschaft eingesetzt und hatte die Möglichkeit, das Pferdegespann oder andere Hilfskräfte mobil zu machen. Das war natürlich nicht illegal, sondern geschah meist mit der wohlwollenden Genehmigung des jeweiligen Vorgesetzten. In seiner dienstfreien Zeit wußte Leonhard immer etwas, das dringend getan werden mußte. Dies und jenes wollte er ändern oder verbessern.

Etwa zu dieser Zeit zog Tante Frieda mit ihren beiden Töchtern Ruth und Edith im alten Zollhaus ein. Sie hatte in Hannover gelebt und in der »Conti«-Gummifabrik gearbeitet. Von den vielen feindlichen Bombenangriffen auf deutsche Großstädte war auch Hannover stark betroffen. Tante Friedas Wohnung lag in Schutt und Trümmern. Die Familie hatte fast nichts retten können, war nach der Amtssprache »ausgebombt«. Mutti und Papa nahmen die drei auf, obgleich wirklich wenig Platz zur Verfügung stand. Glücklich waren die Neuankömmlinge, daß sie dem Bombenterror endlich entronnen waren und nicht mehr jede Nacht in Angst und Schrecken zum Luftschutzkeller rennen mußten. Tante Frieda machte sich nützlich, wo sie nur konnte. Ihre Situation war alles andere als rosig, trotzdem ließ sie den Kopf nicht hängen. Sie meisterte mit ihrem praktischen Sinn jede Situation, und mit ihrer positiven Ausstrahlung konnte sie auch andere aktivieren.

Ruth hatte in Hannover bereits eine Lehre als Bäckerei-Fachverkäuferin abgeschlossen. Eine dementsprechende Stelle bot sich zwar nicht, trotzdem fand sich eine Lösung des Arbeitsproblems. Der Leiter des Oelser Post- und Fernmeldeamtes kam regelmäßig als Kunde in die Gärtnerei Linke. Im Laufe der Unterhaltung wurde über dieses und jenes gesprochen und auch über die schwierige Situation von Tante Frieda und ihren Töchtern. Er versprach, zu überlegen, ob er etwas tun könne, Ruth sollte sich beim Fernmeldeamt vorstellen. So kam es dann, daß Ruth eine Anstellung beim Fernmeldeamt erhielt. Edith ging noch zur Schule. Sie war groß und schlaksig gewachsen, Proportionen, die auf ein Mädchen schließen ließen, waren noch nicht vorhanden. Oft nannten wir sie »die Lange«, was sie sicher ärgerte. Schon damals war sie nicht dumm, gewandt und aufgeweckt. Das Mundwerk war ihre treffsicherste Waffe. Ruth hatte eine ruhigere Art, war nett und umgänglich, und hatte bereits ein wohlproportioniertes Figürchen. Mit beiden Cousinen kam ich gut aus. Der Zuzug der Familie Schwengber erwies sich für alle Beteiligten als eine Bereicherung.

Abends ausgehen oder Sonntag nachmittag gemeinsam etwas unternehmen, dafür war Leonhard nicht zu haben. Er meinte, er müsse ausruhen, legte sich am Sonntag nachmittag unter einen Baum und schlief. Ich nahm mir dann eine Handarbeit oder ein Buch und setzte mich daneben. Eines Sonntags gastierte in Oels der überall bekannte »Zirkus Krone«. Zu gerne wäre ich zur Nachmittagsvorstellung gegangen, aber Leonhard war nicht zu bewegen. »Das interessiert mich nicht und kostet nur Geld.« Damit war die Sache erledigt.
Dafür gab es im engeren Familienkreis immer wieder Geselligkeit. Jeder Geburtstag war ein Anlaß zu feiern, den Familienzusammenhalt zu pflegen.
So war es Sitte bei der Vogt-, Linke- und Kunze-Familie. Diese Familienverbundenheit zeigte sich auch, wenn einer der beiden Kunze-Jungen mal Urlaub hatte. Sie taten ja beide Dienst in der Wehrmacht und Heimaturlaub gab es selten. In solchen Fällen wurden wir nach Ludwigsdorf eingeladen. Kunzes führten ein gastfreundliches Haus, und jeder Verwandte und Bekannte war stets willkommen. An einem anderen Abend wurden die Urlauber dann zu uns eingeladen, und die Zeit teilweise besinnlich, teilweise lustig verbracht. Waren die kurzen Urlaubstage zu Ende, versäumten Konrad und Gerhard nie, auf dem Weg zur Bahn noch schnell bei uns hereinzuschauen und sich zu verabschieden. Es war fast, als wären sie meine Brüder, so verbunden waren unsere Familien.
Außer ihren eigenen drei Kindern hatte die Familie Kunze noch einen elternlosen Jungen in ihre Familie aufgenommen, der etwa so alt war wie Konrad. Er hieß Helmut, war sehr intelli-

gent und machte seinen Pflegeeltern nur Freude. Er besuchte wie Konrad die Abiturklasse und beide schlossen die Ausbildung bestens ab. Helmut schlug die Offizierslaufbahn ein und heiratete später. Leider war es ihm nicht möglich, das Glück mit seiner jungen Frau zu genießen. Im Verlauf des Krieges mußte er sein Leben lassen. »Gefallen auf dem Felde der Ehre«, so hieß das damals. Kunzes und auch wir trauerten um ihn wie um einen eigenen Sohn.

Gerhard gab sich immer forsch und optimistisch, zumindest nach außen. Konrad dagegen hatte eine andere Mentalität. Der Krieg und alles, was sich in diesem Zusammenhang ereignete und ertragen werden mußte, belasteten ihn sehr. Sein Glaube an den Endsieg war nicht mehr grenzenlos. Eher neigte er zu Pessimismus und glaubte kaum noch an ein gutes Ende dieses Krieges, wie wir anderen. Wir bekamen ja ständig die Parole vom »totalen Krieg« eingehämmert. Es war – aus meiner damaligen Sicht – gar nicht anders möglich, als von der guten Sache und vom Endsieg überzeugt zu sein. Sieg oder Untergang hieß die einzig denkbare Möglichkeit. Die Alternative »Niederlage und Untergang« war nicht vorgesehen, undenkbar, unfaßbar, unmöglich. Daß das Unfaßbare, Unvorstellbare dennoch eintrat, war für uns eine bittere Erfahrung.

Von zu Hause, seiner Mutter, dem Opa und den Geschwistern erzählte mir Leonhard zwar einiges, er zeigte mir auch die Paßbilder von seinen Schwestern Agnes und Mina. Trotzdem hatte ich von Ulmbach und seiner Familie nur verschwommene Vorstellungen. Ulmbach war weit, und die Familie auch. Voraussichtlich würde ich wenig mit ihr zu tun haben. Trotz aller Warnungen traf ich kurzfristig meinen Entschluß. Wir verlobten uns an Mamachens Geburtstag, dem 30. Mai 1942. Beide waren wir glücklich und hofften auf eine gemeinsame gute Zukunft.

In der Erntezeit nahm Leonhard seinen Urlaub und fuhr nach Hause, um seiner Familie bei der Getreideernte zu helfen. Ich begleitete ihn, um seine Heimat und seine Familie kennenzulernen. Schick angezogen saß ich neben ihm im Zug und hatte nicht die geringste Vorstellung von dem, was mich erwartete. Die Bahnfahrt ging durch ganz Deutschland, und es war glühend heiß, eben Erntewetter, wie es sich Bauern wünschen. Nach mehrmaligem Umsteigen kamen wir endlich in Steinau an. »Jetzt ist es nicht mehr weit«, sagte mein lieber Leonhard. »Nur noch ein Stück zu laufen. Gleich da hinter dem Wald liegt Ulmbach.« Ich war froh, wieder an der frischen Luft zu sein. Von der langen Bahnfahrt gestreßt, marschierte ich an der Seite von Leonhard los, der in freudiger Erwartung kräftig ausschritt. Ich freute mich über die schöne Landschaft und das herrliche Wetter, aber der Weg kam mir schrecklich weit vor. Der wunderschöne Wald wollte gar kein Ende nehmen, und die Füße taten mir furchtbar weh, da meine schicken Salamander-Pumps für längere Märsche völlig ungeeignet waren. Endlich ließen wir den Wald hinter uns, aber von Ulmbach war weit und breit immer noch nichts zu sehen. Mein Liebster tröstete mich: »Jetzt haben wir die Hälfte des Weges geschafft, bald sind wir da.« Als wir glücklich, aber erschöpft die ersten Häuser von Ulmbach passierten, hatte ich Blasen an den Füßen. Noch waren wir jedoch nicht am Ziel. Leonhard stoppte und wies nach oben: »Da müssen wir hin.« Er stieg einen schmalen Fußweg, mehr eine Naturtreppe hinauf, ich immer hinter ihm. Wir waren am Wennsberg, wie mir Leonhard erklärte.

Mir bot sich ein Bild wie aus einem alten Märchen. An den Hang duckte sich ein mit Holzschindeln beschlagenes kleines Bauernhäuschen, unten Stall und oben Wohnung mit zwei kleinen Fenstern. Rechts schloß sich eine Scheune gleich an das Häuschen an. Eine hohe Treppe mit massiven, ausgetretenen Steinstufen führte zur Haustür hinauf. Gleich links davon stand ein großer alter Birnbaum, der mit seinen ausladenden Ästen Schatten spendete. Darunter, gleich links von der Treppe, zwei Meter vor der Haustür, der Misthaufen. Ich stolperte mit meinen geplagten Füßen in meinen hochhackigen Schuhen mühsam hinter Leonhard über den holprigen Hof und die Treppe hinauf. Die Haustür stand offen, Leonhard trat ein, begrüßte seine Mutter und stellte mich vor. Seine Mutter war eine kleine, zierliche Frau mit grauem Haar und leicht gebeugter Haltung. Ich reichte ihr meine Hand zu einer herzlichen Begrüßung, fühlte aber sofort, daß sich ihre Hand kalt und zögernd in die meine legte. Als ich ihr forschend in die Augen sah, durchfuhr mich ganz plötzlich ein eisiger Schreck. Trotz des diffusen Lichtes im Flur bemerkte ich, daß sie einen starken Augenfehler hatte, einen doppelten »Silberblick«. Mein plötzliches Erschrecken ließ ich mir möglichst nicht anmerken, das gebot mir meine Erziehung. Allerdings verübelte ich es Leonhard in diesem Augenblick, daß er mir davon kein Wort gesagt hatte. Schließlich hatte er ja vorher genug Zeit dazu gehabt, und auf der langen Wanderung war auch Gelegenheit, mich auf derartige Überraschungen vorzubereiten.

Dann wurde ich Opa Cölestin präsentiert. Der alte Herr war schon fast blind und tastete mit der Hand nach mir, um wenig-

Die »alte Burg«
Wohnhaus, Scheune, Stall, alles in einem. So war es früher in Ulmbach.

174

stens meine Größe festzustellen. Stiefvater Gregor, die Geschwister Agnes, Else, Alfons und Maria wurden begrüßt. Zum Essen bekamen wir selbstgebackenes Brot, Schinken und Milch, alles eigene Erzeugnisse und das Beste, was zur Verfügung stand. Abends gingen wir in die nächste Gastwirtschaft, zum Henzler. Schlafen durfte ich dann bei Agnes im »Stübchen«. Das war ein kleines Zimmer oben auf dem Boden, zu dem eine schmale, steile Treppe hinaufführte. Es standen zwei Betten darin. Ich schlief bei Agnes mit im Bett, denn es war sehr wenig Platz. Weiß der Himmel, wo die anderen alle geschlafen haben. Für mich war alles ungewohnt und unheimlich. Die Mäuse knusperten und das Stroh raschelte, ein Glück, daß wir zu zweit im Bett lagen. Mit Agnes verstand ich mich auf Anhieb gut. Sie merkte wohl, daß es mir etwas unheimlich war, und sagte immer wieder: »Am Fenster guckt einer, der hat Bratwürst in den Augen.« Natürlich konnte ich den Ulmbacher Dialekt kaum verstehen, zum Lachen und Kichern reichte es aber, bis wir dann einschliefen.

Am nächsten Tag lernte ich die Umgebung kennen. Zuerst mußte ich in den Stall, um die Kühe zu bewundern, und die Scheune besichtigen.

Dann ging's durch den Garten, rings ums Haus herum und eine Böschung hoch. Oben hatte man eine freiere Sicht über einen Teil des Dorfes und die Umgebung. Ich fand das alles sehr romantisch und die Landschaft wunderschön. Es sah alles so unberührt aus, als hätte sich seit Jahrhunderten nicht viel geändert. Überall konnte man große, vereinzelt stehende alte Bäume sehen, die sicher schon uralt waren und ihre Äste weit in den Himmel streckten. Die kleinen Felder waren durch Böschungen und Hecken abgegrenzt. Im Gesamtbild bot sich dem Betrachter eine liebliche Bilderbuchlandschaft, ganz anders, als ich es von daheim kannte.

Als wir durch den Garten gingen, stellte mir Leonhard eine unerwartete Frage: »Möchtest du einmal hier Chefin sein?« Meine Antwort kam schnell und spontan: »Nein.« Sicher war er über diese schnelle Antwort enttäuscht, denn er erwiderte: »Diese

Ehre wirst du auch nicht haben.« Damals hatte er schließlich auch nicht die Absicht, in Ulmbach zu bleiben. Das Schicksal hatte es allerdings anders für uns vorgesehen.

In den nächsten Tagen wurde das Korn geschnitten, auf dem Acker am Galgenberg. Die Frucht stand miserabel und dünn, die Hälfte waren nur Windhalme, Mohnblumen und Kornblumen. Gemäht wurde mit der Handsense, mit der Sichel abgenommen und mit der Hand gebunden, dann aufgestellt. Ein Paar alte Schuhe verpaßte mir Agnes. Ich hatte ein weißes Batistkleid mit Streublümchen an, das ich selbst geschneidert hatte, und stürzte mich mit einer Sichel bewaffnet in die Arbeit. Schließlich mußte ich doch zeigen, daß ich auch was schaffen konnte. Allerdings war mein schönes Kleid am Abend ruiniert, Arme und Beine zerkratzt und meine Hände voller Distelstacheln, denn die Disteln waren auf diesem denkwürdigen Acker auch ausgezeichnet gediehen.

Der nächste Tag sah wieder anders aus. Agnes hätte gerne eine Bluse gehabt, ob ich ihr nicht eine nähen könne, wurde gefragt. Ja, natürlich! Nur war der Stoff sehr knapp bemessen. Deshalb war ich mir beim Zuschneiden etwas unsicher, schließlich hatte ich keine Muster. Agnes wußte Rat. In der Nachbarschaft gab es eine perfekte Hausschneiderin, das war die »Mallekanse Lina«. Agnes nahm mich mit dorthin und stellte mich erst einmal der regierenden Altbäuerin vor, dem »Mallekanse Fräche«. Übersetzt stand das erste Wort für den ortsüblichen Hausnamen, das zweite für »Frauchen«. Diese Bezeichnung fand ich reichlich irreführend, denn dieses »Frauchen« war eine sehr füllige, kugelrund erscheinende, freundliche, Mütterlichkeit ausstrahlende alte Dame. Lina, eine der Töchter, war gehbehindert und aus diesem Grund vermutlich ledig. Beide Frauen waren sehr entgegenkommend, und Lina holte sofort ihre Muster herbei. Bald hatte sie das Passende gefunden, hatte ruckzuck die Bluse zugeschnitten, und ich nähte alles auf der alten Nähmaschine in der großen Stube am Wennsberg zusammen. Am Abend konnte Agnes zu ihrer großen Freude ihre neue Bluse bereits anziehen.

Damals lernte ich auch einen Cousin von Leonhard kennen, Norbert Krieger, der gerade zu Besuch war. Dann wurde noch Tante Roni besucht, deren Haus auf der anderen Seite des »Galgenberg« lag. Beim Abstieg über das »Treppch« hinab zur Straße brach mir ein Absatz ab, der nicht mit solchen Kletterpartien gerechnet hatte. Schuhmacher Göller reparierte, so gut er konnte. Schnell war eine Woche vergangen, und wir mußten uns wieder verabschieden. Wie wir an die Bahnstation gekommen sind, weiß ich nicht mehr genau, mit Sicherheit aber nicht zu Fuß. Das war also mein Debüt in Ulmbach gewesen, das ich zwar interessant fand, aber bald innerlich »ad acta« legte. Schließlich war ich wieder zu Hause, und Ulmbach weit, weit weg. Ab und zu schrieb ich einen netten Brief an Leonhards Familie, und so wurde der Kontakt aufrechterhalten. Wieder daheim angekommen, hatte ich viel zu erzählen. Trotzdem war ich froh, hier in Schlesien zu wohnen und nicht in Ulmbach. Mamachen war glücklich, daß ich wieder zu Hause war. Leonhard konnte ich jetzt in mancher Hinsicht besser verstehen.

Indessen nahm der Krieg seinen Fortgang, und auch unser als beschaulich einzustufendes Leben wurde mehr davon betroffen. Im Herbst machten sich die erlittenen Verluste stark bemerkbar, und Männer aus dem Heimat- und Ausbildungsdienst wurden zur Ergänzung an die Front beordert, sei es zum Austausch oder um Lücken zu füllen. Leonhard wurde an die Ostfront kommandiert und kam vor Leningrad zum Einsatz. Ich hörte wenig von ihm, denn die Entfernung war ja sehr groß und infolge der Kriegsverhältnisse die Verbindung sehr schlecht. So konnte ich nur hoffen, daß er diesen Einsatz heil überstehen würde. Der Winter sei inzwischen eingebrochen, mit viel Schnee und großer Kälte, schrieb er auf einer Feldpostkarte. Ich solle ihm einen Gesichtsschutz per Feldpostpäckchen schicken. Mit viel Mühe gelang es mir, über Erna geschorene

Schafwolle aufzutreiben, die noch nicht gesponnen war. Im offiziellen Handel gab es schon lange keine Wolle mehr, alles war für die Wehrmacht beschlagnahmt. Die Zivilbevölkerung war gezwungen, sich anderweitig zu behelfen. Mamachen und ich machten uns daran, die kostbare Wolle mit der Hand zu einem Faden zu drehen, der sich verarbeiten ließ. Schließlich konnte ich dann einen Kopfschutz stricken, der warm und dicht genug war und nur Öffnungen für den Mund-, Nasen- und Augenbereich aufwies. Das Päckchen hat Leonhard auch erhalten und konnte von dem Gesichtsschutz Gebrauch machen. Eines Tages erhielt ich eine Feldpostkarte, darauf stand nur kurz, er sei in einem Lazarett und hätte das silberne Verwundetenabzeichen erhalten, nichts weiter. Nun zerbrach ich mir den Kopf, was ihm wohl passiert sein konnte. Nach einigen Wochen bekam Leonhard dann Genesungsurlaub. Wir konnten uns endlich wieder in die Arme schließen. Ich war froh, daß er körperlich weitgehend unversehrt war,»nur« ein Auge hatte er durch einen Querschläger eingebüßt.

Er erzählte mir, was sich ereignet hatte: Im August/September 1942 wurde alles, was an Mannschaften verfügbar war, auf dem Truppenübungsplatz Praschnitz zusammengestellt. Dann erfolgte eine Verladung per Bahn und ein Transport nach Krasnowadeik. Leonhard war, seiner Ausbildung entsprechend, als Feldkoch eingeteilt. Diese zusammengetrommelte Luftwaffendivision kam im Kessel von Oranienbaum, vor Leningrad, seitlich des Ladogasees zum Infanterie-Einsatz. Inzwischen war dort der Winter eingebrochen, und das gleich mit starkem Frost. Alles fror ein, auch der Kessel in der Feldküche. Unter diesen Verhältnissen war es sowieso außerordentlich schwierig zu kochen. Noch schwieriger war es, das frisch gekochte Essen für die Kameraden bis nach vorn an die Front zu schaffen, und das bei fast unpassierbaren Wegen, großer Kälte, meterhohem Schnee, Eis und laufendem Feindbeschuß. Zum Transport mußten Pferdegespanne benutzt werden. Daß das beste Essen, das der Koch mühsam gekocht hatte, nicht immer warm und appetitlich ankam, kann man sich wohl unschwer vorstellen.

Eines Tages fand eine Umgruppierung statt, und Leute aus den etwas zurückliegenden Stellungen wurden nach vorn verlegt, die vorderen nach hinten. Leonhard wurde als Koch abgelöst und meldete sich beim zuständigen Kompanieführer an der vorderen Linie. Mit einem Kameraden war Leonhard nun in Schichten zum Patrouillengang eingeteilt. Die verteilt aufgestellten Beobachtungsposten mußten ständig kontrolliert werden, war doch in der vordersten Kampflinie größte Vorsicht und Aufmerksamkeit geboten. Immer wieder versuchten russische Stoßtrupps, die Posten zu überrumpeln und in die deutschen Stellungen und Schützengräben einzudringen.

Am 20. Februar 1943 erfolgte morgens in aller Frühe, noch vor Tagesanbruch, wieder ein Kontrollgang. An einer entfernteren Stelle fand ein Schußwechsel statt, entweder waren Russen eingebrochen oder sie versuchten es. Bei der Beobachtung dieser Kampfhandlungen aus der Deckung traf Leonhard ein Querschläger ins linke Auge. Kameraden schafften den Bewußtlosen zurück bis zum Verbandsplatz Peterhof, wo er noch abends operiert werden konnte. Das Bewußtsein erlangte er bereits vorher wieder. Die ganze Zeit hatte er die Hand auf das verletzte Auge gehalten. Als er die Hand wegnahm, fiel ihm das Auge mitsamt dem Geschoß in die Hand. Nach einigen Tagen erfolgte der Rücktransport nach Riga. Dort ging es ihm schon wieder besser.

Am nächsten Tag wurde er nach Memel gebracht, von dort quer durch Deutschland nach Bruchsal. Die nächsten Stationen waren Lazarette in Schwäbisch Gmünd und in Wien. Von Wien wurde er dann nach Olmütz geschickt.

Wir konnten uns nur selten sehen. Durch die Erlebnisse an der Front und seine Verwundung war Leonhard ernster, reifer geworden. Wir sahen es beide fast als ein Glück an, daß er durch seine Verwundung wieder in der Heimat und damit in Sicherheit war. Wir vereinbarten einen Treffpunkt an der Grenze, in Sternberg. Das ist eine beschauliche Kleinstadt im Sudetenland, landschaftlich schön gelegen. An einem Sommer-Wochenende fuhr ich mit dem Zug dorthin, und Leonhard kam aus

Olmütz über die Grenze nach Sternberg. Wir verlebten ein wunderschönes Wochenende. Die Nacht verbrachten wir in einem winzigen Zimmer in einem kleinen Gasthof, in das uns der schmunzelnde Wirt einwies, nachdem er ein ausreichendes Trinkgeld kassiert hatte. Unser Nachtquartier hatte nur ein einziges Bett, was uns jedoch keinesfalls etwas ausmachte. Den Sonntag genossen wir dann ganz in der freien Natur. Überall an den Straßen und Wegen standen große Bäume voller leuchtendroter Kirschen. Die Äste hingen oft bis auf die Erde, schwer von den süßen Früchten kurz vor der Ernte. Die Sonne schien warm, die Vögel sangen ihre schönsten Lieder, wir lagen im Gras, sahen den Schmetterlingen zu, pflückten die Kirschen, die uns fast bis in den Mund hingen, und waren wunschlos glücklich. Das war das schönste Wochenende, das ich je mit Leonhard erlebt habe. Leider geht etwas so schönes immer schnell zu Ende. Doch Leonhard mußte zurück nach Olmütz, ich zum Bahnhof, um den richtigen Zug zu erreichen.

Bald stellte sich heraus, daß dieses Wochenende nicht ohne Folgen geblieben war, eines Tages merkte ich, daß ich schwanger war. Ich freute mich sehr, schließlich waren wir doch schon eine Zeitlang verlobt. Als ich meinem Liebsten dann diese Neuigkeit mitteilte, zeigte er sich zuerst weniger erfreut, als ich erwartet hatte. Gerade so etwas hatte er unbedingt vermeiden wollen. Selbst als uneheliches Kind geboren, wußte er um die Schwierigkeiten, die da zwangsläufig entstehen. Keineswegs wollte er sich etwas nachreden lassen. Als ich mich Mutti anvertraute, war ihre erste Reaktion große Freude. »Ach, wenn das doch der Vatel noch erlebt hätte«, sagte sie. Dann kam aber gleich ihr Ratschlag: »Denke nicht, daß du wegen dem Kind jetzt unbedingt heiraten mußt. Überlege dir das sehr gut! Sollte es erforderlich sein, helfen wir dir alle, denke daran, daß du nie allein bist.«

Ich wollte aber lieber heiraten, es war ja noch genug Zeit. Schließlich wurde Leonhard von Olmütz nach Breslau-Gandau versetzt. Dort gab es einen großen Flugplatz, der zum Luftgau 8 gehörte. Lange blieb er nicht bei dieser Einheit, auf sein Gesuch hin wurde er wieder nach Oels versetzt und wieder seiner alten Einheit zugeteilt. Inzwischen hatte er Zeit, sich mit der Tatsache vertraut zu machen, daß er ein werdender Vater war. Wegen des verlorenen Auges hatte er Komplexe, mußte er doch eine ganze Zeitlang wie ein Pirat mit einer schwarzen Augenklappe herumlaufen. Ob ich ihn denn so überhaupt noch wolle, fragte er mich schließlich. Ich lachte ihn aus. Das war das kleinste Übel, es hätte ihm viel Schlimmeres passieren können. Sicher war es sogar ein Vorteil, denn er war weg aus der kritischen Gefahrenzone und wieder in der Heimat. Viele junge Paare in der gleichen Situation wie wir ließen sich ferntrauen, weil keine Aussicht bestand, zur gewünschten Zeit eine Trauung daheim zu arrangieren. Wir hatten mehr Glück. Die Hochzeit wurde auf den 8. Oktober festgesetzt. Die Heiratserlaubnis, die Leonhard beantragt hatte, traf allerdings nicht rechtzeitig ein. Wir hatten zu früh disponiert und mußten die Hochzeit um eine Woche verschieben. Daraus ergab sich kein größeres Problem, denn wir feierten sowieso daheim.

Allerdings hatte die Nachricht von der Terminverschiebung Else und Mina in Ulmbach nicht mehr rechtzeitig erreicht. Sie kamen also unerwartet zum ersten Termin. Da der Zugverkehr durch Truppen- und Materialtransporte überlastet und zum Teil durch Kriegsschäden behindert war, fuhren die Züge teils nicht mehr nach Fahrplan. Nach mehrmaligem Umsteigen kamen die beiden Mädchen müde und frierend nachts in Oels am Bahnhof an. Auf gut Glück fanden sie die Ludwigsdorfer Straße, wußten aber nicht, welches Gehöft das richtige war. Überall herrschte Dunkelheit. Den ersten Lichtschein entdeckten sie, als sie am Kreisversuchsgut vorbeikamen. Die Melker fingen sehr früh mit ihrer Arbeit an, es gab noch keine Melkmaschinen. Dort gingen die beiden erst einmal hin, um sich zu erkundigen. Der Melker gab ihnen frische warme Milch, und sie konnten sich im warmen Stall aufwärmen, ehe sie dann ihr Ziel sicher ansteuern konnten.

Frühmorgens, wir lagen noch alle im Bett, und draußen war es noch stockfinster, klopfte jemand ans Fenster und rief: »Hallo,

hallo!« Verschlafen sprang ich aus dem Bett, um zu schauen, was da draußen los sei. Da sah ich zwei Gestalten stehen, die ich erst an der Stimme und weil sie sagten, sie seien unsere Hochzeitsgäste, erkannte. Schnell schloß ich die Tür auf und ließ sie herein. Das gab ein Erzählen! Wie froh waren sie, daß sie uns in der morgendlichen Kühle und Dunkelheit endlich gefunden hatten. Für Leonhard war alles kein Problem, er sagte gleich:»Die eine Woche bleibt ihr da, ihr könnt hier in der Zeit alles mögliche helfen.« Gleich am nächsten Tag stellte er die beiden zum Unkrauthacken an. Zu tun gab es auf jeden Fall genug, und die Zeit ist keinem von uns lang geworden.

Es stellte sich heraus, daß die Hochzeitsvorbereitungen wider Erwarten doch allerhand Arbeit verursachten. Ich hatte bereits um die Taille meine schlanke Linie verloren. Für die knapp bemessenen Punkte der Kleiderkarte – es gab ja damals fast nichts im freien Handel und ohne Zuteilung – hatte ich dunkelblauen Taft erstanden. Davon nähte mir eine bekannte Schneiderin ein schickes Jackenkleid. Es hatte Revers, eine blau-weiße Ansteckblüte, und dazu trug ich ein süßes, passendes blaues Hütchen. Am Freitag spannte Papa dann den Fuchs an, und wir fuhren mit der Kutsche nach Ludwigsdorf zum Standesamt. Papa kutschierte und war auch Trauzeuge. Der zweite Trauzeuge war jemand aus der Familie des Standesbeamten, an den ich mich nicht näher erinnere. Solchen Formsachen wurde damals keinerlei Bedeutung beigemessen. Als Dienstzimmer für den Standesbeamten fungierte das Wohnzimmer der Familie. Zwar hatten wir einen Termin und waren auch pünktlich, der Standesbeamte war aber nicht da und mußte erst von irgendwo herbeigerufen werden. Schließlich kam er in Stiefeln und Arbeitsjoppe, und es sah aus, als käme er gerade vom Acker. Er wusch sich die Hände, und los ging's. Im Nu waren die vorgeschriebenen Formeln verlesen und die Unterschriften geleistet. Für den Standesbeamten eine Arbeit, die er nebenbei verrichtete, für uns aber ein bedeutsamer Schritt für unser ganzes weiteres Leben. Einesteils glücklich, andernteils nachdenklich fuhren wir mit unserer Hochzeitskutsche wieder zurück. Dann wurde daheim ausgeräumt, umgeräumt, Tische und Stühle vom Gastwirt Schiller in Ludwigsdorf mit dem Pritschenwagen geholt. Der 16. Oktober, unser Hochzeitstag, war ein kühler, klarer Herbsttag. Nachts hatte es schon etwas gefroren, aber am Tage schien die Sonne. Die Trauung fand in Oels in der katholischen Kirche um vierzehn Uhr statt. Ich hatte mich vorher schriftlich bereiterklären müssen, die aus dieser Ehe entstehenden Kinder katholisch taufen zu lassen. Das Brautkleid hatte ich von einer Freundin borgen können, denn kaufen konnte man so etwas damals nicht. Ich war sehr aufgeregt. Hannchen, Cousin Konrads Frau und eine tüchtige Friseuse, hatte mich frisiert und den Schleier gesteckt. Rosen für den Brautstrauß hatten wir zwar selber noch im Garten stehen, verpaßten es aber, sie vor dem Nachtfrost zu schneiden. Leider waren sie nicht mehr brauchbar. Mutti erkundigte sich, wer von den Oelser Kollegen eventuell noch Rosen bieten könnte. Das war die Gärtnerei Hielscher in der Gartenstraße. Leonhard erstand dort einen schönen Strauß rosa Rosen für mich.

Eine Menge Besuch war gekommen. Die kleine katholische Kirche war voll besetzt. Die Zeremonie war feierlich, und der Pfarrer gab uns seinen Segen sowie den Leitspruch:»Seid fruchtbar wie der Weinstock und mehret euch!« Natürlich wußte er nicht, daß wir bereits fruchtbar und im Begriffe waren, uns zu vermehren. Wenn man die weitere Entwicklung unserer Familie betrachtet, könnte man wohl zu der Meinung kommen, daß der gute Pfarrer mit seinem Bibelspruch so einiges bewirkt hat. Das Brautkleid und der Schleier ließen jedenfalls damals infolge der reichlichen und geschickten Faltendrapierung nichts Derartiges ahnen. Wir fuhren heim und waren sehr glücklich, ganz wie es sich für ein jung vermähltes Paar gehört. Es wurde eine schöne Hochzeit.

Abends ging es dann lustig her. Meine Freundin Erika trug einen Sketch vor. Ruth, Edith und Tante Frieda hatten sich natürlich auch einen komischen Vortrag ausgedacht, und Cousine Renate gratulierte als der »kleinste Mann der Welt«. Es war unterhaltsam und gemütlich. Die Onkels erzählten Witze, das waren meistens politische Spezialitäten, die damals unter vorgehaltener Hand die Runde machten. Die Tanten wußten alles mögliche von früher zu erzählen, was immer wieder interessant gefunden wurde. Bowle, Johannisbeerwein und Hagebuttenwein machten die Runde.

Abends so etwa gegen zehn Uhr klopfte es an der Küchentür. Hereinspazierte Franz Fichtner, Leonhards Cousin. Er hatte unsere Einladung bekommen, war aber in Posen stationiert, und es war ihm gelungen, kurzfristig Urlaub zu bekommen. Die meiste Zeit brachte er mit der Bahnfahrt zu, und deshalb konnte er nur wenige Stunden bei uns sein. Mit dem ersten Frühzug mußte er schon wieder den Rückweg antreten, um rechtzeitig seine Dienststelle in Posen zu erreichen. Für ihn war es am wichtigsten, dabeigewesen zu sein.

Die fröhliche Hochzeitsfeier dauerte die ganze Nacht, keiner wollte heim. Ins Bett kamen wir in dieser unserer Hochzeitsnacht überhaupt nicht. Auch am nächsten Tag gab es noch allerhand zu lachen. Draußen im Garten an der Südseite unseres Hauses stand eine bequeme Holzbank mit geschwungener Rückenlehne. Dort war ein schönes, warmes, windgeschütztes Plätzchen, und die Bank benutzte deshalb jeder gern. Diesmal lagen die letzten Tomaten darauf, damit sie noch nachreifen konnten. Nachts in gelockerter Stimmung war Onkel Karl mit Tante Edith in den Garten gegangen. Sie ließen sich auf der gemütlichen Gartenbank nieder und versuchten, die einige Jahrzehnte zurückliegende Jugendzeit zurückzuzaubern. Edith war ja eine Cousine von Karl, und als beide noch blutjung waren, hatte Karl sie glühend verehrt. Nun versuchte wohl Onkel Karl, ihr noch etwas Besonderes zu bieten. An der Hauswand rankten Weinreben bis unters Dach, die Vatel vor Jahrzehnten angepflanzt und liebevoll gepflegt und geschnitten hatte. Dicke grüne und blaue Trauben hingen reif und saftig an der Wand, teils unter dem schützenden Blattwerk verborgen. Davon hatte Onkel Karl welche für Tante Edith gepflückt und ihr ganz sicher eine große Freude bereitet. Jedenfalls hatten alle die Nacht unbeschadet überstanden, nur die Tomaten auf der Bank leider nicht. Nach der Hochzeitsfeier hatten wir alle Hände voll zu tun, um den Normalzustand wieder herzustellen. Mina und Else reisten wieder ab, um in Ulmbach Bericht zu erstatten. Wie sich erst später herausstellte, war auch Mina schwanger, sie hatte es nur noch niemand anvertraut. Der werdende Vater war ihr Arbeitgeber, der als Witwer zwar die Liebe genießen, aber möglichst keine Verpflichtungen eingehen wollte. Das regelte sich dann bald, und auch Mina kam rechtzeitig unter die Haube. Ein Kind war damals noch ein ganz zwingender Grund, eine Ehe einzugehen. Mina war eine blühende, hübsche junge Frau, die fleißig und tüchtig im Hause ihres Mannes für das leibliche Wohl sorgte und einen Ruf als gute Köchin hatte. Dieses Jahr war scheinbar ein Jahr der Hochzeiten in der Familie. Auch Cousine Erna war schwanger und heiratete ihren Erich. Wir tauschten soweit als möglich unsere Erfahrungen aus, aber leider konnten wir uns nur noch selten sehen. Erna zog zu ihren Schwiegereltern nach Sohrau, kam aber immer wieder, um sich um ihre eigenen Leute zu kümmern. Ihr Mann war an der Front und wäre daheim genauso nötig gebraucht worden wie Erna von ihren Eltern. Hier wie dort und überall quälten sich die alten Leute, um alles in Gang zu halten, wie es in ihren Kräften stand.

Mir bekam die Schwangerschaft gut, ich war glücklich und fühlte mich wohl. Selbstverständlich sollte das erste Kind ein Junge sein. Ich strickte Jäckchen, Mützchen und Strampelhöschen, alles in blau. Im März war es dann soweit, und ich rechnete täglich mit dem freudig erwarteten Ereignis. Es herrschte Frühlingswetter vor, aber zeitweilig wechselten sich noch Schneegestöber und Sonnenschein ab. Bei schönem Wetter beschäftigte ich mich viel im Garten, denn da war alles mögliche zu schaffen.
Am 17. März hatte ich dauernd ziehende Rückenschmerzen, die am Abend immer schlimmer wurden. Ich hatte eine schwere Nacht, bis dann morgens um fünf Uhr unser erstes Kind zur Welt kam. Damals waren Hausgeburten etwas Selbstverständli-

ches. Nur Problemfälle nahmen einen Krankenhausaufenthalt in Anspruch. Eine Hebamme leistete Hilfe, aber schmerzlindernde Mittel gab es nicht. Die beiden Mütter waren da, und mein Mann hielt meine Hand, aber alles nützte mir wenig. Letzten Endes muß man die Sache allein durchstehen, und die Natur nimmt ihren Lauf. Das Kind war nicht wie erwartet ein Junge, sondern ein süßes kleines Mädchen von etwa sechs Pfund. Die Hebamme meinte, für den Anfang wäre es recht, wir könnten noch genug Jungen miteinander haben. Fürs erste dachte ich für mich: nicht so schnell wieder ...

Mit dem Stillen gab es Probleme. Obwohl ich genügend Milch zur Verfügung hatte, saugte das Kind nicht richtig, wurde nicht satt, schrie und nahm nicht zu. Als ich dann bald mit dem Baby zur Mütterberatung ging, wurde mir erklärt, warum das so war. Das Kind hatte einen gespaltenen Gaumen, einen sogenannten »Wolfsrachen«. Nach dem Stand der heutigen Wissenschaft ist das ein Gen-Defekt, vererbt. Ich hatte das zwar gesehen, dachte aber, das muß so sein bei einem neugeborenen Kind und wächst von selbst langsam zu, genau wie die Fontanelle am Kopf. Als mir die Beraterin das klarmachte, begriff ich erst langsam die Tragweite dieser Fehlentwicklung. Die Hebamme hatte das bestimmt gesehen, und auch Mamachen war es sicher nicht verborgen geblieben. Keine hatte den Mut gefunden, mich darüber zu informieren. Jetzt war mir erst klar, warum das Kind nicht saugen konnte. Ab sofort mußte ich meine reichlich vorhandene Milch abpumpen und mit dem Fläschchen füttern, alle erdenklichen Tricks anwenden, damit das hungrige Kind etwas in den Bauch bekam und satt wurde. Weil der offene Gaumen keinerlei Widerhalt bot, kam ein Teil der Nahrung wieder zur Nase heraus.

Trotz dieser Schwierigkeiten gedieh das Baby, nahm zu und bekam runde rosige Bäckchen. Mamachen befaßte sich viel mit ihm und freute sich, daß es ihm gut ging. Als es etwa ein halbes Jahr alt war, änderte sich das, Klein Gisela wurde sehr krank. Sie bekam Durchfall, trank nicht mehr und nahm rapide ab. Alle Ratschläge des Oelser Kinderarztes und seine Pülverchen nützten nichts. Ich war verzweifelt, sah ich doch, wie das Kind litt, und konnte ihm nicht helfen. Da fiel Leonhard ein Militärarzt bei seiner Einheit ein, der im Zivilberuf Kinderarzt war. Zu diesem brachte er das todkranke Kind, und das war unser aller Glück. Er veranlaßte, daß Klein Gisela sofort mit einem Taxi nach Breslau in die Kinderpoliklinik gebracht wurde. Dort bekam sie Infusionen, und es stellte sich heraus, daß sie die Ruhr hatte. Sie kam in die Isolierabteilung, und ich durfte sie nicht besuchen. Telefonischen Auskünften zufolge ging es ihr langsam besser, aber ich hatte keine Ruhe, und die Ungewißheit setzte mir täglich mehr zu. Nach vier Wochen kam die Nachricht, das Kind sei wegen der Gefahr von Bombenangriffen nach Trebnitz in das Kinderhospital verlegt worden. Dieses Hospital war dem Kloster angeschlossen und wurde von Nonnen geführt. Es ist dort ein Zisterzienserorden im Pflegedienst tätig gewesen. Wegen der ansteckenden Krankheit konnte das Kind aber dort nicht behalten werden und wurde weiter in ein Isolierkrankenhaus nach Bentkau verlegt, in der Nähe von Trebnitz. Das war uns aber nicht mehr mitgeteilt worden. Ich hatte keine Ruhe mehr, wollte unbedingt mein Kind sehen. Schließlich kam ich auf die Idee, mit dem Sachs-Motorrad nach Trebnitz zu fahren. Eine Inkassotour in dieser Richtung war sowieso fällig, und das entsprach dann schon der halben Strecke. Wenn ich mich beizeiten auf den Weg machen würde, dann müßte ich den Hin- und Rückweg an einem Tag schaffen, meinte ich. Es dauerte aber doch länger, als ich vorausberechnet hatte. Es war bereits später Nachmittag, als ich in Trebnitz ankam. Dort konnte ich dann nicht mein Kind sehen, denn die zuständige Schwester erklärte mir, es sei nach Bentkau in die Isolierstation verlegt worden. Bis dorthin lag noch eine weite Strecke vor mir. Es war bereits Abend, als ich endlich dort ankam. Man wollte mich überhaupt nicht einlassen. Besuch war nicht erlaubt, und die Kinder schliefen bereits alle. Es dauerte eine Weile, bis ich der diensthabenden Schwester klargemacht hatte, daß ich schon den ganzen Tag unterwegs war und nicht eher wieder wegfahren würde, bis ich mein Kind gesehen hätte. Endlich ließ sie mich in den Gang, und ich konnte einen Blick durch die Glasscheibe in das Krankenzimmer werfen, wo Klein Gisela zufrieden schlief. Ich war beruhigt. Die Schwester bot mir noch eine Tasse Kaffee an und versicherte mir, daß es meinem kleinen Mädchen besser gehe und es dort gut aufgehoben sei. Dann komplimentierte sie mich wieder nach draußen. Obwohl es inzwischen dunkel geworden war, fühlte ich mich bedeutend wohler, als ich den Heimweg antrat. Der kam mir dann allerdings sehr lang vor. Die Straßen waren kaum belebt, und es war ein ziemlich unheimliches Gefühl, so allein in der tiefen Dunkelheit über die weite Strecke zu tuckern. Spät in der Nacht kam ich todmüde wieder daheim an, wo man schon sorgenvoll auf meine Ankunft gewartet hatte.

Es dauerte noch drei Wochen, bis Klein Gisela wieder nach Hause durfte. In der Entwicklung war sie durch diese Krankheit zurückgeworfen und mußte erst wieder aufgepäppelt werden. Schwierig war das nach wie vor. Mamachen war froh, daß das Kind wieder da war und beschäftigte sich viel mit ihm. Bald gab es alle möglichen gurrenden Töne von sich, besonders das »R« konnte das Kind wunderschön rollen, und das in allen möglichen Tonlagen, wie ein Kanarienvogel. Sprechen lernte sie aufgrund ihres Gaumenfehlers aber nicht. Inzwischen hatten wir uns erkundigt, was man da unternehmen könne, um den Fehler zu korrigieren. »Das Kind muß erst älter werden, dann läßt sich das vielleicht beheben«, wurden wir belehrt. Nun, wir waren jung und hofften auf alle Möglichkeiten der Zukunft.

Inzwischen war ich wieder schwanger geworden. Da wir von Verhütungsmethoden keine Ahnung hatten und auch sonst nicht untätig geblieben waren, ließ das Ergebnis nicht lange auf sich warten. Eine Woche lang war mir dauernd übel, dann ging es mir wieder gut, und alles ging weiter wie gewohnt.
Leonhard war am Fliegerhorst in Oels als Platzlandwirt angestellt und verantwortlich für die angegliederte Abteilung Landwirtschaft. Jeden Abend kam er heim. Wir konnten ein normales Familienleben führen, und es ging uns gut. Vatel hätte seine

Freude daran gehabt, wenn er das noch erlebt hätte. Aber es war Krieg. Davon merkten wir insofern weniger, weil wir genügend eigene Erzeugnisse hatten. Auf die kargen Zuteilungen der Lebensmittelkarten waren wir nicht angewiesen. Trotz ständiger Sieges- und Sondermeldungen sickerte diese und jene schlechte Nachricht durch. Bekannte waren gefallen, Schulfreundinnen hatten ihre Männer verloren. Ein Glücksfall war, daß Leonhard durch seine Verwundung diese Stelle in Oels bekommen hatte. Onkel Max ließ sich ab und zu kurz blicken. Als Straßenmeister war er nun mit einem Pionierbataillon an kritischen Stellen im Einsatz. Er warnte schon damals und sagte: »Der Krieg ist verloren, wir gehen einem sehr ungewissen Schicksal entgegen. Es dauert nicht mehr lange, und die Russen sind da!« Wir konnten uns das nicht vorstellen.

Das letzte Familientreffen fand so etwa Ende Mai, Anfang Juni statt. Stets war Mamachens Geburtstag am 31. Mai gemütlich gefeiert worden, zuletzt aber kam man zusammen, wenn die jungen Männer Fronturlaub hatten. Diesmal hatte Cousin Gerhard das Glück, ein paar Tage zu Hause verbringen zu können. Seine Eltern gingen schon eher heim, und wie immer hatte die Jugend noch Sitzfleisch. Leonhard, Gerhard und ich, wir drei verbrachten den Rest der Nacht in der Gartenlaube, bei Gesprächen über den Krieg, die Politik und die ungewissen Zukunftsaussichten, und die Zeit verging wie im Fluge. Es war eine wunderschöne, laue Sommernacht, die Stimmen der Nachtigallen waren längst verklungen. Am Horizont begann der erste Lichtstreif aufzublitzen und kündigte einen neuen schönen Tag an. Langsam und in Gedanken hatten wir drei die letzten Erdbeeren aus dem Bowlekrug mit Löffeln herausgeangelt. Leicht benommen blinzelten unsere Augen in den neuen Tag. Leonhard sagte: »Ich muß jetzt weg, damit ich rechtzeitig bei der Dienststelle bin. Mach's gut Gerhard! Hoffentlich gesund bis wieder mal!« So schwang er sich auf sein Fahrrad und verschwand. Auch Gerhard ging nach Hause, nach Ludwigsdorf, zu Fuß und nicht ganz standfest. Die Erdbeeren in der Bowle hatten es doch ganz schön in sich gehabt.

Lange sah ich ihm noch nach, als ahnte ich, daß es die letzten unbeschwerten Stunden gewesen waren, die wir drei zusammen daheim verbracht hatten. Die schmeichelnd laue Sommernacht, der liebliche Nachtigallengesang, die Düfte von Lindenblüten- und Pfefferminzblättern, die zum Trocknen in der Laube hingen, das Gefühl der Verbundenheit und Zusammengehörigkeit haben sich unvergeßlich in meiner Erinnerung erhalten. Über diesen Eindrücken, die sich dem Gemüt einprägten, lag die Vorahnung von drohendem Unheil, die Ungewißheit, wie sich die Zukunft entwickeln würde. Ein neuer Tag begann, ein Tag der ungewissen Zukunft entgegen.

Es wurde Herbst und Winter. Die Vorräte waren aufgefüllt, im Lagerhaus schöne Winteräpfel und Birnen. Mehrere Zentner-kübel waren voller Honig, Kartoffeln im Keller, die großen bauchigen Flaschen voll Obst- und Beerenwein. Im Keller reihten sich die Gläser mit dem eingemachten Obst aneinander. Das große Faß war gefüllt mit Sauerkraut wie jedes Jahr. In der Bodenluke hingen geschlachtete Gänse, ausgenommen und gerupft, die je nach Bedarf entweder selbst gebraucht oder verkauft werden sollten. Weihnachten waren wir noch alle beisammen, ebenso Silvester. Das waren Stunden, die schon immer der Gemeinsamkeit gewidmet waren. Linkes und Willners kamen zu uns, es gab Grog und Lebkuchen, und wie es Vatel traditionell gehandhabt hatte, kamen an diesen Tagen die schönsten Äpfel und Birnen auf den Tisch, die am Lager waren. Da wurde von früher erzählt, dies und jenes besprochen, Handarbeiten angefertigt, Harmonium gespielt und gesungen. Am schönsten war es, als Vatel noch dabei war. Wir versuchten die Tradition zwar weiterzuführen, aber durch Vatels Tod war eine merkliche Lücke zurückgeblieben. Nichts war mehr so wie früher. Mit seiner starken Persönlichkeit war er der Mittelpunkt gewesen. Der Januar brachte viel Schnee und Kälte. Das war bei uns in Schlesien eigentlich normal. Leonhard hatte seine liebe Not, morgens mit dem Fahrrad zum Dienst und abends wieder heimzukommen. Auch ich hatte wieder Probleme, konnte ich doch in meinem Zustand bei diesem Wetter größere Touren mit dem Motorrad nicht riskieren. Wieder wurde ein Pferdeschlitten organisiert, das Füchschen eingespannt, und Leonhard kutschierte. Dieses Problem war also gelöst.

Gerüchte gingen von Mund zu Mund: »Die Russen sind nicht mehr weit, die Front kann nicht mehr gehalten werden. Deutsche Soldaten, die zurückgehen oder sich vor dem Feind absetzen, hängen die ›Kettenhunde‹ (das war die SS-Streife), einfach auf, als abschreckendes Beispiel.« Von den zuständigen Stellen versicherte man der Bevölkerung immer wieder, das wäre alles nur Panikmache, es würde keinerlei Gefahr bestehen. Inzwischen wurde Breslau stark bombardiert. Wir erlebten dieses Drama aus dreißig bis fünfunddreißig Kilometer Entfernung. Wir konnten die von den Feindflugzeugen abgeworfenen »Christbäume« wie ein gespenstisches Feuerwerk über der Stadt stehen sehen. Die sonst verdunkelte Stadt wurde dadurch hell beleuchtet und bot den feindlichen Flugzeugen mit ihrer tödlichen Bombenlast volle Sicht. Der ferne Donner der Detonationen war deutlich zu hören, und der Himmel leuchtete rot von den ausgelösten Feuersbrünsten. Mit Entsetzen dachten wir an Ilchmanns in der Herderstraße. Ob die wohl das Inferno überleben würden? Man hörte zeitweise ein fernes Grollen: Artillerie-Geschütze. Trotzdem glaubten wir noch, was uns immer wieder gesagt wurde: es besteht keine akute Gefahr. Unsere tapferen Soldaten lassen den Feind nicht weiter vordringen.

Inzwischen waren auf dem Flugplatz die Informationen präziser, man wußte mit Sicherheit, was sich an der nahen Front abspielte und wie die Lage aussah. Noch am 19. Januar befanden sich viele Soldatenfrauen in Oels, die ihre Männer, die dort stationiert waren, besuchten. Am Nachmittag war ich mit der Frau eines Stubenkameraden von Leonhard in der Stadt unterwegs und ihr behilflich, bestimmte Besorgungen zu erledigen. Alles war so wie jeden Tag in dieser Stadt, alles war ruhig, und jeder ging seinen Geschäften nach. An diesem Tag kam Leonhard abends heim und sagte:»Bei uns auf dem Flugplatz ist alles im Aufruhr, ich habe nur Urlaub auf Ehrenwort und muß sofort wieder zurück. Die Lage ist sehr kritisch, ich melde mich wieder.« Wir verwahrten unsere wichtigsten Papiere und drückten uns zum Abschied, dann war er wieder weg wie der Blitz. Immer noch nicht konnten wir begreifen, in welch großer Gefahr wir inzwischen waren. Voller Sorgen gingen Mamachen und ich zu Bett und fielen in einen unruhigen Schlaf. Klein Gisela schlief süß und selig. Niemand ahnte, was uns kurz bevorstand.

Mitten in der Nacht donnerte jemand ans Fenster und an die Haustür. Erschrocken sprang ich aus dem Bett, um zu sehen, was los war. Draußen stand unser Nachbar, Herr Wegner, der Inspektor und Verwalter des Versuchsguts.»Sofort aufstehen und das Nötigste einpacken!« rief er in höchster Aufregung.»In zwei Stunden draußen auf der Straße sein, da geht ein Wagentreck mit unseren Gespannen weg. Junge Frauen mit kleinen Kindern und alte Leute werden vorrangig aus der Gefahrenzone gebracht. Nur mitnehmen, was unbedingt nötig ist. Die Russen sind durchgebrochen – wir rechnen mit einer vorsorglichen Räumung dieses Gebiet für etwa vierzehn Tage.«

Lähmendes Entsetzen packte mich. Mitten in der Nacht und bei dieser Kälte – und wohin hatte er gar nicht gesagt ... Immer noch zitternd vor Schreck versuchte ich, Mamachen klarzumachen, was ich selber kaum begreifen konnte. Es dauerte eine Weile, bis ich sie aus dem Bett hatte und sie sich die besten und wärmsten Kleidungsstücke anzog. Genau dasselbe war es bei Tante Nine. Kostbare Zeit verging, bis die beiden alten, verschlafenen Frauen begriffen hatten, was schnell und konsequent zu tun war.»Mein Gott, was mach' ich bloß mit dem Kind, daß es warm genug im Wagen liegt?« Alle greifbaren Kindersachen verstaute ich so gut als möglich unten im Kinderwagen, ein Kopfkissen und eine Decke darüber. Eine Decke befestigte ich am Verdeck, und um den Kinderwagen rundherum banden wir noch ein Federbett fest. An das Seil hängte ich dann noch ein Kochtöpfchen und ein Pinkeltöpfchen, ein Fläschchen und Puddingpulver kamen in den Wagen. Ein Koffer wurde noch schnell mit warmer Kleidung vollgepackt, und so viel Wäsche und Kleider angezogen, daß man sich gerade noch bewegen konnte, immer eines über das andere. Zuletzt Geld und Papiere, Gott sei Dank, daß die griffbereit lagen. Die brachte ich noch im BH unter. Meine gute goldene Uhr ließ ich in der Aufregung auf dem Nachtschränkchen liegen. Auch Schreibzeug nahm ich leider nicht mit. Dafür aber noch ein Federbett und ein Kopfkissen für Mamachen, fest zusammengewickelt und in einer Decke verpackt. Genau das gleiche für Tante Nine. Auch ihr mußte ich helfen und überall Hand anlegen, sie war wie gelähmt und konnte kaum einen klaren Gedanken fassen. In eine handliche Tasche kam noch schnell alles Eßbare, was für unterwegs in Frage kam. Es sollte ja nicht für lange sein. Dann schleppte ich die beiden Koffer und die Bettenpakete an die Straße, wo schon die großen Dominiumfahrzeuge standen, mit denen sonst Zuckerrüben transportiert wurden. Sie waren fast schon voll beladen mit Gepäck, Menschen liefen herum, ein Mann hievte unsere Sachen nach oben. Jemand trieb zur Eile ... Zuletzt wurden auf die hochbeladenen Wagen von kräftigen Leuten in die noch verbliebenen Zwischenräume die Alten gesetzt, die nicht gut laufen konnten. Mamachen und Tante Nine saßen, gut in ihre Pelzmäntel eingepackt hoch oben, und Tante Nine hatte ihr kleines Hündchen fest im Arm, von dem sie sich nicht trennen wollte. Das Fußvolk sollte hinter den Wagen hergehen, dazu gehörte auch ich, mußte ich doch den Kinderwagen schieben. Mutti und Erich Papa waren noch dabei, ihren eigenen Wagen zu beladen und spannten den Fuchs an. Sie sagten: »Wir kommen bald nach!« Dorchen, meine jüngere Schwester, wurde mit mir auf den ungewissen Treck geschickt, damit ich Hilfe mit dem Kinderwagen und für die beiden alten Frauen hatte. Das war ein großes Glück für mich, denn schließlich war ich im siebten Monat schwanger und man konnte schon sagen, etwas behindert. Pünktlich setzte sich der Zug von mehreren Wagen und dem entsprechenden »Fußvolk« in Richtung Ludwigsdorf in Bewegung. Ich blickte nicht zurück, hatte ich doch mit meinem Kinderwagen zu tun.

Es war eine klirrend kalte, sternenhelle Nacht, das Thermometer hatte zweiundzwanzig Grad unter Null angezeigt. An den Bäumen glitzerte der Rauhreif im fahlen Mondlicht. Die Straße war spiegelglatt. Ich versuchte, an der Seite vorwärtszukommen, wo es etwas rauher war. Dort schob sich allerdings der schwerbeladene Kinderwagen viel schlechter. Ohne eine Laterne oder sonstigen Lichtschein bewegte sich die Wagenkolonne zügig vorwärts. Dorchen und ich wechselten uns mit dem Schieben des Kinderwagens ab. Klein Gisela lag darin und muckste sich nicht, fühlte sich scheinbar recht wohl bei dem anhaltenden Geschaukel, und warm genug war sie bestimmt eingepackt. Wir hatten zu tun, um den Kontakt mit unserem Wagen zu halten und die beiden alten Frauen nicht aus den Augen zu verlieren, die da oben saßen, ihre Nasen und Hände versteckten und trotzdem froren.

In diesem flotten Tempo bewegten wir uns bis zum Morgengrauen. Dann wurde eine erste Rast eingelegt. Alle waren erschöpft, Menschen und Pferde. In einem verlassenen, menschenleeren Dorf hielt der Treck an. Wir sollten uns verteilen, wo wir gerade waren. Während die Pferde versorgt wurden, krochen wir in einer nahegelegenen Scheune in eine Ecke. Dort war es wenigstens etwas geschützt. So kuschelten wir uns eng im Stroh aneinander, und die beiden alten Frauen schliefen und heulten abwechselnd. Unser Kind hatte die Nachtfahrt verschlafen und blieb ruhig. Das mitgenommene fertige Fläschchen war im Kinderwagen unter der Zudecke noch lauwarm geblieben.

Bald ging es wieder weiter. Wir mußten aufpassen, nicht den Kontakt zu unserem Gefährt zu verlieren. Keiner wußte, wohin dieser Treck ging. Schließlich war die Straße verstopft. Andere Flüchtlingskolonnen waren unterwegs, und Militärfahrzeuge versuchten sich mühsam daran vorbei zu manövrieren. Weil ein Weiterkommen fast aussichtslos war, beschloß der Treckführer, von der Hauptstraße abzuweichen. Unsere Fahrzeugkolonne bog in den nächsten Waldweg ein. Es lag hoher Schnee, und keine Spur führte diesen Holzabfuhrweg entlang. Die Pferde hatten schwer zu ziehen, nur meterweise und mit Geschrei und Peitschengeknalle waren die Fahrzeuge weiterzubringen. Alles, was Hände hatte, mußte anpacken und schieben. Die alten Leute, die auf den Wagen ihren Platz hatten, mußten absteigen, damit das Gewicht verringert wurde. Mein Kinderwagen ließ sich überhaupt nicht mehr rollen und versank im tiefen Schnee. Dorchen und ich trugen ihn ein paar Meter, stellten ihn ab, und halfen dann Mamachen und Tante Nine weiter, die in ihren Pelzmänteln aussahen wie Bären im Wald. Rechts und links untergehakt schleppten wir die beiden immer abwechselnd mit dem Kinderwagen durch den Wald hinter den Wagen her. Es wurde Mittag, bis wir dieses Waldstück durchquert hatten. Das erwies sich bald als ein großer Vorteil. Ohne weitere Hindernisse gelangten wir in einen Ort, der noch nicht geräumt war. Dort machten wir nach dieser Gewalttour Rast. Der Treck blieb einfach an der rechten Straßenseite stehen. Frauen kamen auf die Straße und reichten uns heiße Getränke. Menschen und Pferde waren kurz vor dem Punkt, wo keiner mehr weiter konnte. Dort, wo unser Wagen stand, befand sich zufällig eine Gastwirtschaft. Sofort ging ich mit meinen Leuten hinein, und wir belegten den Stammtisch mit Beschlag. Meine erste Sorge war, daß das Kind versorgt werden mußte. Als ich sie aus den vielen Kissen und Decken herausgewühlt hatte, sah ich, daß ein Händchen eiskalt und ganz weiß war, es sah nach Erfrierung aus. Scheinbar hatte sie es nach oben gereckt und ich hatte es wegen der Strapazen nicht bemerkt. Schnell holte ich Schnee herein, und wir rieben das Händchen so lange damit ab, bis es wieder durchblutet war und seine rosige Farbe zeigte. Das gab allerhand Aufregung und viel Geschrei, aber es war noch einmal gut ausgegangen.

In diesem Ort gab es noch eine funktionierende Station des Roten Kreuzes und der NSV und damit eine Versorgung für Kleinkinder. Dort gab es eine neue Füllung für das Fläschchen. Nach etwa zwei Stunden Aufenthalt setzte sich der Treck wieder in Bewegung. Kurz vor Einbruch der Nacht erreichten die Fahrzeuge des Trecks eine Ortschaft, in der ein Kollege von Vatel wohnte. Der hatte uns mehrere Male in Oels besucht.

Obwohl ich nur seinen Namen wußte, war es dank der Mithilfe netter Leute bald möglich, ihn zu finden und Kontakt aufzunehmen. Sofort bot er mir seine Hilfe an, und ich holte meine Familie. Ein Wiedersehen unter solchen Umständen war natürlich unerwartet. Tränen flossen, und wir wurden erst einmal, so gut als es eben möglich war, bewirtet. Die Ehebetten stellten diese beiden liebenswürdigen alten Leute für Mamachen und Tante Nine zur Verfügung. Die konnten diese Nacht schlafen wie in Abrahams Schoß. Dorchen und ich schliefen auf Sofas. Am nächsten Morgen war es wieder vorbei mit der Gemütlichkeit. Wir bekamen noch Marschverpflegung mit und einen weiteren Topf, damit wir uns notfalls etwas kochen konnten. Alle guten Wünsche begleiteten uns weiter. Sicher mußten auch diese Menschen bald ihr Zuhause verlassen, genau wie wir. Weiter zogen wir mit unserem Treck ins Ungewisse. Dorchen und ich machten uns Sorgen, wo Papa mit seinem Fuchs und Wagen und den anderen allen wohl abgeblieben sein könnte.

Nach einem weiteren Marschtag verbrachten wir die Nacht in einem größeren Dorf, das voller Treckwagen stand und mit Flüchtlingen überbelegt war. Es war der 24. Januar, mein Geburtstag. In der Schule, in einem bereits vollbelegten Klassenzimmer fanden wir noch eine kleine Ecke für uns, wo wir die Betten auswickeln und die beiden alten Damen hineinwickeln konnten. Als die zwei und unser Baby schliefen, gingen Dorchen und ich auf Erkundung in den Ort, um Nachrichten einzuholen. Es bestand vielleicht die Möglichkeit, Bekannte zu treffen oder zu erfahren, wo Trecks aus unserer Gegend hingegangen seien. Bei jedem Gespann hielt ein Mann Wache. Nachdem wir die halbe Nacht durchs Dorf gelaufen waren und jeden, der ansprechbar war, ausgefragt hatten, stießen wir tatsächlich auf Ludwigsdorfer. Die sagten gleich: »Da drüben steht der Wagen von Linkes!« Wie froh waren wir, unsere Lieben wiederzusehen und liefen schnell hinüber. Gerade war Papa dabei, den Fuchs wieder vor den Wagen zu spannen. Wir sprachen wenig, hofften die gleiche Richtung zu haben und uns wieder zu treffen. Gott sei Dank waren sie noch früh genug daheim weggekommen. Inzwischen graute der Morgen, und es wurde überall lebendig. Die Szenerie veränderte sich, und wir hatten Mühe, unser Quartier zu finden. Die Wagen wurden wieder bespannt, und es herrschte Aufbruchstimmung. Endlich fanden wir unser Quartier, wie wir es verlassen hatten. Alles schlief noch, und wir mußten uns beeilen, um zu unserem Wagen zu kommen. In dieser Art ging es noch Tage und Nächte weiter, bis wir das Auffanglager Groß Rosen erreicht hatten. Dort waren die Schule und eine große Turnhalle als Flüchtlingslager eingerichtet. Jede Familie bekam einen Platz auf einer Strohschütte, gerade so groß, daß einer neben dem anderen liegen konnte. Die Fuhrwerke konnten im Schulhof und der näheren Umgebung schön in der Reihe abgestellt werden. Endlich wieder ein einigermaßen annehmbarer Zustand! Die Pferde wurden versorgt. Es gab dort noch eine von der NSV betreute Gemeinschaftsküche, und jeder erhielt eine warme Suppe. Dort trafen wir auch Papa und Mutti wieder, mit Pferd und Wagen. Sie hatten noch aufgeladen, was sie konnten, unter anderem auch einen Zentnerkübel Honig. Dieser wurde dann in Groß Rosen für die Verteilung an die Allgemeinheit freigegeben. Dabei waren auch Tante Frieda und Edith. Von ihnen erfuhr ich erst, daß Leonhard mit seinem Treck vom Flugplatz bei uns daheim vorbeigekommen war. Er hatte eine Kutsche für mich dabei und wollte mich mitnehmen. Leider war ich schon in der Nacht mit unserem Treck unterwegs und nicht mehr da.

Die Abteilung Landwirtschaft des Flugplatzes hatte sich im Morgengrauen in Bewegung gesetzt und gegen sieben Uhr die Ludwigsdorfer Straße passiert. Ein LKW mit Schweinehälften beladen, Wagen voll Futter, mit Ochsen daran gebunden, eine Anzahl schwere Zugpferde und sonstiges, was es in Sicherheit zu bringen galt, gehörte diesem Zug an. Als dieser Zug an unserem Gehöft vorbeikam, stand Erich Papa noch im Hof mit angespanntem, beladenem Wagen. Obendrauf stand eine Ziege angebunden. Die Gruppe Linke mit Tante Frieda und Edith wurde in diesen Militärtreck eingegliedert. Für Erich Papa war das ein unschätzbarer Vorteil, lief er doch Gefahr, noch beim

Volkssturm eingesetzt zu werden. Die zurückgebliebenen alten Männer, sollte versuchen, die Russen noch aufzuhalten. Wie ich später erfuhr, war dieser Treck den ganzen Tag unterwegs und rastete abends in der Nähe von Breslau. Die geschlachteten Schweine lieferte Leonhard im Schlachthof in Breslau ab. Erst nachts um elf Uhr verließen sie das Stadtgebiet wieder, obwohl die Fahrer gerne über Nacht dort Pause gemacht und ausgeruht hätten. Es erwies sich als großer Glücksfall, daß sie Breslau sofort wieder verlassen hatten. In dieser Nacht schloß sich der Ring um Breslau, und die Stadt war von der Außenwelt abgeriegelt. Das Linke-Fuhrwerk verließ dort den Treck und schloß sich anderen Flüchtlingskolonnen an, mit denen es nach Groß Rosen kam. Der Militärtreck, den Leonhard führte, erreichte in den nächsten Tagen Schweidnitz, wo er die weitere militärische Entwicklung abwartete.

Wir hatten uns also alle in Groß Rosen wiedergetroffen, Papa, Mutti, Tante Frieda, Edith und ich mit Dorchen, Mamachen, Tante Nine und natürlich dem Kinderwagen, der bisher die Strapazen gut überstanden hatte, obwohl er schwer beladen war. Alle hofften, zusammenbleiben zu können. Es sollte aber ganz anders kommen. Bisher genossen Frauen mit kleinen Kindern und alte Leute immer noch Vorzüge, soweit das organisatorisch möglich war. Für mich wirkte sich das insofern aus, daß ich ein Privatquartier zugewiesen bekam. Ein Zimmer mit einem Bett und einer Liege stand uns zur Verfügung, Verpflegung im Lager, etwa eine Viertelstunde Weg. Mamachen war glücklich, daß sie wieder in einem Bett schlafen konnte, und unserem Baby ging es ausgezeichnet. Es lachte und krähte und vertrug die ungewohnte und unregelmäßige Ernährung sehr gut. Dafür ging es mir schlecht. Gleich in der ersten Nacht in dem schönen Quartier bekam ich Schüttelfrost und hohes Fieber und konnte vor lauter stechenden Schmerzen in der Brust kaum Luft holen. Scheinbar hatte ich mich doch irgendwie erkältet und überanstrengt. Schließlich war ich ja im siebten Monat schwanger. Mamachen hatte Erfahrung und stellte sofort fest: Lungenentzündung. Ich bekam als erstes kalte Wickel. Gleich am frühen Morgen marschierte sie ins Lager und alarmierte Mutti und Tante Frieda. Trotz aller Bemühungen war weder im Lager noch sonst in der Nähe ein Arzt aufzutreiben. Nicht zu fassen bei diesem großen Auffanglager, wo sich Tausende von Menschen aufhielten. Inzwischen bekam ich Wehen, es sah nach einer Frühgeburt aus. Mamachen übertraf sich selbst. Sie versorgte Klein Gisela und behandelte mich mit der Kneipp-Methode, die ihr von früher her geläufig war. Alle halbe Stunde ein kalter Wickel, abwechselnd um Brust und Waden. Das hohe Fieber sank und war unter Kontrolle. Inzwischen war Tante Frieda mit ihrer Arztsuche erfolgreich gewesen. In der Nähe gab es ein großes Konzentrationslager mit Juden. Das hatte Tante Frieda in Erfahrung gebracht und »stürmte« das Zimmer des zuständigen Lagerarztes. Sie brachte das einzige Medikament, das dieser Mann zur Verfügung hatte, für mich mit. Es soll ein Opiat gewesen sein. Nach Anweisung in bestimmten Abständen eingenommen, besserte sich mein Zustand sofort merklich. Die Wehen hörten auf, ich hatte keine Schmerzen beim Atmen mehr, das Fieber verschwand. Bald konnte ich wieder aufstehen, fühlte mich aber noch schwach und wacklig auf den Beinen.

Nachts hörte ich Betrieb auf der Straße, die direkt vor meinem Fenster vorbeiführte. »Was geht da vor? Ziehen etwa die Trecks weiter? Sie werden uns doch hier nicht etwa vergessen?« Ich stand auf, schob vorsichtig die Gardine zurück und schaute hinaus.

Was ich da sah, ließ mir fast das Blut in den Adern stillstehen. Ein Elendszug von zerlumpten Gestalten, kahlköpfig, gebeugt, meist ohne Schuhe, die Füße mit Lumpen umwickelt, schleppte sich die Straße entlang, flankiert von SS-Leuten mit der Waffe in der Hand. Anscheinend wurde das KZ, dessen Arzt mir das rettende Medikament geschickt hatte, geräumt. Weiß der Himmel, wohin diese unglücklichen Menschen gebracht worden sind. Ich hätte nie geglaubt, daß so etwas möglich wäre. Wenn man heute ab und zu hört, daß derartige Bilder nur gestellt und alles nicht wahr sei, was einfältige Menschen ja wirklich glauben, dann denke ich mit Entsetzen an das schreckliche Bild dieses Elendszuges, den ich in dieser unruhigen, fahlen Mondnacht sah.

Auch die nächste Nacht wurde unruhig. Immer wieder klopfte jemand ans Fenster. Wieder stand ich auf und traute meinen Augen nicht, als ich vorsichtig die Gardinen zurückschob. Draußen stand mein Mann. Schnell ließ ich ihn herein. Wie er erzählte, hatte er sich im Lager erkundigt, seine Truppe lag in der Nähe. Linkes hatte er gefunden, und die hatten ihn gleich zu mir geschickt. Zeit hatte er natürlich nicht, wir konnten uns nur ganz kurz unterhalten und Informationen austauschen. Keiner wußte, was die Zukunft bringen würde. Nach einer kurzen halben Stunde ging er wieder, keiner wußte, ob, wie und wann wir uns wiedersehen würden. Bedrückt trennten wir uns.

Nach einer Woche in Groß Rosen hieß die Parole: Der Feind ist im Anmarsch auf dieses Gebiet. Das Lager mußte schnellstens geräumt werden. Das bedeutete: erneut Packen und Aufbruch. Gerne wäre ich mit Linkes zusammengeblieben, aber für ausgedehnte Fußmärsche mit dem Kinderwagen, der ja vollgepackt und schwer war, war ich noch zu schwach. Mamachen und Tante Nine hätten auch keine Strapazen ausgehalten. Gott sei Dank funktionierte immer noch eine gewisse Transportorganisation. Frauen mit kleinen Kindern und alte Leute wurden zum Bahnhof beordert, es hieß nur: zum Weitertransport. Wohin wußte niemand. Mit einem Koffer, den zusammengewickelten Betten, rund um den Kinderwagen eine Decke gewickelt, und einen Kochtopf sowie das unentbehrliche Pinkeltöpfchen an der Seite angebunden, so gingen wir der nächsten Reise ins Ungewisse entgegen. Diesmal blieb Dorchen bei ihren Eltern und mit uns ging Tante Frieda. Auf dem Bahnhof war es kalt und zugig, ein freier Bahnsteig mit Zusteigemöglichkeit. Groß Rosen war keine Stadt, nur ein großes Dorf.

Jede Menge Menschen standen an den Gleisen und warteten auf den Zug. Endlich, nach längerem Herumstehen und Herumgestoßenwerden ratterte ein Güterzug heran. Kaum war er zum Stehen gekommen, wurde er sofort von der Menge gestürmt. Wie wir alle in diesem Trubel in einen Waggon gekommen sind, weiß ich nicht mehr genau zu sagen, auf jeden Fall durch die Tatkraft und energische Mithilfe von Tante Frieda, Ruth und Edith. In die offenen Güterwagen hineinzukommen, war nicht einfach, weil sie so hoch und für mich wie auch die alten Leute schwer zu erklimmen waren. Wir fanden uns so etwa in der Mitte des Waggons um den Kinderwagen zusammen, setzten uns auf den Koffer und Bettenbündel und froren. Es war naßkalt, windig, und Schneeflocken wirbelten uns allen um die Ohren. Tante Frieda breitete eine Decke über unser Häufchen frierender Menschen aus, um uns vor Wind und Nässe zu schützen. Tante Nine hielt immer noch ihren kleinen Hund im Arm und war glücklich, wenigstens ihn noch zu besitzen. Unter der schützenden Decke wollte der aber keinesfalls sitzenbleiben. Er hatte andere Probleme. Bald kroch er darunter hervor und setzte einen Haufen vor Tante Nines Nase, auf die Decke. Tante Frieda, unsere Frau für alles, schaffte den Hundedreck weg, warf ihn über den Rand des Waggons und behielt Ruhe und Geduld.

Der Zug fuhr ein Stück, dann hielt er wieder eine Zeitlang. Wir kamen nur sehr langsam voran. Angeblich sollte der Zug nach Waldenburg gehen, und auch der Treck sollte diese Richtung einschlagen. Keiner wußte, ob das stimmte. Den ganzen Tag brachten wir in diesem Waggon eng zusammengepfercht mit anderen Flüchtlingen zu. Alle »Reisenden« hatten das gleiche Bedürfnis wie der kleine Hund, aber jede Gruppe besaß ein Pinkeltöpfchen, das für diese Notfälle benutzt wurde. Die Entsorgung über den Waggonrand gelang immer problemlos. Zu essen gab es wie meistens einfach nichts. Am Abend hielt dieser »Luxuszug« in einem größeren Ort an, und wir wurden zum Aussteigen aufgefordert. Die Unterbringung für die Nacht war zwar organisiert, aber es waren zu viele Menschen da, auf jeden Fall mehr als Platz vorhanden war. Wir wurden in eine große Jugendherberge eingewiesen. Es gab Nudelsuppe und

Babynahrung, und wer ein Gefäß hatte, konnte sich anstellen. Bettstellen standen in den Räumen, Matratzen sollten in einer Lagerhalle geholt werden. Ich stand mit meinem Kinderwagen und den beiden alten Frauen, Mamachen und Tante Nine, wie ein Fels in der Brandung. Tante Frieda lief wie ein Wiesel, um Betten zu belegen und Matratzen zu organisieren. Ein schwieriges Unterfangen bei den vielen Menschen, die ja alle dasselbe wollten. Schon kam Tante Frieda mit einer Matratze und setzte Tante Nine darauf.

Dann hatte sie noch eine freie Bettstelle mit Matratze entdeckt und Mamachen wurde daraufgelegt. Ich legte mich gleich dazu. Als sie zu Tante Nine kam, saß die auf dem Fußboden und weinte. Man hatte ihr die Matratze unter dem Hintersten weggeklaut. Wie Tante Frieda und Tante Nine diese Nacht verbracht haben, weiß ich nicht, wir sahen uns erst am nächsten Morgen wieder. Wahrscheinlich hatten sie sich in eine Decke gewickelt und miteinander die Nacht auf dem Fußboden in irgendeiner Ecke verbracht, wie viele andere auch.

Am nächsten Tag ging die Reise weiter, aber nicht mehr mit der Bahn. Wie, das blieb jedem selbst überlassen. Ständig waren LKW der Wehrmacht unterwegs, und wenn es sich ermöglichen ließ, nahmen sie Flüchtlinge mit. Dieses Glück hatten auch wir. Die Soldaten sprangen herunter und hievten erst den Kinderwagen, und dann uns auf den hohen, überdachten LKW. Vor Waldenburg setzten uns die netten Soldaten wieder ab, mit dem Hinweis, wir sollten uns in den vielen leerstehenden Häusern doch ein privates Nachtquartier suchen. Wieder leistete Tante Frieda Pionierarbeit. Sie sagte: »Wartet hier auf mich – ich will erst mal die Lage erkunden.« Wie ein Häufchen Unglück saßen wir auf Koffern und Bündeln und warteten. Nach einer Weile kam sie wieder und winkte schon von weitem. Sie hatte ein leeres Haus an einer Wiese entdeckt. Die Bewohner waren geflüchtet, Flüchtlinge rückten wieder nach, der Trend der damaligen Zeit. Dieses Haus war für uns genau das Richtige. Dort gab es einen Herd mit Holz zum Feuer anmachen, Tisch, Stühle und Bettstellen mit Matratzen. Geschirr stand noch genügend im Schrank. Draußen auf der Wiese liefen einige Kühe herum. Mamachen hatte blitzartig die Idee, wie man zu frischer Milch kommen könnte. Bewaffnet mit unserem einzigen Topf spazierte sie auf die Wiese und versuchte, an die erste Kuh heranzukommen. Die wunderte sich scheinbar, guckte dumm und lief weg. Bei der nächsten Kandidatin hatte Mamachen tatsächlich Glück, denn die blieb bereitwillig stehen und ließ sich melken. Wir atmeten auf, denn der Versuch hätte auch anders ausgehen können, wenn ein Tier gestoßen oder getreten hätte. Bald hatten wir einen Topf voll Milch auf dem Tisch, und da im Gepäck noch Mehl und Zucker vorhanden waren, gab es eine schmackhafte Milchsuppe. Die beiden alten Damen konnten sich gemütlich und satt auf die Matratzen legen, Tante Frieda und ich machten einen Erkundungsgang in den Ort. Von anderen Flüchtlingen hörten wir, daß eine zentrale Verpflegungsstelle in der Schule eingerichtet sei und es dort auch Nahrung für Kleinkinder gäbe. Sofort steuerten wir diese Richtung an, unter dem Motto: Mitnehmen, was angeboten wird, wer weiß, wann es wieder mal was gibt.

Unterwegs fragten wir immer wieder nach den Trecks aus Groß Rosen. Keiner war in Waldenburg angekommen. Tante Frieda hatte keine Ruhe und war in großer Sorge um ihre beiden Mädchen. Als die Verpflegungsstelle langsam in Sicht kam, sahen wir, daß sie von einer großen Menschenmenge umlagert war. Alle hielten einen Topf in der Hand und wollten ihn gefüllt haben. Es sah nicht aus, als könnten wir in absehbarer Zeit da herankommen. Plötzlich schrie Tante Frieda laut auf: »Da ist ja die Ruth und auch die Edith!« Wie durch ein Wunder hatten wir die beiden wiedergefunden. Nie hätten wir uns in diesen Menschenmassen, die ständig in Bewegung waren, treffen können, wenn uns nicht der Zufall oder das Schicksal gerade dort zusammengeführt hätte. Wir hätten ebenso auch ganz woanders sein können. Unsere Gruppe war ab sofort um zwei junge kräftige Mädchen verstärkt, und Tante Frieda ihre momentan größte Sorge los. Nach zwei Tagen Aufenthalt in diesem Haus, das uns richtig gemütlich vorkam, wurde die Bevölkerung mit

Lautsprecherwagen aufgefordert, den Ort zu verlassen. Wieder versammelten sich unzählige Menschen am Bahnhof. Es dauerte lange, bis wir in einem Zugabteil Platz fanden. Wir meinten, Glück zu haben, denn es war ein Personenzug und wir hatten sogar Sitzplätze. Der Zug fuhr ein paar Kilometer, stand dann wieder. Die Zeit verging, wir hatten das Gefühl, kaum vom Fleck zu kommen. Am Nachmittag hielt der Zug, und es durfte ausgestiegen werden. Gisela hatte Hunger und schrie. Draußen versuchte ich, irgend etwas Brennbares zu finden und hatte nach einer Weile auch Glück. Auf dem Nebengleis konnte ich ein Feuerchen entfachen und das Fläschchen wärmen. Gisela war lieb und gab sich damit zufrieden.

Plötzlich kamen Tiefflieger. Jeder rannte so schnell er konnte zum Zug und an seinen Platz. Irgendwann fuhr der Zug dann wieder weiter, aber keiner sollte ihn verlassen. Bald standen wir wieder auf offener Strecke, diesmal stundenlang. Die Strecke wäre blockiert und müsse erst wieder frei gemacht werden, hieß es. Diesmal funktionierte die Versorgung nicht mehr. Die Nacht und den nächsten Tag brachten wir auch noch in diesem Zug zu, ohne Heizung, Wasser und Lebensmittel. Aus jedem Fenster hingen Kinderhöschen und Windeln zum Trocknen. Es war kalt, es stank, wir waren alle hungrig. Die Stimmung war gedrückt, es wurde diskutiert. Trostlose Verzweiflung machte sich breit. In unserem Abteil saß noch eine junge Frau mit zwei kleinen Kindern. Das kleinere schrie und wimmerte ununterbrochen. Sicher hatte es Schmerzen und war krank. Kein Arzt, Schaffner oder Zugführer war zu sehen, der Zug mit den vielen Menschen war vollkommen sich selbst überlassen.

Endlich, am späten Nachmittag setzte sich der Zug wieder in Bewegung, und in einem kleinen Ort im Glatzer Land hieß es endlich: »Aussteigen!« Von der NSV, die es erstaunlicherweise hier noch gab, konnten wir mit Babynahrung, Eintopfessen und menschenwürdigen Quartieren versorgt werden. Nachdem wir nun gestärkt waren und gut geschlafen hatten, beschlossen wir, da wir sowieso schon im Glatzer Land waren, zu versuchen, Tante Edith zu erreichen. Ruth und Edith, die schon dort gewesen waren, wußten, daß für uns notfalls Platz wäre. Onkel Willi und Sohn Manfred waren im Fronteinsatz. Daheim war noch Tochter Ilse, unsere Cousine, etwa so alt wie Edith. Dieses Ziel steuerten wir also an. Soldaten nahmen uns in ihrem Lkw mit bis nach Neurode. Von dort gingen wir wieder zu Fuß bis nach Ludwigsdorf, wo Tante Edith wohnte. Das Gepäck hatten wir stehenlassen, wo uns der Lkw abgeladen hatte. Das holten die Mädchen dann später nach. Wie froh waren wir, dieses Ziel erreicht zu haben. Tante Edith nahm uns alle mit offenen Armen auf. Ilse stellte ihr Zimmer zur Verfügung, und alle konnten untergebracht werden. Für jeden fand sich ein Schlafplatz, und Mamachen und Tante Nine konnten erst einmal wieder ihre Glieder ausstrecken und sich von den Strapazen erholen. Gleich am nächsten Tag besorgte Tante Frieda die erforderliche Aufenthaltsgenehmigung und Lebensmittelkarten. Alle konnten wir erst einmal aufatmen, doch neue Probleme kamen bereits auf uns zu. Ich hatte noch eine Woche Zeit bis zu dem errechneten Termin der Entbindung. Um Klein Gisela kümmerte sich Mamachen rührend und scheute keine Mühe. Bis jetzt hatte das Kind alles gut überstanden. Jetzt, wo sie endlich wieder ein richtig gutes Fläschchen trinken konnte, wollte sie es nicht, war quengelig. Mamachen guckte ihr in den Mund, wo sich ein grau-weißlicher Belag zeigte. Da war etwas nicht in Ordnung. Zum Glück gab es in diesem Ort einen Arzt. Allerdings war die Praxis von hilfesuchenden Flüchtlingen belagert. Unsere Tante Frieda, die Frau für alles, wußte wieder Rat. »Paß auf! Laß mich mal machen«, sagte sie und schob mich mit dem Baby auf dem Arm und meinem hochschwangeren Bauch nachdrücklich langsam durch die wartende Menschenmenge bis vor die Tür des Sprechzimmers. Die Leute machten verdutzt Platz, murrten unwillig, aber keiner traute sich, uns aufzuhalten. Als die Tür aufging, um Patienten herauszulassen, schubste mich Tante Frieda einfach schnell hinein, rief den Leuten zu: »Der jungen Frau wird schon schlecht, sehen sie denn das nicht?« Ich war jedenfalls drin. Bei Gisela wurde nach kurzer Untersuchung eine Diphtherie festgestellt. Eine sofortige Einweisung ins Krankenhaus in Neurode wurde veranlaßt. Alle Kontaktpersonen mußten sich untersuchen lassen. Auch Tante Frieda, Ruth und Edith mußten ins Krankenhaus. Gott sei Dank war die gefährliche Krankheit früh genug erkannt worden, und allen Betroffenen ging es bald besser. Ich hatte mich nicht angesteckt. Es hieß, durch die Schwangerschaft wäre ich immun. Inzwischen war mein planmäßiger Entbindungstermin herangerückt. Einen Tag später verlor ich Fruchtwasser, hatte aber keine Schmerzen. Am darauffolgenden Morgen ging ich dann ins Krankenhaus, auf die Entbindungsstation. Als ich unten zur Tür hineinging, winkten mir oben vom Fenster der Isolierstation Ruth und Edith zu. Den Tag verbrachte ich ruhig, es tat sich nichts. Alle hatten die Ruhe weg, es hieß, das braucht alles seine Zeit. Abends, als ich mich ins Bett gelegt hatte, setzten die Wehen mit aller Macht ein. Die Schwester meinte, daß das schon noch ein paar Stunden dauern würde, was ich nach den Erfahrungen beim ersten Kind auch fürchtete. Als es fast unerträglich wurde, klingelte meine Bettnachbarin der Schwester. Die half mir dann noch in den Entbindungsraum und mit Mühe auf eine Liege, und lief weg, um die Hebamme oder Nachtärztin zu holen. Kaum war die Schwester aus der Tür, setzte eine starke Preßwehe ein, und das Kind kam. Ich dachte, es würde mich in Stücke reißen, hatte Angst, war allein und schrie »Hilfe«! Endlich kam jemand, aber das Kind war schon da und alles gutgegangen. Ich hatte schreckliche Angst, es könnte von der Liege herunterrutschen. Das kleine schnelle Wesen wog fünf Pfund, war klein und zierlich, sonst aber gesund und brüllte lautstark. Die wird noch groß genug werden, hieß es. Nach drei Tagen ließ ich mein Kind auf den Namen Sigrid eintragen. Das kleine Mädchen entwickelte einen wahren Heißhunger, trank viel und so hastig, daß es spucken mußte.

»Speikinder sind Gedeihkinder« sagte die ältere Schwester. Die Kleine war immer hungrig, so als hätte sie schon im Mutterleib nicht genug bekommen, was vielleicht auch stimmte. Sie war ja ein Fluchtkind und hatte schon allerhand Entbehrungen, Aufregungen und Strapazen mitgemacht, bevor sie auf der Welt war.

Mir ging es soweit gut, bis auf die Nachwehen, die mir sehr zu schaffen machten. Dort im Krankenhaus herrschte die barbarische Methode, einer Wöchnerin Ein-Kilo-Gewichte von einer vorsintflutlichen Waage auf den Leib zu legen, damit sich die Gebärmutter wieder zusammenzieht. Ich jedenfalls hielt das nicht aus und wärmte die eiskalten Gewichte meistens neben mir im Bett. Die Entbindungsstation lag im Parterre, ich konnte vor den Fenstern frisches junges Grün und blühende Sträucher sehen, eine Wohltat fürs Gemüt. Wenn nur nicht diese Ungewißheit gewesen wäre. Nach einer Woche wurde ich entlassen und kehrte mit meinem kleinen Hühnchen Nummer zwei zurück ins Quartier, wo mich die Frauen alle mit entzückten Rufen empfingen.

Ruth war noch immer im Krankenhaus, Klein Gisela ebenfalls, sie hatte noch Scharlach dazu bekommen. Wahrscheinlich hatte sie sich in der Isolierstation angesteckt. Nach weiteren Wochen wollte ich endlich mein Kind wieder aus dem Krankenhaus holen, da wurde mir eröffnet, sie hätte durch einen Unfall eine Verbrennung am Bein erlitten und müsse noch weiter behandelt werden. Ruth war auch noch lange dort und kümmerte sich rührend um Gisela. Klein Sigrid gedieh inzwischen gut.

Eines Abends klopfte noch spät jemand an die Haustür. Ich ging nach unten, um zu öffnen, und wer stand da in voller Ausrüstung? Mein Mann. War das eine Überraschung! Er hatte herausgefunden, wo ich war. Da seine Einheit in der weiteren Umgebung lag, in Richtung Schweidnitz, hatte er die Möglichkeit gefunden, einen Tag legal abzuzweigen. Vom Tierbestand seiner Gruppe fehlten zwei Maulesel. Er erhielt den Auftrag, Nachforschungen anzustellen, wo diese hingekommen wären. Per Dienstfahrrad führte ihn der Weg zum nächsten Pferdelazarett, das lag in Richtung Neurode. Zwar fanden sich die gesuchten Maulesel dort nicht, aber es bot sich eine günstige Gelegenheit, privat ein Pferd zu kaufen. Leonhard hoffte, nach Kriegsende damit glücklich wieder heim bis nach Oels zu gelangen. Vorerst ließ er es vor Ort stehen und fuhr mit seinem

Fahrrad weiter nach Neurode. Das gab ein Erzählen! Zum ersten Mal sah er dort sein zweites Kind. Am nächsten Tag, den er noch zur Verfügung hatte, ließen wir unsere kleine Sigrid in Neurode taufen. Gisela konnte er leider nur von weitem sehen. Auf dem Arm von Ruth winkte sie aus einem Fenster im zweiten Stock des Krankenhauses. Wieder nahm ich Abschied von meinem Mann, er mußte ja schnellstens zurück zu seiner Einheit. Das gekaufte Pferd nahm er auf dem Rückweg mit, führte es an einem Seil neben dem Fahrrad her und gliederte es bei der Truppe mit ein.

Inzwischen war die Lage immer brisanter geworden. Auch hier in Neurode rückte der Krieg näher. Tante Nine war ganz apathisch geworden. Weil sie ja so schwer hörte, bekam sie vieles überhaupt nicht mehr mit. Schließlich gelang es, die Adresse ihrer Stieftochter Klara ausfindig zu machen und diese zu benachrichtigen. Es dauerte nicht lange, da kam sie und holte die alte Dame zu sich. Diese Sorge waren wir also los. Leider haben wir nie wieder etwas von dieser Seite der Verwandtschaft gehört.

Anfang Mai war es dann soweit, und auch Neurode mußte evakuiert werden. Immer noch war alles organisiert für uns. Wie schon mehrmals geübt, packten wir unser bißchen Habe wieder zusammen und fanden uns auf dem Busparkplatz ein, wie befohlen. Junge Frauen mit kleinen Kindern und alte Leute hatten die Möglichkeit, mit Omnibussen aus der Gefahrenzone gebracht zu werden. Da Gisela zu dieser Zeit noch immer im Krankenhaus behandelt wurde, mußte ich sie dort erst abholen. Sie hatte eine große offene Brandwunde, die sich über die ganze Wade seitlich hinzog. Sie wurde noch einmal frisch verbunden, ich erhielt Salbe, Puder und Verbandszeug ausgehändigt, und mit dem Kind auf dem Arm und ziemlich gemischten Gefühlen verließen wir das Krankenhaus. Nach Bezahlung, Krankenkasse und derlei Formalitäten fragte keiner mehr. Nichts funktionierte mehr normal. Die Busplätze waren knapp, Tante Frieda und die Mädchen durften nicht mit, es hieß, für uns werde gesorgt. Mit wenig Gepäck stieg ich mit Mamachen in den bereitstehenden Omnibus. Nur eine Tasche mit etwas zu essen, für jeden das zusammengerollte Bett, und den Kinderwagen mit den beiden Kindern und den bekannten zwei Töpfchen daran hatten wir bei uns. Wer hätte auch mehr tragen sollen, wenn wir wieder aus dem Fahrzeug aussteigen mußten? Wieder fuhren wir ins Ungewisse, nur weg aus der Gefahrenzone. In Trautenau war Endstation, es hieß, alle Straßen wären verstopft, nichts ging mehr. Was wollten wir machen? Nichts wie raus. Ratlos standen wir auf dem Bürgersteig und wußten nicht, wohin wir uns wenden sollten. Auf einmal Tiefflieger – Schüsse! So schnell es möglich war, rannten alle in den nächsten Hauseingang, wir immer hinterher mit dem Kinderwagen. Es gab genügend Platz, denn es war ein Kino und ein breiter Gang führte nach unten. Wir erholten uns erst einmal von dem Schrecken, und konnten weitere Passanten, die auch dort Schutz gesucht hatten, nach einer Quartiermöglichkeit fragen. Zu unserer großen Erleichterung hörten wir bald, daß in der Schule ein Massenquartier eingerichtet worden sei. So fragten wir uns langsam durch bis zu dieser Schule. Das ging ziemlich langsam vonstatten, denn Kinderwagen mit doppelter Besatzung, Betten, Tasche und Mamachen waren nur etappenweise vorwärts zu schaffen. Endlich war das angesteuerte Ziel erreicht, aber von einer Organisation nichts mehr zu spüren. Hier mußte jeder selbst sehen, wo er blieb. Ich deponierte Mamachen mit unserem Drum und Dran vor der Tür und ging auf Entdeckungsreise. Nachdem ich einige Klassenräume, Hörsäle, Flure usw. durchlaufen hatte, fand ich im zweiten Stock endlich in einem großen Klassenzimmer eine Ecke, die noch frei war. Dorthin schaffte ich nach und nach unsere »Besitztümer«, die Betten konnten ausgerollt werden, und somit war das neue Domizil aufgeschlagen. Ab und zu, wenn man Glück hatte, konnte man Kleinkindernahrung bekommen, vielleicht auch einen Teller Suppe. Ich war sehr froh, daß wenigstens für Gisela gesorgt war. Sigrid konnte ich selber versorgen, trotz wenig Essen und Trinken hatte ich genügend Nahrung für das Kind. Mamachen war total geschafft und legte sich gleich auf das ausgerollte Bett.

Das große mehrstöckige Gebäude war dicht mit Flüchtlingen belegt, und dauernd kamen neue dazu und versuchten, sich noch irgendwo dazwischen zu quetschen. Nicht weit von unserem Quartier führte eine Hauptverkehrsstraße vorbei. Dort vollzog sich der Rückzug der Wehrmacht. Jede Menge Fahrzeuge, Lkw, Jeeps und Panzerfahrzeuge dazwischen, alle voller Soldaten, donnerten mehrspurig die Straße hinunter. Dazwischen Kradfahrer, vielleicht Melder. Ein Chaos. Mit vielen anderen Frauen stand ich in sicherem Abstand und dachte: Vielleicht kommt Leonhard auch da entlang. Was hätte es schon genützt, wenn ich ihn wirklich gesehen hätte? Erst später habe ich erfahren, daß er tatsächlich diese Straße passierte, allerdings zu einem anderen Zeitpunkt. Sicher hätte ich ihn auch nicht erkannt, alles ging in ziemlichem Tempo voran, und mit Stahlhelm und voller Ausrüstung sieht letzten Endes ein Soldat wie der andere aus.

Traurig ging ich wieder zurück ins Quartier, Oberschule, zweiter Stock, Zimmer drei, hinterste Ecke. Dort gab es natürlich in der Nacht kein Licht wegen der Fliegergefahr. Das war für mich mit meinen beiden kleinen Kindern manchmal nicht einfach. Sigrid brüllte in der Nacht zweimal lautstark. Dem war abzuhelfen, wenn ich sie schnell an die Brust nahm. Mit dem Trockenlegen war das im Stockdunkeln schon etwas schwieriger. Gisela wurde natürlich prompt auch munter und hatte die Windel voll. Größere Probleme entstanden mit Waschen und Trocknen. Einwegkomfort gab es noch nicht.

Nach mehreren Tagen der Ungewißheit wurde die Anweisung von Mund zu Mund weitergegeben, daß keiner mehr das Quartier verlassen solle. Die Türen wurden abgeschlossen, die Russen kämen. Jeder solle sich ruhig verhalten, man müsse tun, was sie wollen, um Schlimmeres zu vermeiden. Gespannt warteten wir, was sich tun würde. Nachts ging es unten an der Tür laut zu, es fielen Schüsse. Sie waren da und hatten sich Eingang verschafft. Mehrere Russen stürmten im Laufschritt die Treppen hoch und durch die Räume, mit Taschenlampen in der Hand und das Gewehr im Anschlag. Kinder wurden munter und weinten. Sie sahen überall nur Flüchtlingselend. Da war nichts zu holen. Wie ein Spuk verschwand diese erste Gruppe wieder. Immer wieder kamen dann einzelne Russen, nahmen noch dieses und jenes mit. Ein alter Mann mußte seine Taschen ausleeren, das Feuerzeug und die Uhr wurden mitgenommen, der Haustürschlüssel aus dem Fenster geworfen. So ging das weiter. Draußen wurde noch geschossen. Glücklicherweise passierte sonst weiter nichts in diesem Flüchtlingslager. Nach drei weiteren Tagen wurde das Lager aufgelöst. Der Krieg war aus, Lebensmittel würden nicht mehr ausgegeben, jeder müsse wieder dahin zurück, wo er hergekommen sei, hieß es. Wir waren glücklich, daß nun der Krieg zu Ende war, packten unser bißchen Lumperei wieder zusammen und machten uns auf den Weg nach Neurode, um wieder Kontakt mit Tante Frieda und den Mädchen zu bekommen. Diesmal allerdings zu Fuß. Flüchtlinge strömten in alle Richtungen auseinander, es war die reinste Völkerwanderung. In welche Richtung wir gehörten, war gar nicht so einfach festzustellen, aber schließlich fragten wir uns durch bis an die Hauptstraße. Gleich vor unserem Quartier befand sich ein großer freier Platz. Dort sahen wir deutsche Soldaten in Gruppen angetreten stehen. Sie wurden von ihren Vorgesetzten verabschiedet. Ein letztes Mal strammstehen – ein letzter militärischer Gruß – weggetreten. Die Meinung, jeder könne jetzt nach Hause, war allgemein vorherrschend. Die Soldaten befreiten sich von ihren sichtbaren Dienstgradabzeichen und gingen auseinander, jeder auf sich selbst gestellt. Von Russen war kaum etwas zu sehen, nur vereinzelte Fahrzeuge. Unser Gepäck war inzwischen etwas leichter geworden. In Neurode hatten wir genügend Nährmittel wie Mehl, Haferflocken, Puddingpulver und Zucker auf die Zuteilung bekommen und mitgenommen. Davon hatten wir bis jetzt hauptsächlich gelebt, und es war noch etwas vorrätig. Aus diesem Grunde brauchten wir unterwegs nur frisches Wasser, dann konnten wir uns im Freien ein Feuerchen anmachen und etwas kochen. Delikatesse dieser Zeit: Wassersuppe mit Mehlgrümpeln drin und mit Zucker gesüßt. Dieses Menü zweimal am Tag schmeckte Mamachen, mir und Klein Gisela vorzüglich. Es waren sehr viele Menschen unterwegs. Alle strebten nach Hause, zurück in die Heimat. Es war die schönste Jahreszeit, Mai, und die Sonne schien warm. Überall sproß frisches Grün, Bäume blühten, die Landschaft zeigte sich von ihrer schönsten Seite. Das Gebiet um Waldenburg ist eine liebliche Mittelgebirgslandschaft. Die Steigung machte uns ziemlich zu schaffen, und Mamachen kam leicht aus der Puste. Immer mehr erfüllte mich ein unendliches Glücksgefühl. Jetzt erst wurde mir so richtig bewußt, daß der verdammte Krieg endlich vorbei war und wir bald wieder zu Hause sein würden. Nun würde alles wieder besser werden. Die Ströme von Heimkehrern, die in die gleiche Richtung zogen wie wir, transportierten mit kleinen Handwägelchen und sonstigen abenteuerlichen, selbst gebastelten Fahrzeugen ihre letzte Habe.

Mit Übernachtungen wurde es schwierig. Schließlich suchte jeder, wenn es Nacht wurde, ein Dach über dem Kopf. Es fand sich aber doch noch rechtzeitig immer wieder irgendwo eine Ecke für unser kleines Häuflein. Zunehmend schwieriger wurde es, Wasser zu bekommen. Die Brunnen waren teils verunreinigt oder zerstört. Für diesen »Heimweg« von Trautenau bis Neurode brauchten wir acht Tage zu Fuß. Glücklich waren wir, als Tante Ediths Haus wieder in Sicht war, und es kam uns fast wie zu Hause vor.

Es gab ein großes Erzählen und Berichten. Alle anderen hatten auch flüchten müssen. Tante Frieda und die beiden Mädchen waren zuerst wieder im Haus angekommen. Tante Edith und Ilse kamen erst etwas später und hatten bittere Erfahrungen hinter sich. Sehr froh waren wir, alle wieder gesund beieinander zu sein nach dieser aufregenden Zeit, und langsam erholten wir uns alle wieder von den Strapazen. Diese Erholungspause dauerte leider nicht sehr lange. Von offizieller Stelle wurde bekanntgegeben: Der Krieg ist aus und alle Flüchtlinge sollen wieder in ihre ursprüngliche Heimat zurückzukehren. Lebensmittel auf Karten von Flüchtlingen gab es nicht mehr. »Nach

Hause«, wer hörte das nicht gern? Es wurde noch eingekauft, was möglich war, und Tante Edith stellte dies und jenes zur Verfügung, von dem sie meinte, es könnte von Nutzen sein. Nachdem die NSV-Organisation nicht mehr existierte, hatte sich spontan ein neues Organisationsteam gebildet, das den vielen ratsuchenden Menschen versuchte, Auskunft und Hilfe zu geben. Ruth hatte den Leiter dieses Teams kennengelernt und eine engere Beziehung zu diesem Mann geknüpft. Er konnte auch Omnibusfahrten organisieren. So kam es, daß wir alle, Mamachen, ich mit den Kindern, Tante Frieda, Ruth und Edith, in einen Omnibus steigen konnten, der bis nach Schweidnitz fuhr. Das war schon ein großer Vorteil, denn die meisten Rückwanderer mußten das auf Schusters Rappen tun. Was auf die Karten noch an Nährmitteln zu bekommen war, besorgte Tante Frieda. In einer Fabrik hatte sie auf Kleiderkarten noch zwei billige Stöffchen erstanden, die für Ruth und Edith je ein Kleid ergeben sollten. Es war ein Musselin oder so etwas Ähnliches. Mit all diesen kostbaren Schätzen, zwei Koffern und den Bettenbündeln stiegen wir alle hoffnungsfroh in den Bus, winkten Tante Edith und Ilse, und fuhren ab. Heftig winkte auch der Freund von Ruth und rief noch zuletzt:»Ich melde mich wieder!« Diese Fahrt nach Schweidnitz ging am 13.6.1945 vonstatten. Dieser Tag ist so genau in Erinnerung geblieben, weil es Tante Friedas Geburtstag war. Morgens hatten Ruth und Edith ihr noch einen Strauß Kornblumen gepflückt. Der schöne Strauß blieb in Neurode zurück. Weil es mußte, ging es auch ohne diese Attribute der Zivilisation. In Schweidnitz war Endstation. Übernachten konnten wir in einem Krankenhaus, das erstaunlicherweise einen leeren Raum mit frisch bezogenen Betten für uns zur Verfügung stellen konnte. Wir schliefen wie die Könige und bekamen auch noch jeder ein Päckchen Brote als Marschverpflegung mit auf den Weg. Nun ging es zu Fuß weiter. Die Stadt war weitgehend zerstört. Ströme von Menschen strebten ostwärts, ihrer Heimat entgegen wie wir auch. Man brauchte nur mit dem allgemeinen Strom zu wandern, dann war die Richtung schon in Ordnung.

Unser weiterer Rückweg führte in Richtung Breslau, diese ehemals so schöne, geschäftige Großstadt, das Juwel in der Mitte des Schlesierlandes. Ich kannte Breslau aus unzähligen privaten und geschäftlichen Besuchen. Immer wieder hatte mich das Flair dieser Stadt angezogen und fasziniert. Schon Vatel hatte mich als Kind stets vor Weihnachten mitgenommen, wenn er zur Abrechnung im Chefbüro seiner Versicherungsagentur vorsprach. Das befand sich in der Gustav-Freitag-Straße gleich hinter dem Hauptbahnhof. Die bunten Leuchtreklamen, der dichte Verkehr auf den breiten Straßen, damals noch von Schupos mit weißen Handschuhen geregelt, und die klingelnden Straßenbahnen, das war alles wunderschön. Kurz vor dem Krieg, als ich die Versicherungsgeschäfte bereits selbständig führte, hatte ich auch immer wieder in Breslau zu tun. Dank der absolvierten »Kurse« hatte ich mir eine elegante Garderobe eigener Herstellung zugelegt, zum Teil aus den guten Anzügen von Vatel geschneidert. Selbstbewußt »eroberte« ich Breslau, leistete mir einmal einen köstlichen Eisbecher auf der Liebichshöhe, ein andermal Windbeutel mit Schlagsahne im Nobelcafé Hutmacher und sah mir die Stadt an. Trotzdem kannte ich sie bei weitem noch nicht richtig.

Man kann Breslau kaum mit irgendeiner anderen Stadt vergleichen. Wen wundert es, daß um diese Stadt, um dieses Land immer wieder Völker rangen, mit aller Verbissenheit und Härte, die den Menschen dieses Grenzlandes zu eigen sind. Stetig gleitend wie die Wellen der Oder scheint sich die Geschichte immer wieder zu wiederholen, immer wieder neu, doch stets gleich. Mit schlesischer Gelassenheit ertragen die Bewohner, was der Himmel für sie bestimmt hat und was nicht, oder nicht gleich, zu ändern ist. Für alle, die in dieser Stadt lebten oder die diese pulsierende Metropole kannten, bleibt diese Stadt unvergessen. An allen Ecken, Plätzen und den prächtigen Bauten hängt wie Spinnweben die Erinnerung, raunt still und stetig im Lauf der Zeiten die Geschichte.

Der Heimweg durch das zerstörte Breslau, ein Ruinenfeld ohnegleichen, war für uns und alle, die das erleben mußten, ein schmerzhafter Weg zwischen Traum und Wirklichkeit. Welches Schicksal mochten wohl Tante Trude und Cousine Renate erlitten haben? Ob sie noch rechtzeitig dem Inferno entfliehen konnten? Onkel Gustav war als Volkssturmmann bei der Verteidigung der als Festung erklärten Stadt eingesetzt, ebenso im Einsatz dort Onkel Willi. Keiner wußte vom Anderen.

Nach Tagen erreichten wir Breslau-Klettendorf. Rechter Hand fiel ein russischer Soldatenfriedhof sofort ins Auge. Ein russischer Panzer thronte über einem überdimensionalen Portal. Überall sah man nur Verwüstungen und Ruinen, eine Hinterlassenschaft der harten Kämpfe, die hier stattgefunden hatten. Aus dem Wald auf der linken Seite schlug uns ein ekelhafter Gestank entgegen – Leichengeruch. Weitere Kilometer führten nur durch Ruinen und Schuttberge. An einer großen Kreuzung teilte sich der Strom der vielen Flüchtlinge. Wir mußten eine Entscheidung treffen, in welche Richtung wir weitergehen wollten. Zwar hatten wir alle Breslau gekannt, aber es gab keinerlei herkömmliche Orientierungspunkte mehr. Ortsschilder und Straßenbezeichnungen existierten meistens nicht mehr. Man konnte auch niemanden fragen. Schließlich gab die Meinung von Ruth, nach Sonne und Himmelsrichtung zu gehen, den Ausschlag. Inzwischen war es kurz vor Abend, es mußte nach einem Nachtquartier Ausschau gehalten werden. Schließlich entdeckten wir in einer Seitenstraße einen fast unbeschädigten Häuserblock. Gerade wollten wir dorthin, da kam auf einem Fahrrad ein junger Russe angefahren und stieg vor uns ab. Angespannt wartete jeder, was sich denn nun ereignen würde. Mit Staunen sah ich, daß der Kerl einen Packen Geburtstagskarten aus der Tasche zog. Die hielt er Ruth unter die Nase, zeigte immer wieder auf die Schrift und wollte anscheinend vorgelesen haben, was darauf geschrieben stand. Wenn er nichts weiter wollte, das konnte er haben. Geduldig las Ruth ihm eine Karte nach der anderen vor, und obwohl er sicher kein Wort davon verstand, war er glücklich und zufrieden. Ungeduldig warteten wir. Schließlich reichte es dem wißbegierigen jungen Mann, er packte seinen Schatz wieder in seine Tasche und verschwand mit dem Fahrrad. Den waren wir also glücklich wieder los. »Jetzt aber schnell in das Haus da drüben, damit uns nicht noch einer von der Sorte über den Weg läuft!« kommandierte Tante Frieda. Wenn uns keiner sieht, dann sind wir sicher, dachten wir. Hintereinander stiegen wir die Treppe hoch bis zum ersten Stock, wo eine Wohnungstür offenstand. Kein Mensch war zu sehen, alles leer und verlassen. Sofort wurden die Bettenbündel aufgepackt und Schlafstellen gerichtet. Mamachen legte sich sofort auf ihr Bett an der nächsten Wand auf dem Fußboden und schlief erschöpft ein. Tante Frieda rückte vorsichtshalber einen Schrank vor die Tür, »damit niemand hereinkommt« sagte sie noch.

Wir saßen alle am Tisch und hielten Lagebesprechung. Auf einmal klopfte es an die Tür. Frisch und frei wie von zu Hause gewöhnt, sagte Tante Frieda laut und deutlich: »Herein!« Alle traf in diesem Moment der Schlag. Wir wollten doch niemand hereinlassen! Was blieb uns übrig? Der Schrank mußte mühevoll wieder von der Tür weggerückt werden. Draußen standen zwei Russen, die nun eintraten. Wir waren also doch nicht ungesehen in dieses Haus hineingegangen und fragten uns bange, was wohl jetzt geschehen würde. Der erste kam herein, sah sich um, und bemerkte sofort das wie tot auf dem ausgelegten Bett schlafende Mamachen. Er stutze, dann kam die Frage: »Frau kaputt?« Wir nickten alle und machten unsere traurigsten Gesichter. Auf dem Tisch stand ein Wasserglas, das wir im Schrank vorgefunden und benutzt hatten. Unsere beiden Gäste ließen sich von Tante Frieda ein Glas Wasser servieren, tranken das am Tisch sitzend aus und verschwanden wieder – mitsamt dem Glas –, wie sie gekommen waren. Das war ja noch mal gut gegangen. Erleichtert legten wir uns nieder, schliefen aber in dieser Nacht sehr unruhig.

Früh am nächsten Morgen packten wir und verließen unbehelligt dieses Haus. Mamachen hatte sich ganz gut erholt und war ausgeschlafen von den »Toten« erwacht. Aus heutiger Sicht ist es ganz erstaunlich, wie Mamachen all diese Strapazen durchgestanden hat. Schließlich war sie nicht mehr die Jüngste, hatte

Probleme mit dem Kreuz, Ischias und Hexenschuß. Außerdem war sie ziemlich füllig, was ihr jedoch in dieser turbulenten Zeit anscheinend zum Vorteil gereichte. Sie hatte etwas zum Zusetzen. Das Bewußtsein, daß ich und die Kinder sie nötig brauchten, hat sicher einen großen Teil dazu beigetragen, daß sie diese ganzen körperlichen und seelischen Strapazen überstand. Je weiter wir heimwärts kamen, um so mehr hatten wir das Gefühl, nur noch Ausländer um uns zu haben. Bald kamen wir durch Breslau-Hundsfeld und sahen an der rechten Straßenseite ein riesiges, mit hohem Zaun und Stacheldraht gesichertes Gefangenenlager. Die werden doch sicher bald freigelassen, dachte ich noch, der Krieg ist doch zu Ende. Damals konnte ich nicht wissen, daß von diesen deutschen Gefangenen die Borsig-Werke demontiert und die Teile nach Rußland geschafft wurden. Als das geschafft war, brachten die Russen die deutschen Gefangenen nach Sibirien in Arbeitslager. Das ahnte zu dieser Zeit noch niemand. Auch wußte ich nicht, daß Leonhard sich ebenfalls in diesem Lager befand. Russische Posten patrouillierten am Zaun entlang und verhinderten jeden Kontakt mit den vorbeiziehenden Heimkehrern.

Unterwegs hatten wir einen verlassenen Puppenwagen an der Straße stehen sehen. Der kam uns gerade recht. Er wurde sofort in Besitz genommen und Klein Sigrid darin einquartiert. An den Griff band ich ein Bändchen, und Mamachen zog das Gefährt daran neben oder hinter sich her. So war ich entlastet und konnte ein Gepäckstück, das ich die ganze Zeit in der Hand getragen hatte, auf den Kinderwagen legen. Schließlich wurde Mamachen müde, paßte nicht auf, und der Puppenwagen fiel um. Unser kleines Püppchen rollte mit dem Kissen auf die Straße und schrie vor Schreck wie am Spieß. Es war aber nichts weiter passiert. Mamachen und ich heulten erst mal vor Schreck mit, packten sie dann wieder in den Puppenwagen, und weiter ging's. Bei Bedarf stillte ich Klein Sigrid einfach am Straßenrand, das war eine Verschnaufpause für alle. Zu essen gab es wieder meistens Wasser-Mehlsuppe, die Gisela immer wieder gut schmeckte.

Ruth und Edith trugen jede einen Koffer. In der Gegend des Bahnhofes Sibyllenorth tummelten sich junge Kerle mit Fahrrädern um uns und drängten die beiden Mädchen ab. Sie mußten die Koffer öffnen, die Kerle gaben sich als »Kontrolle« aus. Der eine Koffer enthielt Kindernährmittel und Puddingpulver, die Schätze, die wir zuletzt noch in Neurode erstanden hatten. Darüber, um den Platz zu nutzen, waren die Schlüpfer von Mamachen ausgebreitet, die wohl nicht sehr reizvoll aussahen. Jedenfalls konnte der Koffer gleich wieder zugemacht werden. Das war sicherlich lebensrettend für die Kinder, denn daheim gab es so etwas nicht mehr, wir waren darauf angewiesen. Der zweite Koffer präsentierte sich besser und wurde auch prompt »beschlagnahmt«, das heißt geklaut. Darin waren die letzten Kleidungsstücke, und die beiden Stöffchen, die wir auf die letzten Kleidermarken in Neurode erstanden hatten.

Wir hatten allmählich das Gefühl, nur noch von Polen umgeben zu sein. Wo wollten die denn nur alle hin? Sicher doch auch nach Hause, so wie wir? In Langewiese mußten wir die kommende Nacht verbringen. Es war schon halb dunkel, als wir dort ankamen. Gleich vorn in der Siedlung kannte ich einige Familien von Versicherungsgeschäften her. Dort hoffte ich, Quartier zu finden. Tante Frieda und Mamachen warteten mit den Kindern am Dorfeingang auf mich. Leider fand ich die Häuser verwüstet und verlassen vor. Es war nicht möglich, dort zu übernachten. Inzwischen waren Ruth und Edith als Kundschafter ins Dorf gegangen. Die brachten uns dann ins Pfarrhaus. Dort fand sich glücklicherweise noch ein Plätzchen für uns. Wir verbrachten eine sehr unruhige Nacht. Rufen, Schüsse, Schreie, Tumult unterbrachen immer wieder die nächtliche Stille. Am nächsten Tag hörten wir dann, daß Russen im übernächsten Haus junge Frauen vergewaltigt hatten. Wieder waren wir glimpflich davongekommen. Die letzte Wegstrecke wurde in Angriff genommen. Nach einer Weile sahen wir die Häuser von Bohrau und dann endlich in der Ferne die Türme von Oels. Die Strecke wurde uns noch lang. Alle möglichen Gedanken gingen uns durch den Kopf. Gott sei Dank stehen ja die

Türme noch, wie wird es nur in der Stadt aussehen? dachte ich. So kamen wir langsam nach Spahlitz, dann durch das altbekannte historische »Breslauer Tor«, zurück in unser Oels. Das Breslauer Tor wies Schäden auf, auch Häuser in dessen näherer Umgebung lagen in Trümmern. Die Breslauerstraße, schmal und anheimelnd in ihren Altstadtstil, bot immer noch das gleiche Bild wie zu früheren Zeiten. Der Blick auf den Ring ließ kaum Schäden erkennen. Nur in der Einfahrt des Hotels »Goldener Adler« stand ein Panzer, der scheinbar rückwärts dort hineingerollt war und festsaß. Drohend zeigten die Geschützrohre nach vorn, aber das Ungetüm saß fest, weil die ganze stabile Deckenkonstruktion und Eisenträger verkeilt über ihm lagen. Bald gingen wir die Ohlauer Straße entlang. Es gab wohl Schäden in der Stadt, aber im Vergleich zu den Gegenden, die wir gesehen und durchwandert hatten, war verhältnismäßig wenig zu beklagen. Wir wanderten unter der alten, vertrauten Überführung hindurch, die Ludwigsdorfer Straße entlang, wo alle Häuser noch standen wie eh und je. Endlich waren wir zu Hause, der langersehnte Augenblick war da, aber die Freude wurde gleich ganz erheblich gedämpft. Das Zollhaus war ausgebrannt. Nur die Außenfassade und die Giebel standen noch zum Teil und boten rauchgeschwärzt und bröckelnd ein trostloses Bild. Das zweite Haus, das immer vermietet war, hatte das gleiche Schicksal erlitten. Nur das Vogt-Haus, das ich mit Vatel und Mamachen bewohnt hatte, sah glücklicherweise von außen noch leidlich intakt aus. Es wimmelte auf unserem Hof von fremden Menschen, und ich hatte den Eindruck, eher in einem fremden Land, als zu Hause zu sein. Mutti, Dorchen und Papa kamen uns auf dem Hof entgegen, wir schlossen uns in die Arme waren sehr froh, wieder gesund beisammen zu sein. Um den Brunnen und im ganzen Hof verteilt saßen eine größere Anzahl Italiener, die ihre Wäsche wuschen und die melodischen Weisen ihrer Heimat sangen. Dazwischen liefen polnische Kinder herum. Als ich ins Haus kam und mich umsah, konnte ich kein Möbelstück mehr entdecken. Alles war weg, dafür überall Stroh, verstreutes Papier, Kot, Scherben. Die Fenster waren zertrümmert, alles, was wir daheim gelassen hatten, war weg, gestohlen, entzweigeschlagen. Ich ging die vertrauten Wege durch den Garten, die ich so oft gegangen war. Der Gerstung-Bienenpavillon war spurlos verschwunden. Der lange Bienenstand bot ein Bild der Verwüstung: Die Stöcke lagen umgeworfen, die Waben herausgerissen, alles Zubehör lag durcheinander, höchstens nur noch zu Feuerholz nütze. Die Italiener hatten sich Bienenstöcke an den Brunnen geholt, um ihre Wäsche darauf zu schrubben. Die schöne gepflegte Buchenhecke, die unser Anwesen an der Südseite begrenzt hatte, war an mehreren Stellen von Panzern niedergewalzt. Sie hatte scheinbar bei den Kämpfen einen guten Sichtschutz abgegeben. Im hinteren Teil des Gartens fand ich einige Einzelteile meines neuen Schlafzimmers. Ich war so stolz darauf gewesen, es war Eiche mit Birke hell furniert. Als Mamachen das Ausmaß der Verwüstungen bewußt wurde, setzte sie sich erst einmal hin und weinte bitterlich. Die ganze Zeit der Flucht und der vielen Strapazen hatte sie tapfer überstanden, aber nun war es erst einmal vorbei. Selbst mir erging es nicht anders, vorher hatte ich nie Zeit gehabt, um zu weinen oder trübseligen Gedanken nachzuhängen. Als ich so unter einem Baum saß und meinen Tränen freien Lauf ließ, stand plötzlich einer der Italiener neben mir und klopfte mir auf die Schulter. »Du nix weinen, du jung und gesund«, sagte er. In diesem schlimmen Augenblick war mir das wirklich ein Trost, ich blickte zu ihm auf und fand meine Fassung wieder. Bald wurde mir bewußt, daß der Mann ja so recht hatte. Mamachen war viel schlechter dran als ich. Sie sah das ganze Lebenswerk von Vatel und ihr in Trümmern, Schutt und Scherben liegen. Sofort ging ich zu ihr, tröstete sie und nahm mir vor, mich ganz besonders um sie zu kümmern, wo sie doch als alte Frau schon so viel durchgestanden hatte. Gemeinsam räumten wir alle miteinander den Unrat aus den Zimmern und versuchten, das Beste daraus zu machen. Schließlich waren wir im Improvisieren gut trainiert und hatten schon andere schwierige Situationen in den Griff bekommen.

Mutti erzählte mir gleich, daß sie Leonhard in dem großen Lager in Breslau-Hundsfeld am Zaun gesehen und ein paar Worte mit ihm gesprochen hatte. So wußten wir wenigstens, daß er die letzten Kriegstage unversehrt überstanden hatte. Alle hatten die große Hoffnung, daß die Soldaten nach und nach entlassen würden und heimkehren könnten. Mutti erzählte auch, wohin ihr Treck von Groß Rosen aus gegangen war. In der Tschechei, in Podersam Kreis Pomeißel war Endstation, und die Familien wurden bei Bauernfamilien eingewiesen, die sie unterbringen mußten. Die Tschechoslowakei war zu dieser Zeit noch deutsches Protektorat, und die Menschen hatten deutschen Anweisungen zu folgen. Als der Krieg zu Ende und verloren war, änderten sich die Verhältnisse schlagartig. Die Deutschen mußten so schnell als nur möglich die Tschechoslowakei verlassen, denn die Besatzer waren besiegt und offener Haß zeigte sich überall. Mutti, Papa und Dorchen hatten den Heimweg mit dem Leuchtener Treck angetreten und waren unbeschadet aus der Tschechoslowakei herausgekommen. Alles Gepäck hatten sie nicht mehr aufladen können, darunter auch der Privatbesitz von Leonhard. Der war in einer großen Kiste untergebracht, und Leonhard hatte ihn mit dem Militärtreck transportiert und zwischenzeitlich nach Pomeisel zu Linkes gebracht, in der Erwartung, daß er dort sicher sei. Auch meine Aussteuerwäsche, alles mit Monogramm handgestickt, die Kästen mit dem Silberbesteck und noch vieles andere blieben in Pomeisel zurück. Der Leuchtener Treck passierte die weite Strecke unbehindert bis kurz vor Oels. In Spahlitz wurden die Fahrzeuge von einer räuberischen Bande von der Straße abgedrängt und gezwungen, in eine Sandgrube zu fahren. Dort wurden sie völlig ausgeraubt, und alles, was sie bis dahin noch besessen hatten, einschließlich der Papiere und Sparbücher, fiel den Räubern in die Hände. Am nächsten Tag näherten sich Papa, Mutti und Dorchen mit dem Fuhrwerk von hinten dem Haus, doch das konnte natürlich nicht unbemerkt bleiben. Bereits zwei Tage danach holten Polen den Fuchs weg, ohne daß Papa etwas dagegen tun konnte. Papa hatte ein Rad vom Wagen abmontiert und in den Teich geworfen, damit er nicht zu benutzen war und nicht geklaut werden sollte. Leider war auch das vergebliche Mühe, denn offenbar hatte man ihn beobachtet. Er wurde gezwungen, das Rad wieder aus dem Wasser zu holen und anzumontieren, und bald war er auch den Wagen los. Alle Pferde und Fahrzeuge waren ja mit auf die Flucht gegangen und hatten Menschen mit ihrem Hab und Gut aus den Gefahrenzonen transportiert. Es herrschte akuter Mangel, und die Polen versuchten nun den eigenen Bedarf auf Kosten der Heimkehrer zu decken.

Inzwischen kam auch Familie Thorenz an, das waren Vater, Mutter, zwei Mädchen von etwa sechs und acht Jahren und die Oma, so etwa Ende achtzig. In ihre alte Wohnung, das Mietshaus, konnten sie nicht mehr hinein, da das Haus abgebrannt war und die Ruine einzustürzen drohte. Der Mann war schon immer Kommunist gewesen, riskierte eine große Lippe, und wir waren gezwungen, uns zu arrangieren. Er versuchte nun, den »Herrn« zu spielen und soll Papa sogar ins Gesicht geschlagen haben. Die hinteren Räume in unserem Haus, die Familie Willner bewohnt hatte, waren bereits von einer polnischen Familie belegt worden, drei Erwachsene und vier Kinder. Es standen ihnen allerdings nur ein Zimmer und die Küche für sieben Personen zur Verfügung, denn das dazugehörige Wohnzimmer war ausgebrannt und nicht mehr benutzbar.
Wir versuchten uns erst einmal alle in einem Zimmer, nämlich unserem ehemaligen Wohnzimmer zu arrangieren. Papa, Mutti, Tante Frieda und die Mädchen sammelten alle auffindbaren Bretter und sonstiges brauchbares Zubehör. Hammer, Nägel und Säge hatte Papa in einem der Schuppen entdeckt. Mit diesen primitiven Mitteln konnten Bettstellen genagelt werden, im Nageln war Papa ja schon immer gut. Da ja keine Möbel mehr vorhanden waren, gab es Platz genug. Das erste Bett entstand für Ruth und Edith, nach Maß, nicht zu breit, gleich neben der Tür rechts, wo ehemals der Kleiderschrank gestanden hatte. Eines kam in die Ecke, wo früher das Harmonium gestanden hatte, für Mamachen. Dorchen und ich breiteten unsere Decke auf

dem Schreibtisch aus, der als einziges Möbelstück noch dastand. Nur der Aufsatz mit den Einzelfächern war weg. Davor wurde die Rückenlehne des Sofas, die wir im Garten gefunden hatten, plaziert. Das gab eine wunderbare Liege für Mutti, die dauernd über Kreuzschmerzen klagte. Links davon, wo in normalen Zeiten das Sofa und der Tisch ihren Platz gehabt hatten, wurde ein breites »Massenbett« zurechtgenagelt, für die fünf Personen der Familie Thorenz. Gleich links in der Ecke konnten wir das Kinderbett, in dem Heini und Dorchen als Kleinkinder geschlafen hatten, unterbringen. Wir hatten es glücklicherweise im Schuppen entdeckt. Das war eine prima Lagerstatt für unsere kleine Gisela.

Dieses Bett aus stabilem Drahtgeflecht hatte hohe, aufklappbare Seitenteile und eine gute Federung. Es konnte weder ein Kind herausfallen, noch sonst etwas passieren, es war ein vollkommen sicherer Platz. Daher stammte auch der Name, den wir ihm schon in früheren Zeiten gegeben hatten: der »Bunker«. Klein Sigrid konnte ich dann platzsparend im Kinderwagen gleich davor abstellen. Tante Frieda hatte eine alte Matratze gefunden und legte sich damit vor das Bett ihrer Mädchen auf den Fußboden. Papa wurde es zu eng. »Nein«, rief er, »da schlafe ich lieber im ›schwarzen Loch‹.« So nannte er das ausgebrannte Zimmer. Die zerschlagenen Küchenfenster konnte Papa mit Frühbeetfenstern und langen Nägeln von innen absichern. In unserem ehemaligen Schlafzimmer mußte erst Unrat hinausgeräumt und saubergemacht werden. Das konnte Tage dauern. Papa ging dann doch nicht ins »schwarze Loch«, sondern holte sich Heu und Stroh ins Schlafzimmer, das übrigens auch zum Teil von Feuer geschwärzt war, und richtete sich ein provisorisches Lager. Es war gut, das wir alle zusammen waren, denn die folgenden Nächte waren unruhig und wir kamen kaum zur Ruhe. Nachts wollten sich Russen oder irgendwelches Gesindel Einlaß verschaffen, die »schöne Frau« suchten. Es wurde mit Taschenlampen zu den Fenstern hereingeleuchtet und an Fenster und Türen gedonnert. Die Kinder wurden munter und fingen an zu weinen. In der Küche versuchten die Stö-

renfriede die von innen vorgenagelten Frühbeetfenster wegzu-
drücken, die Nägel fingen schon an sich zu lockern. Innen standen Papa, Mutti, Tante Frieda, Thorenz und Frau und hielten
mit allen Kräften dagegen. Ich mit Dorchen, Ruth und Edith,
wir huschten schnell auf den Heuboden, wo wir zur Dachluke
hinauskrochen und uns auf dem anschließenden Flachdach
lang hinlegten, und die Dachluke hinter uns wieder schlossen.
Fürchterliche Angst ließ unsere Herzen dröhnend pochen,
wußten wir doch nicht, was sich da unten nun weiter abspielen
würde. Schließlich zogen die Randalierer unverrichteter Dinge
wieder ab, Fenster und Türen hatten standgehalten. »Roter
Hahn!« hörten wir sie noch einige Male rufen, und vorsichtig
warteten wir noch ab, ob die Halunken vielleicht Feuer legen
würden. Alles blieb aber nach einer Weile ruhig, und von Feuer
war nichts zu sehen und zu riechen. Schließlich hätten sie ja
der Polenfamilie geschadet, die mit im Haus wohnte. Einige
Nächte verliefen so. Immer wieder leuchteten Fremde an den
Fenstern und machten sich draußen bemerkbar.
Natürlich hatten wir alle kaum Platz, um uns zu bewegen.
Nachts herrschte tiefste Finsternis, und niemand traute sich, ein
Streichholz anzuzünden. Taschenlampen besaß keiner mehr.
Alles Erforderliche mußte mit katzenhafter Geschicklichkeit
und in völliger Dunkelheit erledigt werden. Meine kleine Gisela
war am Tage das allerbravste Kind. Nachts aber wurde sie regelmäßig wach, weinte und hatte die Hose voll. Ich mußte meinen Schlafplatz auf dem Schreibtisch neben Dorchen verlassen,
um für Ruhe zu sorgen. Sowie das Kind anfing zu weinen, setzte ich mich automatisch auf. Sofort meldeten sich bohrende
Zahnschmerzen. Dann mußte ich vorsichtig über Mutti steigen,
die ja vor mir auf der flach gelegten Sofalehne schlief. Mit dem
Fuß, der auf dem Fußboden anlangte, landete ich dann regelmäßig in einer Pfütze, die von der Thorenz-Oma verursacht
wurde. Sie hatte Probleme mit der Blase, wie das bei vielen alten Leuten der Fall ist, und fand in der Dunkelheit das bereitstehende Töpfchen nicht. Dann mußte ich mich zu Gisela wei-
tertasten, sie saubermachen und frisch anziehen, was natürlich

nicht ohne »Duftnoten« abging. Eine Spezialarbeit mit Gefühl
... Inzwischen war dann auch Sigrid munter geworden, die ich
trockenlegte und auf der Treppe sitzend stillte. Hatte ich die
beiden zufriedengestellt und wieder eingebettet, konnte ich
dann wieder meine Schlafstelle anpeilen, die auf dem gleichen
Weg zurück durch die Pfütze, über Mutti, an Dorchens Seite erreicht wurde. Dann erst beruhigten sich meine Zahnschmerzen
wieder. Diese Zeremonie wiederholte sich eine ganze Zeitlang
jede Nacht.

Inzwischen hatten wir es geschafft, unser ehemaliges Schlafzimmer wieder zu säubern und in einen erträglichen Zustand
zu versetzen. In diesem Raum konnten wir dann Familie Thorenz einquartieren, und die Lage besserte sich erheblich. Dorchen und ich konnten vom Schreibtisch auf die Bettstelle wechseln, die mit Stroh und unseren Decken belegt war. Leider hatten sich inzwischen jede Menge Flöhe eingefunden, die uns auf
Trab hielten und mit wildem Wermut bekämpft wurden. Wasser hatten wir vom eigenen Brunnen, aber bald nichts mehr zu
essen. Die Nährmittelvorräte aus Neurode waren aufgebraucht.
Ein Eimer voll Kindernährmittel, den Papa mit auf die Flucht
genommen hatte, war als äußerste Reserve betrachtet worden
und war seltsamerweise trotz allen möglichen Notlagen nicht
verbraucht, sondern wieder mit heim genommen worden. Für
meine beiden Kleinen war also noch Vorrat vorhanden.

Die Landwirtschaftsschule war mit Italienern belegt, ebenso
die Räume der Möbelfabrik Pohl. Es müssen wohl »Gastarbei-
ter« gewesen sein, die gute Verpflegung hatten und hofften, irgendwie in ihre Heimat zurückzugelangen. Einige versuchten,
mit Raviolidosen oder Butterbrot Kontakte zu knüpfen. Einer
war sogar ganz offen und bot mir an: »Du kommen Amore machen, du Butterbrot essen«. Du lieber Himmel! So weit waren
wir aber doch noch nicht, obwohl der Magen knurrte. Einer,
nicht mehr ganz jung und sicher verheiratet, brachte mir ab
und zu von selbst und ungebeten etwas zu essen mit. Er war
freundlich und unaufdringlich, streichelte Gisela ab und zu
über das Köpfchen, was sie sich gnädig gefallen ließ. Aus Si-

cherheitsgründen trug ich das Kind immer auf dem Arm, wenn ich mich im Gelände bewegte. »Ich Frau und Kind in Italia« sagte er. Nach einiger Zeit sollte ich mir dann Essen in Papas Geräteschuppen holen. »Kamerad nicht sehen«, sagte er geheimnisvoll. Ich ging natürlich hin, wie immer mit Gisela auf dem Arm. Antonio hatte aber scheinbar seinen begehrlichen Tag und wollte diesmal doch noch mehr, als nur gute Werke tun. In einer Hand hielt er die Dose, mit der anderen Hand wollte er mich streicheln. Mißtrauisch verfolgte meine Tochter seine Bemühungen, und wenn er nach ihrer Ansicht mit seiner Hand zu nahe kam, brüllte sie los wie eine Sirene. Diese Situation hätte gefilmt werden müssen. Das Ende vom Lied war, er konnte so nicht zum Zuge kommen, ließ mir aber anständigerweise doch die Dose Ravioli da. Enttäuscht zog er sich zurück mit den Worten: »Du Lärge – warum du Kind?« Leider war mit diesem dramatischen Finale auch die über eine Woche anhaltende Zulieferung von Brot und Ravioli beendet. Antonio ließ sich am Ort seiner schmählichen Niederlage nie wieder blikken. Dorchen, Ruth und Edith versuchten auch alle Tricks, um lebensnotwendige Güter an Land zu ziehen, und gerieten in manch schwierige Situation. Da sie aber nie allein, sondern stets zu zweit oder dritt waren, konnten sie sich immer wieder aus der Schlinge ziehen und sich gegenseitig helfen. Wir erlebten eine abenteuerliche Zeit, während die »Alten« alle Ängste um uns aushielten.

Unvermutet kamen neue große Sorgen auf mich zu. Klein Sigrid wurde krank, bekam Durchfall. Sie erbrach alles, was sie schluckte, trank schließlich nicht mehr und nahm zusehends ab. Wieder begab ich mich auf die Suche nach einem Arzt. Der einzige Mediziner, der in der ganzen Stadt zu finden war, ein Pole, wurde von einer großen Menschenmenge umlagert. Alle warteten geduldig, bis sie an der Reihe waren, so auch ich mit meiner kleinen Tochter im Arm. Nach vielen Stunden, die mir endlos vorkamen, war ich an der Reihe. Eine Kranken- oder Hilfsschwester ging dem Arzt zur Hand und übersetzte meine

Worte. Wie sich herausstellte, war es ihm kaum möglich, seine zahlreichen Patienten, die dringend seine Hilfe brauchten, wirkungsvoll zu behandeln. »Kind Brechdurchfall – nix gut, ich haben nix Medizin, aber sagen alte Hausrezept – muß helfen liebe Gott.« Gleich kam der nächste Patient an die Reihe, denn es warteten ja noch so viele auf Rat und Hilfe. Das Hausrezept erklärte mir eine gut Deutsch sprechende Frau wie folgt: Ein Eiweiß sollte in einem halben Liter Wasser zehn Minuten geschlagen werden. Davon sollte dem Kind alle halbe Stunde ein Teelöffel eingegeben werden. Woher um Himmels Willen konnte ich nun schnell ein Ei bekommen? Tante Frieda fragte die Italiener, die ja zum Teil schon länger in Deutschland gearbeitet hatten und unsere Sprache gut verstanden. Einige nahmen Anteil am Schicksal meiner kleinen »Bambina«, und forschten nach, wo es Hühner gab. Endlich kam einer freudestrahlend mit einem frischen Ei in der Hand zu uns und übergab es Tante Frieda, er hatte es in der Siedlung bei Polen bekommen. Ob mir das als Deutsche möglich gewesen wäre, ist fraglich. Die ganze Nacht wachte ich, befolgte die Anweisung des Arztes möglichst gewissenhaft und betete, der liebe Gott möge doch mein Kind wieder gesund werden lassen. Es wurde eine lange Nacht in Dunkelheit und Ungewißheit, und ich versuchte, den Zeitbegriff von einer halben Stunde mit Zählen in den Griff zu bekommen, ich hatte ja keine Uhr, nach der ich mich hätte richten können. Einen winzigen Kerzenstummel, ich glaube es war ein Teelicht, benutzte ich, um überhaupt den Teelöffel und den Mund des Kindes zu finden. In dieser Nacht der Angst und Verzweiflung gelobte ich, katholisch zu werden, wenn mein kleines süßes Mädchen wieder gesund werden würde. Am nächsten Morgen sah alles schon wieder viel besser aus, denn Brechen und Durchfall hatten aufgehört.

Ein wenig konnte ich noch stillen, aber bei der schlechten Ernährung wurde es immer weniger, und das Kind brauchte zusätzlich Milch. Auf Anraten der alten erfahrenen Thorenz-Oma badete ich Sigrid nun täglich in Thymian-Aufguß. Die ätherischen Öle und Duftstoffe regten die Durchblutung und den

Kreislauf des kindlichen Körpers an und wirkten zusätzlich noch desinfizierend. Auch dieses alte Hausmittel erwies sich als hervorragend wirksam, und mein kleiner Schatz erholte sich zusehends, wurde wieder rosig und lachte und krähte. Auch das Problem der Milchbeschaffung bekam ich auf ganz unkonventionelle Weise in den Griff. In Leuchten gab es eine junge Frau, die entbunden hatte, aber ihr Kind war gestorben. Tante Frieda hatte das in Erfahrung gebracht und nahm Kontakt auf. Die junge Frau war bereit, ihre Milch abzupumpen und für meine Sigrid zu spenden. Jeden Abend, kurz vor Anbruch der Dunkelheit, gingen Dorchen und ich los, liefen im Dauerlauf querfeldein bis zum Bahndamm. Nach einer Verschnaufpause konnte dann das Hindernis »Bahndamm« genommen werden, die Böschung hinauf, über die Gleise, auf der anderen Seite wieder hinunter. Der weitere Weg war mit Büschen bewachsen, und aus unerklärlichen Gründen fühlten wir uns dort viel sicherer. Die Milchübergabe vollzog sich schnell, und beim Rückweg war es meist schon ziemlich dunkel. Im Dauerlauf rannten wir beide denselben Weg wieder zurück, immer in der Angst, hinter jedem Busch könnte einer sitzen und uns am Wickel kriegen. Erst daheim, mit unserer kostbaren Fracht atmeten wir wieder auf, und die wartenden Frauen mit den beiden kleinen Kindern ebenso. Zu dieser Zeit lungerte überall polnisches Gesindel herum, wie wir von den nächtlichen Erfahrungen wußten, und auch Russen waren unterwegs und suchten immer wieder »schön Frau«. Diese nächtlichen »Milchgänge« waren also keinesfalls ungefährlich. Klein Sigrid vertrug die fremde Muttermilch erstaunlicherweise sehr gut, und erholte sich zusehends. Alle hatten viel Freude an den beiden Kindern. Langsam mußte ich aber versuchen, andere Milchquellen zu erschließen.

Inzwischen war es Juni geworden, es regnete, die Sonne schien wie jedes Jahr um diese Jahreszeit, und es war höchste Zeit, etwas auf den brachliegenden Acker zu bringen. Mutti und ich gingen zur Landwirtschaftsschule, die jetzt ein polnisches

Krankenhaus oder Lazarett war, und suchten aus dem Abfall-
haufen kleine Kartöffelchen heraus, die den Produzenten dieses
Abfalles zu klein und zu unscheinbar zum Essen oder Schälen
waren. Wir meinten, wenn wir die stecken, wozu es höchste
Zeit war, dann könnten wir später auch wie ehemals von unserem kleinen Acker ernten. Das sollte sich allerdings als ein großer Irrtum erweisen. Die Aktion lief auf jeden Fall erst einmal
an. Mit viel Mühe und Überredungskunst brachte ich sämtliche
noch in der Gärtnerei vorhandene Spaten mit der dazugehöri-
gen Mannschaft auf den Acker. Papa gab gleich seinen negati-
ven Kommentar:»Bildet euch bloß nicht ein, daß wir hier etwas ernten!« Muttis Antwort dagegen positiv:»Selbstverständlich müssen wir es wenigstens versuchen! Wir können doch
nicht einfach abwarten, was passiert, ohne etwas zu unternehmen!« Die drei Mädchen:»Sowieso alles sinnlos!« Tante Frieda
gab dann den endgültigen Ausschlag:»Auf, los geht's, los! Fangt
doch endlich mal an!« Alle in einer Reihe gruben wir ein beachtliches Stück Acker um und legten gleich die Kartoffeln in
die Erde. Am nächsten Tag sollte es eigentlich in dieser Art weitergehen, aber meine Mannschaft hatte Muskelkater, und keiner war bereit, noch einmal einen Spaten in die Hand zu nehmen. Es gab weder Gemüsesamen noch Pflanzen, das Land
blieb unbebaut liegen, und jeder trampelte darüber hinweg, als
wäre dort niemals kultivierter, fruchtbarer Boden gewesen.
Im Garten fand sich zwischen dem meterhohen Unkraut ge-
schossener Spinat vom vergangenen Jahr, dessen Blätter ich
abpflücken und für Gisela als Gemüse zubereiten konnte. Auch
einige im Vorjahr vergessene Möhren fanden sich noch im Erd-
reich. Man hätte meinen können, daß es doch in dem großen
Garten zuallermindest Obst gegeben haben müßte, aber weit
gefehlt. Der Winter war hart gewesen, und das wenige Obst an
den Bäumen wurde schon grasgrün von den Bäumen geschlagen. Viele Menschen hatten ja nichts zu essen, aber ich glaube
eher, daß das Obst mutwillig von den Bäumen geschlagen wurde unter Verwendung langer Stöcke, die auch den Bäumen viel
Schaden zufügten. Was nicht brauchbar war, wurde zerstört,

um uns zu schaden und die Lebensgrundlage zu entziehen. Genauso kam es auch mit den Kartoffeln, die wir mit so viel Mühe in die Erde geschafft hatten. Sie wuchsen zwar wie erwartet, aber die Pflänzchen lagen ausgerissen auf dem Acker, ehe sie Knollen bilden konnten. Unsere Negativ-Kommentatoren sagten: »Siehste! Da haben wir wieder mal umsonst geschuftet.« Tante Frieda und die Mädchen entwickelten unterdessen andere Fähigkeiten. In der Stadt konnte man unter Schutt und Ruinen alles Mögliche und Brauchbare finden, wenn man wühlte, Glück und Geduld hatte. Eines Tages brachten sie von so einem Wühlgang verschiedenes ganzgebliebenes Geschirr und einen ganzen Karton voller Haarkämmchen mit. Mutig bot Tante Frieda diesen Karton dann in Oels in einem Metzgerladen zum Verkauf an, und bekam wider Erwarten ein ganzes Pfund Speck dafür, das sofort mit allen geteilt wurde. Dank ihrer hervorragenden Beobachtungsgabe entdeckten sie eine Kartoffelmiete im freien Feld, die allerdings auch andere kannten und leerten. Jedenfalls konnte von dort mit einem Fahrradhänger Kartoffeln herangeschafft werden, die eine ganze Weile reichten. So lange gab es alle Tage Kartoffelpuffer, auf der Herdplatte gebacken. Aus dem Keller einer Ruine schleppte Tante Frieda auch ein kleines Fäßchen mit Sauerkraut an. Nach und nach konnten wir die anfänglichen Ängste überwinden, und nach mutigen Erkundungsgängen stellten wir fest, daß es einen rege florierenden Markt und Tauschhandel gab. Man konnte dort alles kaufen oder tauschen, und viele Oelser tauschten das Wenige, das sie noch besaßen, auf diese Weise in die dringend benötigten Lebensmittel ein. Nachdem wir diese Möglichkeit erkannt hatten, wurde alle Tage eifrig Schutt durchwühlt und immer etwas Brauchbares gefunden. Allen möglichen Krimskrams konnte man in ein paar Zloty umsetzen, und dafür konnte ich jeden Tag für die Kinder eine Tasse Milch auf dem Schwarzmarkt kaufen. Die polnischen Frauen standen mit einem halben Eimer Milch auf dem Markt. Jeder aufgewirbelte Dreck konnte in den offenen Eimer fliegen. Daraus schöpften sie mit einer schmuddeligen Tasse in ein mitgebrachtes Gefäß. Halbe Brote oder einzelne Brotscheiben konnte man erstehen, ein einziges Mal war ich imstande, ein ganzes Weizenschrotbrot zu kaufen. Jeden Tag ging ich auf den Markt, und wenn kein anderes Geschäft zu machen war, dann konnte ich immer noch die Gemüseabfälle, Krautblätter, mal eine wurmige Möhre oder zwei bis drei angebissene Äpfel und sonstige Sachen, die andere wegwarfen, mit heim nehmen. Die Besuche auf dem Schwarzmarkt waren nie ganz erfolglos, und so hielten wir uns immer einigermaßen über Wasser. Die Vorräte an Mehl, Puddingpulver und Zucker gingen langsam, aber sicher zu Ende, obwohl sie so gut als eben möglich gestreckt wurden.

Die Erntezeit war herangekommen, und wir gingen auf Ährensuche. Auf dem großen Acker auf der anderen Straßenseite, dem »Weinberg«, stand Ausfallgetreide in Büscheln zwischen Kornblumen, Mohnblumen und Windhalm. Was lag näher, als die reifen Ähren zu sammeln. Eine ganze Menge Weizen konnten wir schneiden und mit Knüppeln in der Küche ausdreschen. Die Körner im Wind von den Spelzen befreien konnte Mamachen am besten, sie warf sie hoch und schüttelte die Schüssel so gekonnt, daß kaum noch Verunreinigungen darin blieben. Bald aber kamen die Polen, die in den Siedlungshäusern wohnten, auch auf die Idee mit dem Ährenschneiden, und wir durften uns nicht mehr auf dem Felde blicken lassen. Es dauerte nicht lange, und sie hatten alles sauber abgeerntet und sicher in ihre Häuser geschafft. In dem Bemühen, genügend Milch für meine beiden Kinder zu bekommen, ging ich mit den beiden in die Siedlungshäuser, fragte nach Milch und bot meine Arbeitskraft dafür an. Die meisten Polen hatten selbst keine Milch, aber die Leute im dritten Siedlungshaus waren reich. Eine Kuh stand im Stall, die tatsächlich Milch gab. Nach einigen erfolglosen Verständigungsversuchen, letzten Endes mit Zeichen- und Körpersprache, machten mir die Leute klar, daß ich die Ehre und das Glück hätte, bei ihnen eingestellt zu werden. Ich bekam jeden Tag einen halben bis einen Liter Milch, mittags eine warme Suppe und abends ein Stück Brot. Dafür mußte ich helfen, die

Handdreschmaschine zu drehen, und alles mögliche im Garten arbeiten, was sie nicht selbst konnten oder wollten. Die Leute waren aber kinderlieb und anständig; ich wurde nicht schlecht behandelt. Das ging allerdings nur so lange, wie sie mich brauchen konnten, dann war ich den Arbeitsplatz und die damit verbundenen Vorteile wieder los. Es war eine Großfamilie, alle saßen miteinander um den Tisch, alte Leute und Kleinkinder dabei. Meistens gab es eine Milchsuppe, und ich saß am Tisch wie alle anderen. Auch diese Menschen hatten ihre Probleme und mußten sehen, wie sie zurechtkamen.

Das Kreisversuchsgut, unser Nachbar nach Süden hin, war von Polen übernommen worden, die das Vieh versorgten und die Milch alle Tage nach Oels schafften, wahrscheinlich in Militärkantinen. Jeden Tag fuhr der Milchtransport auf der Ludwigsdorfer Straße vorbei in einer Aufmachung, die wohl einmalig war. Sie fuhren nämlich mit einem Leichenwagen, auf dem mehrere Mann Besatzung saßen und die großen Milchkannen festhielten. Dieses pompöse Gefährt zog unser guter alter Fuchs, den sie Papa weggeholt hatten. Immer im flotten Tempo ging es vorbei, und damit auch das klappte, gab es fleißig mit der Peitsche Nachhilfe. Dazu grölte die Besatzung immer denselben neuesten Schlager. Papa nannte diesen Spuk den singenden Leichenwagen. Wie mag ihm wohl zumute gewesen sein, wenn er alle Tage seinen guten alten Fuchs unter diesen Umständen vorbeigaloppieren sah, und untätig mitansehen mußte, wie das arme alte Tier geschlagen und geschunden wurde. Jemand von diesen Leuten hatte aber scheinbar doch ein Herz für uns, denn ein Pole kam zu Papa und sagte zu ihm: »Du kommen Kind fressen!« Da war Papa neugierig und ging mit. Im Stall hatte eine Kuh schwer gekalbt, und das Kalb hatte nicht überlebt. Wir bekamen es als Aufbesserung unseres Speisezettels angeboten. Papa schleifte die Beute nach Hause, zog das Tier ab, und die Frauen bereiteten es zu. Erst wollte keine so recht, als aber Papa zulangte und sagte: »Was wollt ihr denn, das schmeckt doch tadellos!«, da aßen wir alle davon. Als Tafelsalzersatz hatte Mutti noch einen Rest Kali-Düngesalz im Schuppen entdeckt, das tat es auch. Dieses Festmahl hat uns allen gut geschmeckt und keinem geschadet.

Noch ein andermal kamen wir zu Fleisch. Papa erfuhr, daß in Ludwigsdorf ein Pferd zu Tode gekommen war, man hatte ihm den Hals abschneiden müssen, und wer wollte, konnte sich davon holen. Wegen der Wärme war es gleich vergraben worden. Papa brachte ein Stück Fleisch mit. Die Frauen hatten Bedenken und wollten es nicht zubereiten, da kochte Papa selbst. Da er sich mit den Feinheiten der Zubereitung wohl nicht so gut auskannte, stank es so aus dem Topfe, daß keiner etwas davon essen wollte. Alles stank nach »Trapp-Trapp«, und es kam zum großen Protest. Dorchen warf den Topf samt Inhalt vor die Tür. Papa hatte wohl nicht das richtige Stück erwischt. Der zweite Versuch funktionierte besser. Papa ging noch mal hin, und kam mit einem wunderschönen Stück Schinken an. Von unseren perfekten Köchinnen zubereitet, schmeckte es wie Schmorbraten, und alle waren zufrieden und aßen möglichst viel. Nur Dorchen rührte davon nichts an, sie konnte sich nicht überwinden, Pferdefleisch zu essen. Scheinbar hatten wir zu viel gegessen, denn es stellte sich Durchfall ein, der aber am nächsten Tage wieder vorbei war. Dorchen lachte uns dafür aus, denn diese Probleme hatte sie nicht, sie hatte ja kein Pferdefleisch gegessen.

Mit dem geernteten Getreide entstand uns eine Menge Arbeit. In der Stadt hatten wir unter Schutt eine schöne Handkaffeemühle gefunden. Bohnenkaffee war damals noch nichts Alltägliches, jedenfalls nicht in unserer Familie, er war etwas, das zum Sonntag gehörte, wie ein guter Braten und die legendären schlesischen Kartoffelklöße. Schon allein die Bohnen in die Mühle zu füllen und dann der aromatische Duft, der durch die Küche strömte, waren ein Genuß. Das Kaffeemahlen war eine Zeremonie, bei der wir als Kinder immer gern zusahen und verband sich mit dem unverwechselbaren Begriff »Sonntags zu Hause«. Mit so einer Kaffeemühle wurde nun unsere mühevoll gesammelte Körnerausbeute durchgemahlen. Das erforderte Ausdauer und eine Menge Muskelkraft, denn bald wurde einem der Arm lahm. Papa mußte daran glauben, bis er protestierte. Durch ein im Schutt gefundenes Sieb mit einigen Löchern, siebte ich das feine Mehl aus, und verwendete es für die Kinder zum Süppchen und Brei kochen. Alle Gröbere, mit Kleie und Schalen, ergab für uns Erwachsene eine magenfüllende, sättigende, ballaststoffreiche Suppe. Papas Geschmack war es wohl nicht so sehr, denn er gab dieser Mahlzeit den sinnigen Namen »Kannibalensuppe«.

Inzwischen hatte wohl ein Teil der Deutschen wieder ihre alte Heimat erreicht. Es wurde bekanntgemacht, daß alle Männer und Frauen sich auf dem Marktplatz einzufinden hätten, zwecks Aufräumungsarbeiten. Das leuchtete ein, und am nächsten Morgen fanden wir uns auf dem Ring ein. Mutti und ich wurden einer Gruppe zugeteilt, die im Reichsbahn-Ausbesserungswerk aufräumen sollte. Dort sah es schlimm aus, denn Stroh, Abfall und Kot waren mit Eisenteilen, Schrauben und Werkzeug gemischt überall verteilt. Die Eisenteile sollten herausgelesen und der Unrat beseitigt werden, keine besonders angenehme Arbeit. Jeden Morgen auf dem Markt gab es andere Einteilungen. An einem Morgen wurden Mutti und ich zum Straßenkehren abkommandiert und zogen mit Besen und Schubkarre durch Oels. Das war ein ganz besonders böser Job, wie sich im Laufe des Tages herausstellte. Zwar brauchten wir uns weder zu eilen noch zu schinden, aber es passierte einige Male, daß wir von polnischen Passanten angespuckt wurden, als Inbegriff der verhaßten Deutschen. Auch dieser Tag ging vorbei, aber die Zeit kam uns sehr lang vor, und am Abend war Mutti mit den Nerven so fertig, daß sie auf dem Nachhauseweg weinte. Zum Glück bekamen wir ein paar Zloty dafür, die dann wieder hauptsächlich in Milch für die Kinder umgesetzt. Eines Tages standen wir wieder wie die Sklaven auf dem Marktplatz und warteten, was uns diesmal blühen würde. Ich wurde von einem jungen polnischen Offizier ausgesucht, und mit in die Nachodstraße genommen, wo er wohnte, und seine junge Frau mit ihrem Baby wartete. Zwar sprach keiner ein Wort Deutsch, aber trotzdem konnten wir uns einigermaßen verständigen. Dort war alles zu finden, was man so in einem Haushalt braucht, und der Küchenschrank war gut gefüllt. Das Essen mußte ich fertig aus der Kantine holen, das fing bereits morgens mit dem Kaffee an. Ich konnte die Reste essen oder auch mit heim nehmen. Die Arbeit war kaum der Rede wert, außer Essen holen brauchte ich nur zu spülen und sonst für Ordnung sorgen. Das Kind versorgte die junge Frau selbst, tat jedoch sonst auch keinen Handschlag. Beide waren freundlich, aber näherer Kontakt wegen der Sprachschwierigkeiten nicht möglich. Mamachen versorgte inzwischen meine beiden Kleinen, und eines Tages kam sie mit dem Kinderwagen angefahren und wollte mich abholen. Als die junge Polin sah, daß ich zwei kleine Kinder hatte, ließ sie ab sofort mehr Milch von der Kantine mitbringen, und ich konnte jeden Tag welche mit heim nehmen. Es waren sehr anständige, ruhige, gebildete Leute. Da es aber an allem fehlte, und in solchen Fällen wohl jedem das eigene Hemd am nächsten ist, beschloß ich, was irgend möglich war, abzuzweigen. In meinen Unterrock nähte ich eine schöne große Tasche, und darin ließ ich alles mögliche aus dem gut gefüllten Küchenschrank mitgehen. Es war ja alles da, und kleine Mengen fielen nicht auf, Not macht erfinderisch und skrupellos. Täglich wenig, aber regelmäßig brachte ich heim, was ich konnte, ohne aufzufallen. Schaden entstand der jungen Familie wohl kaum, verließen sie sich doch auf die Rationen aus der Kantine. Auch diese Zeit ging nach ein paar Wochen wieder zu Ende, denn die nette junge Frau reiste mit ihrem Kind wieder zurück nach Hause zu ihrer »Matka«. Ich sollte weiter für ihren Mann putzen und Essen holen. Er war zwar sehr ordentlich, aber das war mir dann auf die Dauer zu heiß. Als ich eines Morgens wieder hinkam, um aufzuräumen, fand ich die Überreste eines »Herrenabends«, genauer gesagt eines Saufgelages. Der Offizier hatte tagsüber Dienst und war nicht da. Ich brachte ihm noch einmal schön die Wohnung in Ordnung, füllte eine kleine Flasche von dem Wodka ab, der noch in dcr Wohnung herumstand, und verstaute sie in meiner Universalunterrocktasche. Aus der Truhe ließ ich noch ein spitzenbesetztes Damenhöschen mitgehen und verließ diese Wohnung auf Nimmerwiedersehen. Das Spitzenhöschen konnte ich auf dem Schwarzmarkt umsetzen. Mamachen versorgte treu und brav und vor allen Dingen zuverlässig die beiden Kinder. Die Windeln wusch sie im Teich und hängte sie über die Büsche am Teichrand zum Trocknen. Sie sahen aus wie Landkarten, denn Seife und Waschpulver waren ja nicht vorhanden, und das einzige Bleichmittel war, natürlich und umweltschonend, die Sonne. Beide Kinder vertrugen die Kost gut und gediehen normal, soweit ich das beurteilen konnte. Sigrid stand meistens im Kinderwagen vor dem Haus, und wenn ich abends nicht in Hörweite war, kam Papa und sagte:»Du mußt da mal nachsehen, der Kinderwagen schreit!« Jeder paßte auf und kümmerte sich um die beiden, es ging ihnen sicher nicht schlecht. Sigrid hatte jedoch ein laufendes Ohr, das immer ganz besonders gepflegt und gesäubert werden mußte. Trotzdem war sie aber quietschfidel.

Mutti und Tante Frieda waren weiter im Arbeitseinsatz bei den Aufräumungsarbeiten im Reichsbahn-Ausbesserungswerk. Die Mädchen waren von den Russen zur Feldarbeit eingestellt worden. Diese mußte unter russischer Überwachung geleistet werden, immer flott Rüben hacken. Das gefiel ihnen überhaupt nicht. Es war anstrengend, der Rücken tat ihnen weh. Eines Morgens entschlossen sie sich, einfach nicht zum Sammelplatz zu gehen. Edith meinte:»Wenn uns jemand fragt, wir sind krank!« Es dauerte nicht lange, da kam eine Patrouille von drei Russen und fragte:»Wo Fräulein Rabotna?« Edith, die mit dem Mundwerk forscheste, gab zur Antwort:»Fräulein krank«. Als Ruth und Edith gehört hatten, daß sie gesucht wurden, hatten sie sich schnell ins Bett verkrochen und die Zudecke über den Kopf gezogen.»Nix krank!« riefen die Russen, zogen die Zudecken weg, und die beiden mußten in das wartende russische Fahrzeug steigen und wurden zur Arbeit gebracht. Der Bluff war gründlich mißlungen. Außerdem stellten die Russen fest, daß die beiden schmutzige Füße hatten, obwohl sie im Bett gelegen hatten. Ihr Kommentar:»Deutsche Fräulein nix Kultura!« Noch lange haben wir über dieses Erlebnis gelacht.

Die Familie Thorenz, die unser ehemaliges Schlafzimmer bewohnte, lebte auch vom Tauschhandel, und vor allen Dingen hatten sie viel Kontakt zu den Italienern. Weiß der Himmel, warum die nicht heim nach ihrem »Bella Italia« konnten. Eines Tages wurde das größere der beiden Mädchen der Familie Thorenz krank. Es hatte Bauchschmerzen, hohes Fieber, phantasierte, schrie, und kein Arzt war aufzufinden, erst recht nicht Medizin. Alle Hausmittel halfen nicht, auch Mamachen, die versuchte, mit ihren Kenntnissen, die sehr weitreichend und meistens wirksam waren, zu helfen, hatte keinen Erfolg. Nach einer Woche war das Mädchen tot. In der Stadt hörten wir, daß im Italienerlager Typhus ausgebrochen wäre. Konnte das Kind durch die Italiener angesteckt worden sein? Wir waren alle entsetzt und tief traurig.

In einer Holzkiste fuhren die Eltern ihr totes Kind mit dem Handwagen zum Friedhof und begruben es. Die Leute waren katholisch, aber so wenig wie ein Arzt, so war auch kein Pfarrer aufzutreiben gewesen. Es war sehr bedrückend für uns alle, und der Gedanke, im Notfall keinen Arzt zu erreichen, löste bei mir Alpträume aus. Was sollte werden, wenn jemand von uns in diese Notlage käme?

Es ging alles weiter wie bisher, aber nicht lange. Mamachen bekam Durchfall, Bauchschmerzen, konnte nichts mehr essen. Sie wurde schwach und schwächer, hatte ein paar Tage Fieber, dann war es wieder weg. Ich dachte, es ging ihr wieder besser, pflegte sie, redete ihr gut zu, aber es half nicht viel. Die ganze schlimme Zeit hatte sie gut überstanden, jedem mit Rat und Tat beigestanden, aber auf einmal waren scheinbar ihre Kräfte verbraucht. Ob sie sich auch angesteckt hatte und es Typhus war? Wir wissen es nicht, schließlich war sie einiges über achtzig, und vielleicht spürte sie auch, daß ihre Zeit abgelaufen war. Eines Abends hatte sie den Wunsch, einmal aus dem Bett zu kommen und im Korbstuhl zu sitzen. Das war ein alter Sessel aus Peddigrohr oder Weidengeflecht, der immer neben dem Kachelofen im Wohnzimmer gestanden hatte und sehr bequem und beliebt gewesen ist. Erstaunlicherweise war der noch im Garten zu finden gewesen, wohl weil er nicht mehr so ansehnlich und schön war. Nach zehn Minuten wollte sie wieder ins Bett, machte einen ganz zufriedenen Eindruck, und ich hoffte schon, es ginge ihr wieder besser. Am nächsten Tag hatte sie den Wunsch, ganz gewaschen zu werden. Das Waschwasser sollte ich unbedingt bei dem Philippsbirnbaum ausschütten, trug sie mir auf. Ich tat das, wie sie es wollte, deckte sie schön zu und hatte den Eindruck, daß sie sich wohl fühlte und zufrieden war. Nun mußte ich erst einmal nach den Kindern sehen, ich sagte ihr noch, daß ich gleich wiederkommen würde. Als ich nach kurzer Zeit zu ihr zurückkehrte, war sie tot. Keiner war daheim, ich war ganz allein mit den beiden kleinen Kindern und der Verstorbenen. Erst am späten Nachmittag kamen zuerst Mutti, dann alle anderen.

Obwohl Mamachen keine leiblichen Kinder haben konnte, war es ihr doch vergönnt, Kinder und Enkel versorgen zu können, an denen sie sicher viel Freude hatte. Als Sarg nahmen wir ihren alten Wohnzimmerschrank, der halb zerschlagen und ohne Türen an der Seite im Garten stand, und früher ihre Kleider beherbergt hatte. In Gardinenreste gehüllt, betteten wir die Tote hinein, und Papa nagelte die offene Seite mit Brettern aus dem Schuppen zu. Das Hemd wurde als Windeln für die Kinder gebraucht und tat noch eine Weile Dienste für die Lebenden. Mit dem Handwagen fuhren wir sie auf den Ludwigsdorfer Friedhof, wo Papa ein Grab neben dem von Vatel aushob, der Platz, der für sie vorgesehen war. Unbekannte Menschen läuteten die Totenglocke, die auch damals bei Vatels Beerdigung die Zeremonie begleitet hatte. Kein Pfarrer gab ihr den letzten Segen, und keine Blume schmückte ihr Grab, doch ihr größter Wunsch war in Erfüllung gegangen: Sie wollte immer daheim neben Vatel begraben sein, hatte Angst davor, irgendwo in der Fremde zu bleiben. In diesem Bewußtsein, zu Hause zu bleiben, ist sie scheinbar friedlich gestorben. Sie war nur neunundsechzig Jahre alt, aber gealtert, als wäre sie achtzig Jahre alt gewesen.

Inzwischen war es Herbst geworden und normalerweise Erntezeit. Papa hatte schon für Holzvorräte gesorgt. An der Hauswand hingen reife Weintrauben, und ich versuchte vom Fenster aus, sie zu ernten. Dauernd hatten wir Angst vor den fremden Menschen, die uns nicht gut gesinnt waren, auch dem Winter und der weiteren Zukunft sahen wir mit bangen Gefühl entgegen. Eines Tages kamen alarmierende Nachrichten. Ein öffentlicher Ausruf gab bekannt, daß alle Deutschen ausgesiedelt würden. Es gäbe nicht genügend Lebensmittel, und alle sollten sich, wie schon mehrmals geübt, zu bestimmter Zeit am Bahnhof einfinden. Es war immerhin schon etwas wert, daß die Bahn als Transportmittel angeboten wurde, und wir nicht wieder zu Fuß aus der Heimat gejagt werden sollten. Am Tage vor der festgesetzten Abfahrt ging Mutti noch einmal in die Stadt, um die Lage zu erkunden. Da wurden doch tatsächlich Deutsche, wo sie gingen und standen, zusammengetrieben und auf dem eingezäunten Gelände der Sacrauer Brauerei festgehalten und von Posten der Miliz bewacht. Mutti war zu dieser Gruppe geraten, die so, wie sie gingen und standen, in Züge verfrachtet und weggeschafft werden sollten. Sie war verzweifelt, wollte sie doch um jeden Preis mit uns zusammenbleiben. In ihrer Not machte sie sich an einen der jungen Posten heran und versuchte ihm klarzumachen, daß sie zu Hause kleine Kinder habe. Tatsächlich begriff der Mann, was sie ihm zu verstehen gab, hob mit dem Gewehrlauf den Zaun von unten hoch, und ließ Mutti darunter durchkriechen. Atemlos kam Mutti zu Hause an und erzählte uns, was passiert war. Spontan entschlossen wir uns, die Möglichkeit zu nutzen, und packten, was uns geblieben war, zusammen. Tante Frieda und Edith wollten sowieso weg, zu Ruth, die bei ihrem Freund in Neurode wohnte. Papa war angeblich als gute Fachkraft unentbehrlich, die Polen wollten ihn nicht gehenlassen. Ich mußte versuchen, wieder weg zu kommen, denn wie wollten wir den Winter überstehen? Da konnten wir nicht im Schutt wühlen und alles mögliche zusammensuchen.

Tante Frieda und Edith begleiteten uns zum Bahnhof. Wieder drängten und zwängten wir uns in einen Zug, von dem keiner wußte, wohin er uns bringen würde. Bald wurden Vermutungen laut, daß wir vielleicht in Rußland ausgeladen würden. Die Angst und die Ungewißheit waren groß, und schon bereuten wir, daß wir uns in diesen Zug gesetzt hatten. Die Befürchtungen, daß wir nach Rußland geschafft würden, bestätigten sich nicht, und ein Aufatmen ging durch die Waggons. Trotzdem wurde es eine lange und beschwerliche Fahrt ins Ungewisse. Die Kinder quengelten, weil sie Hunger hatten und sich in der drangvollen Enge nicht bewegen konnten. Zu den Toiletten war nur mit akrobatischer Kletterkunst über Gepäckstücke und Menschen zu kommen. Windeln mußten gewechselt und getrocknet werden, da ja kein Ersatz vorhanden war, und es stank. Immer wieder hielt der Zug, aber während der Haltepausen durfte keiner aussteigen, die Zugtüren waren verschlossen. Nach zwei Tagen Fahrt ohne jede Versorgung wurden die Türen geöffnet. Ich versuchte sofort, etwas zu essen zu besorgen, aber leider ohne Erfolg. Ich kam nicht weit, da griffen mich Russen auf und wollten mich mitnehmen. Nur mit großer Mühe konnte ich wieder zurück zum Zug gelangen, der bald weiterfuhr, bis er endlich in Stavenhagen in Mecklenburg ankam. Dort war für uns vorerst Endstation, und wir wurden in ein Lager einquartiert, das vorher von Russen benutzt worden war. »Gott sei Dank, wenigstens können wir wieder mal die Glieder auf normale Länge ausstrecken«, dachten wir, als wir die Räume mit jeweils zwei Bettstellen übereinander sahen. Bald machten wir aber die alarmierende Entdeckung, daß das Massenquartier total verwanzt und verlaust war, auf den Bettstellen das Stroh feucht, faulig und stinkend. Dort mußten wir bei miserabler Verpflegung zwei Wochen kampieren und wußten immer noch nicht, was man mit unserer Gruppe vorhatte. Schließlich ging auch diese Zeit zu Ende, und bevor das Lager wieder geräumt wurde, mußte man durch die »Entwesung«. Das war ein separater Raum, in dem alle, die das Lager verlassen konnten, mit Wolken von Insektenpulver eingestäubt wurden. Hustend und prustend kam einer nach dem anderen herausgestürzt, um nach frischer Luft zu schnappen. Die Ungezieferplage war allerdings danach sofort vorbei. Wieder mußten wir in einen Zug steigen. Diesmal fuhr er jedoch nicht weit, denn die Flüchtlinge wurden in kleineren Gruppen auf die umliegenden Dörfer verteilt, die noch irgendeine Möglichkeit hatten, Flüchtlinge unterzubringen. Es sah nach einer planmäßigen Verteilung aus.

Kurz vor Anbruch der Dunkelheit war auch meine Familie an der Reihe auszusteigen, wir waren in Knorrendorf Kreis Malchin angekommen, Regierungsbezirk Stavenhagen/Mecklenburg. Mit dem Hinweis, dort drüben im Herrenhaus könnten wir Quartier beziehen, wurden wir uns selbst überlassen. Von weitem sahen wir ein großes Gebäude zwischen hohen Bäumen, in dessen Fenstern wenige trübe Lichter brannten. Es war naßkalt, wir alle durchgefroren, hungrig, die Kinder weinten. So rafften wir also unsere paar Habseligkeiten zusammen und schoben den schweren, vollgepackten Kinderwagen mitsamt seiner schreienden Besatzung im Endspurt bis vor die große Freitreppe. Das Gebäude war groß, fast ein Schloß, und wahrscheinlich war der Besitzer einfach enteignet worden oder geflohen. Wie sich bald herausstellte, waren hier jede Menge Flüchtlinge untergebracht, aber trotzdem gab es noch Platz für uns, die wir ja sowieso fast keine Ansprüche mehr zu stellen wagten. Gleich Parterre links wies uns jemand in ein großes hohes Zimmer mit einem Kamin in der Ecke ein. Ebenso natürlich auch noch andere Familien, Heimatlose, alte Leute und kleine Kinder, die dieses Los teilten. Ich zitterte vor Kälte, und als erstes wurde versucht, in dem vorhandenen Kamin ein Feuer anzuzünden. Es war allerdings kein Stückchen trockenes Holz zu finden, draußen inzwischen tiefste Finsternis und Nieselregen, alles naß, fremd. Der Erfolg meiner eifrigen Bemühungen, mit ungeeignetem Material wie Papier und Stroh Feuer anzuzünden, zeigte sich bald in dickem Qualm, der in dem hohen Raum erst nach oben zog, bald aber in die Nase stieg. Ich mußte schnell Fenster und Türen aufreißen, damit wieder frische Luft hereinkam. Wir kuschelten uns in unsere Decken gehüllt dicht zusammen in eine Ecke. Diese Nacht mußte erst einmal überstanden werden, wir konnten nichts unternehmen. Ich hatte zu allem Unglück noch bohrende Zahnschmerzen. Die beiden kleinen Kinder waren unruhig, weil naß und hungrig. Die Müdigkeit übermannte uns aber schließlich alle miteinander, und so ging auch diese Nacht vorüber.

Am nächsten Morgen besorgte Mutti erst einmal Registrierscheine, das war die Anmeldung dort, daraufhin hatten wir Anspruch auf Lebensmittelkarten. Milch konnte beim Bürgermeister geholt werden. Das war eine wortkarge Bauernfamilie, die mürrisch ihre Pflicht tat. Wir waren hier in der russischen Besatzungszone, und hier herrsche Ordnung, so wurden wir gleich belehrt. Immerhin gab es an diesem ersten Morgen ein Süppchen für Kleinkinder und für jeden von uns ein Stück Brot. Nachdem wir uns das Haus bei Tage angesehen hatten, fanden wir die Möglichkeit, im ersten Stock in die Ecke eines großen Zimmers zu ziehen, das bereits von drei Familien bewohnt war. Stroh für ein Lager konnte aus der naheliegenden Scheune geholt werden, Gott sei Dank frisch und in genügender Menge. Im Erdgeschoß gab es eine große Gutsküche mit einem riesigen Herd und Wasserleitung. Wer etwas zu Kochen und Holz zum Feuern hatte, der konnte dort schalten und walten. Das waren viele Menschen, die sich da drängten, jeder auf seinen Vorteil bedacht und alles andere als rücksichtsvoll. Im Keller existierte eine komfortable Waschküche mit großen Zubern und Wäschekesseln, Waschpulver allerdings gab es auch dort nicht. Für mich und meine Familie war das unwichtig, wir hatten weder etwas zu kochen noch zu waschen, das den Aufwand gelohnt hätte. Überall wimmelte es von Menschen, das ganze große, zweistöckige Gebäude war mehr als voll belegt. Die Zimmer habe ich nie gezählt, aber es müssen eine Menge gewesen sein, und sie waren alle groß. Möbel gab es nirgends, man lebte auf dem Fußboden. Die Basis bildete eine Lage Stroh, darüber konnten die Decken gelegt werden. Mit unseren Federbetten, unseren wichtigsten Begleitern, konnten wir uns zudecken, und so fanden wir es ganz gemütlich. Eng beieinander fühlten wir uns geborgen, sicher und leidlich wohl.

Mir ging es zu dieser Zeit nicht besonders gut, ich hatte mir wohl eine starke Erkältung zugezogen mit Fieber, Husten und stechenden Schmerzen im Rücken, fühlte mich ziemlich elend. Arzt und Medikamente waren für Flüchtlinge nicht verfügbar, wenn ein paar starben, war das kein Problem, es waren sowieso zu viele da. Wie sich bald herausstellte, war die Lebensmittelversorgung katastrophal. Pro Person und Tag erhielt jeder zwei dünne Scheiben Kommißbrot, und für die Kinder gab es als Nährmittel Quetschhafer oder Haferschrot mit Schalen und Spelzen wie es als Kraftfutter fürs Vieh verwendet wurde. Bekam man Kartoffeln, so war das ein großer Glücksfall.

Mutti blieb bei den Kindern, wenn Dorchen und ich losgingen, um das Umfeld zu erkunden und alles mögliche und unmögliche zu »organisieren«. Aus einem etwa zwei Kilometer entfernten, zerschossenen Haus schleppten wir ein noch intaktes Kinderbett heran. Es war genau dasselbe Modell, aus engmaschigem Draht, stabil gefertigt, wie es auch zu Hause im Schlafzimmer gestanden hatte. Dieses Bett wurde mit Stroh darin und einer Decke darüber komfortabel eingerichtet und sofort Klein Sigrid darin einquartiert.

Im Zimmer gab es zwar den ungewohnten Komfort einer Glühbirne an der Decke, meistens allerdings herrschte Stromsperre, und die kurzen Lichtphasen mußten dann bestmöglich genutzt werden. Wie wir bald herausfanden, gab es hinter den großen Wirtschaftsgebäuden auch eine große Kartoffelmiete. Diese wurde zwar von russischen Posten bewacht, aber mit etwas Glück und Geschicklichkeit konnten dort Kartoffeln abgezweigt werden. Mit dem Kochen gab es unten in der großen Küche Probleme, weil einfach zu viele Menschen dieselben Wünsche hatten. In dem zerschossenen Haus fanden wir unter Schutt eine ganze heile Herdplatte, die wir mit viel Mühe in unsere Wohnecke schleppten. Desgleichen Ziegeln, auch von dem gleichen Haus, und Lehm aus der näheren Umgebung. Zum Glück hatten wir die Ecke des Zimmers, in der der Kamin hochging, und dorthin baute Mutti mit den vorhandenen Mitteln, Geschicklichkeit, Geduld und Phantasie einen Ofen, der tatsächlich brannte, gut zog und voll funktionsfähig war. Nun tauchte logischerweise das Problem der Brennholzbeschaffung auf, das nicht so einfach zu lösen war, denn die anderen Mitbewohner hatten schon alle vorhandenen Vorräte unten in der großen Gutsküche verfeuert. Also mußte wieder organisiert und gesammelt werden. In etwa einem Kilometer Entfernung gab es ein kleines Waldstück, das sich am Bahndamm hinzog und anscheinend zum Gut gehörte. Dort gab es Leseholz, auch in dem zerschossenen Haus waren Holzteile zu finden, und bei jedem Schritt und Tritt achteten wir nun auf jedes kleinste Stückchen Holz, kein Zweig und keine lose Zaunlatte wurde übersehen. Natürlich hatten die anderen Mitbewohner die gleichen Interessen, und der Wald wurde immer lichter. Ganze Bäume wurden gefällt, in den Schloßpark geschleppt und dort zersägt und zerhackt. Diese Aktivitäten zur Holzbeschaffung gingen nachts vonstatten, da das selbstverständlich nicht erlaubt war. Säge und Axt besorgte bereitwillig einer dem anderen. Die russischen Posten, die man hier und da herumlaufen sah, nahmen es scheinbar nicht so genau. Die Familien, die anfangs die anderen drei Ecken des Zimmers bewohnten, bestanden jeweils aus drei bis fünf Personen und waren alles nette, ruhige Leute. Jeder bemühte sich, die anderen nicht zu stören, und sogar die Kinder verhielten sich erstaunlich ruhig. Im Laufe der Zeit verließ eine Gruppe nach der anderen das gemeinsame Zimmer und fand Unterkunft bei Verwandten. Eines Tages waren wir allein in unserem Zimmer, und es erschien uns so leer, kahl und trostlos.

Bei unseren ausgedehnten Erkundungsgängen hatten wir festgestellt, daß an bestimmten Abschnitten der Bahngleise hölzerne Schneezäune aufgestellt waren, als Schutz gegen Schneeverwehungen. Nachts, wenn die Kinder schliefen, machten wir uns auf den Weg und schleppten einen solchen Schneezaun etwa drei Kilometer weit bis in den Schloßpark, stellten ihn dort ab und zerlegten ihn am nächsten Tage mit geborgtem Handwerkszeug. Beim Dorfschmied, der auch im Gutsbereich wohnte, konnten wir ein paar Nägel bekommen. Dieses Kunststück

brachte Dorchen fertig. Der Schmied war ein freundlicher Mann mittleren Alters und Witwer. Dorchen gewann seine Sympathie, und das war sehr vorteilhaft, brachte es uns doch manche Gefälligkeit ein. Mit viel Mühe und Geduld nagelten Dorchen und ich aus den Latten der zerlegten Schneezäune und »gefundenen« Brettern eine Bank, einen Tisch und ein Regal zusammen, die standfest und benutzbar waren. Langsam fanden wir es in unserem Zimmer etwas wohnlicher, vor allen Dingen, wenn als Tischdecke eine Windel aufgelegt wurde. Papa, der auch gut und gerne alles mit großen Nägeln reparierte, wäre bestimmt erstaunt über unsere unvermuteten handwerklichen Leistungen gewesen. Um ihn machte sich Mutti große Sorgen, war er doch von den Polen als Arbeitskraft zurückgehalten worden. Sicher war er aber ganz froh darüber, denn von daheim weg wollte er möglichst nicht mehr. Er hatte vor, die Stellung zu halten und zu beobachten, wie sich die Lage in der Heimat weiterentwickelt. Bei seinem Einsatz in der Schloßgärtnerei wurde er anständig behandelt, bekam zu essen und konnte es also vorerst aushalten, und die weiteren Ereignisse abwarten. Lange hörten wir nichts von ihm. Auch ich machte mir Sorgen um meinen Mann, von dem ich nicht wußte, wo er hingekommen war. Wir hatten abgesprochen, uns jeweils von dem Ort aus, wo wir waren, in Ulmbach zu melden.
Inzwischen kam das Weihnachtsfest heran, für uns ein trauriges Fest. Getrennt von den meisten Mitgliedern der Familie, erging es uns wohl genauso wie vielen anderen Menschen zu dieser Zeit, die aus der Heimat vertrieben worden waren. Es war der 24. Dezember 1945. Dicker Schnee lag im Park und deckte alles zu wie mit einer weißen Decke. Die Äste der alten Tannen bogen sich unter der glitzernden Last. Wenn man geduldig hinausschaute, konnte man ab und zu einen Vogel im kahlen Geäst der alten Laubbäume entdecken. Wie hieß es doch in der Bibel? »Sehet die Vögel am Himmel und die Lilien auf dem Felde! Sie säen nicht, sie ernten nicht, aber der Herr ernähret sie doch.« An diese Worte mußte ich oft denken. Auch wir, aus der Heimat vor den Schrecken des Krieges geflohen, später heimgekehrt

und dann wieder ausgebürgert, davongejagt, waren wie Lilien auf dem Felde oder wie Vögel am Himmel. Aber die Lilien haben Wurzeln, wir dagegen waren entwurzelt. Die Vögel waren frei, konnten sich frei bewegen. Wir dagegen befanden uns in einer Notunterkunft, unter primitivsten Verhältnissen, kamen uns unfrei und eingesperrt, behindert vor. Weihnachtsstimmung wollte nicht aufkommen. Kerzen waren an diesem Weihnachtsfest Mangelware. Uns genügte die eine, die wir besaßen. Eine Kirche gab es nicht in der Nähe, und auch weit und breit keinen Geistlichen, der sich in das abgelegene Herrenhaus mit seinen großen Zimmern voller Flüchtlinge und Vertriebener verlaufen hätte.

Von der knappen Brotzuteilung von je Tag zwei dünnen Scheiben Kommißbrot pro Erwachsener versuchte ich immer wieder etwas einzusparen. So war es möglich, am Weihnachtsfest ein ganzes Ein-Kilo-Brot auf den Tisch zu legen. Mutti machte große Augen. »Ja, wo habt ihr das denn her?«, rief sie erstaunt. Dorchen und ich, wir wußten es. »Spare in der Not, dann hat du am Heiligen Abend ein Brot«. Plötzlich wich die bedrückte Stimmung. Die Kerze wurde angezündet, wir nahmen die beiden Kinder in die Arme und waren glücklich, gesund zusammenzusein, ein Dach über dem Kopf und ein warmes Zimmer zu haben. Und außerdem konnten wir uns einmal an Brot satt essen. Die Sorge um die Männer, die diese Weihnachten weit weg und wahrscheinlich unter noch schwierigeren Verhältnissen verbringen mußten, schlossen wir tief in unsere Herzen ein. Später löschten wir die kostbare Kerze, kuschelten uns auf unserem Strohlager zusammen, dachten an unsere schönen Weihnachtsfeste zu Hause und summten die bekannten Weihnachtslieder. Wenn auch zur Zeit nichts mehr von dem geblieben war, so wurde uns doch bewußt, daß die Erinnerung an all das Schöne, was wir zu Hause miteinander erlebt hatten, ein großer Schatz war, den uns niemand nehmen konnte.

Das elektrische Licht brannte meist nicht lange, zu bestimmten Zeiten herrschte Stromsperre. Wahrscheinlich reichte infolge

Kriegsschäden die Stromkapazität nicht zur vollen Versorgung aus. Während der Zeiten der Finsternis verkrochen wir uns auf unserem Lager, Mutti in der Mitte, Dorchen und ich nahmen jede eines der beiden Kinder in den Arm. Den Kleinen machte das viel Spaß, waren sie doch dankbar für jede Zuwendung. Dann hieß es:»Mutti erzähl uns von früher!«Mutti erzählte uns gern und viel aus ihrer Jugendzeit, Kindheit und Familie. Das Thema war fast unerschöpflich, fasziniert lauschten wir und stiegen dabei ganz unbewußt aus der tristen Gegenwart in eine ganz andere Zeit, erlebten Glück und Unglück, Angst und Freude in der längst vergangenen Zeit, der Epoche unserer Vorfahren, erfuhren, wie damals der Alltag aussah und der Kampf ums Dasein bewältigt werden mußte. Das waren immer schöne Stunden, in denen man die problematische Gegenwart für kurze Zeit vergessen konnte.

Gesundheitlich ging es mir wieder besser, die stechenden Schmerzen im Rücken, mit denen ich wochenlang Probleme hatte, waren von selbst wieder verschwunden. Ein Besuch beim Zahnarzt war aber unumgänglich geworden, ich hatte dauernd Zahnweh. Der nächste Zahnarzt konnte in Stavenhagen erreicht werden, in etwa zwanzig Kilometer Entfernung. Zwar gab es eine Bahnverbindung, aber es hieß, der Bahnhof würde von Russen wimmeln und es sei besser, zu Fuß zu gehen. Begegnungen mit Russen versuchte man so weit wie möglich zu vermeiden, da das Interesse für»schöne Frauen«nach wie vor groß war. Es war jedenfalls üblich, die Landstraße zu benutzen, Flüchtlinge waren ja in dieser Hinsicht erfahren und gut trainiert. Also machte ich mich auf den Weg. Einen Tag benötigte ich für den Hinweg und nach einiger Zeit des Wartens»erlitt«ich die Behandlung, dann war es aber auch Abend. Übernachten könne ich im Gasthof, gleich in der Nähe, wurde mir gesagt. Weiter umsehen wollte ich mich nicht mehr, weil es schon dunkel war, also ging ich erwartungsvoll dorthin. Leider waren alle Zimmer belegt und es blieb mir nur die Wahl, in der Wirtschaft, wo die Theke stand, auf oder unter einer Bank zu schlafen. Ich wählte den meines Erachtens angemesseneren Platz auf einer Bank. Darunter legte sich später noch ein anderer Nachtgast, der nicht wußte wohin. Diesen gastlichen Raum teilte ich mit noch etwa einem Dutzend Schlafgenossen, die wie ich auf Bänken oder zusammengerollt auf dem Fußboden die Nacht verbrachten. Diverse Schnarchtöne und sonstige eindeutige Geräusche hinderten mich nicht daran, fest zu schlafen. Am nächsten Morgen, sobald es Tag wurde, verließ ich halb erstickt von den »Abgasen« meiner Schlafgenossen dieses Massenquartier und machten mich magenknurrend auf den Rückweg. Der Zahnarzt beorderte mich ein weiteres Mal zur Behandlung, und nach ein paar Tagen, als ich mich von der Strapaze erholt hatte, marschierte ich wieder dorthin. Diesmal war ich früher dort, kam bald dran und konnte mich rechtzeitig um ein Zimmer für die Nacht kümmern, was auch klappte. Um die Zeit totzuschlagen, leistete ich mir den Luxus, ins nahegelegene Kino zu gehen. Allerdings lief kein deutscher Film, sondern ein miserabler russischer Zeichentrickfilm »Die roten Schuhe«. Das einzig Gute daran war, daß ich in einem bequemen Stuhl sitzen konnte und die Zeit herum ging. Diese Nacht schlief ich gut und kam auch wieder gut und wohlbehalten daheim in Knorrendorf an.

Dann war der dritte und letzte Zahnarztbesuch fällig und alles lief wie gewohnt. Allerdings war es wieder spät geworden, und ich war alles leid, wollte nichts als »heim«, in diesem Falle nach Knorrendorf. Wenn ich an die bevorstehende Übernachtung, wie schon einmal in der Gaststube, und den weiten Weg am nächsten Morgen dachte, graute es mir. Kurz entschlossen machte ich mich auf dem Weg zum Bahnhof. Was für ein Glücksfall! Ein Zug in die gewünschte Richtung stand zur Abfahrt bereit. Da kommst du ja noch ganz bequem nach Knorrendorf, dachte ich erleichtert, machte es mir in einem der fast leeren Abteile bequem und muß wohl eingeduselt sein. Als ich, geweckt durch den schrillen Pfiff eines Schaffners, aufschreckte, konnte ich gerade noch das Schild »Knorrendorf« vorbeigleiten sehen. Oje, ich hatte verpaßt, dort auszusteigen! Ich hätte dann noch einen Weg von etwa dreißig Minuten zu Fuß, teils Straße, teils Feldweg zwischen Äckern und Wiesen hindurch, zurückzulegen gehabt, bis das Herrenhaus, mein Quartier, erreicht war. Das war nachts riskant und unangenehm, vor allen Dingen wegen der vielen Russen, die überall waren. Mir blieb nichts anderes übrig, als zu warten, bis der Zug auf der nächsten Station anhielt, vielleicht konnte ich ja von dort auch mein Ziel erreichen. Mit einem Ruck hielt der Zug dann auch bald wieder, und ich sprang schnell aus dem Abteil. Eine Bahnstation war das ganz bestimmt nicht, eher nur eine Zusteigestelle auf freier Strecke für die Bewohner der abgelegenen Höfe. Ein klitzekleines Bahnwärterhäuschen stand dort, nicht größer als eine Telefonzelle. Es war dunkel und verschlossen, ich stand mutterseelenallein und inmitten von ausgedehnten Feldern und Wiesen auf der Bahnstrecke, umfangen von undurchdringlicher Finsternis. Was wollte ich nun tun? Natürlich genau das, was ich hatte vermeiden wollen, nämlich marschieren, und zwar die ganze Strecke zurück bis Bahnhof Knorrendorf, immer schön die Gleise entlang. Erst war es mir unheimlich, aber mit der Zeit gewöhnte ich mich an die Dunkelheit und die Geräusche der Nacht. Nach einem mir endlos erscheinenden Weg sah ich in der Ferne Lichter blinken: es war wieder der Bahnhof Knorrendorf. Auf Gleis 2 stand ein Zug, es war alles ruhig und dunkel, nur die Ortsbezeichnung leuchtete mir hell entgegen. Im flotten Laufschritt war ich dabei, den Zug zu passieren und dachte gerade noch: Bald hast du es jetzt geschafft, da ertönte vor mir ein scharfer Ruf: »Stoi!« Ein eisiger Schreck fuhr mir in die Glieder – Russen! Der Wachposten hatte mich angerufen, noch andere kamen dazu. Langsam ging ich weiter, versuchte meine Panik zu verbergen und auf keinen Fall stehenzubleiben. Es gelang mir offensichtlich, meine Situation klarzumachen. Auf jeden Fall hielt man mich nicht fest, scheinbar erweckte ich keinen gefährlichen Eindruck. Ein junges Kerlchen begleitete mich bis an die Straße und ich versuchte, ihm zu erklären, daß ich meiner alten kranken »Matka« und zu meinen Babys mußte. Scheinbar verstand er etwas Deutsch, denn er sagte: »Morgen du kommen tanzen«. Das sicherte ich ihm wortreich gern zu, und er ließ mich, sichtlich zufrieden, allein weitergehen.

Der Bahnhof und das Dorf Knorrendorf lagen nicht weit voneinander entfernt an einer Landstraße. Die Domäne mit dem Schloß war noch etwa dreißig Minuten vom Dorf entfernt, inmitten eines kleinen Parks und umgeben von großen Feldern und Wiesen. Zu dieser Domäne gehörten Scheunen, Stallungen, Gerätehallen, eine Schmiede, Häuser von Landarbeitern. Im Laufe der Zeit waren eine ganze Siedlung und auch einige Bauernhöfe dazu gekommen. Es hatte sich also fast ein kleines Dorf für sich gebildet. Im Hauptort Knorrendorf gab es auch eine Kneipe. Je nach Lust oder Nachfrage spielte dort jemand Ziehharmonika. Russische Soldaten hielten sich dort auf, tranken und tanzten – meistens allein, denn Frauen waren Mangelware. Dorchen und ich hatten uns den Betrieb schon mal aus sicherer Entfernung angesehen und staunend festgestellt, daß ein paar deutsche Mädchen mit den Russen tanzten. Die hatten wahrscheinlich nicht die gleichen Erfahrungen gemacht wie wir. Für die Mädchen haben sich sicher Versorgungsvorteile ergeben, auf jeden Fall konnten sie die Langeweile damit besser vertreiben als wir.

Als nun mein russischer Begleiter mit mir an der Straße angekommen war, machte er kehrt und ging zu seinem Zug zurück. Er rief mir noch einmal nach: »Du kommen«. Ich war glücklich, so glimpflich davongekommen zu sein, atmete erst einmal tief durch und rannte dann im Dauerlauf den ganzen Weg durch das Wäldchen und die Wiesen, bis ich endlich die Sicherheit des Hauses erreichte. Alle schliefen wie die Murmeltiere, in der Meinung, ich wäre wieder über Nacht in Stavenhagen geblieben. Völlig erledigt kroch ich an meinem Platz unter die Decke und war froh, wieder einmal einen Schutzengel gehabt zu haben, nein nicht nur einen, eine ganze Kompanie von Schutzengeln. So bald wagten wir uns nicht wieder ins Dorf Knorrendorf oder in die Nähe des Bahnhofs.

Im Frühjahr wurde amtlicherseits bekanntgemacht, daß jeder, der sich entschließe, dazubleiben, ein Stück Land zugeteilt bekomme, damit das Land wieder bebaut werden und die Ernährung der Aussiedler sichergestellt werden könne. Der große Akker gleich hinter dem Park wurde in schmale Streifen aufgeteilt. Uns als Gärtnersleuten gab man den Gemüsegarten, der lag gleich rechts vom Wohnbereich. Ein Schuppen und darin die nötigsten Geräte standen zur Verfügung, und glücklich über diesen Wirkungskreis stürzten wir uns sofort in die Arbeit. Das Land wurde umgegraben und aus Stavenhagen Samen besorgt, den es dort glücklicherweise wieder zu kaufen gab. Es dauerte nicht lange, da verfügten wir über auspflanzfähige Gemüsesetzlinge. Unter anderem stand in diesem Gutsgarten ein schöner großer Birnbaum, der über einer Grasfläche seine schattenspendenden Äste ausbreitete. Unter diesem Baum wurden die beiden Kinder deponiert, wenn im Garten gearbeitet wurde. Klein Sigrid verhielt sich noch einigermaßen ruhig, aber mit Gisela war die Sache nicht ganz so einfach. Sie krabbelte und wollte überall dabei sein. Was blieb mir also übrig? Ich nahm sie mit zum Beet, das ich in schönen Reihen mit Kohlrabi bepflanzte. Meine Kleine war sehr zufrieden und blieb schön brav hinter mir in der Furche, rutschte immer mit. Endlich war ich am Ende angekommen und froh, daß es so gut geklappt hatte. Als ich aber zurückblickte, um meine Arbeit zu begutachten, sah ich etwas ganz anderes, als ich erwartet hatte. Meine fleißige kleine Tochter hatte fein säuberlich hinter mir jede Pflanze wieder ausgerupft und in die Reihe gelegt. Deshalb war sie also so brav hinter mir hergerutscht. Das war die erste gärtnerische Betätigung unserer ältesten Tochter Gisela, die ja dann später auch tatsächlich diesen Beruf erlernte. Um das Anfangsstadium derartig naturbezogener Interessen zu stoppen, und die Pflanzen wie auch andere bebaute Beete vor Giselas Zugriff und Arbeitseifer zu retten, mußte ich mir etwas einfallen lassen. Nach kurzer Überlegung band ich sie mit einem Zipfel des Kopftuches am Bein, mit dem anderen Zipfel am Birnbaum fest. Das war auch keine anhaltende Lösung, denn sie kroch so lange um den Baumstamm, bis sie festsaß. Dann gab es ein lautstarkes Gebrüll, und ich konnte mir wieder etwas Neues einfallen lassen. Es war kaum möglich, ohne Muttis Hilfe den Garten zu bestellen. Eine Person mußte sich immer mit den beiden kleinen Schreihälsen befassen.

Nahe beim Gut gab es ein großes Feld mit Zuckerrüben, die ganz eng beieinander standen. Wahrscheinlich konnten sie im Frühjahr infolge der Kriegshandlungen nicht mehr vereinzelt werden, der Besitzer war enteignet, und so wuchsen sie halt wie sie standen und konnten nicht dick werden. Flüchtlinge und Aussiedler hatten das bald herausgefunden und für sich genutzt. Sowie es das Wetter zuließ, gingen Mutti und ich mit Taschen und einem Sack aufs Feld, um diese kleinen Zuckerrübenschwänze, etwa so groß wie Möhren, zu ernten. Die heimgeschleppte Fracht mußte dann unten in der Gutswaschküche geschrubbt, nach oben ins Zimmer geschleppt und dort kleingeschnitten werden. Auf Muttis Herd Modell »Eigenbau« konnten sie dann gekocht und später der Sud eingedickt werden. So konnten wir selbst Sirup herstellen. Wenn auch alles unter Dampf stand und es eine arge Plackerei war, so kann man das Ergebnis doch als hervorragend und eine wesentliche Verbesserung der Ernährung bezeichnen.

Einen großen Topf für diese Aktivitäten, den wir ja anfangs nicht besaßen, fanden Dorchen und ich eines Tages auf dem Heimweg von Stavenhagen. Mit geübtem Blick für alles, was womöglich brauchbar sein könnte, entdeckte ich unter einer Brücke in einem Wassergraben einen großen Topf, den wohl jemand weggeworfen hatte. Bei näherer Untersuchung stellte sich heraus, daß er drei Löcher hatte, aber ich sah ihn im Geiste schon auf dem Herd stehen und so wurde er mit nach Hause genommen. Das Wunder einer erfolgreichen Reparatur vollbrachte der Dorfschmied, Herr Budde. Der hatte ein Herz für uns, die Mittel, das Geschick und vor allen Dingen auch die Geduld. Dreimal stellte er unseren kostbaren Topf mit den drei Löchern an die Seite und sagte: »Wie stellt ihr euch das denn vor? Das ist ja kein Topf, das ist ein Sieb! Den kann ich euch nicht machen.« Nachdem aber Dorchen des öfteren in der Schmiede aufgetaucht war und ihren ganzen Charme eingesetzt hatte, war es schließlich doch möglich geworden, und wir hatten einen schönen großen Topf zum Sirupkochen. Von den zugeteilten oder »organisierten« Kartoffeln wurde jeden Morgen ein Teil grieben, ohne jede weitere Zutat auf der blanken Herdplatte gebacken und warm mit Sirup bestrichen zum Frühstück verspeist. Das war delikat und machte satt.

Die ziemlich einseitige Ernährung vertrug meine kleine Gisela recht gut, war munter und vergnügt und hatte keinerlei Probleme. Nur mit dem Sprechen gab es wegen ihres Gaumenfehlers Schwierigkeiten, und obwohl wir uns viel Mühe mit ihr gaben, konnte sie die Laute nicht richtig aussprechen. Sie ahmte alles nach, aber nur im Rahmen ihrer Möglichkeiten. Spielzeug war natürlich nicht vorhanden, und Phantasie war gefragt. Mutti besaß eine gute Hornbrille, ein Erbstück von Vatel, die sie gut benutzen konnte und die ihr lieb und heilig war. Diese Brille war ein heiß begehrtes Objekt für Klein Gisela. Sie ließ sie auf ihren beiden Bügeln laufen – »lauch, lauch«, sagte sie – und hatte ihren Spaß damit. Das ging solange, bis die Bügel abbrachen und das gute Stück sich in seine Einzelteile auflöste. Schade! Aber zum Lesen gab es sowieso nichts, Neuigkeiten wurden meistens schnell und sicher von Mund zu Mund weitergegeben. Kontakte zu Einheimischen gab es keine. Wir im Gutshaus wurden als Eindringlinge und Übel, das zu meiden war, betrachtet. Niemand kam auf die Idee, sich zu erkundigen, wie wir zurechtkämen. Die Bevölkerung igelte sich ein, verschloß die Türen, niemand wollte etwas mit uns zu tun haben. Im Dorf beim Bürgermeister bekam ich Milch für die Kinder, es war ein größerer Bauer. Nährmittel auf Marken gab es fast keine, weder Grieß, Maizena, Reis, Puddingpulver, Weizenmehl noch Haferflocken, ab und zu Quetschhafer, wie er ans Vieh verfüttert wird, war schon das Allerhöchste. Klein Sigrid hatte Verdauungsprobleme. Sie vertrug die grobe Ernährung noch nicht, mußte oft brechen und hatte ständig Durchfall. Da sie ja auch sehr klein und zierlich war, machte sich das in der Weiterentwicklung sehr bemerkbar. Was Gisela bereits gut bekam, war für Klein Sigrids Magen noch nicht annehmbar. Vor allen Dingen wegen Sigrid befand ich mich im zeitigen Frühjahr in einer verzweifelten Situation. Was sie nötig hatte, war einfach nicht zu bekommen, ich zerbrach mir den

Kopf, und Mutti wußte auch keinen Rat mehr. Ich kam letzten Endes zu der Überlegung, daß es hier doch eingesessene Menschen genug gäbe, und diese doch mit großer Wahrscheinlichkeit auch gewisse Vorräte haben müßten. Wir hatten ja daheim auch alle möglichen Vorräte gehabt, nur mußten wir leider alles stehen- und liegenlassen, um das nackte Leben zu retten. Das war den Menschen hier erspart geblieben. Ich dachte, wenn ich mit meinen beiden kleinen Kindern hingehen und an diese Türen klopfen würde und bei jedem um einen einzigen Löffel Mehl bitten würde, könnte mir das doch wohl kaum jemand abschlagen. Für Klein Sigrid könnte das die Rettung sein. Also nahm ich Gisela an der Hand und Sigrid auf den Arm und zog los bis zur Siedlung, in der festen Hoffnung, mein Plan müsse funktionieren. Die Erfahrung lehrte mich etwas anderes, denn was ich fand, waren verschlossene Türen. Einmal guckte jemand am Fenster und rief mir zu: »Wir haben selber nicht genug« und schnell wurde das Fenster wieder geschlossen. Wieder bei einem anderen Haus sah ein altes Mütterchen oben zum Fenster heraus und sagte: »Es ist niemand daheim, und ich darf nichts weggeben«.

Nachdem ich umsonst an viele weitere Türen geklopft hatte, war ich völlig am Ende und verzweifelt. Ich konnte einfach nicht fassen, was mir da widerfuhr. Ich konnte nicht mehr weiter, setzte mich mit meinen beiden Kindern an den Straßenrand auf einen Stein und weinte bitterlich. Da aber die beiden Kleinen da waren und mich beanspruchten, blieb mir nicht viel Zeit für Tränen. Langsam raffte ich mich wieder auf, und meine Energie kehrte allmählich zurück. Mit dem festen Willen, zu schaffen, was ich mir vorgenommen hatte, setzte ich mein Vorhaben weiter in die Tat um, klopfte an eine Tür nach der anderen. Nach weiteren Fehlschlägen fand sich tatsächlich eine ältere Frau, die uns ihre Tür öffnete und freundlich zum Eintreten aufforderte. Endlich! Ich atmete auf. Ich wurde gebeten, mich zu setzen und zu erzählen, woher ich kam und inwiefern ich in Schwierigkeiten war. Sie hatte mich beobachtet. Nachdem wir uns eine Weile unterhalten hatten, zog sie ihre Schlüsse. »Wissen sie, ich bin Witwe, mein Mann ist verunglückt. Nun sind meine beiden Söhne im Krieg vermißt, ich habe nichts mehr von ihnen gehört. Weder ein Lebenszeichen noch eine Gefallenenmeldung. So will ich wenigstens Ihnen so weit als möglich helfen, in der Hoffnung, daß auch meine beiden Söhne in der Not hilfreiche Menschen finden. Was ich für euch tue, das ist, als täte ich es für meine eigenen Kinder.« Ich verstand sie so gut! Einer Persönlichkeit, die wirklich menschlich dachte und auch handelte, war ich hier begegnet. Diese großherzige Frau redete mir noch gut zu, nicht den Mut zu verlieren, holte eine ganze Tüte voll Weizenmehl und drückte sie mir in die Hand. »Das ist fürs erste, und wenn es nötig ist, kommen Sie wieder, aber bitte unauffällig«, sagte sie zum Abschied. »Soweit es mir möglich ist, will ich Ihnen weiterhelfen.« Noch mehrmals besuchte ich diese liebenswürdige alte Dame, und wir versuchten, uns gegenseitig Mut und Hoffnung zu vermitteln, was ihr auch guttat, denn sie war ja allein. Immer wieder erhielt ich von ihren eigenen Nährmitteln etwas, was ich für die Kinder dringend brauchte. Von dieser Zeit an ging es Klein Sigrid wieder besser, sie nahm zu und gedieh sichtlich, und auch Gisela tat die Kostverbesserung gut.

Nach wie vor wurden eifrig Zuckerrüben beschafft, was bei allen Umsiedlern so überhand nahm, daß das Betreten des Feldes untersagt wurde. Aus diesem Grunde gingen Mutti und ich erst kurz vor Dunkelheit auf den Acker, damit man uns nicht mit vollem Sack sehen konnte, wenn wir die »Beute« heimschleppten. Wir kannten inzwischen das Gelände gut. Das Feld war groß und in der Mitte befand sich eine Mulde, in der es anscheinend etwas feuchter gewesen war. Jedenfalls hatten wir herausgefunden, daß dort die Zuckerrüben dicker waren, und dachten schnell und viel zu ernten. So schlau wie wir Menschen waren aber auch die Wildschweine, die es dort in den Wäldern gab. Mit unserer emsigen Tätigkeit scheuchten wir unvermutet ein ganzes Rudel Wildscheine auf, die es auch auf die »süßesten Früchte« ausgerechnet in dieser Mulde abgesehen hatten. Beinahe hätten sie Mutti und mich über den Haufen gerannt. Kaum hatten wir unsere erste Schrecksekunde überwunden, knallten Schüsse.

Irgendwer war auf Wildschweinjagd. Sicherlich wollten die Russen auch mal ihren Speisezettel bereichern. Wer sonst hätte wohl schießen können? Wir ließen die Zuckerrüben schön in Ruhe, drückten uns zwischen die Reihen und wagten nicht, uns zu rühren. Nach weiterem Geknalle und Rufen wurde es dann endlich wieder ruhig, und Abendfriede kehrte ein. Mit leerem Sack zogen wir wieder heim und erholten uns erst langsam von dem Schrecken.

Eines schönen Tages stand plötzlich und völlig unerwartet Papa vor uns und meldete sich mit den bedeutsamen Worten: »Ich bin wieder da.« Von einem Ohr bis zum anderen grinsend, stand er einfach vor uns und freute sich über die gelungene Überraschung. Mutti fiel ein Stein vom Herzen, denn eigentlich wollte er nicht mehr von zu Hause weg, meinte die Stellung halten zu können, trotz allem, was sich dort getan hatte. Allein gefiel es ihm aber auch nicht mehr zu Hause, und es gelang ihm, sich abzusetzen. Wie er unseren Aufenthalt erfahren hat, ist mir ein Rätsel geblieben, denn eine normale Postverbindung gab es zu dieser Zeit mit den von Polen besetzen Gebieten nicht. Jeder suchte jeden, und eine Mund-zu-Mund-Orientierung kam besser ans Ziel als die Post.

Bald kam die Rede auf die Möglichkeit, eine Siedlungsstelle zu erhalten, vielleicht wieder Fuß zu fassen und etwas Eigenes aufzubauen. Davon hielt Papa aber auf Anhieb überhaupt nichts. »Ihr seid wohl verrückt!«, rief er entsetzt. »Doch nicht unter den Russen! Das wird sowieso eines Tages alles Kolchose, ihr werdet das noch erleben. Hier ist kein Blumentopf zu gewinnen!« Papa hatte schon so manches Ereignis vorhergesehen, und so entschlossen wir uns, alle sich im Augenblick ergebenden Möglichkeiten zu nutzen und Zukunftspläne zurückzustellen.

Im nahegelegenen Wäldchen gab es Walderdbeeren, später Himbeeren. Gleich im ersten Morgengrauen stupste ich Dorchen an, und bald liefen wir, noch verschlafen, den vertrauten Weg entlang. Nur wer als erster an den Beerenplätzen war, konnte genügend heimtragen, wer später kam, ging leer aus.

Trotzdem passierte es uns doch tatsächlich einmal, daß ein Kännchen mit Himbeeren gefüllt war und noch eine Menge Beeren zum Pflücken rot und leuchtend an den Büschen prangten. So wurde das volle Gefäß gut getarnt an einen Baum gehängt und schnell noch ein weiteres Töpfchen gefüllt. Eine böse Überraschung erwartete uns aber, als das getarnte Gefäß abgeholt werden sollte. Mit langem Gesicht stellte ich zu meinem großen Verdruß fest, daß es leer war. Irgend jemand muß uns wohl beobachtet haben und dann schnell und unbemerkt mit unseren Beeren verschwunden sein. Später gab es dann am Bahndamm Brombeeren, sonst aber kein Obst in der erreichbaren Umgebung.

So ging der Sommer dahin, die Erntezeit vorbei, und bald standen die großen Felder wieder kahl und abgeerntet. Was taten die Flüchtlinge und Aussiedler? Ährenlesen war angesagt, und auf einem abgeernteten Erbsenfeld konnten vereinzelt ausgefallene, dicke gelbe Erbsen aufgelesen werden. Wieder eine kleine Aufbesserung des Küchenzettels. Erbsenbrei mit Kartoffeln ohne Fleisch schmeckte allen gut und machte satt, nur Klein Sigrid wollte dieses Zeug auf gar keinen Fall schlucken und reagierte mit Erstickungsanfällen.

Eines Tages kam der Briefträger und brachte mir eine Feldpostkarte von Leonhard mit dem Einheitstext: Es geht mir gut. Ein Lebenszeichen! Ich hatte mich aus Knorrendorf wie vereinbart in Ulmbach gemeldet, und daher hatte er wohl meine Adresse erfahren. Kurz darauf bekam ich wieder eine Karte von ihm mit der Nachricht: Ich komme bald heim – versuche nach Ulmbach zu kommen. Ich war wahnsinnig froh, daß er sich endlich gemeldet hatte und bald heimkommen würde. Von nun an gab es für mich nur noch einen Gedanken: Wie komme ich am schnellsten nach Ulmbach. Damals war von den Siegermächten eine Teilung Deutschlands in vier Besatzungszonen vereinbart worden. Ich lebte in Mecklenburg, in der russischen Zone. Wie ich erfahren mußte, war es schwierig, von einer Zone in die andere zu wechseln, Anträge mußten gestellt, weitergegeben, überprüft, beurteilt und genehmigt werden. Es konnte lange dauern, und ich war ungeduldig. Trotzdem gab es ständig eine illegale Bewegung unter den vielen Heimatlosen, Bombengeschädigten und Flüchtlingen. Mancher hatte irgendwo Verwandte, die er versuchte zu erreichen, auch wenn Zonengrenzen Trennlinien zogen. Alle möglichen Gerüchte kursierten, wie und wo man ohne Passierschein über die Zonengrenzen kommen könne. So erfuhr ich auch von einer Gruppe, die in Nordhausen im Harz Menschen über die Zonengrenze schleusen würde. Es kam auf den Versuch an. Der Zugverkehr hatte sich scheinbar wieder leidlich normalisiert, und nach vorheriger Erkundigung an der Bahnstation in Knorrendorf hatte ich die günstigste Abfahrtszeit und Zugverbindung erfragt. Zu packen war nicht allzuviel, die Kindersachen hatten wie bisher alle im Kinderwagen Platz, unten hinein gepackt waren sie am besten zu transportieren. Als ich mich bei der netten, hilfsbereiten alten Dame verabschiedete, gab sie mir noch ein Stück selbstgebackenen Sirupkuchen mit als Reiseproviant. Beinahe tat es mir leid, aus Knorrendorf wegzugehen. Wir hatten schon wieder so viel zusammengetragen und durchgestanden, kannten jeden Weg und Steg in der Umgebung, daß ich mich dort schon fast wieder zu Hause gefühlt hatte, zumal Mutti, Papa und Dorchen dort lebten. Wann würde ich sie wohl wiedersehen? Die Freude, bald wieder mit meinem Mann zusammen zu sein, machte mir den Abschied leichter und beflügelte mich. Dann war der ersehnte Tag da, und es ging wirklich los. Dorchen begleitete mich und half mir mit dem schweren Kinderwagen und den beiden Kleinen. Mutti und Papa blieben winkend am Bahnsteig zurück. Damit war die ereignisreiche Periode in Knorrendorf beendet, und ein neuer Lebensabschnitt hatte seinen Anfang genommen.

Außer dem Kinderwagen hatte ich nur noch eine Tasche mit etwas Proviant und zu trinken für die Kinder und die unvermeidlichen Höschen und Windeln dabei. Als wir in Nordhausen ankamen, war es bereits Nachmittag. Ein Glück, daß ich Dorchen dabei hatte, ich hätte kaum mit dem schweren Kinderwagen und den beiden Kleinkindern allein zurechtkommen können. Zum Teil halfen noch Fremde. Ratlos standen wir in Nordhausen auf der Straße und hatten nicht die geringste Ahnung, an wen wir uns wenden sollten. Passanten, die wir nach der Zonengrenze fragten, zeigten auf einen Wald, der in einiger Entfernung zu sehen war. »Dort drüben im Wald verläuft die Sektorengrenze, entlang der Bahnstrecke, die wird aber bewacht.« Verunsichert folgten wir einem Feldweg, der von der Straße ab und in Richtung Wald führte. Mit gemischten Gefühlen warteten wir auf die Dinge, die da kommen würden und schlossen uns einem dahinzockelnden Bauerngefährt an. Nach einem langen Weg mit tiefen Gleisen und Schlaglöchern voller Wasser rumpelten wir mit dem Kinderwagen immer schön hinter dem Bauernwagen über die Bahngleise und dann wieder weiter durch den Wald. Den russischen Wachtposten sahen wir stehen, aber der schien nicht sonderlich interessiert und sah geflissentlich zur anderen Seite. Für Notfälle hatte ich das kleine Fläschchen Wodka dabei, das ich in Oels bei dem polnischen Offizier zum Abschied hatte mitgehen lassen. Ob es mir wohl hätte von Nutzen sein können? Wer weiß? Es wurde noch nicht benötigt. So quälten wir uns weiter durch den morastigen Waldweg und kamen unkontrolliert und ohne weitere Probleme in den Westen. Als die ersten Häuser in Sicht kamen, dunkelte es schon. Im allernächsten Gasthaus das erreichbar war, konnten wir die Nacht verbringen und uns von den Strapazen, die hinter uns lagen, erholen. Nun mußte ich allein sehen, wie ich weiter kam, Dorchen wollte zu ihren Eltern zurück. Am nächsten Morgen brachte sie mich noch zur Bahn und half mir in den Zug, wünschte mir alles Gute, winkte, und dann war ich auf mich allein gestellt.

Mit freudiger Erwartung fuhr ich in Richtung Ulmbach, auch wenn es noch sehr weit entfernt war. Ich sah Dorchen und die anderen alle lange nicht wieder. Dorchen geriet auf der Rückreise in eine Kontrolle, und da sie keinen gültigen Passierschein hatte, wurde sie erst einmal festgehalten. Nach längeren Verhören konnte sie aber doch weiterreisen. Ich blieb im Zug bis Kassel, dort mußte ich umsteigen, hatte Wartezeit. Die Züge waren sehr voll. Gegenüber dem Bahnhof gab es einen riesigen Luftschutzbunker, der als Gepäckaufbewahrung diente. In diesem Bunker hatten wahrscheinlich während der schrecklichen Bombenangriffe sehr viele Menschen Unterschlupf gefunden und standen später vor den Trümmern ihrer Häuser. Es bot sich das gespenstische Bild einer Ruinenstadt, so wie ich es auch in Breslau gesehen hatte. Gut versehen mit meinem Namen und Anschrift stellte ich meinen schweren Kinderwagen, der mit Windeln und Kinderkleidung bepackt war, in diesem ausgedehnten Gewölbe ab. Ich nahm den nächsten Zug nach Frankfurt am Main und stieg dort weiter in Richtung Ulmbach um. Dabei waren mir immer wieder nette Mitreisende behilflich. In Steinau verließ ich den Zug, und es ergab sich die Möglichkeit, mit dem Omnibus nach Ulmbach zu gelangen. Mitten im Dorf bei der Metzgerei Happ stieg ich aus und versuchte mich zu orientieren. Ich hatte keine Ahnung, in welcher Richtung der Wennsberg zu finden sei. Meine beiden Kinder hatte ich gerade an dem gegenüberliegenden Zaun abgestellt, das kleine Handköfferchen dazu, und wollte in den Metzgerladen gehen, um nach dem Weg zum Wennsberg zu fragen. Ein Kuhgespann mit einem Wagen kam in mein Blickfeld, und auf dem Wagen saß ein Mädchen und rief und winkte mir zu. Was ist denn los – was will denn die? denke ich gerade noch, da merke ich erst, daß es Agnes, meine Schwägerin, ist. Sie hatte mich sofort erkannt, drehte mit ihrem Gespann, und ruck, zuck wurden die beiden Kinder und ich auf dem Fahrzeug verstaut. Das war eine Begrüßung! Sicher und wohlbehalten erreichte ich mit meinem Nachwuchs per Kuh-Taxi den angepeilten Zielort Wennsberg. Es war der sechste Oktober 1946.

Wie ich gleich erfuhr, war mein Mann inzwischen heimgekehrt, aber zu meiner Enttäuschung traf ich ihn nicht daheim an. Er war nach Schlüchtern gefahren, wollte seine Schwester Mina und Schwager Adam besuchen, die dort eine Bäckerei betrieben. Abends endlich konnten wir uns nach der langen Trennung wieder glücklich in die Arme schließen. Er freute sich über seine beiden gewachsenen Kinder, wir tauschten Erinnerungen aus und erzählten in großen Zügen, wie es jedem ergangen war. Einzelheiten und so manches gravierende Ereignis kamen erst viel später bei passenden Gelegenheiten zu Gehör. Vorrang hatte das Allernötigste: Wo können wir schlafen? Opa Cölestin war inzwischen gestorben. So ergab es sich, daß wir in seinem Stübchen Quartier nehmen konnten. Es lag hinter dem Wohnzimmer, war winzig und bot durch zwei kleine Fensterchen einen Ausblick auf den Garten hinter dem Haus. Dieses »hintere Stübchen« konnte nur durch den Wohnraum erreicht werden. In den nächsten Tagen sorgte Leonhard für einen separaten Eingang durch die hinter der Küche liegende »Kammer«, die hauptsächlich als Vorrats- und Abstellraum genutzt wurde. Das war keine größere Aktion, denn es mußten nur ein paar Bretter aus der provisorischen Wand herausgenommen werden. Als Hauptmöbelstücke standen ein breites Bett und ein Schrank in diesem Raum, ein kleiner Tisch und ein Stuhl vervollständigten die Einrichtung. Ein Kinderbettchen fand sich noch auf dem Boden und kam bald zu neuen Ehren, es wurde Giselas Schlafgelegenheit. Eine geräumige Kinderwiege konnten wir von den Nachbarn »Mallekanse« bekommen. Die Kinderbettchen ließen sich neben dem Schrank aufstellen. Leonhard besaß noch eine stabile Kiste, in der er seine persönlichen Habseligkeiten aufbewahrt hatte. Diese Kiste wurde vor ein Bettchen gestellt und war ganz praktisch als Wickeltisch zu benutzen. Alle entbehrlichen Kissen waren zusammengesucht worden, um die beiden Kleinen warm und weich zu betten. Abends dann, als die Kinder schliefen, und wir in dem großen weichen Bett wieder beieinander kuscheln konnten, waren wir so froh und glücklich, wie kaum je zuvor. Wie leicht hätte es auch anders kommen können, wenn nicht jeder eine gute Portion Glück gehabt hätte. War auch die weitere Zukunft sehr ungewiß, so waren wir doch voller Zuversicht, daß es schon klappen würde.

In Ulmbach waren jede Menge Flüchtlinge untergebracht, und alle nur verfügbaren Räume waren belegt. Natürlich gab es untereinander Kontakte, Erfahrungen und Tips wurden ausgetauscht. So erfuhr ich auch von einem älteren Herrn, der nach Dresden fahren wollte, um dort Gepäck zu holen. Ich bat ihn, wenn möglich, nach meinem Kinderwagen Ausschau zu halten, und es war ihm tatsächlich möglich, diesen zu finden und mit nach Ulmbach zu bringen. Zwar fehlte ein Rad, das hatte wohl jemand dringend gebraucht, aber sonst war alles da, wie ich es hineingepackt hatte, vor allem die so nötig gebrauchten Kindersachen und Windeln. Das fehlende Rad konnte nicht passend beschafft werden, aber das war weiter kein Problem. Der Wagen bekam ein Holzrad.

Nach und nach erfuhr ich bruchstückweise, was Leonhard seit unserer Trennung, damals in Neurode, erlebt hatte. In größter Eile hatte er sich wieder in Richtung seiner Einheit in Bewegung gesetzt und mußte tüchtig in die Pedale treten. Unterwegs nahm er seine Neuanschaffung, das Pferd, mit und ließ es am Seil neben dem Fahrrad herlaufen. Da es wahrscheinlich nun mit dem Krieg bald vorbei sein würde, dachte er, das Pferdchen mit nach Hause nehmen zu können. Hätte das funktioniert, wäre das gar nicht schlecht gewesen. Endlich bei seiner Einheit wieder angekommen, stellte er das Tierchen einfach zu den anderen Pferden, es ergab sich kein Problem. Doch die Russen stießen zielstrebig weiter vor ins deutsche Land.

Am 6. 5. 1945 nachts um zwölf Uhr setzte sich die Einheit weiter ab und kam mit dem ganzen Troß, Pferden, Wagen, Futter und Proviant, in die Gegend um Waldenburg und Trautenau. Das eigene Pferd band Leonhard einfach hinten an einen Wagen. Am nächsten Tag, es war bereits Abend, bekam das Tier sein Fohlen, das man auf einen Wagen mit Heu bettete, um ungehindert weiterzukommen. Unter andauerndem Feindbeschuß zog der Treck noch bis in die Nähe von Trautenau, dann ging es weder vor noch zurück. Alle Verkehrswege waren hoffnungslos verstopft, es herrschte das reinste Chaos. Überall waren plötzlich Russen. Aus den Wäldern kamen die deutschen Soldaten, ergaben sich, entledigten sich ihrer Schulterstücke. Die Waffen hatten sie längst weggeworfen, weil jeder Widerstand gegen die Übermacht zwecklos war. Wohin mit all den Menschen? Bald wurde ein großer Zug deutscher Soldaten formiert, etwa fünftausend Mann, die in Richtung Breslau marschierten und schließlich in Hundsfeld in ein großes Gefangenenlager geführt wurde. Leonhard war der Meinung, in der Menge der vielen Kameraden sei er wahrscheinlich sicherer als allein, es zeigte sich auch bald, daß es kaum eine Fluchtmöglichkeit gab. Rechts und links begleiteten schwerbewaffnete Russen den Zug. Beim ersten näheren Kontakt mit einem Russen wechselte Leonhards Armbanduhr ihren Besitzer. »Uhri« waren sehr begehrt, dieses Wort konnte jeder Russe sagen. Außerdem rief man den Männern immer wieder zu »Deutsche Soldaten nach Hause!« Das wurde auch von den meisten Landsern erwartet, da ja nun endlich der Krieg zu Ende war. Es sollte sich allerdings als großer Irrtum erweisen. Das Gefangenenlager in Hundsfeld lag direkt an der Straße, war durch einen sehr hohen Drahtzaun mit Stacheldraht gesichert und Posten, die innen am Zaun entlang patrouillierten, bewachten das Ganze. Innerhalb des Zaunes konnten sich die Männer frei bewegen, ein Glück, daß es warmes trockenes Wetter war.

Die Männer in diesem Gefangenenlager mußten die dortigen Borsigwerke demontieren und auf Eisenbahnwaggons verladen, die Teile sollten nach Rußland transportiert werden. Was genau in diesem Werk hergestellt worden war, ist nicht bekannt, wahrscheinlich hat es sich um Rüstungsindustrie gehandelt. Nachdem die Fabrik bzw. ihre Maschinen abgebaut und abgefahren waren, kamen die Menschen an die Reihe. Alle möglichen Parolen gingen von Mund zu Mund. Danach sollten deutsche Soldaten nach Oberschlesien zum Einsatz in den Kohlengruben gebracht werden. In den vollgepferchten geschlossenen Viehwaggons gab es kaum eine Orientierungsmöglichkeit. Nur am Einfall weniger Sonnenstrahlen konnte vermutet werden, in welche Richtung diese Züge fuhren. Nach Tagen kam der Zug, in dem sich auch Leonhard befand, in Warschau an, und nach kurzem Aufenthalt lud man die unfreiwilligen Fahrgäste in russische zweistöckige Waggons um. Die Türen wurden von außen verschlossen, und auf dem Dach eines jeden Waggons saß ein bewaffneter Bewacher. Fluchtmöglichkeiten gab es also so gut wie keine, trotzdem wurde das Unmögliche versucht. Im Nachbarwaggon hatte wohl einer ein Messer oder einen sonstigen scharfen Gegenstand, und damit auf der langen Fahrt ein Loch in die Waggonwand gearbeitet, groß genug, um sich hindurchzuzwängen. Soweit glückte das Vorhaben, aber die Posten auf den Dächern bemerkten die Flucht. Schüsse fielen, der Zug wurde angehalten, alles kontrolliert. Man fand natürlich das Loch, Posten schossen in den Waggon, und es gab Tote und Schwerverletzte, um die sich niemand kümmerte. Weitere Fluchtversuche gab es nicht mehr. Es hätte nur Tod und Repressalien bedeutet. Alle hatten Angst, es könnte ihnen ähnliches passieren, wie den Männern im Nachbarabteil.

Hunger und Durst quälten die Gefangenen. Kam ein Regenschauer, so konnten die Glücklichen der oberen Etage in ihren Kochgeschirren wenigstens etwas Wasser auffangen, das durch das schadhafte Dach rieselte. Der Bewegungsmangel ließ die Glieder steif werden, und die Ungewißheit bedrückte alle miteinander sehr. Ab und zu gab es etwas Verpflegung, viel zu wenig, es mußte gut geteilt werden. Die Russen warfen einfach ein Brot in jeden Waggon. Als dieser Transport mit der Ware Mensch sein Ziel erreicht hatte, lagen sechs Wochen hinter den Gefangenen, die mancher nicht überlebt hatte. Es war der 18. Juli 1945, und die Endstation war der Ort Tschernikowka im Uralgebirge.

Mühsam krochen die Gefangenen aus den Waggons, froh, das volle Tageslicht wiederzusehen, und noch am Leben zu sein. Die meisten konnten kaum noch laufen und mußten erste Gehversuche machen. Als Unterkunft bot sich ihnen ein Barackenlager außerhalb der Stadt. Zum Arbeitseinsatz kam ein Teil der Truppe, auch Leonhard, in einem nahegelegenen Furnierwerk, das gleich an der Ufa, einem breiten Fluß, lag. Auf diesem Fluß kamen die dicken langen Birkenstämme an, eine effektive

Transportbewältigung. Die dicken Birkenstämme waren mit dünnen Fichtenstämmen verbunden, damit sie als Floß zusammen die Flußfahrt überstehen und ihr Ziel erreichen konnten. Vor dem Furnierwerk, am Rande des Flusses, befand sich ein Förderband. Mit diesem transportierte man die Stämme auf einen Lagerplatz und stapelte sie dort zum Trocknen. Die ankommenden Stämme auf das Förderband zu lenken, war eine der Aufgaben, die Leonhard zugeteilt bekam. Beim Stapeln mußte man sehr aufpassen, die nassen Stämme waren sehr schwer, ungefügig und rutschig. Eines Tages erlitt er einen Unfall, der fast verhängnisvoll geendet hätte. Mit einem Bein geriet er zwischen zwei rutschende dicke Stämme und wurde eingeklemmt. Kameraden gelang es im letzten Moment, die Bewegung der Hölzer zu stoppen, und ihn aus seiner Lage zu befreien. Die Folge waren schmerzhafte Prellungen, Quetschungen und Hautabschürfungen, aber gebrochen war zum Glück nichts. Mit der Kolonne zum Furnierwerk marschieren konnte er vorerst nicht mehr. Im Lager gab es zwar zwei deutsche Ärzte, die hatten aber nichts als ihr Wissen, es standen weder Hilfsmittel noch Medikamente zur Verfügung. Eine russische Lagerärztin war maßgebend, die die meisten Patienten mit »Dawei, dawei« wieder an die Arbeit schickte. Medikamente hatte auch sie nicht. Nach drei Wochen konnte Leonhard immer noch nicht so gut laufen, daß er mit der Gruppe, die täglich zum Furnierwerk marschierte, mithalten konnte. Man teilte ihn zu einem anderen Arbeitseinsatz ein.

Bereits im Oktober kam überraschend und schnell der Wintereinbruch mit sehr viel Schnee und Kälte. Unübersehbare Felder voller Kartoffeln, Möhren und weißen Rüben waren noch nicht abgeerntet, und der hohe Schnee begrub alles unter sich. Gefangene, die das Glück hatten und zur Ernte auf diesen Feldern eingesetzt worden waren, konnten wenigstens etwas davon essen, oder wenn sie nicht erwischt wurden, etwas für Kameraden ins Lager schmuggeln. Das Essen war unbeschreiblich schlecht. Abwechselnd gab es Kohlsuppe oder Wassersuppe mit ein paar Fischgräten und Fischköpfen darin, beides dünn und widerlich schmeckend. Dazu bekam jeder täglich ein Stück Brot und etwas Tabak. Manchmal hatte Leonhard das Glück und fand jemanden, der sein Stück Brot gegen Tabak hergab. Die meisten waren krank und hatten Durchfall. Für diesen Bedarf gab es eine offene Latrine, das war ein Graben mit einer Stange davor. Es kam vor, daß Gefangene zu schwach und entkräftet waren, um sich auf dieser Stange zu halten. Die kippten ab in die Grube und kamen darin um. Im Winter herrschte starker Frost. Täglich starben Männer, die man bei diesen Wetterverhältnissen und wegen der hohen Anzahl von Toten nicht begraben konnte. Die Leichen stapelte man gleich neben der Baracke auf einen großen Haufen, der bald so hoch wie die Barakke war. Die Strohlager wurden faulig, und es stank erbärmlich, Ungeziefer aller Art peinigte die Gefangenen und machte ihnen zusätzlich das Leben zur Qual.

So lange nicht alles hoch eingeschneit war, kaute Leonhard immer wieder wilden Wermut, der dem ausgemergeltem Körper zumindest Vitamine spendete, seine Magenprobleme in Grenzen hielt und vielleicht auch das permanente Hungergefühl verdrängte. Zu dem neuen Arbeitseinsatz nach seinem Unfall fuhr er mit einer anderen Gruppe per LKW in einem Kalksteinbruch. Steinebrechen, das konnte Leonhard, denn mit Steinen hatte er zu Hause auch schon zu tun gehabt. Eine Zeitlang ging das ganz gut. Dann aber passierte wieder ein Unfall, der diesmal nicht so glimpflich abging. Leonhard arbeitete unten auf der Sohle, während sich über ihm, am überhängenden oberen Rand, Erde und Gestein zu lösen begannen und in Bewegung gerieten. Einige Kameraden bemerkten das rechtzeitig und riefen noch »Obacht«, aber ehe Leonhard reagieren konnte, in Sekundenschnelle, stürzten Erde und Gestein herunter und begruben ihn unter sich. Alle Leute in der Nähe stürzten herbei und versuchten, den Verschütteten wieder frei zu bekommen. Mit ungeeigneten Werkzeugen und blanken Händen gelang das auch nach unendlich erscheinenden Minuten. Er schnappte nach Luft, lebte also noch. Prellungen, Schürfungen, Rippenbrüche waren noch die kleinen Übel. Das rechte Bein hatte am meisten abbekommen, es war gebrochen, das Knie schwer lädiert. Nach diesem Vorfall brachte man ihn sofort zurück in die Baracke, wo der Verletzte notdürftig versorgt und das Bein provisorisch mit Brettern geschient werden konnte. Das Weitere blieb der Zeit und der Natur überlassen, die manchmal, in besonderen Glücksfällen, in der Lage ist, sich selbst zu helfen. So blieb Leonhard, nachdem er sein Bewußtsein wiedererlangt hatte, die bedrückende Aussicht auf ein langes und schmerzreiches Krankenlager. Miserable Kost, unzureichende ärztliche Betreuung, ohne Medikamente: Unter diesen Umständen bestand wenig Aussicht, daß das Bein je wieder in Ordnung kommen würde. Zu den Schmerzen kam der Hunger, das allgegenwärtige Ungeziefer, die Ungewißheit. Doch trotz aller schlechten Voraussetzungen heilten alle Wunden und Brüche, und nach etwa sechs Wochen konnte Leonhard anfangen, sich auf von Kameraden angefertigten provisorischen Krücken zu bewegen und das Laufen zu üben. Als die ersten Entlassungen in die Heimat erfolgten, war Leonhard dabei, weil er nicht arbeitsfähig und für die Russen nicht mehr brauchbar erschien. Nach wochenlangem Rücktransport über die bekannte Strecke der Transsibirischen Eisenbahn kam er am dritten September 1946, genau am Geburtstag seiner Mutter, wieder zu Hause in Ulmbach an. Sein Knie hatte sich wieder so weit stabilisiert, daß er notfalls ohne Krücken gehen konnte, aber es mußte noch geschont werden, war keinesfalls voll belastbar. Eine Zeitlang hinkte er noch, aber das besserte sich mit der Zeit. Das Wichtigste war, daß er aus dem Gefangenenlager wieder herausgekommen und glücklich daheim war. Diesen Umstand verdankte er ganz sicher jenem letzten Unfall.

Der Anfang in Hessen war schwierig und die Veränderung wieder groß. Alles, aber auch wirklich alles war anders als daheim. Sitten, Ansichten, Konfessionen, Dialekt, Küche, etwa so wie ein Sprung in eine andere Kultur, in eine andere Welt.

Leonhard versuchte wieder in seinem Beruf als Bäcker zu arbeiten, half bei seinem Schwager Adam Eckhard in Schlüchtern, bekam aber wohl keinen richtigen Einstieg. Er war ja schließlich schon lange nicht mehr in seinem erlernten Beruf tätig gewesen, und es stellte sich heraus, daß man nicht einfach dort weitermachen kann, wo man vor Jahren aufgehört hat. So ging der Winter vorbei. Im zeitigen Frühjahr, es war Anfang März, inspizierte mein Mann den Garten. Dort standen einige uralte Obstbäume. Der »Schlaglöffelbaum«, eine Einmachbirne, wahrscheinlich fast hundertjährig, der Boskopapfelbaum, ein Lehmapfel- und ein Rotapfelbaum. Dann gab es noch den »Kosperschbirnbaum«, eine kleine süße Herbstbirne. Am Giebel behauptete ein etwas mitgenommener Mirabellenbaum seinen Platz, man sagt hierzulande »Spillinge«. »Die Bäume müssen alle ausgelichtet werden«, stellte mein Mann fest, und fing gleich beim Spillingbaum voller Tatendrang an. Der allerdings wehrte sich gegen die beabsichtigte »Schönheitsoperation«. Ein morscher Ast brach ab, und Leonhard stürzte unvermittelt und sehr unsanft ins noch kaum sprießende Gras. Er versuchte den Sturz mit beiden Händen abzufangen, was seinen Handgelenken schlecht bekam. Beide waren gebrochen, er mußte ins Krankenhaus und kam gut eingegipst wieder heim. Die weiteren dürren Äste blieben erhalten, und ich bekam ausgiebig Beschäftigung mit meinem leidenden, ungeduldigen Mann. Die Gelenke brauchten Ruhe, die Hände demzufolge auch, er konnte weder selbständig essen noch auf die Toilette gehen oder sich kratzen, wenn es irgendwo juckte. Er hielt die ganze Familie in Trab und ließ »alle Puppen tanzen«. Glücklicherweise heilten die Brüche wieder ganz gut. Nach einigen Wochen war das Schlimmste überstanden, und die Gelenke wieder belastbar.

Im Frühjahr versuchten wir unser Glück mit Gemüsebau. Es lebten, wie schon erwähnt, viele Flüchtlinge im Dorf, und die Nachfrage war groß, denn in Geschäften gab es kaum noch frisches Gemüse. Die Bauern und überhaupt alle Ortsansässigen hatten mehr oder weniger große Gärten und erzeugten ihren

Eigenbedarf selbst. Im Garten und teils auf dem Acker säten wir Spinat, pflanzten Salat, bauten Möhren und Tomaten an. Kunden kamen in den Hof und kauften die frische Ware vom Wagen weg, wie sie vom Feld kam. Gemüsepflanzen waren gefragt, und es gab etwas ganz neues: Tabakpflanzen, das war ein absoluter Renner. Zwar waren sie bisher so gut wie unbekannt, trotzdem wollte plötzlich jeder welche anpflanzen. Sie gediehen noch an den außergewöhnlichsten Orten, sogar auf dem Fensterbrett. Die großen gelben Blätter fädelte man fein säuberlich auf, um sie zu trocknen, später wurden sie gepreßt, nach verschiedenen Hausrezepten fermentiert, gut verschlossen aufbewahrt und wie ein Schatz gehütet. Liebhaber begehrten diesen Schatz, und als Tauschobjekt benutzt, konnte man alles dafür haben, was sonst nicht öffentlich im Handel auftauchte.

Damals schickte mir Tante Veronika ihre Tochter Ida als Babysitter. Sie ging noch zur Schule und konnte gut mit den Kindern umgehen, sie war mir wirklich eine große Hilfe. Schwägerin Else fand einen Arbeitsplatz im Gemeindebüro und ging schon morgens aus dem Haus. Agnes verließ das Elternhaus und ging nach Schlüchtern, um bei Schwester und Schwager im Haus und in der Bäckerei mitzuarbeiten, und sich auf diese Art und Weise etwas Geld zu verdienen. Erst Jahrzehnte später erfuhr ich, wie schwer es ihr gefallen war, von zu Hause wegzugehen. Mir war nicht bewußt, daß Agnes ihr Elternhaus verließ, um uns, der jungen Familie Platz zu machen. Ich fand das ganz selbstverständlich, daß Mädchen diesen Alters in einen anderen Haushalt gehen, um sich weiterzubilden und natürlich auch Geld zu verdienen.

Im Häuschen am Wennsberg lebten dann noch Leonhards Mutter Anna und Gregor, der ungeliebte Stiefvater. Dieser verdiente etwas Geld mit Gelegenheitsarbeiten, das nicht weit reichte, und war oft kränklich. Die Schwiegermutter Anna hatte schwere gesundheitliche Probleme. Sie litt unter Atemnot, Asthmaanfällen, Kopfschmerzen, Nasenbluten und quälenden Hustenanfällen. Stets in der Nähe der leidenden, schwachen Mutter Anna hielt sich Leonhards Halbschwester Maria auf, die selbst schon von klein auf ein Sorgenkind war. Geistige Fähigkeiten waren ihr versagt geblieben, und dazu kam noch ein schlechtes Sehvermögen. Sie mußte eine ganz starke Brille mit dicken Gläsern tragen und hielt ewige Ängste aus, diese könne ihr herunterfallen und entzweigehen. Für dieses Mädchen blieben nur die groben Arbeiten und die Nähe ihrer hilfsbedürftigen Mutter. Der Jüngste im Hause, Alfons, trat eine Lehrstelle beim Ulmbacher Dorfschmied an. Mein Mann kümmerte sich um die nötigen Feldarbeiten und wollte mich unbedingt überall dabei haben. Meist kaum möglich, denn der Schwiegermutter konnte ich doch unmöglich die beiden kleinen Kinder anvertrauen.

Zum Viehbestand am Wennsberg gehörten auch drei Schafe. Fast jeder Bauer hielt einige Tiere, es gab eine ganze Menge im Dorf. Dafür zuständig war der Schäfer, laut pfeifend zog er morgens durch den Ort. Man öffnete dann die Stalltür, und die Tiere rannten dem Schäfer nach und gesellten sich zur Herde, die langsam und gemächlich, umkreist von des Schäfers Hunden, weiterzog.

Der Wennsberg galt damals noch als »Gemeindeland«, einige größere Felsblöcke ragten weiter oben aus dem Grün, und das Gras wuchs meist nur spärlich. Solche Flächen wurden bei der Gemeinde als »Öd- und Unland« geführt und standen dem Schäfer für die Schafe zur Verfügung. Es gab einige solche Flächen, auch Straßenränder und Wegraine nutzte der Schäfer, um die ihm anvertrauten Tiere satt zu bekommen. Abends kehrte er mit seiner Herde wieder ins Dorf zurück, und die meisten Tiere wußten, wann sie die Herde wieder zu verlassen hatten, kehrten satt und blökend in ihren heimischen Stall zurück. Die Wennsbergschafe taten dies allerdings nicht, die mußten geholt werden. Else und Alfons kannten sie, sie waren mit einem Farbtupfer auf dem Rücken gekennzeichnet, aber ich war auch nicht gescheiter als die Schafe, so sagte mein Mann. Ich wußte nie, welche die richtigen waren, fand sie aus dem ganzen Gewimmel nicht heraus. Sonst gab es am Wennsberg auch noch ein paar Hühner die viel kratzten, gackerten und zu wenig Eier legten.

Die Attraktion im Stall waren die beiden gelbscheckigen Kühe. Diese Tiere bedurften ganz besonderer Fürsorge, mußten sie doch Wagen und Pflug ziehen. Außerdem wurde von ihnen noch eine ausreichende Produktion von Milch erwartet, die für eine neunköpfige Familie ausreichte. Das aber war noch lange nicht alles, denn Milch sollte abgeliefert werden, damit etwas Bargeld ins Haus kam, es mußte auch gebuttert werden, denn mit Butter wurde der Pachtzins für das »Connels«, einen Pfarracker, beglichen. Die Butter wurde mühselig mit der Hand in einem hölzernen Butterfaß gestampft. Man kann sich unschwer vorstellen, daß für die Familie nicht viel übrig blieb. Oben im Garten, ans Häuschen angebaut, gab es noch einen kleinen Schweinestall. Dort fristete ein mickriges Schwein sein armseliges Leben, und man wartete sehnsüchtig darauf, daß es endlich dick und fett zum Schlachten wäre. Trotz allersparsamster Verwendung waren die Vorräte längst aufgebraucht, und was soll man wohl kochen, wenn nichts Gescheites im Haus und auch kaum etwas zu kaufen ist? Die Hauptnahrung bestand aus Pellkartoffeln, Milchsuppen, Bratkartoffeln. Eier und Spinat von »Hirschzungen«, ein im »Wilmer Grund« wachsendes Wildgemüse. Zu dieser Zeit war auf dem Land die Kontrolle der Fleischtierhaltung noch sehr streng. Jedes Tier mußte gemeldet sein, die Fleischmenge wurde pro Kopf berechnet. Was die Zuteilungsrate überstieg, mußte rigoros abgeliefert werden. Wie hätten auch sonst die vielen Flüchtlinge versorgt werden können. Natürlich wurde immer wieder versucht, schwarz zu schlachten, aber es war sehr riskant, denn jeder bespitzelte jeden. Dem, der erwischt wurde, drohten drastische Strafen. In dieser schwierigen Zeit wurde der heroische Entschluß gefaßt, das mickrige Borstentier schwarz zu schlachten. Um Mitternacht, als man annehmen konnte, daß die meisten Ulmbacher schliefen, wurde es in seinem Stall beim Schein einer abgedunkelten Stallaterne abgemurkst. Das allein war schon nicht so einfach, da es sich wehrte, aber unter keinen Umständen quietschen durfte. Die ganze Familie war im Einsatz, stand rund ums Haus Schmiere und paßte auf, daß keiner dazukommt.

Aufregender kann kein Diamantenraub sein! Am meisten Angst hatte die Schwiegermutter:»Jung, wenn das rauskommt, sperren sie dich ein. Was soll dann bloß weiter werden. O Maria Hilf!«Maria hat geholfen, das Fleisch wurde in der Nacht verarbeitet, es kam niemand dazu, am Morgen war alles passiert, geputzt, gelüftet, keinerlei Spuren mehr vorhanden. Alle atmeten wir auf.

Inzwischen merkte ich, daß ich wieder schwanger war. Der enge Kontakt in dem großen gemütlichen Kuschelbett war nicht ohne Folgen geblieben. In Anbetracht der langsam und stetig wachsenden Familie wurde meinem Mann langsam bewußt, daß er entweder klare Verhältnisse am Wennsberg anstreben, oder eine andere Regelung ins Auge fassen mußte. Zwar hatte er früher nie ernstlich die Absicht, aber nun war es sein Ziel, Besitzer des Wennsberges zu werden. Unsere junge Familie, mußte langsam wissen, wo sie hingehört. Da Leonhard der Älteste und Träger des Namens»Huhn« war, entsprach das auch dem Wunsch seiner Mutter, der Eigentümerin dieses Anwesens. Der kleinbäuerliche Besitz»Am Wennsberg« war wohlweislich von Opa Cölestin und Oma Dominika auf den Namen ihrer Tochter Anna überschrieben worden. Der Grund dafür war wohl hauptsächlich das Problem ihres unehelichen Kindes Leonhard, was damals in der streng katholischen Umgebung für das Mädchen Anna allgemein als Schande angesehen wurde. Für dieses damals todunglückliche Mädchen mit dem Kind und dem Landbesitz fand sich dann schließlich doch noch ein Ehemann, nämlich Gregor Wiegand aus dem Nachbarort Sarrod, der von Leonhard so ungeliebte Stiefvater.

Der Besitz umfaßte zwölf Morgen Land, mehrere Äcker und Wiesen, zumeist weit abgelegen, und das uralte baufällige Häuschen. Nach einigem Hin und Her kam es schließlich zu einem formellen Kaufvertrag. Darin wurden, wie es damals allgemein üblich war, Sicherheitsklauseln und vor allen Dingen Deputat eingetragen. Die Halbgeschwister bekamen jeder einen Barbetrag zur Auszahlung zugesprochen: sechshundert Mark. Das ist aus heutiger Sicht sehr wenig, aber damals lagen die

Verhältnisse ganz anders. Leonhard nahm alles in die Hand, regelte die Formalitäten, und bald war er Besitzer des kleinbäuerlichen Anwesens »Am Wennsberg«. Damit waren die rechtlichen Verhältnisse geklärt, allerdings änderte sich nichts daran, daß das Häuschen baufällig und der Platz zu knapp waren. Alles war morsch und brüchig, Reparaturen hätten wenig Zweck gehabt, und der beschränkte Platz wurde dadurch auch nicht vermehrt. Bald wurde es zur Gewißheit: Wir mußten bauen – aber ohne Geld und Protektion, wie war das nur zu ermöglichen, und wohin? Wieder hatte Leonhard die Idee: »Warum denn in die Ferne schweifen – liegt das Gute doch so nah...« Nach der Straße hin lag eine große hohe Böschung, im Besitz der Gemeinde, und als Öd- und Unland ausgewiesen. Sie bot keinen schönen Anblick, war sie doch von Splittergräben durchzogen, die einige Ulmbacher als bequeme ortsnahe Müllkippe benutzt hatten. Große Steine lagen herum, Brennesseln, Kletten und Disteln, Dornenbüsche standen dort.

Vom Wennsberganwesen führte ein schmaler Fußpfad, eigentlich war es mehr ein Kletterpfad, teils mit Steinen als Trittstufen, über die Böschung bis hinab zur Straße. Das war eine Abkürzung, und hieß »das Treppche«. Leonhard gelang es, den seriösen Mitgliedern des Gemeinderates einem nach dem andern plausibel zu machen, daß diese Böschung für die Gemeinde von keinerlei Nutzen sei, und es für Ulmbach nur ein Vorteil wäre, wenn sie uns diese Fläche als Bauplatz geben würden, sehr preisgünstig versteht sich. Die Herren zeigten sich einsichtig und sehr entgegenkommend, obwohl sie nicht glaubten, daß da viel daraus werden könne. Wir bekamen tatsächlich den Platz sehr günstig, und auch die Genehmigung vom Bauamt. Die Zeichnung fertigte Architekt Rainer aus dem Nachbarort Sarrod an.

Bevor es losgehen konnte, mußten erst allerhand Vorarbeiten geleistet werden, denn es war weder Geld noch Material vorhanden. 1947 war der Sommer glühend heiß und trocken, genau das richtige Wetter für die Herstellung von Lehmziegeln. Lehm gab es im »Wilmer Grund«, und da das kleine Rinnsal, der Ulmbach, sich dort etwas erweiterte, wurde da auch das

Vieh getränkt, wenn es von der Weide kam. Es gab also die zweite Voraussetzung, Wasser, vor Ort. Es gab eine kleine Lehmgrube, denn auch andere Ulmbacher benötigten Baumaterial und stellten dort Ziegel her. Eine Holzform für die Ziegel konnte geborgt werden, und bald ging es los. Erst wurde der Lehm mit der Grabenhacke losgehackt, was eine Sträflingsarbeit war, das erledigten mein Mann und Opa Gregor, schwitzend und in trauter Eintracht. Die Masse, trockene Lehmbrokken mit Wasser und Spreu für den besseren Zusammenhalt, wurde dann zu einem zähen Brei verknetet, was Else und ich mit den Füßen, Ausdauer und Muskelkraft bewerkstelligten. Diese Masse konnte dann, wenn sie die richtige Beschaffenheit erreicht hatte, in eine hölzerne Ziegelform gepreßt und auf der freien Rasenfläche vorsichtig umgestülpt werden. Keine Ecke durfte fehlen, der Ziegel mußte im Endeffekt vollkommen und unbeschädigt sein. So wie ich als Kind daheim mit dem größten Vergnügen Schlammkuchen gebacken habe, wurden jetzt unter Strömen von Schweiß bei flirrender Hitze die Ziegel für das Haus angefertigt. Später besorgte dann eine Kuh die Arbeit des Knetens. Das war effektiver, denn die hatte große kräftige Beine. Leider tat sie das nicht von selbst. Jemand mußte sie am Zügel dauernd im Kreis führen und drehen. Die arme Kuh wurde schwindelig.

Naß durften die Ziegel auf gar keinen Fall werden, denn dann wären sie wieder zerweicht. Nahte ein Gewitter, mußte alles, was Beine hatte, rennen, um die Lehmziegel zusammenzuräumen und abzudecken. Klein Gisela und Sigrid waren natürlich mit von der Partie, in Lehm und Wasser herumzuplantschen machte ihnen viel Spaß, und wenn ich nicht aufpaßte, bohrten sie mit dem größten Vergnügen mit ihren kleinen Fingern Löcher in die frischen Ziegel.

Klein Margot, unser drittes Kind, wurde im Dezember erwartet. Am 14.12.1947, nach einer fast schlaflos verbrachten Nacht mit heftigen Wehen, bat ich am frühen Morgen meinen Mann, doch die Hebamme zu holen. Er meinte aber: »Das dauert noch« und versorgte erst das Vieh im Stall. Es war Sonntag, und als er dann endlich bei der dringend erwarteten Hebamme an die Tür klopfte, stellte sich heraus, daß sie nicht daheim, sondern in der Kirche weilte, und während des Hochamtes andächtig ihre religiöse Pflicht erfüllte. Dort konnte er sie nicht einfach herausholen und mußte abwarten, bis der Gottesdienst zu Ende war. Hastig kamen die beiden auf dem kürzesten Weg, dem »Pödche«, zum Ort des Geschehens geeilt, das Köfferchen in der Hand, in der Hoffnung, noch rechtzeitig zu kommen.

Das kleine Wesen war aber ungeduldig und wollte auf gar keinen Fall länger im Mutterleib aushalten als unbedingt notwendig. Sonntag morgen gegen elf Uhr kam das Baby allein ohne fremde Hilfe zur Welt. Zwar war Schwiegermutter Anna im Haus, aber im dramatischen Finale ließ sie mich mutterseelenallein. Total erschöpft hatte ich nur einen Gedanken: Wenn nur das Kind nicht auf dem Gesichtchen liegt und erstickt. Als sie dann doch kam und nach dem Zuwachs sah, meinte sie, es wäre ein Junge. Die Hebamme war recht froh, daß nicht mehr viel zu tun war und für sie der Sonntag gerettet war, und stellte fest, es sei wieder ein Mädchen. Leicht enttäuscht gab sich mein lieber Mann damit zufrieden, ein Junge wäre natürlich das gewesen, was er sich gewünscht hatte. Das kleine Wesen wurde nach wenigen Tagen daheim im Haus von dem alten gütigen Pfarrer Rausch getauft. Mein Mann hatte inzwischen eine aufklappbare Feldbettstelle vom Boden geholt, und noch zwischen die Wand und das große Bett gezwängt. Dort richtete er sein Lager für die weitere Zukunft ein, um nachts einigermaßen ungestört schlafen zu können. Dem Baby ging es am allerbesten, konnte es doch bei mir im großen Kuschelbett schlafen, wurde gestillt und konnte alle erdenkliche Zuwendung genießen. Es hatte runde rosige Bäckchen, trank, schlief, gedieh und machte keine größeren Schwierigkeiten.

Gisela war inzwischen drei Jahre alt geworden. Infolge ihres gespaltenen Gaumens konnte sie immer noch nicht richtig sprechen. Auf Anraten des damals in Ulmbach ansässigen Dr. Schwab fuhr ich mit dem Kind nach Frankfurt in die Uniklinik. Dort arbeitete eine Kapazität, eine Professorin, die auf die Behebung solcher Fehler der Natur spezialisiert war. Nach langer Wartezeit, eingehender Untersuchung und Vorgesprächen bekam ich einen Behandlungstermin. Zwar könne man einen sicheren Erfolg nicht garantieren, aber die Aussichten auf ein Gelingen der Behandlung wäre doch groß, wurde mir erklärt. Am vereinbarten Termin brachte ich Gisela nach Frankfurt in die Klinik und übergab sie schweren Herzens den zuständigen Krankenschwestern. Besuche waren nicht erlaubt, um dem Kind jede Aufregung zu ersparen. Bange Tage folgten, und ich war in Gedanken mehr bei meiner Gisela als bei der Arbeit. Dann endlich kam die sehnlich erwartete Nachricht:»Die Operation ist ein voller Erfolg, und dem Kind geht es gut.« Nach sechs Wochen konnte ich mein Töchterchen wieder in der Klinik abholen und sie glücklich in die Arme schließen. Sie war munter und gesund, konnte aber noch nicht sprechen. Das mußte sie nun erst noch lernen. Ich bekam die Adresse eines Logopäden in Frankfurt, und machte mich sofort auf den Weg dorthin.

Er war ein liebenswürdiger älterer Herr, der einen vertrauenswürdigen Eindruck machte. Seine Frau, eine mütterlich wirkende, füllige Dame mit grauem Haar nahm sich meiner kleinen Tochter an und gewann ihr Vertrauen im Handumdrehen. Das Problem war, daß ich nicht mehrmals in der Woche für unbestimmte Dauer mit dem Kind nach Frankfurt fahren konnte, um eine Stunde Sprachübungen zu ermöglichen. Schließlich war ich daheim ja kaum entbehrlich, und das Baby Margot mußte versorgt werden, ebenso Sigrid, der kleine Wildfang, der alles mögliche anstellte, wie es in diesem Alter normal ist. Mit dem netten Sprachlehrer konnte ich eine Übereinkunft treffen, die für alle Seiten vorteilhaft war, wie sich bald herausstellte. Die Familie nahm Gisela für sechs Wochen in Pension, damit sie eine ständige sprachliche Betreuung und Übung hatte. Ich konnte sie jede Woche einmal besuchen, und bei dieser Gelegenheit brachte ich diesen Leuten alles mögliche Eßbare, damals noch immer rationiert und in Frankfurt knapp, von zu Hause mit. Diese Regelung funktionierte für alle Teile zufriedenstellend, Wurst, Speck und Möhren wechselten den Besitzer, die Kosten zahlte die Krankenkasse, und unsere kleine Tochter übte, ihren neuen Gaumen zu gebrauchen. Gisela war ein aufmerksames, aufgewecktes Kind und lernte erstaunlich schnell. Nach sechs Wochen beherrschte sie alle Laute tadellos, und man hatte ihr ein einwandfreies Hochdeutsch beigebracht. »Wunderbar sagt Onkel Otto« und »Tomaten« waren einige ihrer Übungsworte, die sie sich besonders eingeprägt hatte und auch daheim immer noch wiederholte. Mit vielen Dankesworten verabschiedeten wir uns von dieser liebenswerten Familie, und glücklich fuhr ich mit Gisela wieder nach Hause, wo sie ihre neu erworbenen Kenntnisse präsentierte. Das Ulmbacher Platt war für Gisela fast eine Fremdsprache geworden, und da ich sowieso Schwierigkeiten hatte, es anzunehmen, pflegte ich mit meinen Kindern so gut es eben möglich war, die hochdeutsche Sprache.

Schwiegermutter Anna wurde immer kränker, schwächer, leidender. Die Aufsicht über die Kinder konnte ich ihr unmöglich zumuten und mußte die beiden meistens mit ins Feld nehmen. Am Acker- oder Wiesenrand setzte ich sie auf eine Decke, das Kleinste wurde dazugelegt, Gisela als Älteste mußte aufpassen, daß Sigrid dablieb und das Baby Margot nicht von Fliegen gebissen wurde usw. Das klappte sogar ganz gut, Gisela war sehr gewissenhaft und verständig, sie paßte eifrig auf und rührte sich nicht weg. Fläschchen und Frühstück durften allerdings nicht fehlen, und Licht, Luft und Sonne standen meist genügend zur Verfügung. Alle Arbeiten wurden mit Kuhgespann und Handbetrieb ausgeführt. Die Wege zu den Feldern und Wiesen waren weit, und mancher Kilometer mußte in Eile zu Fuß zurückgelegt werden. Leonhard war ja in diesem Milieu groß geworden, ihm waren die Arbeitsabläufe bekannt, von Kind an. Für mich war vieles, ja, das meiste neu, und ich war wie schon so oft gezwungen, mich hineinzufinden und anzupassen. Was ich nicht konnte, mußte ich eben lernen, und wie immer versuchen, das Beste daraus zu machen.

Die Bekanntschaft mit Onkel Leonhard machte ich in der Herrenwiese. Mein Mann Leonhard und ich waren gerade dabei, Heu aufzuladen, da kam Onkel Leonhard über die Wiese geradelt. Ich stand oben auf dem Wagen, schwitzend und voller Heuhalme. »Das ist mein Pätter aus Wanne-Eickel«, stellte ihn mein Mann vor. Wir gaben uns die Hand, sahen uns an und wußten gleich, daß wir uns gut verstehen würden. Der Pätter griff zur Gabel, und im Nu war der Rest Heu aufgeladen. Dabei pfiff er lustig die Melodie des damals aktuellen Schlagers »Eine weiße Hochzeitskutsche«. Jedesmal, wenn ich die Melodie wiederhörc, fällt mir die erste Begegnung mit dem »Onkelje«, wie er liebevoll in der Familie genannt wurde, wieder ein.

Mutti und Papa lebten noch immer in der russischen Zone, und weil weder die beiden noch Leonhard eine Chance für die Zukunft dort sahen, überlegten wir, wie wir sie in den Westen holen könnten. Für Leute, die eine Wohnung nachweisen konnten, wurde eine Ausreiseerlaubnis erteilt. Viele Flüchtlinge wurden von Verwandten aufgenommen. Ein Wohnungswechsel war nur auf diesem Wege und mit legaler Genehmigung möglich. Um sie erst mal herauszulotsen, schickten wir eine amtlich beglaubigte Erklärung hinüber, sie könnten bei uns wohnen. Platz hatten wir zwar keinen, aber schließlich hatte sich schon vieles zum Guten gewendet, wir dachten: »Kommt Zeit, kommt Rat«. Schließlich waren ja auch schon die Bauvorbereitungen angelaufen, und Mutti und Papa konnten wir allerbestens brauchen. Eines Tages kamen sie dann in Ulmbach an. Leider konnten wir sie vorerst nur provisorisch unterbringen, denn wider Erwarten hatte sich nirgends eine Möglichkeit gefunden, die beiden wohnlich unterzubringen. Die einzige Möglichkeit war ein Biwak auf dem Fußboden in der großen Stube, dem einzigen größeren Raum im Haus. Zwar waren die beiden das gewohnt, hatten aber sicher etwas Besseres erwartet. In der Mitte der großen Stube wurde zwecks Abgrenzung der Intimsphäre eine große Decke gespannt. Das war nun für einige Zeit für Mutti und Papa die erste Bleibe im Westen. Sie meldeten sich in Ulmbach an, bekamen Lebensmittelkarten, aber es war nach wie vor nicht möglich, eine annehmbare Wohnmöglichkeit aufzutreiben.

Überall wimmelte es von Flüchtlingen, jeder Keller und Bodenraum war voll belegt. Die meisten gingen mit den Bauern, bei denen sie wohnten, zur Feldarbeit oder halfen im Stundenlohn für Naturalien. Das war die damals gültige Währung, so auch bei uns. Papa war überall zu brauchen, und Mutti konnte ich Gott sei Dank die Kinder anvertrauen. Die provisorisch beengten Wohnverhältnisse waren natürlich auf die Dauer nicht zu verkraften. Es gab überall Reibungspunkte. Nach allen Seiten mußte ich meine Ohren und Hände hinhalten und versuchen, das tägliche Getriebe vor all zu viel Reibung zu bewahren. Leonhard ging alles mögliche nicht nach seinem Kopf, seinen anderen Familienangehörigen auch nicht, Papa und Mutti schon gar nicht, und von mir selbst will ich überhaupt nicht reden. Allerdings hoffte ich, daß wir mit dem Bauen vorankommen würden, und es so lange gehen könnte. Wenn das Haus erst fertig ist, dann gibt es Platz genug für alle, dachte ich. Das dauerte allerdings länger, als es zu verkraften war.

Etwa zu dieser Zeit liefen alle möglichen Versuche an, geschäftlich etwas anzufangen. Das war anfangs ein Saatverkauf über Bestellisten im Auftrag für einen Schlüchterner Samenhändler. Als das angelaufen war, übernahmen wir die Sammelbestellungen für die Versandfirma »Dom-Samen« aus Kevelear, wo für uns mehr zu verdienen war. Alles lief auch hier über Bestellisten, war zu verteilen und zu kassieren. Leonhard hatte Kontakt zu Viehhändlern und vermittelte ab und zu An- und Verkäufe. Das war für ihn gut möglich, da er ja überall bei den Bauern bekannt, viel unterwegs und bemüht war, mit allem zu handeln, was sich kaufen ließ. Beim Viehhandel fiel immer wieder die Maklergebühr an ihn als Vermittler.
Für das Vieh wurde damals ein Lebertranpräparat als Vitaminstoß angeboten und ein Vertreter gesucht, der dieses Zauber-

mittel, das jedes mickrige Stück Vieh in ein Prachtexemplar verwandeln könne, an den Mann bringen sollte. Das war für Leonhard der Einstieg ins Beifuttermittelgeschäft, denn der Mann, der dieses Präparat verkaufen konnte, war für dieses Gebiet allein er mit seiner Energie und Ausdauer. Oft war er abends unterwegs, um irgendwelche Geschäfte zu machen, und erfolglos ging er selten aus einem Haus. Sein fahrbarer Untersatz war ein Motorrad, das er sich bereits als Bäcker zugelegt hatte, eine wuchtige BMW-Maschine.

Papa stellte seinen Rentenantrag, er hatte gottlob sämtliche Papiere und Unterlagen zur Verfügung. Diese frühzeitige Antragstellung erwies sich später als sehr vorteilhaft. Der Segensspruch, den uns der wohlmeinende Pfarrer bei unserer Trauung mit auf den Weg gegeben hatte, »Seid fruchtbar wie der Weinstock«, fand erneut seine Bestätigung. Nach einer Stillzeit von einem halben Jahr wurde ich wieder schwanger.

Weiterhin wurde alles eingeteilt, und die Portionen wurden karg bemessen. Obwohl das Korn auf dem Acker wuchs, war das Brot knapp. Die steinigen, schlecht oder gar nicht gedüngten Äcker, brachten magere Ernten. Es standen stellenweise mehr Mohnblumen, Windhalm und Kornblumen als Getreidehalme. In bestimmten Zeitabständen holte der Müller einen Sack Korn zum Mahlen, und brachte die Woche darauf Mehl und Kleie mit. Im Gemeindebackhaus herrschte alle Tage reger Betrieb, die Backzeit wurde ausgelost. Normalerweise konnten vier Partien pro Tag ihr Brot backen, in Sonderfällen aber stand auch die Nacht zur Verfügung. Manche Nacht habe ich im Backhaus gestanden, mutterseelenallein, wenn am Wennsberg alles schlief, und das Brot für vierzehn Tage gebacken.

Ein Schwein mußte für eine Großfamilie ein ganzes Jahr lang reichen. Eines Tages brachte Leonhard einen Braten. Er sah zwar abgezogen ganz grauenhaft aus, aber ich war schon einiges gewohnt und ziemlich unerschrocken. Gut zubereitet, wurde es als Hase gegessen und hat allen am Tisch ausgezeichnet gemundet. Der Geschmack hat den Ausschlag gegeben. »Was ich nicht weiß, macht mir nicht heiß«. Nach Tagen wunderte sich die Nachbars Oma, das »Sattlersch Hustaje«, daß ihr Kater nicht mehr zu sehen sei. Wenn die geahnt hätte ...

1948 kam dann über Nacht und völlig unvermutet die Währungsreform. Jeder bekam vierzig Mark Kopfgeld, wie der Betrag makaber genannt wurde, zur sofortigen Verfügung. Interessanterweise gab es nun plötzlich alles zu kaufen, was vorher absolut nicht aufzutreiben war. Für uns ergab sich daraus kein großer Wechsel, denn das Geld wurde für den Hausbau gebraucht. Waren die ganze Zeit Tabak, Schnaps oder etwas Handfestes vom Schwein die Währung, um maßgebliche Persönlichkeiten wohlgesonnen zu stimmen, so änderte sich das kurzfristig. Jetzt mußte alles sofort bar bezahlt werden. Das war zwar vorher auch der Fall, aber man hatte für das vorhandene Bargeld nicht viel kaufen können. Jetzt war es genau umgekehrt. Wer Geld hatte, konnte alle gewünschten Dinge kaufen. Schnaps und Tabak im Eigenbau verloren rapide an Wert, Besseres war frei zu haben. Eine neue Zeit begann.

So ging der Sommer 1948 herum. Papa und Mutti halfen, wo sie nur konnten, aber die Wohnsituation wurde langsam unerträglich. Sie zogen im Herbst wieder weg aus Ulmbach. Mein Bruder hatte inzwischen in Gütersloh Fuß gefaßt, eine Anstellung als Lehrer, seine zukünftige Frau kennengelernt, und das Kunststück fertiggebracht, für Papa und Mutti eine Wohnung zu finden. Mir tat es sehr leid, daß uns die beiden verließen, aber es dauerte entschieden zu lange, bis das neue Haus fertig werden konnte.

Der Winter kam, und Oma Anna ging es immer schlechter. Im Februar gingen ihre Kräfte zu Ende. Sie bekam kaum noch Luft, das Herz machte nicht mehr mit. Sie starb im Alter von achtundfünfzig Jahren, umgeben von all ihren Kindern. Damals gab es in Ulmbach noch keine Leichenhalle. Es wurde daheim aufgebahrt und gebetet. Mir waren die katholischen Sitten bei einem Sterbefall unbekannt, ich hielt mich mit meinen Kindern im Hinterstübchen auf, versuchte sie und mich zu beruhigen. Ich war zu der Zeit hochschwanger, und die Aufregungen machten mir sehr zu schaffen. Zu dieser ersten Beerdigung in der Familie wickelte ich für jedes der Kinder einen Kranz. Das Fichtenreisig besorgte mein Mann, und als Dekoration wurden Papierblumen gebastelt. So wurde Oma Anna aus dem Haus und das »Treppche« hinabgetragen. Ich konnte nicht mitgehen, stand mit meinen drei kleinen Kindern oben an der Tür und sah dem Leichenzug nach. Als alle wieder von der Beerdigung heimgekehrt waren, sagte Opa Gregor: »Wir wollen zusammenhalten und uns vertragen und nicht den Leuten die Mäuler voll geben.« Er, der ungeliebte Stiefvater, war jetzt verunsichert, hatte doch die Verstorbene bisher für die Vermeidung von größeren Auseinandersetzungen gesorgt. Alfons und Else brauchten lange, bis sie den Tod der Mutter verwanden, aber das Leben ging weiter. Auch ich trauerte natürlich, aber über eine gewisse Distanz war ich nie hinausgekommen. Sie hatte mich nicht akzeptiert, weil ich nicht katholisch war. Als ich sie einmal nach dem Vater von Leonhard fragte, lief ich wie gegen eine Wand. Sie sah mich an und sagte ganz einfach, sie kenne ihn nicht. Ich war schockiert, handelte es sich doch um den Großvater meiner Kinder. Ich meinte ein Recht zu haben, nach ihm zu fragen. Nie wieder versuchte ich, ihr persönlich näherzukommen. Scheinbar erfuhr auch Leonhard so gut wie nichts, das Thema war tabu.

Vier Wochen nach der Beerdigung meldete sich mein viertes Kind an. Wie üblich war mein Mann unterwegs, Sammelbestellungen aufnehmen. Else hatte sich mit einer Freundin verabredet, sie war zum Stricken nach Rebsdorf gegangen, das war nicht nur Arbeit, sondern auch Geselligkeit. Sie würde bestimmt erst spät heim kommen. Als einziger hielt sich Alfons, der Jüngste, im Haus auf. Den bat ich, zum Nachbarn zu gehen und dort Bescheid zu sagen. Die Altbäuerin war eine kluge und praktische Frau, die würde schon Rat wissen und jemanden nach der Hebamme schicken. Froh war ich, daß die Kinder versorgt und in den Betten waren, denn die Wehen kamen schnell und heftig. Da die Hebamme fast am anderen Ende des

Dorfes wohnte, dauerte es eine Weile, bis sie kam, die Zeit wurde mir unendlich lang. Verzweifelt und schwitzend fürchtete ich schon, ich müßte dieses Kind wieder allein zur Welt bringen. Endlich war sie da und hatte wieder nicht lange Arbeit. Das Kind war geboren, da kam auch schon der Vater, für mich war wieder alles bestens gelaufen, und erleichtert und glücklich hielt ich mein kleines süßes Mädchen im Arm. Leonhard war tief enttäuscht, wieder ein Mädchen zu haben und verstand die Welt nicht mehr. »Wieder kein Junge, man kann sich ja nicht mehr aus dem Haus trauen« sagte er. Else erzählte mir später, er wäre am folgenden Tage ungenießbar gewesen, und jeder wäre ihm vorsichtshalber aus dem Weg gegangen. Vier Mädchen, das war hart, aber was soll's? Alle waren gesund, und der Alltag ging weiter. Dieses vierte Mädchen tauften wir auf den Namen Renate. Getauft wurde daheim im Haus, der Pfarrer und die Hebamme sprachen dem enttäuschten Vater Mut zu. »Wie es der liebe Gott fügt, so muß man es hinnehmen«, und »Was man sät, das kann man auch ernten. Wer Weizen sät, kann nicht erwarten, daß er Roggen ernten wird.« Im Dorf wird sich mein Mann sicher noch manch andere nicht so gut gemeinten Sprüche angehört haben müssen. Das Baby schlief bei mir im Bett, weil ich ja stillte, teils auch im Kinderwagen, der neben dem Bett stand. Es wurde immer enger in unserem trauten Stübchen, man konnte kaum noch hin und her.

Für den Bau konnten in diesem Sommer viele Vorarbeiten geleistet werden. Der Hang, unsere Baustelle, war von Unrat, Hecken und Steinen zu säubern, anschließend wurde der Grundriß gesteckt, und es ging ans Ausschachten. Dann wuchs der Bau langsam, aber sicher höher und höher. Nach dem Fundament mit Bruchsteinen folgte der weitere Aufbau mit Hohlblock. Die Innenwände des Hauses bestanden aus Holzfachwerk und konnten mit den selbsthergestellten Lehmziegeln ausgemauert werden. Zügig ging alles weiter, und eines Tages war Richtfest. Wir hatten ein günstiges Aufbaudarlehen, was aber die Kosten nicht abdeckte. Trotzdem war es möglich, fast alles, was anfiel, zu bezahlen. Was Bargeld betraf so war für mich und die Kinder einfach keines da. Jede Mark wurde für den Bau gebraucht, denn der mußte so schnell als möglich fertig werden.

Schwägerin Else hatte sich mittlerweile zu einem hübschen jungen Mädchen entwickelt und machte erste Erfahrungen in der Liebe. Bald fiel ihre Wahl auf einen Ulmbacher. Dieser nette junge Mann hatte noch mehrere Brüder, aber eine Frau fehlte im Haushalt. Immer wieder sah Else dort nach dem Rechten, half aus und entschloß sich endlich, ganz dorthin zu übersiedeln. Leider fiel sie bei uns damit als Hilfskraft aus, sie hatte nach Feierabend dort alle Hände voll zu tun.

Nun war noch Alfons im Haus, meines Mannes jüngster Bruder. Er hatte seine Lehre beim Ulmbacher Dorfschmied abgeschlossen und arbeitete in einem größeren Betrieb in der Nähe von Frankfurt. Er wohnte noch am Wennsberg und wurde weiterhin versorgt. Jeden Morgen machte ich ihm das Frühstück zurecht, zum Mitnehmen, er mußte eilig zum Zug. Die Wäsche für ihn besorgte ich auch nebenbei noch mit. Das Bügeln mußte immer auf den späten Abend verlegt werden, wenn alle anderen längst in den Betten lagen. Todmüde und mit weichen Knien nach des langen Tages reich bemessener Arbeit setzte ich mich dazu an den Tisch und fing an. Lange muß es wohl nicht gedauert haben, da war ich eingeschlafen, das Bügeleisen tat seine Arbeit selbständig, aber nur an einem Platz. Beißender Qualm weckte mich bald wieder, und zu meinem Schrecken mußte ich feststellen, daß ich in das Sonntagshemd von Alfons auf der Brust einen häßlichen dunkelbraunen Brandfleck produziert hatte. Es war sein einziges weißes Hemd, und es blieb mir nichts anderes übrig, als für ein neues zu sorgen.

Inzwischen war es Herbst geworden, Runkelrüben wurden heimgefahren, die Kartoffeln mußten unbedingt ausgemacht werden. Es war der Herbst 1950, und das Haus war fast fertig. In dem bereits gewohnten Rhythmus war ich wieder schwanger geworden und schon nicht mehr so gut beweglich. Mein Mann war der Meinung, Alfons brauche seinen Chef nur zu fragen und würde bestimmt ein paar Tage Urlaub bekommen. Allerdings interessierte den Chef nicht im geringsten, ob und wann am Wennsberg Kartoffeln ausgemacht werden sollten. Es waren Terminarbeiten zu erledigen, und er meinte, er brauche jeden Mann, Alfons konnte keinen Urlaub bekommen. Meinem Mann gefiel das gar nicht, er glaubte, Alfons mangele es nur an gutem Willen. Schließlich kam es zu einer Kontroverse zwischen den beiden Brüdern, und das Wort:»Ich mache meine Kartoffeln selber aus und esse sie auch selber!« war für eine lange Zeit das letzte, was sie voneinander hörten. Alfons blieb nicht mehr länger im Haus, betrachtete das als »Rausschmiß« und zog zu Tante Roni, der Schwester seiner Mutter. Die Kartoffeln sind wie jedes Jahr vom Acker in den Keller gekommen.

Vor Weihnachten 1950 zogen wir um. Familie Grünwald, durch den Viehhandel mit meinem Mann bekannt geworden, hatten uns schon die ganze Zeit mit Rat und Tat zur Seite gestanden. Sie halfen auch beim Umzug. Allerdings war da nicht viel vorhanden, nur der alte Küchenherd und der große Tisch aus der »guten Stube« stellten sich als brauchbar heraus, und mein Mann und Herr Grünwald schleppten diese Spezialitäten vom alten in das neue Haus herunter. Alles andere Inventar fiel entweder auseinander, war wurmzerfressen oder gehörte den Geschwistern, die Stücke wegholten. Ratlos stellten wir fest, daß es nichts weiter gab, was wir in das schöne neue Haus hineinstellen konnten. Geld war natürlich wie bisher keines flüssig und guter Rat teuer. Den rettenden Einfall hatte unser väterlicher Freund und Berater, Herr Grünewald. In Frankfurt fanden immer wieder Auktionen statt. Er und mein Mann fuhren mit dem großen Viehwagen zu einer solchen Versteigerung. Selbstverständlich war auch die erfahrene Frau Grünewald dabei, und sie ersteigerten dort, was sie für angebracht und nötig hielten. Als sie wieder hier ankamen und den großen Viehwagen entluden, traute ich meinen Augen nicht. Möbel, Betten, Lampen, alles, was fehlte, war da und konnte dank der beiden kräftigen Männer sofort an Ort und Stelle transportiert werden. In der

Küche saß Käthchen Grünewald und nähte Gardinen, daß es nur so rasselte. Diese konnten auch gleich aufgehängt werden – ein Hochgefühl! Am Abend war alles fertig, und wir konnten plötzlich im neuen Haus wohnen. Bald feierten wir Weihnachten und fühlten uns glücklich und zufrieden in den mit so viel Mühe und Schweiß erschaffenen eigenen vier Wänden. Die Dreckschuhe zog mein Mann freiwillig noch vor der Haustür aus, um die neuen Dielen zu schonen. Leider hielt dieser Vorsatz nicht länger als vierzehn Tage an. Am 3.1.1951 wurde unser erstes Kind im neuen Haus, die fünfte Tochter, die wir Irmgard nannten, geboren. Der werdende Vater hatte sich in den Kuhstall verzogen, um das kommende Ereignis, die Geburt des heißersehnten Jungen abzuwarten. Es konnte doch wohl kaum anders sein, jetzt war es doch wirklich an der Zeit, daß es einmal ein Junge wäre. Als ihm die diesmal rechtzeitig anwesende Hebamme wieder eine Tochter präsentierte, ertrug er diese unumstößliche Tatsache blaß, aber mit Würde. »Jetzt brauche ich mich nicht mehr im Dorf sehen lassen, die Leute lachen mich ja aus!« meinte er resigniert. Wie bisher wollte er zur Taufe mit dem Kind nicht in die Kirche. Es waren bereits vier Wochen vergangen, und das Kind immer noch nicht getauft, damals ein gravierender Verstoß gegen die ortsüblichen Sitten. In der Kirche kamen anläßlich der Sonntagspredigt die Worte von der Kanzel gedonnert: »Neuerdings ist es üblich geworden, neugeborene Kinder nicht mehr taufen zu lassen!« Das war eindeutig an uns gerichtet. Leonhard war allerdings nicht zu bewegen, das Kind ordnungsgemäß zum Tauftermin in die Kirche zu bringen. »Wenn der Pfarrer eine Seele für die Kirche gewinnen will, dann soll er herkommen«, war sein Kommentar. Was geschah? Natürlich kam der Pfarrer doch ins Haus, taufte das Kind, redete dem unzufriedenen Vater ins Gewissen, gab uns allen einen besonderen Segen und verließ uns mit der Mahnung: Das könne nicht zur Gewohnheit werden, und das nächste Kind müsse mein sturer Mann unbedingt im Gotteshaus taufen lassen, das dafür da sei.
Ach du liebes Gottche, dachte ich so für mich ... da hast du ja scheinbar noch einiges vor dir! Auf jeden Fall war der häusli-

che Frieden wiederhergestellt, und das tägliche Leben lief weiter wie gehabt. Laut ging es nun bei uns her, und Opa Gregor bekam es langsam mit der Angst zu tun. Als ich ins Kindbett gekommen war, hatte er die Gelegenheit genutzt und war zu seiner älteren Tochter Mina nach Schlüchtern gezogen. Bei Bekannten hinterließ er den überlieferten Spruch:»Am Wennsberg da kreischen die Säue und die Kinder, da kann man's nicht mehr aushalten.« Später kam er ab und zu mal nach Ulmbach zu Besuch, frischte alte Bekanntschaften auf, blieb aber nicht lange. Er sagte, er sei das Stadtleben nun so gewöhnt, daß er es auf dem Dorf nicht mehr lange aushalten könne.

Am Wennsberg war das Geld nach wie vor Mangelware, und ich zerbrach mir Tag und Nacht den Kopf, wie ich dem abhelfen könnte. Schließlich erschien mir die Idee, mit einer kleinen Gärtnerei anzufangen, die erfolgversprechende. Am Südgiebel des neuen Hauses war es möglich, ein kleines provisorisches Erdhaus zur Pflanzenzucht anzulegen. Mit zwei kleinen Mäuerchen, einem Firstbalken und rechts und links aufgelegten Frühbeetfenstern konnte es bald genutzt werden. Frühgemüse und Salatpflanzen, das erste in dem neuen klitzekleinen Anzuchthäuschen, gediehen hervorragend. Zum Samenhandel kam nun auch ein Handel mit allen möglichen Pflanzen, meist aber nur Nutzpflanzen, auch Obstbäume und Sträucher, Geranienstecklinge und noch manches andere mehr.

Der gute alte Pfarrer Rausch kam öfters, um nach diesem und jenem zu sehen, hatte seine Freude an der wachsenden Kinderzahl und bestellte jedes Mal eine neue besondere Pflanze. Bald kam er wieder nachfragen ob sie schon da sei, klopfte mir auf die Schulter und sagte:»Bist ein braves Mädchen! Mach nur weiter so! Mit dem Pachtzins da mach dir mal keine Sorgen, das lassen wir mal für dieses Jahr.« Für ihn war es erstaunlicherweise kein Hindernis, daß ich evangelisch war. Er gab den Kindern seinen Segen, drückte mich ab und zu an sein gutes altes Herz und freute sich, etwas Gutes für uns tun zu können. Ich hielt in solchen »berauschenden Momenten« vorsichtshalber die Luft an, denn für die

Kombination von Weihrauch und Mottenpulver konnte ich mich nicht begeistern. Von diesen Feinheiten der zwischenmenschlichen Beziehungen erzählte ich meinem Mann natürlich nichts. Er war immer wieder sichtlich froh, wenn der Pachtzins fällig war und nicht gezahlt werden mußte. Diese Ersparnis hielt an, bis der alte Pfarrer Rausch das Zeitliche segnete und dank seiner Taten hoffentlich einen guten Platz im Himmel zugeteilt bekam. Der nachfolgende Seelenhirte kam nach Überschlag des Vermögensstandes sofort darauf, daß der gute alte Herr nicht korrekt alles, was ihm zustand, eingetrieben hatte. Ab sofort war es vorbei mit den Vergünstigungen. Der neue Pfarrer war ein knallharter Geschäftsmann.

Das Geschäft lief langsam ein bißchen besser, aber die Sparsamkeit der Ulmbacher war sehr groß. Bauersfrauen kamen, um bei mir Geranienjungpflanzen für ein paar lächerliche Groschen einzukaufen, und trugen verschämt ihren Schatz in der Schürze heim, damit es die Nachbarin nicht sehen sollte. Sie wollten die Pflanzen als »selbst gezogene Geranien« ausgeben. Damals gab es hier noch feste Begriffe, was eine tüchtige Bäuerin alles können mußte: Vor allen Dingen sparsam sein. Blumen gehörten selbst gezogen. Walderde wurde geholt, Hornspäne wurden gesammelt, die beim Klauenschneiden der eigenen Tiere abfiel, Schafsknirbel galten als idealer Blumendünger und wurden eifrig gesammelt. Balkons wie heute gab es nirgends in dieser Gegend, aber die überall üblichen hohen Treppenaufgänge boten sich schon als Stellplatz für Geranien an. Die Pflanzen für den Friedhof wurden selbst gesät und beizeiten ausgepflanzt. Ich konnte dann schon etwas größere Pflanzen anbieten und immer mehr verkaufen. Nachdem ich anläßlich der Beerdigung von Oma Anna die ersten Kränze gewickelt hatte, bestellte auch zu Trauerfällen ab und zu jemand einen Kranz. Im Winter gab es solche mit Kunstblumendekoration, im Sommer tat es eine Gartenblumengarnitur. Bei Preislagen von fünfzehn bis zwanzig Mark war da die Welt nicht zu verdienen, aber es läpperte sich zusammen, wenn es mehrere Kränze zu machen gab. Etwas später kamen kleine Gestecke für Allerheiligen dazu, für sechs bis acht Mark. Langsam stiegen die Kundenansprüche und auch die Preise. Kranzschleifen mit Text waren gefragt, und bald wurde ein kleiner Handdruckapparat angeschafft. Das Drucken übernahm mein Mann. Das fand auch in der Küche statt, ein Riesenaufwand, man sieht es heute noch der Tischplatte an. Hatte ich mich vorher nicht beeilt mit den Kränzen, die ich ja auch auf dem Tisch wickeln und dekorieren mußte, blieb mir nur noch der Platz auf dem Fußboden. Keine angenehmen Arbeitsbedingungen, und das meistens spätabends. Beim ersten Morgengrauen standen wir wieder auf. Das Vieh mußte versorgt und gemolken werden, die Milchkannen weit bis zur Sammelstelle gefahren werden, das alles mußte bis sieben Uhr passiert sein. Die Felder waren alle weit entfernt, und die Bewirtschaftung mit dem Kuhfuhrwerk war sehr zeitraubend. Das Anspannen war schon ein Abenteuer für sich, und auf den weiten Wegen ging eine Menge Zeit verloren. Schlechte Wege mit Schlaglöchern, Steinen und tief ausgefahrenen Gleisen waren die Regel, und da ich meist mit aufs Feld mußte, blieb mir oft nichts anderes übrig, als die Kinder mitzunehmen, mit allem nötigen Zubehör. Für die war es ein Abenteuer, wenn sie mitfahren

Mühselige Erntearbeit,
die Kinder halfen mit (1958)

289

durften und ich hielt alle erdenklichen Ängste aus, hatte die Augen überall und hoffte inständig, daß nichts passieren würde. Gisela mußte schon beizeiten helfen, wenn die Kühe angespannt wurden, oder die Bremse zuschrauben, wenn es bergab ging. Auch die Kuh führen, wenn es erforderlich war, konnte Gisela bald. Auf allen Äckern, besonders am Galgenberg und im Bernhardswald waren jede Menge Steine abzulesen, eine Beschäftigung, an der sich alles, was laufen konnte, beteiligte. Die Heuernte auf den Waldwiesen war meistens beschwerlich. Erstens wegen dem weiten Weg, dann wegen der glühenden Hitze, die sich in diesen Waldwiesen wie in einem Trichter staute. Große Stechfliegen, die »Bremsen«, stürzten sich auf Mensch und Tier, und um diese abzuwehren, wandte man das fürchterlich stinkende »Franzosenöl« an, mit dem das Vieh eingerieben wurde. Der ekelige Geruch steckt mir heute noch in der Nase, denn wer damit in Berührung kam, stank noch lange nachhaltig danach. Kam ein Gewitter, dann sah man es infolge des Waldes erst, wenn es schon nahe war und der Donner grollte. Dann hieß es »Schnell, schnell!« Aber oft war es schon zu spät, und das schöne trockene Heu wurde naß.

Auf die Herrenwiese führte ein abenteuerlicher Hohlweg durch den Wald. Tief eingefahrene Gleise und große Baumwurzeln und Steine ließen diesen Weg zu einer schwer passierbaren Strecke werden. Diesen Weg benutzten die Anlieger nur als Hinweg mit leeren Fahrzeugen. Gisela, unsere kleine Landhelferin, konnte diesen erbärmlichen Weg mit dem Kuhgespann befahren, als wäre das überhaupt kein Problem. »Fahr schon mal fort, ich komm gleich mit dem Motorrad nach« sagte mein Mann, und auf Giselas »Hü« setzte sich der Geleitzug in langsamem Kuhtempo in Bewegung. Ich machte mir große Sorgen, konnte doch dem Kind alles mögliche passieren. »Die Kühe wissen den Weg ganz alleine« meinte mein Mann, und offenbar hatte er recht, denn es funktionierte immer.

Die Waldwiesen waren die allerschönsten Wiesen, und unterwegs oder in der Nähe gab es je nach Jahreszeit Erdbeeren, Himbeeren oder Brombeeren zu finden. Überhaupt widmete man der Beerensuche viel Zeit, in den Gärten gab es solche kaum, zumindest am Wennsberg nicht, und ich brauchte doch Marmelade aufs Brot für meine kleinen Leckermäuler. Es war damals allgemein üblich, bereits morgens vor Sonnenaufgang loszumarschieren, da ja meist weite Wege in Kauf genommen wurden, um gute Beerenplätze im Wald zu finden. Sogar auf Wildkirschbäume im Wald wurde gestiegen, um die saftigen kleinen Früchte zu ernten. In der schlechten Zeit nach dem Kriege bis zur Währungsreform war der Wald außerdem ein Lieferant für Ölfrüchte. Man sammelte Bucheckern unter den alten Bäumen, dafür konnte man Öl bekommen. Für zehn Pfund Bucheckern gab es einen Liter Öl. Bis diese Menge aufgelesen und unter dem herbstlichen Laub aufgefischt war, konnten Stunden vergehen.

Eine zeitraubende Arbeit war auch das Kühehüten, damals allgemein üblich. Alten Leuten oder Kindern oblag es, dafür zu sorgen, daß das Vieh abends wieder satt in den Stall kam. Teils legte man weite Wege zurück, um auch jede Möglichkeit auszunutzen und jeden Wegrain abgrasen zu lassen. Alles drehte sich darum, daß das Vieh satt wurde, es seine Ordnung und Pflege hatte und es ihm so gut als möglich ging. Das hatte Priorität, und wir Menschen, ob klein oder groß, waren diesen Abläufen untergeordnet. Ansprüche zu stellen oder Wünsche zu äußern war undenkbar. Viele Bauern nahmen ein Kind vom Jugendamt, das dann hier zur Schule ging und als Viehhirte eingesetzt werden konnte. Wie es auch für die eigenen Kinder selbstverständlich war, konnten diese Kinder als Teilzeitkraft eingesetzt werden, und es gab noch einen kleinen Betrag als Pflegegeld.

»Wenn das bei den anderen geht, versuchen wir es auch«, meinte mein Mann und stellte einen Antrag beim Jugendamt. Tatsächlich bekamen wir einen zwölfjährigen Jungen zugewiesen. Ein winziges Zimmer gab es für ihn im ersten Stock, mit Dachfensterchen. Gerade das Bett und ein klitzekleines Regalchen, aus Brettern von mir selbstgebaut, hatten darin Platz. Also gab es für mich noch ein Kind zusätzlich zu versorgen. Er bemühte sich, hatte aber Schwierigkeiten in der Schule, und ich versuchte ihm zu helfen, so gut es möglich war. Er hatte sicher auch seelische Probleme, näßte nachts das Bett ein. Zwar war er für Leonhard eine zeitweise Hilfe, aber für mich eine Zusatzbelastung. Die nächste Kontrolle durch eine nette Dame vom Jugendamt ergab, daß der Junge zu wenig Freizeit hatte (nämlich so gut wie keine), und das Zimmerchen auf die Dauer viel zu klein sei. Beides traf natürlich zu. Leonhard sorgte immer für Vollbeschäftigung, möglichst bis jeder vor Müdigkeit umfiel, und hatte für Freizeit nicht das allergeringste Verständnis.

Inzwischen war ich Mutter von fünf kleinen Kindern, und das sechste war nicht mehr weit. Wie alle Väter, so wollte auch Leonhard unbedingt einen Sohn, der den Namen und die Familientradition weiterträgt, obwohl von Tradition wirklich und wahrhaftig keine Rede sein konnte. Mir fiel es schwer, mit dem Arbeitstempo nachzukommen, es war mir zu viel, mit Leonhard die Koppeln reparieren zu gehen und das Vieh hin- und herzutreiben, die Hitze setzte mir zu, und ich hatte Kreislaufprobleme. Die Versuche, dieses oder jenes an unzumutbaren Belastungen abzuschütteln, scheiterten meistens, und es gab jede Menge Ärger, böse Worte, Krach. Es nützte alles nichts, das tägliche Getriebe mußte in Gang gehalten werden, die Kinder und alles andere versorgt werden. Gisela ging in die Schule, was ihr viel Spaß machte, Klein Sigrid inzwischen auch, aber die hatte größere Probleme.

Für Gisela war die Schule so etwas Ähnliches wie eine interessante Freizeitunterhaltung, hatte sie doch nicht die Pflichten wie daheim: nämlich Kühe und Kinder hüten. Sie konnte kreativ etwas für sich selbst machen, und es gab Lob, wenn es gelungen war. Sigrid, ein Jahr jünger, war dagegen noch ein richtiges Spielpüppchen, ein kleiner Clown. Sie trieb gern allerlei Schabernack, lachte, purzelte und spielte gern mit jedem, der sich nur die Zeit nahm und sich mit ihr beschäftigte. Es war sehr schwierig, ihr verständlich zu machen, daß alles, was von ihr in der Schule verlangt wurde, ernstzunehmen sei. Singen und Tanzen, das fand sie schön, aber schreiben und lesen lernen und auch noch rechnen, das war für dieses kleine lustige Wesen ein unüberwindliches Problem. Viel lieber schlug sie Purzelbäume im Garten im grünen Gras. Das zierliche Kind konnte den großen schweren Schulranzen mit dem hölzernen Griffelkasten und der Schiefertafel kaum schleppen, die es damals nur in Einheitsgröße gab. Die stabilen hohen Lederschuhe, die der ältesten zu knapp geworden waren, gingen natürlich in den Besitz des nächsten Kindes über, obwohl sie in Sigrids Fall noch viel zu groß für die kleinen Füßchen waren und auch zu schwer. Gisela, die ältere, stand morgens ohne Schwierigkeiten auf, wenn sie gerufen wurde, war sie doch schon vor der Schulzeit an frühes Aufstehen gewöhnt, weil sie ihrem Vater unter anderem beim Anspannen der Kühe zur Hand gehen und alles lernen sollte. Klein Sigrid rieb sich, wenn sie morgens aufstehen sollte, die Augen und war noch »soo müde«! War dann auch noch Eile angesagt, konnte sie ein herzzerreißend unglückliches Gesicht machen. Gerne trödelte und spielte sie immer noch ein bißchen herum, obwohl es längst Zeit war, zur Schule zu gehen. Ich hatte vorher meistens schon die Kühe gemolken, natürlich mit der Hand, und die Milch zur Sammelstelle gebracht. Dann waren die Kleinen, Margot, Renate und Baby Irmgard zu versorgen. Die Kleinste schrie am lautesten nach der gewohnten Flasche. »Gisela, paß mir ja auf Sigrid auf!« rief ich noch den beiden »Großen« nach, als sie aus der Tür gingen und sich auf den Schulweg machten. Für die Kinder war der Schulweg ganz schön weit, durch das ganze Dorf, bis hinauf zum »Küppel«. Dort, an der höchsten Erhebung des Dorfes, stand die Kirche, etwas weiter dahinter die Schule.

Es war inzwischen Dezember 1952 geworden, und unser sechstes Kind machte sich schon lebhaft bemerkbar. Noch vor dem Weihnachtsfest sollte es das Licht der Welt erblicken. »Liebe Mutti!« so schrieb ich, »Kannst du bald kommen und die Obhut über meine Kinderschar übernehmen, wenn ich ins Wochenbett komme?« Es dauerte nicht allzulange, da kam ein lieber Brief und Gott sei Dank auch bald danach die überraschte, aber immer hilfsbereite Mutti. Die lange Bahnfahrt von Gütersloh war schon damals nicht billig. Ach, wie froh war ich! Allein schon der Gedanke: Mutti ist ja da, da kann keinem mehr etwas passieren, machte mir Mut und gab mir meine Ruhe wieder. Am 13. Dezember kündigte sich das zu erwartende große Ereignis an. Die Hebamme, die alte erfahrene Frau Krieger, war zur Stelle und wir alle in Erwartung der Dinge, die da kommen sollten. Doch meine Wehen waren plötzlich wieder weg, und nichts tat sich mehr. »Da wollen wir mal nicht lange warten! Ich geb' dir jetzt mal eine anregende Spritze, und dann werden wir schon weiterkommen. Schließlich wollen wir doch bei dem sechsten Kind nicht die ganze Nacht herumbringen.« Gesagt, getan. Jetzt ging alles zügig vonstatten. Das Kind hatte die Nabelschnur um den Hals geschlungen, war ganz blau und wäre fast erstickt. Aber bald schrie es laut, wie es sich gehört, und, o Wunder, diesmal war es tatsächlich ein Junge, ganz unübersehbar. Der werdende Vater hatte, wie schon mehrmals geübt, die »kritische Phase« im Stall bei seinen Lieblingen, den Kühen überstanden. Als er gerufen wurde, um das Ergebnis seiner intensiven Bemühungen zu begutachten, rief er ganz entsetzt: »Das ist ja ein Schwarzer!« Die Hebamme amüsierte sich köstlich. »Da hast du jetzt deinen Jungen, nun sei endlich zufrieden, wenn er auch schwarz ist!« Unter Lachen fügte sie noch hinzu: »Du wirst sehen, bis morgen ist er wieder weiß.« So war es dann auch wirklich, und wir hatten wieder einmal Glück gehabt. Fröhliche Weihnachten mit dem kleinen neuen Erdenbürger Cölestin, Mutti und der ganzen quirligen lustigen Kinderschar folgten.

Klein Sigrid hing ganz besonders an ihrer Oma, und diese widmete sich ganz besonders hingebungsvoll ihrem kleinen »Schiepel«, wie sie das Kind zärtlich nannte. »Schiepel« ist eine liebevolle Bezeichnung für »kleines Hühnchen oder Küken« in schlesischer Mundart. »Jetzt hast du auch wieder mit dem Baby Arbeit und noch weniger Zeit. Soll ich Sigrid nicht mal mit nach Gütersloh nehmen? Sie könnte ja eine Weile bei mir bleiben und eventuell auch dort zur Schule gehen. Ich könnte mich viel um sie kümmern und ihr bei den Aufgaben helfen, was sie doch anscheinend sehr nötig hat!« Mir war sofort klar, daß dieses Angebot sehr gut und großzügig war. Bei Mutti wäre das Kind allerbestens aufgehoben. Ich überlegte nicht lange. Leonhard war mit dem Vorschlag einverstanden, und Klein Sigrid war ganz begeistert, daß sie mit der Oma nach Gütersloh fahren durfte. Doch was kam da an Pflichten und Verantwortung auf Mutti zu? Dieses Angebot war aus einem liebevollen, großen und fürsorglichem Herzen gekommen, ganz spontan. Ob sie es reiflich überlegt hat? Später erzählte Mutti dann, wie alles weiter gelaufen war.

Nach der langen Bahnfahrt, für das Kind ein völlig neues und sehr aufregendes Ereignis, war Sigrid todmüde, als sie dann abends endlich bei Opa in Gütersloh ankamen. »Alle Kinder haben ein Bettchen, nur ich nicht«, soll sie gesagt haben. Die erste Nacht durfte sie bei der Oma kuscheln, und am nächsten Tag fand sich Rat, es wurde für ein Bett gesorgt. So viel neues kam auf Sigrid zu, daß sie mit all den neuen Eindrücken vollauf beschäftigt war. Bei der Anmeldung in der Schule wurde sie gleich ein Jahr zurückgestuft, das erwies sich als ein Glück, denn sie war nun nicht mehr im Hintertreffen, sondern vorn, wußte schon mehr als die anderen. Neue Freundinnen traten in ihr Leben. Sie hörte nur noch Hochdeutsch und war nicht mehr durch den ausgeprägten Ulmbacher Dialekt verunsichert.

Inzwischen liefen auf Grund der emsigen Bemühungen meines rastlosen Mannes die Geschäfte mit den Beifuttermitteln der Firma Schaumann immer besser. Die Angebotspalette war erweitert worden, und die Firma bemühte sich, einen festen Mitarbeiterstab aufzubauen, der auch geschult wurde. Bis zu dieser Zeit war als Fahrzeug eine alte schwere BMW-Maschine, ein Motorrad aus vorwehrdienstlicher Zeit benutzt worden. Bei schlechtem Wetter und vor allen Dingen im Winter ergaben sich da erhebliche Probleme. Leonhard hatte andauernd einen bösen Husten und Bronchienprobleme. »Ich hab schon Asthma genau wie meine Mutter«, meinte er, und wehe, wer da eine andere Meinung zu äußern wagte. Im Jahre 1956 bot nun die Firma Schaumann an, ihren Mitarbeitern einen guten Gebrauchtwagen vorzufinanzieren. Mein Mann zögerte nicht lange und nutze diese Chance sofort. Das war sein Glück! Den Führerschein zu erlangen war damals noch leicht möglich. Von der Zeit an, als das Auto in Betrieb genommen wurde, waren Husten und Asthmaanfälle wie weggeblasen. Oft gab es nun »dringende Termine« wahrzunehmen, und der VW war laufend im Einsatz. »Ich möchte auch den Führerschein machen« begehrte ich, aber da kam ich schlecht an. »Ja, wie stellst du dir denn das vor? Wer soll denn noch daheim was schaffen, wenn du auch noch mit dem Auto herumkutschieren willst?« sagte da mein vorausdenkender Ehemann. »Was denkst du denn, was so ein Auto für Benzin verbraucht, abgesehen von der großen Gefahr, daß alle Tage ein Unfall passieren kann. Wo du hin willst oder mußt, da wirst du einfach hingefahren, wenn es Zeit und nötig ist.« Ich dachte wie immer: »Kommt Zeit, kommt Rat«, und verließ mich auf das Wort meines Mannes, obgleich ich mich erst mal wegen der strikten Absage tüchtig ärgerte. Wie es sich im Lauf der Jahre herausstellte, war das ein nicht wiedergutzumachender Fehler. Stets blieb ich auf die Gnade oder Ungnade meines »Herrn und Gebieters« angewiesen, wenn ich eine Fahrt zu erledigen hatte, vor allen Dingen für das Geschäft. »Verkauf erst mal alles, was du da hast«, meinte er, »es steht noch genug herum.« Daß Kunden auch noch andere Wünsche haben konnten, und ich versuchen mußte, sie mit einer gewissen Auswahl zufriedenzustellen, das ging einfach nicht in seinen Kopf.

Inzwischen wurde vom Gesetzgeber der Lastenausgleich bewilligt, und ein nicht enden wollender Papierkrieg über erlittene Schäden, auszufüllende Fragebogen und Angabe von Leuten, die diese Angaben auch bezeugen konnten, endete schließlich damit, daß ein Betrag von zwölftausend Mark auf unserem Konto einging. Um diesen Betrag produktiv anzulegen, wurde die Idee, ein größeres Gewächshaus zu bauen, in die Tat umgesetzt mit dem Gedanken an den Aufbau einer Existenz. Gleich im Anschluß an den Südgiebel des Wohnhauses entstand dieser Prachtbau unter Strömen von Schweiß und Verwendung jeder Menge Muskelkraft. Das Ausschachten dieses steinigen schrägen Hanges konnte natürlich nur von Hand geleistet werden. Der Schubkarren stand auf einer Bohle über unseren Köpfen. Alles Steingeröll wurde hochgeschippt, dann in den auf dem Fahrweg bereitstehenden Wagen gekippt und irgendwohin auf die zumeist schlechten Feldwege zur Ausbesserung gefahren. Als bewährte Zugkraft dienten natürlich die gut trainierten Kühe. Drainage mußte gelegt und Mutterboden vom Acker angefahren werden. Eine kleine Grundmauer wurde erstellt. Eines Tages rollte dann ein LKW der Firma Mahr aus Wiesbaden mit den Bauteilen und einem Monteur an. Es ging los mit dem Aufbau. Laut Vereinbarung mit der Firma sollte ein Hilfsarbeiter für alle nötigen Handreichungen zur Verfügung stehen. Leonhard meinte allerdings: »Extra einen Mann nur für Handreichungen hinstellen, das kommt viel zu teuer. Du bist doch sowieso da, da kannst du auch die paar Handgriffe machen. Der Monteur kann dich ja rufen, wenn er dich braucht. Ich jedenfalls habe keine Zeit für so ein Geplember«, sagte es und verschwand. Der Monteur machte ein ganz erstauntes Gesicht, aber was wollte er machen, los ging's mit dem Gerüstaufbau. Streben anreichen und halten, das konnte ich ja. Allerdings konnte ich keinen Schritt weggehen, außer der Frühstücks- oder Mittagspause, oder eben nach Feierabend. Der Monteur war mit Kost und Logis im Gasthof »Zur Krone« untergebracht. Als dann nach Tagen das Gerüst montiert war, reiste ein Glaser an, und die großen schweren Scheiben mußten angereicht werden. Das schaffte ich allerdings nicht mehr, und mein Mann mußte dann doch noch selbst mit Hand anlegen. Allerdings mußte ich mich bei der Verlegung der Heizungsrohre auch ganz schön abquälen, denn die waren verdammt schwer. Weil es mit mir als Hilfskraft wohl länger mit der Montage dauerte als vorgesehen, bekam der Monteur Druck von seiner Firma. Alles lief nach einem bestimmten Zeitplan.

Eines Samstags fiel unserem Monteur ein, er müsse Überstunden machen, und es solle ihn jemand am Abend zum Bahnhof nach Frankfurt fahren, damit er dort noch rechtzeitig den letzten Zug nach Wiesbaden erreichen und zu seiner Familie kommen könne. Leonhard war einverstanden. Zur Sicherheit bat er einen Freund, den Krone-Peter, mitzufahren. Der war erfahrener als Fahrer. Es wurde spät bei der Heimfahrt, beide Männer waren müde. Am Steuer saß der Krone-Peter und duselte ein. Unterwegs dann in Aufenau tat es einen großen Schlag. Das Fahrzeug verfehlte eine Linkskurve und prallte Sekunden später an die geradcaus im Wcg stchcndc Hausccke. Diese hatte zwar das Drama außer einigen Kratzern überstanden, es war ein uraltes stabiles Mauerwerk. Leonhard allerdings, als Beifahrer fest schlafend und nicht angeschnallt, flog unvermutet direkt in die Scheibe. Schnittverletzungen im Gesicht, alles voller Splitter, die Lippen zerschnitten, Prellungen waren die Folge. Da das Auto noch fahren konnte, wurde er gleich auf die nächste Unfallstation gebracht und dort verarztet. Mitten in der Nacht erschien er, blutig und verschrammt, in bedauernswerter Verfassung wieder daheim, wo er mich aus dem Schlaf schreckte. Am nächsten Tag mußte er sich noch einmal zur Behandlung melden, die Schnittwunden wurden zum Teil genäht. Das Auto war von vorn total eingedrückt, alle Scheiben gesplittert und der ganze Rahmen verzogen, aber der Motor lief noch. Auf jeden Fall ein Totalschaden. Dem Krone-Peter war kaum etwas passiert, der hatte sich noch abstützen und den Kopf einziehen können, er hatte nur ein paar unbedeutende Kratzer und Beulen abgekriegt. Es dauerte vierzehn Tage, bis Leonhard wieder etwas Richtiges essen konnte und seine zerschnittenen Lippen wieder geheilt waren. Durch die Veränderung an Mundpartie und Lippen konnte er allerdings auch nicht mehr seinen schrillen Kommandopfiff anwenden. Ganz im stillen war ich und bestimmt auch die Kinder recht froh darüber, denn auf schrille Pfiffe zu reagieren, macht keinen Spaß. Ich hatte es immer als demütigend und entwürdigend gefunden, wenn ich auf seinen Pfiff reagieren sollte. Wochen vergingen, bis wieder ein anderes gebrauchtes Auto auf dem Hof stand. So langsam wurde das Gewächshaus fertig, und erschien mir in seinen Ausmaßen riesig, als es blitzend und glänzend dastand und die Sonnenstrahlen reflektierte.

Durch die jährliche Wasserknappheit in der heißen Jahreszeit ergaben sich im weiteren auch für die werdende Gärtnerei gravierende Probleme. »Wir müßten ganz unbedingt einen eigenen Brunnen haben und von der Gemeinde unabhängig werden«, meinte Leonhard. Schließlich hatte ja in Schlesien auch jedes Anwesen seinen eigenen Brunnen. Allerdings lagen die Verhältnisse geographisch hier in Ulmbach ganz anders. Trotzdem gab es hier und dort Brunnen, und Leonhard erkundigte sich nach der Ergiebigkeit und den entstandenen Kosten von Bohrungen. Mit Graben kam man nämlich in dem schweren felsigen Untergrund nicht weit. Ein Gutachten wurde beantragt. Es dauerte nicht allzulange, da rückte ein Team von Geologen an und besah sich das uns zur Verfügung stehende Gelände, also den Wennsberg. Sie breiteten ihre Karten aus und waren ganz fest überzeugt, daß dieser Wennsberg überall im Untergrund Wasseradern führen würde. Es wäre ganz gleich, wo wir bohren würden, das Wasser würde sich dort sammeln. Doch dieser wissenschaftlichen Beratung standen wir ziemlich skeptisch gegenüber. Leonhard informierte sich in seinem großen Bekanntenkreis und kam alle paar Tage mit einem anderen Wünschelrutengänger, von dem er gehört hatte, daß er irgendwo eine Wasserader gefunden hätte. Meistens waren das urige alte Typen, die mit ihrer Weidenrute in der Hand wie auf Eiern über das Gelände schlichen und herumzuckten. Ein ganz alter krummbeiniger Spezialist machte es ganz besonders spannend. »Hier! Hier! Hier!« schrie er ganz plötzlich, und tat, als würde ihn die kleine Wünschelrute sofort in den Untergrund ziehen. Das alles geschah gegen ein geringes Entgelt, nur das geologische Gutachten war teuer und völlig unbrauchbar, wie sich später herausstellte.

Schließlich nahm der Chef einer Brunnenbaufirma, eines renommierten Betriebes, das Gelände erneut in Augenschein, in der Hoffnung, die Arbeit ausführen zu können und den Auftrag zu bekommen. Auch mit dem Bohrmeister dieser Firma besprach Leonhard das geplante Vorhaben und holte seinen Rat ein. »Mach langsam – ich kumm balde mal vorbei«, sagte der und war bereits am nächsten Tag darauf zur Stelle. Wieder ging die Latscherei mit der Wünschelrute los. Schließlich fand der gute Gregor Dörrich die geeignetste Stelle. »Hier an diesem Platz mußt du bohren«, sagte er. »Hier ist der stärkste Ausschlag. Wenn du willst, kann ich dir ein günstiges Angebot machen.« »Ja, wieso denn du?« fragte mein Mann ganz erstaunt. »Ich will von der Firma weg und mich selbständig machen. Gib mir den Auftrag! Du wirst sehen, es klappt! Wir werden hier Wasser finden, und du wirst es nicht bereuen!« Der Mann hatte jahrzehntelange Erfahrung und wirkte vertrauenerweckend. So kam es also, daß Gregor Dörrich den Auftrag bekam, und seine Firma ihren besten Mann verlor. Das Abenteuer »Wasserbohren am Wennsberg« nahm seinen Lauf. Als Entgelt waren pro laufenden Meter Tiefe dreihundertfünfzig Mark vereinbart worden, eine Menge Geld. Groß war die Ungewißheit, wie lange das Unternehmen laufen würde und wie tief gebohrt werden mußte, ja, ob überhaupt genügend Wasser gefunden werden konnte. Mir war ganz mulmig zumute, und meinem risikofreudigem Mann sicher auch, er ließ es sich nur nicht anmerken. »Jetzt ist der Wennsberg Leo ganz und gar übergeschnappt«, sagten die Leute im Dorf. »Aus dem Steinküppel will der Wasser holen! Das kann doch niemals was werden! Der macht sich noch bankrott, wenn der so weitermacht!« Die Alten schüttelten die Köpfe. »Um Haus und Hof wird er sich noch bringen – die armen Kinder können einem nur leid tun!« Indessen ging bei uns am Wennsberg alles seinen gewohnten Lauf. Neben dem Fahrweg stand nun das Bohrgerüst, und der schwere Meißel fraß sich langsam aber sicher nach unten. Der Bohrmeister hatte sich freie Kost und Logis ausbedungen, ließ sein Gerät von frühmorgens bis spätabends laufen und hörte schon am Ton, auf was für Material der Meißel schlug. Zeitweise war auch einer seine Söhne dabei, um ihm zu helfen oder ihn zu vertreten.

Die Männer waren immer zufrieden, egal was ich auf den Tisch stellte, und immer freundlich, ganz im Gegenteil zu meinem lieben Mann. Manchmal, wenn ich Ärger hatte, und das war eigentlich täglich, legte mir Gregor, der Alte, den Arm um die Schultern und versuchte mich zu trösten.»Nimm's nicht so schlimm«, sagte er dann.»Das vergeht wieder! Morgen gibt's anderen Ärger.« Eines Tages gab es eine Schreckensnachricht:»Der Meißel sitzt fest!« Ein Gesteinsbrocken hatte sich in der Tiefe so unglücklich verklemmt, daß nichts mehr vor und zurück ging. Nun war guter Rat teuer. Der alte, erfahrene Bohrmeister hatte eine Idee und zitierte seine beiden Söhne zur Arbeitsstelle.»Ich werde versuchen, im Bohrloch selbst zu sehen, was da los ist«, sagte er.»Vielleicht kann ich ja Abhilfe schaffen. Falls nicht, müßten wir daneben eine neue Bohrung anfangen, und das wäre sehr ärgerlich nach der vielen Arbeit, die wir nun schon hinter uns haben.« Schlank wie er war, ließ er sich mit dem Transportgestänge in den Schacht hinabgleiten. Er paßte gerade so hinein, es blieb ihm kaum Platz für Bewegungen. Die beiden Söhne bedienten die Maschine. Alle standen wir bei diesem atemberaubenden Manöver dabei und bangten um den wagemutigen Mann, denn die Vorstellung, daß ihm dort unten schlecht werden könnte, sei es aus Sauerstoffmangel oder Platzangst, bedrückte jeden. Auf ein vereinbartes Zeichen zogen die beiden Söhne ihn mit der Seilwinde wieder hoch, und er erschien totenblaß und total erschöpft wieder an der Oberfläche. Es war ihm tatsächlich gelungen, den verklemmten Felsbrocken, der sich unvorhergesehen aus der Seitenwandung gelöst hatte, zu beseitigen. Das riskante Manöver war geglückt. Von dem gesuchten Wasser noch keine Spur. Es wurde schon gewitzelt, daß eines Tages Erdöl aus dem Bohrloch sprudeln würde.

So ging das Jahr weiter, der Meißel fraß sich langsam und unaufhörlich immer tiefer ins Gestein. Eines Tages aber war plötzlich alles anders, das gesuchte Wasser war erreicht. Zuerst kam nur feuchter Abraum zu Tage, aber bald konnte die Bohrung eingestellt werden. Ein Pumpversuch bestätigte, was wir alle so sehr erhofft hatten: Es war genügend Wasser im Untergrund vorhanden. Bei einer erreichten Tiefe von achtunddreißig Metern hielt sich der Wasserstand nach einem Pumpversuch von drei Tagen konstant auf einer Höhe von vierzehn Metern. Demnach floß so viel nach, wie abgepumpt wurde. Für unseren Bedarf viel mehr als ausreichend. Wie ein Lauffeuer sprach sich die Neuigkeit im Dorf herum. Von nah und fern kamen Schaulustige und wollten mit eigenen Augen sehen, was sich da tat. Ein dicker Wasserstrahl schoß aus dem voluminösen Schlauch, und das Wasser lief und lief und hörte nicht auf. »Tatsächlich, der Leo hat Wasser gefunden! Und was für ein dicker Strahl kommt da heraus! Nicht zu fassen, was dieser Kerl ein Glück hat!« So hörte man bald überall erzählen. Bald wurde dann das Bohrloch verrohrt, diverse Leitungen überallhin gelegt und eine Pumpe eingesetzt, die das kostbare Wennsbergwasser aus der Tiefe förderte und überall hinschaffte.

Ende der fünfziger Jahre war inzwischen die Flurbereinigung in der Ulmbacher Gemarkung angelaufen. Fast jeder kleiner Landwirt, die »Kuhbauern«, hatten mehrere, meist weit auseinanderliegende Parzellen zu bewirtschaften. Diese sind im Laufe der Jahre teils durch Erbteilung, teils auch durch Zuerwerb entstanden. Der Einsatz von Maschinen war unwirtschaftlich, die Anschaffung meist auch zu kostspielig. Überwiegend war es üblich, die anfallenden Arbeiten per Hand zu bewältigen. Nur einige größere Bauern hielten Pferde, sonst galten Kühe als betriebseigene Zugkraft, in Ausnahmefällen auch Ochsen. Mit den langsamen Kuhgespannen ging eine Menge Zeit auf den meist weiten und schlechten Wegen verloren. Wirtschaftliche Rentabilität und Aufschwung waren Zauberworte, die auch in Ulmbach Gehör fanden, war doch gerade die Vogelsberger Region mit ihrer Höhenlagen und den steinigen Feldern wirtschaftlich nicht gerade begünstigt und eines der Schlußlichter in der Entwicklung. Eine informative Versammlung über die geplante, höheren Ortes empfohlene Bodenreform löste heiße Diskussionen aus. Letzten Endes wurde aber doch befunden, daß größere wirtschaftliche Vorteile für die ganze Region damit verbunden wären. Die große Aktion begann also, verbunden mit viel Aufregung und Ärger, und trug dazu bei, die ganze Landschaft zu verändern. Zwischen den kleinen Parzellen lagen meist Feldraine, die einesteils als Ackergrenze, andernteils auch als eine praktische Möglichkeit zum Abfangen und Halten des meist abschüssigen Geländes dienten. Heimische Wildgehölze wie Schlehen und Hagebutten, Liguster, Haselnuß und Holunderbüsche hatten dort ihren natürlichen Standort gefunden, und Generationen von Kleinbauern, immer fleißig im Steine ablesen, hatten hier einen Teil ihrer kleinen und großen Steine deponiert. Eine reichhaltige Fauna und Flora hatte in diesem unberührten Streifen ihre Heimat, und gerade diese Feldraine mit ihrem Bewuchs prägten das liebliche Aussehen der heimischen Landschaft, begünstigten auch das Kleinklima. Man konnte vor Gewitter und sonstiger Unbill immer hinter den Hecken einen Schutz finden. Das änderte sich nun gravierend. Alles wurde gleich geschoben, neue Vermessungen waren nötig, größere Feldflächen entstanden. Natürlich fielen auch erhebliche Kosten an, die anteilsmäßig auf die Hektarzahl berechnet wurden. Wegebau und Wegbefestigungen waren erforderlich. Endlich konnten die Feldwege ohne Gefahr für Mensch und Fahrzeug benutzt werden.

Für unsere Familie hatte die Flurbereinigung gravierende Auswirkungen. Die weit auseinanderliegenden Parzellen wurden zusammengelegt und als »Hausanschluß« zugeteilt, also in nächster Reichweite. Plötzlich gehörte uns der Wennsberg in seiner ganzen Ausdehnung, ebenso die Wiese oberhalb unseres Gartens und der ganze große Acker bis an den nächsten Querweg. Weil dieser Grund und Boden teils sehr steinig, stellenweise sogar felsig war, wurde die Bewertung gering angesetzt, und der angerechnete Flächenanteil fiel größer aus. Die Morgenzahl unseres Grundbesitzes hatte sich nach Abschluß der Aktion erhöht, der Besitz vergrößert. Leonhard war der glücklichste Mensch der Welt, hatte er doch von Kindheit an zusehen müssen, wie der Schäfer oder andere Leute das Gras auf dem Wennsberg abhüteten, also vor seiner Nase. Er selbst war gezwungen, mit den Kühen kilometerweit entfernt liegende eigene Wiesen aufzusuchen, damit das hungrige Vieh satt wurde. Das hörte nun auf. Ab sofort war er allein Herr vor seiner Haustür.

Inzwischen kam die Zeit heran, daß die ersten beiden Kinder zur ersten heiligen Kommunion gehen sollten. Das Fest gleich für zwei zusammen auszurichten, erschien damals als am zweckmäßigsten. Es war schon ein Aufwand und eine Aufregung! Eine Köchin wurde sogar engagiert, eine Frau aus dem Dorf, die bei solchen Anlässen für das leibliche Wohl sorgte. Die Aufregung bei den Kindern war groß, und alles bestens vorbereitet. Die Sonne schien strahlend, und es herrschte schönstes Frühlingswetter. Doch es wurde ein trauriges Fest. Kurz zuvor war in Ulmbach ein schrecklicher Unfall passiert. Ein junger Bauernsohn war mit seinem durchgehenden Pferdegespann, das durchs halbe Dorf gerast war, zu Tode gekommen. Jeder hatte ihn gut gekannt und war schockiert. Das ganze Dorf nahm Anteil und trauerte mit der betroffenen Familie. Ausgerechnet am weißen Sonntag unserer Kinder fand dann mittags die Beerdigung statt. Ich stand im Hof, hatte provisorisch einen Arbeitstisch aus zwei Kisten und Bohlen aufgebaut und Kränze fertig zu machen. Auch ich war den Tränen nahe, konnte ich

doch an diesem besonderen Tage nicht mit meinen Kindern in die Kirche gehen, weil ich meine Last hatte, die Kränze fertig zu bekommen.

Zwei Jahre später gingen die nächsten beiden Mädchen zur ersten heiligen Kommunion. Zu dieser Zeit war der alte Pfarrer nicht mehr tätig, ein neuer Gottesdiener war an seine Stelle getreten. Er war ein Oberschlesier, wir wurden bald bekannt und verstanden uns als Landsleute ausgezeichnet. Er erwies sich als kontaktfreudiger, aufgeschlossener und sympathischer Mensch, mit dem man sich über alles Interessante und Wissenswerte unterhalten, ja sogar diskutieren konnte. Ein frischer Wind kam ins Kirchenleben. Der junge Pfarrer war ein guter Geschäftsmann und ein ausgezeichneter Diplomat. Diesem Landsmann gelang es, bei mir Sympathien für die katholische Lehre zu wecken. Schließlich beschloß ich, mich der Umgebung, in die ich nun mal hineingestellt war, anzupassen und zusammen mit meinen beiden Töchtern an ihrem »Weißen Sonntag« zu konvertieren. Das war durch die Betreuung des engagierten Pfarrers gar kein Problem. Genau genommen paßte ich mich nur offiziell an, änderte aber weder meine Ansichten noch mein Wesen. Die Sache mit dem Beichten probierte ich nur ein einziges Mal, das reichte dann auch für immer und alle Zeiten. Mit der sonntäglichen Pflicht, die Messe zu besuchen, nahm ich es auch nicht lange genau. Nach allem, was an Aufgaben auf mir lastete, hetzte ich mich einige Mal am Sonntagmorgen ab, hatte vorher Streß, dann in der Kirche keine Ruhe und Sammlung, anschließend wieder Streß, denn das Mittagessen sollte ja auch rechtzeitig auf dem Tisch stehen.

Schließlich, eines Sonntagmorgens, während vorn vor dem Altar die traditionelle, monotone lateinische Zeremonie ablief und betäubende Weihrauchwolken durch das Kirchenschiff schwebten, nickte ich im Stehen ein und kam bedenklich ins Schwanken. Du lieber Himmel! So kann das nicht auf Dauer gehen! dachte ich und war froh, als ich wieder daheim meiner Arbeit nachgehen konnte. Inzwischen hatte ich den Eindruck, daß durchaus nicht jeder eifrige Kirchgänger als guter und vorbildlicher Christ anzusehen war, es gab bei der Befolgung der zehn Gebote bedenkliche Lücken. Nun, da mir so einiges über den Kopf zu wachsen schien, blieb mir nichts anderes übrig, als die Kirchgänge zu reduzieren. An Gebeten hat es trotzdem nie gemangelt, dafür sorgten schon die Kinder, mit denen morgens, mittags und abends gebetet wurde. Sie sollten ja auch alle möglichen Gebetchen und frommen Lieder auswendiglernen, etwas, an dem ich immer maßgeblich beteiligt war. Dann gab es da noch die vielen mehr oder weniger heimlichen, aber immer aus tiefstem Herzen kommenden Stoßgebete, bei allen möglichen Anlässen.

Bei all dem Streß mit meinen vielen Pflichten hatte ich wohl doch zu wenig auf meinen Gesundheit geachtet, und erlitt plötzlich eine Fehlgeburt. Wie ich gerade ging und stand, mußte ich ins Krankenhaus nach Salmünster, Frau Dr. Woit wies mich dort ein.

Inzwischen hatte unsere älteste Tochter Gisela ihre Schulzeit beendet, damals noch acht Jahre. Wir waren sehr froh, daß dieses brave, fleißige Mädchen bereit war, den Beruf einer Gärtnerin zu erlernen, hoffte ich doch auf tatkräftige Unterstützung. Bei Herrn und Frau Krummel, Pächter der Schloßgärtnerei in Birstein, fand sich eine Lehrstelle. Leider gab es keine Fahrverbindung in diese Richtung, und es ließ sich nicht anders machen, Gisela mußte den weiten Weg per Fahrrad bewältigen. Bei der nicht asphaltierten, bergauf und bergab führenden Straße war das eine alltäglich praktizierte sportliche Trainingsstrecke. Unterwegs begegnete ihr höchstens mal ein landwirtschaftliches Fahrzeug oder der Milchwagen mit Pferdegespann. Eine wenig befahrene Strecke, die durch den Hechwald führt. Wer fuhr damals auf dem Lande schon Auto? Eher sah man ab und zu ein Motorrad flitzen. Das Wetter bot auch nicht immer eitel Sonnenschein, und abends, nach einem langen Tag voller Arbeit in Birstein, kam sie meist müde und abgehetzt nach Hause. Dann gab es am Wennsberg mit Sicherheit noch keinen Feierabend, es wurde immer spät, und auch für Gisela fand sich noch diese und jene Pflicht. Im Winter, wenn Schnee, Eis und Kälte die Fahrverhältnisse fast unmöglich machten, konnte das Mädchen im Altenheim in Birstein in einem kleinen Zimmerchen wohnen. Schließlich gingen auch diese drei Jahre Lehrzeit vorbei, und eines schönen Tages stand unsere stolze Tochter mit dem Gehilfenbrief in der Hand vor uns. Sie hatte es geschafft, nun aber wollte sie nicht etwa daheim bleiben, sondern Geld verdienen und die Welt kennenlernen. Sie suchte sich eine Stellung in Hanau, in einem Geschäftshaushalt. Dort erwarb sie von ihrem ersten selbstverdienten Lohn den Führerschein. Strahlend erschien sie daheim und präsentierte das frisch erworbene Dokument. Überrascht gratulierte ich und freute mich mit ihr. Mein Mann aber schaute kaum hin, und meinte nur so nebenhin:»Das ist doch selbstverständlich!« Lob und Anerkennung, so etwas gab es in seinem Wortschatz nicht, Kritik und Tadel täglich, denn nie konnte man ihn zufriedenstellen.

Die zweite Tochter, Sigrid, hatte nach erfolgreichen sechs Jahren bei der Oma in Gütersloh, noch die letzten zwei Schuljahre in Ulmbach absolviert. Gerne hätte sie eine Lehre als Schneiderin angetreten, aber die Schneiderin in Ulmbach hatte gerade die Altersgrenze erreicht und nahm keine Lehrlinge mehr an.

Alle Kinder mußten im Stall mithelfen (1965)

307

Da das Mädchen zart und zierlich war, empfahl man uns, sie für ein Jahr nach Fulda ins »Heilig-Geist Altenheim« zu schikken. Eine Ulmbacherin arbeitete dort und kannte sich aus. Die Leitung und Betreuung in diesem Heim lag in den Händen von Ordensschwestern. Als wir das Mädchen dahin brachten, wurden wir so freundlich aufgenommen und bewirtet, daß wir gleich den Eindruck hatten: Hier ist unsere Tochter bestimmt in guten Händen. Das bestätigte sich bald, denn Sigrid avancierte zum »Küken« in der großen Küche und war bei allen Schwestern beliebt. Damit sie in der Lage war, an dem großen Herd in den riesigen Töpfen zu rühren, sorgte man extra für ein »Bänkelje«, auf das sie steigen konnte. Jedesmal, wenn wir Geschäfte in Fulda zu erledigen hatten, besuchten wir unsere Tochter, und wurden von den Schwestern freudig begrüßt und bewirtet. Zwar wurde viel gebetet, aber auch viel gearbeitet und gelacht. Bald wurde dann dieses Altenheim abgerissen, es mußte einer Modernisierung der Straßenführung weichen. Nach dieser Zeit fing Sigrid in der Näherei Hartmann in Schlüchtern an und verdiente eigenes Geld. Akkordarbeit! Da muß man schon was leisten! Sie hat es geschafft, und aus unserem lustigen kleinen »Schiepel« mauserte sich so langsam ein reizender kleiner Teenager. Wenn »Musik«, also eine Tanzveranstaltung im Ort stattfand, dann durften die beiden »Großen« schon mal hingehen, sollten aber nach Gebot des Vaters um zehn Uhr wieder daheim sein. Dieses Gebot hielt man aber nicht allzulange ein, die Freundinnen durften auch alle länger bleiben. Schließlich war zwölf Uhr dank meiner Fürbitten die alleräußerste Höchstbegrenzung.

Dem gestrengen Herrn Papa war wohl ziemlich mulmig bei dem Gedanken daran, was flotte junge Burschen so alles von unerfahrenen, hübschen jungen Mädchen wollen, und nun die eigenen Töchter versuchen mußten, sich dem zu entziehen. Meine eindringlichen Verhaltensmaßregeln gingen mit an Sicherheit grenzender Wahrscheinlichkeit zu dem einen Ohr hinein, und zu dem anderen wieder hinaus. Selbstbewußtsein und Neugier waren so groß, daß es auch mir Angst machte. »Du tust

denen jeden Willen, dann bist du auch verantwortlich für sie!«
donnerte mein Mann, als sie schnellstens verschwunden waren.
Was blieb mir sonst auch anderes übrig? Man konnte sie ja
schließlich nicht einsperren. Obwohl ich im allgemeinen nicht
so schnell von Angstgefühlen geplagt wurde, hatte ich doch
stets keine Ruhe, bis sie wieder daheim erschienen. Meistens
hörte ich sie schon kommen, man konnte es am Geklapper der
Absätze erkennen. Wurde es etwas später als erlaubt, dann
brach das verräterische Absatzklappern so etwa dreißig Meter
vor dem Haus ab. Dann wußte ich: Aha, jetzt haben sie die
Schuhe ausgezogen und schleichen auf Strümpfen an. Dann
endlich konnte ich beruhigt einschlafen. Es war die Zeit der
Beatles, und man trug weite Röcke und bauschige Petticoats,
Rock 'n' Roll war der Tanz dieser Zeit.

1961 wurde unser siebentes Kind, das Nesthäkchen Anna, geboren. Als ich merkte, wie schnell die Großen flügge wurden,
und einer nach dem anderen aus dem Hause gingen, wünschte
ich mir noch einen kleinen Nachzügler. Unser kleines süßes
Annchen war also noch ein richtiges Wunschkind. Wie gewohnt, wieder eine komplikationslose Hausgeburt.

Margot bekam bei der alten Schneiderin in Ulmbach für ein
halbes Jahr Gelegenheit, sich gewisse Fertigkeiten im Schnei-

dern anzueignen. Sie ließ mehrere Mädchen für Eigenbedarf unter ihrer Regie nähen, gegen eine Kursgebühr. Margot freundete sich mit der blonden Eva an, und es gefiel ihr ganz gut. Nach diesem halben Jahr bestand die Meinung, das könne reichen, und nun solle sie sich, wie Sigrid, Kenntnisse in Kochen und Haushaltsführung erwerben. Von Bekannten wurde uns das »Marianum« in Fulda empfohlen, ein Priesterseminar unter der Regie von Nonnen. Dort wäre sie gut untergebracht, stände unter der Obhut der Nonnen, und könne sicher vieles lernen, und hätte ihre Ordnung. Zwar stimmte das alles, aber Margots Geschmack entsprach das ganz gewiß nicht. Morgens ganz früh aufstehen und mit den frommen Schwestern an der Frühmesse teilnehmen, das war kein Dauerzustand. Die Weltabgeschiedenheit und weitere strenge Regelungen und Vorschriften empfand Margot als beengend und fast erdrückend. Sie war so gut wie eingesperrt, schließlich wollte sie um Himmels Willen keine Nonne werden. Ein unverfänglicher Sprechkontakt von Fenster zu Fenster mit einem neu angekommenem Jungen blieb dem wachsamen Auge der Oberin nicht verborgen. Sie legte das als offenen Flirt aus und sorgte sich, daß der Junge auf schlechte Gedanken kommen könnte. Gerade auf diesen jungen Priesteranwärter hatte sie ihre ganze Hoffnung gesetzt, denn es handelte sich um ihren Neffen, und nun passierte so etwas! Wo konnte das hinführen? Den Neffen wollte sie unbedingt dabehalten, also mußte das unverschämte Mädchen, das versucht hatte, mit ihm zu flirten, das Feld räumen. Die Oberin ließ uns wissen, daß sie keine Verantwortung für unsere Tochter übernehmen könne, wir sollten sie besser wieder heim holen. »Was für ein Glück!« sagte Margot. »So ein Schinost«, knurrte der Vater, aber Margot war der Oberin recht dankbar.

Inzwischen arbeitete Gisela bei Gärtnerei Bauer, einem alteingesessenen Betrieb in Michelstadt. Dorthin unternahm Leonhard eines schönen Sonntagnachmittags einen Familienausflug. Alle durften mitfahren, das Auto war knüllevoll und es herrschte eitel Freude. Fast hätten wir unsere Tochter nicht angetroffen. Sie saß natürlich nicht in ihrem Zimmer, hatte sie doch keine Ahnung, daß sie Familienbesuch bekommen würde. Endlich fanden wir sie, mehr zufällig, und nun kam die Attraktion des Ausfluges: Wir gingen in ein Café. Die Leute machten große Augen, so eine kinderreiche Familie im Café, das fiel als ungewöhnlich auf. Nach gutem Kaffee und Tortenstückchen, die Kleinen bekamen Limo, erhob sich Leonhard und verkündete: »Das bezahlt die Gisela, die verdient jetzt einen Haufen Geld, und wir haben sie ja auch besucht.« Die guckte mich ganz entsetzt an, denn auf so etwas war sie nicht gefaßt. Schnell steckte ich ihr hinter dem Rücken einen Geldschein zu, und so konnte sie beruhigt die »Gastgeberin« spielen, war riesig froh, so aus der Affäre zu kommen. Da hatte mein lieber Leonhard ausnahmsweise mal den »Großzügigen« gespielt, die ganze Familie ins Café geführt, aber bezahlt habe letztes Endes ich.

Später ergab es sich, daß Gisela eine neue Stelle in Niederwürzburg annahm, Margot schloß sich ihr an und fand einen Arbeitsplatz als Serviererin in Homburg/Saar. Die beiden Schwestern waren nicht weit voneinander entfernt, konnten sich öfter sehen, ihre Erfahrungen austauschen und hielten engen Kontakt.

Leonhard machte sich zunehmend Sorgen. Margot, das »Schinost« mit ihrem Charme und ihren Reizen, so weit weg von zu Hause und fern jeglicher Kontrolle, das bereitete ihm Angstträume.

Renate, unsere vierte Tochter, war inzwischen zu einem hübschen, kräftigen, fleißigen Mädchen herangewachsen, was ihr Vater und auch ich sehr zu schätzen wußten. Nach dem Abschluß der Volksschule ging auch sie ins Marianum nach Fulda. Den nächsten Sommer über brachte sie daheim mit Landwirtschaftshilfe zu. Zum Winter hin eroberte sie einen Arbeitsplatz beim »Saum«. Gerne wollte sie ja auch etwas Bargeld verdienen. Die nächstliegende Arbeitsmöglichkeit, die viele Ulmbacher wahrnahmen, war die Arbeit in der Schuhfabrik »ALSA«, die erst nach dem Krieg aufgebaut worden war. Das Produkt: Einfache Sandalen, später Kunststoffpantoffeln. Keine bequeme und angenehme Arbeitsstelle! Hitze, Gestank und Akkordarbeit standen alle Tage an. Da war es ja daheim fast noch schöner! Aber es brachte Geld, und das zählte.

In diesem Sommer, es muß wohl zur Zeit der Johannisbeerernte gewesen sein, kam Besuch aus Westfalen: Das »Onkelje« mit der ältesten Tochter. Seine Frau, Tante Erna, war inzwischen verstorben. Eine Woche lang besuchten die beiden Verwandte und Bekannte in unserer Gegend, gemütliche Stunden vergingen mit angeregter Unterhaltung darüber, wie es früher gewesen war, und was die Männer so alles in ihrer Jugend erlebt hatten. Als der Besuch wieder heimfahren wollte, machte ich ein ganz trauriges Gesicht. »Ach, wenn ich doch auch mal weg könnte!« Das war mein tiefster Seufzer. »Ja, dann fahr doch einfach mit uns«, sagte das Onkelje. »Da kannst du mal deine Eltern und Geschwister besuchen, es ist dann nicht mehr weit bis nach Gütersloh. Sicher hast du es auch mal verdient, ein paar Tage wegzufahren und auszuspannen.« Ich besann mich nur kurz und beschloß, das Angebot sofort anzunehmen. Mein lieber Leonhard glaubte, er höre nicht richtig, als ich ihm klarmachte, daß ich mitfahren und die nächsten Tage nicht da sein würde. »Es liegt ja weiter nichts Besonderes an, Renate und Irmgard schaffen das schon, den Haushalt zu versorgen.« Als dann noch das Onkelje sagte, er müsse schon seit einiger Zeit ohne seine Frau auskommen, da brach scheinbar für meinen selbstbewußten Mann die bisher so sichere Welt aus den Fugen. Die Tatsache, daß ich mich entschloß, mit den beiden »Westfälingern« einfach mitzufahren, ohne seine Einwilligung zu erbitten, einfach selbst für mich die Entscheidung traf, muß wohl eine dicke Kröte für ihn gewesen sein. Sprachlos ließ er mich gehen. Unternehmungslustig stieg ich ins Auto und wähnte mich glücklich, nur ein paar ruhige Tage vor mir zu haben, winkte noch einmal zurück und blickte mich nicht mehr um. Ein berauschendes Gefühl, so einfach alles hinter sich zu lassen! Mir war zumute, als hätte ich eben eine Schallmauer durchbrochen. Ade Wennsberg! Ade Ulmbach! Für ein paar Tage darf ich nur ich selbst sein. »Was kann daheim schon passieren?« dachte ich noch. »Alles wird seinen gewohnten Gang gehen, die tägliche Zeremonie mit dem Vieh, Leonhard wird den Jungen bei sich behalten und beschäftigen wie gewohnt, Renate wird ihre Last mit dem Kochen haben, aber das schafft sie schon, Irmi wird sich mit dem kleinen Schwesterchen beschäftigen und vielleicht Johannisbeeren pflücken. Für mich folgten ein paar schöne Tage in Wanne-Eickel. Schließlich rief ich meinen Bruder an, und er holte mich ab. Es war schön, auch meine Eltern und die verheiratete Schwester zu besuchen, die alle nicht sehr weit voneinander entfernt wohnten.

Nach einer Woche plagte mich zwar nicht das Heimweh, aber das Pflichtgefühl ließ mir keine Ruhe mehr. Mein Bruder erbot sich, mich mit seinem Auto heimzufahren. Noch einmal machten wir auf dem Rückweg beim Onkelje Station, sagten »Guten Tag« und gleich »Auf Wiedersehen«. Onkel schwenkte einen Brief in der Hand. »Für dich«, sagte er. »Ich hab ihn rein zufällig im Briefkasten entdeckt, mir schreibt ja sonst niemand.« Ich wunderte mich sehr. War doch nicht alles glattgegangen? Hoffentlich ist keinem der Kinder etwas passiert?... Doch was in dem Brief stand, übertraf wirklich alle meine geheimen Befürchtungen. Mein lieber Leonhard schrieb, er hätte einen Herzinfarkt erlitten, weil ich ihn verlassen und mit dem Onkelje gefahren sei. Es wäre doch ein großes Unrecht, ihn, obwohl wir nun bald Silberhochzeit feiern könnten, wegen eines älteren Mannes zu verlassen. Ich solle mir das noch mal genau überlegen. Ich reichte kommentar- und völlig sprachlos vor Erstaunen den Brief ans Onkelje weiter zum Lesen. Der fing plötzlich dermaßen an zu lachen, daß wir alle angesteckt wurden, und kräftig mitlachen mußten. Na so was! Da hatte mein Mann doch tatsächlich geglaubt, ich würde ihn einfach verlassen und mich nie wieder blicken lassen! »Nein, daß er mir altem Mann so was zutraut«, gluckste das Onkelje, und hielt sich den Bauch vor Lachen. »Der Mann muß ja Komplexe haben! Ich fühle mich jedenfalls durch seine Einschätzung hoch geehrt.« Wie kam nur Leonhard auf diese Idee? War er meiner nicht so sicher? Trotz der vielen Kinder? Hatte er ein schlechtes Gewissen, weil er sich manchmal wirklich unmöglich aufgeführt hatte? Das wäre gar kein Schaden.

Endlich zu Hause angekommen, gab es ein großes Hallo. Alle zeigten sich sichtlich froh, mich und dazu noch neuen Besuch, nämlich meinen Bruder und meine Mutter, wiederzusehen. Renate erzählte, was passiert war. »Der Papa hat wohl tatsächlich geglaubt, du würdest ihn wegen des Onkeljes verlassen und nie wieder hier aufkreuzen.« Er hatte nur halb hingehört und verstanden, er müsse nun ohne Frau auskommen. Der Schreck muß ihm wohl tatsächlich erhebliches Herzklopfen verursacht haben. Schließlich hatte noch die Altbäuerin vom Nachbarhof, das »Sattlersch Hustaje«, ihren Senf dazugegeben. Mein Mann meinte das nicht zu überleben. Mit Herzinfarkt, so dachte er wohl, geht das am schnellsten. So einfach ist das allerdings nicht, und nach dem ersten Schock und der folgenden überstandenen Nacht, die er sicher nicht schlaflos verbrachte, wie ich ihn so kenne, sah schon wieder alles anders aus. Wie gewohnt, morgens um vier Uhr, soll der Herzinfarkt überstanden gewesen sein, Leonhard ging mit gewohntem Elan an seine Arbeit, scheuchte seine Kinder und sein Kühe wieder wie eh und je, und war wieder gesund und quietschlebendig.

Alles ging nun weiter wie gehabt. Gnädig und ohne weiteren Kommentar wurde ich wieder aufgenommen, hatte aber scheinbar einige Denkanstöße gesetzt. Das Selbstverständliche war in Frage gestellt worden. Kurze Zeit danach ging es mir denkbar schlecht, ich hatte quälende Rückenschmerzen und fühlte mich hundeelend. Ich besuchte die Ärztin und hoffte, mit einer Spritze die bohrenden Rückenschmerzen loszuwerden. Nach eingehender Untersuchung schickte sie mich zu meinem größten Entsetzen sofort zur Krebsberatungsstelle in Fulda. Dort wies man mich ins Krankenhaus ein, wo man ein Myom entfernte. Banges Warten auf das Ergebnis der Laborproben folgte. Ich hatte eine wahnsinnige Angst. Wenn es nun Krebs war, dann konnte ich meine Lebenserwartung so etwa im voraus berechnen. Es gab Beispiele genug im Bekanntenkreis und auch in der Verwandtschaft. Ich wollte doch noch so viel Schönes erleben! War das schon alles im Leben? Nur Not, Arbeit, Kinder, Ärger und dann so schnell der Schlußpunkt in Sicht? Ich klammerte mich an die Hoffnung und versuchte, mit der gewohnten Gelassenheit und stillem Gottvertrauen abzuwarten. Endlich kam das Resultat: Negativ. Bald konnte ich das Krankenhaus wieder verlassen, und hatte das Gefühl, mir wäre das Leben noch einmal neu geschenkt worden.

Im neuen großen Gewächshaus gab es jede Menge Arbeit. Ich hätte überall gleichzeitig sein können! Dazu kam die Fürsorge für unser kleines Nesthäkchen Anna, für mich war sie das »Annchen«. Oft betraute ich Irmgard mit der Fürsorge, sie schleppte Klein Annchen hin und her. War Irmgard in der Schule, dann nahm ich das Kind mit ins Gewächshaus. Sie konnte sich mit allen möglichen Dingen beschäftigen und planschte gern im Wasserfaß, warf alles Erreichbare hinein, wie alle kleinen Kinder das gerne tun. Eines Tages erkrankte Klein Annchen, und keiner wußte, was ihm fehlte. Frau Dr. Woit versuchte alle erdenklichen Mittel, ohne jeden Erfolg. Zuletzt war sie ganz schwach und apathisch, nahm nichts mehr zu sich. In dieser bedrohlichen Situation gab es nur noch eine Möglichkeit: Schnellstens das Kind in die Kinderklinik nach Fulda zu bringen. Morgens übergaben wir das todkranke Kind den Ärzten, und hatten in Fulda noch einige Besorgungen fürs Geschäft zu erledigen. Inzwischen lag daheim bereits ein Anruf aus der Kinderklinik vor, daß das Kind sofort operiert werden müsse, die Einwilligung wäre nötig. Der Zustand hatte sich akut verschlechtert. Eine Darmoperation war nötig gewesen. Traurige Tage und Stunden folgten. Alle miteinander bangten und zitterten wir um das Leben unseres kleinen geliebten Nesthäkchens, und beteten, daß sie doch wieder gesund würde und der liebe Gott sie uns doch erhalten solle. So ruhig war es noch nie in unserem lebhaften Familienkreise zugegangen, jeder war bedrückt und trug schwer an der Ungewißheit. Endlich, nach einer langen bangen Woche, hatte das Kind die Krise überstanden, und man konnte hoffen, daß es keine Nachwirkungen geben würde. Nach unendlich langen sechs Wochen durften wir sie wieder abholen. Es war schon Abend, als wir nach Fulda fuhren, um unser wiederhergestelltes Kind heimzuholen, und Irmgard und Renate durften dabei sein. Wie glücklich war ich, als ich sie aus dem Bettchen nehmen und ins Auto tragen konnte! Fast hätten wir sie verloren, nun waren wir daheim wieder komplett. Ein ausländischer Arzt hatte sie operiert und mit seinem Können und Geschick dieses kleine Leben, das nur noch am seidenen Faden hing, gerettet. Darminfektion hatte sie gehabt, ein Geschwür am Dünndarm war entfernt worden. Ich vermute, daß das verunreinigte Wasser im Kübel schuld an der Erkrankung war, sie hatte so gern darin herumgeplanscht, vielleicht auch die nassen Finger abgeleckt, wie kleine Kinder das so gerne tun.

Im Rahmen des allgemeinen wirtschaftlichen Aufschwunges entwickelten sich die Geschäfte langsam immer besser. Für die Vollbeschäftigung der ganzen Familie war gesorgt. Das Beifuttermittelgeschäft und die Beratertätigkeit wie auch noch eine unabsehbare Menge anderer Geschäfte und Geschäftchen hielten meinen Mann stets in Bewegung und »auf Achse«. Beim Autofahren riskierte er immer wieder sein Leben, denn er hatte es immer sehr eilig und keine Zeit. Er konnte sich kaum etwas Schlimmeres vorstellen als ein versäumtes Geschäft. Obwohl es in regelmäßigen Abständen immer wieder zu Blech- oder Totalschäden kam, war der Schutzengel doch stets anwesend, und der rasante Fahrer kam glimpflich davon. Gänzlich überraschend kamen wir zu einem Enkelsohn, den uns die vierte Tochter schenkte, denn ihre ersten Versuche, die Geheimnisse von Liebe und Sex zu ergründen, hatten unerwartete Folgen. Nun sollte man meinen, das Sprichwort: »Gebranntes Kind scheut das Feuer« hätte Gültigkeit. Keineswegs zeigte das Wirkung bei unserer Tochter. Ein Jahr später beschenkte sie uns wieder, diesmal mit einem kleinen süßen Mädchen. In beiden Fällen Väter, die nicht die Konsequenzen tragen konnten, bzw. dazu bereit waren. Die beiden Kinder wuchsen in unserer wie gewohnt zahlreichen Familie auf, wir waren's ja sowieso gewohnt, das waren also meine Kinder Nummer acht und neun. Das Haus konnte vergrößert und angebaut werden, viele Hände standen zur Verfügung, wenn es galt, anzupacken. Doch die Töchter heirateten, und verließen eine nach der andern das Elternhaus. Auch der Sohn qualifizierte sich in der Fachrichtung Garten- und Landschaftsbau und gründete eine eigene Familie. Zwar sollte er eigentlich als einziger Sohn das elterliche Anwesen daheim übernehmen, aber die Ansichten der beiden Generationen, Vater und Sohn, wichen weit voneinander ab. Der Patriarch hielt das Zepter fest in der Hand, dachte es noch recht lange so zu halten und ließ dem Jungen keine Einstiegschance für seine Zukunftspläne. »So lange ich lebe, ändert sich hier nichts, später könnt ihr dann machen was ihr wollt!« Das waren seine Worte, und die wurden respektiert. Der Sohn baute einen eigenen Betrieb mit tatkräftiger Hilfe der Schwiegereltern nach eigenen Vorstellungen und modernen Grundsätzen auf.

Immer wünschte ich mir, noch einmal die alte Heimat wiederzusehen, und die alten Wege entlangzuwandern, die ich als Kind so oft ging. Das Heimweh hat mich nie verlassen. Schließlich entschloß ich mich spontan und meldete mich zu einer Fahrt der Oelser Heimatgruppe an. Mein Mann knurrte, aber mir machte die Vorfreude schon lange das Herz weit und froh. Ganz unverhofft rief mein Bruder an und fragte: »Willst du mit nach Oels fahren? Ich fahre übermorgen nach Dresden, da könnten wir doch gleich mal nach Hause fahren, es ist die halbe Strecke!« Die Überlegung und Zusage kostete mich keine Minute. Sofort war ich zur ersten Heimfahrt nach siebenundvierzig Jahren bereit. Nach einer Übernachtung in Dresden bei Verwandten fuhren wir, mein Bruder und ich, weiter über Görlitz. Nach einer Erkundigung über die Formalitäten bei einem der in Reichweite stehenden Grenzer winkte dieser uns auf eine Umgehungsstraße, und so konnten wir die Grenze ohne weitere damals noch üblichen Formalitäten passieren. Über Klettendorf erreichten wir auf ausgezeichneter Straße Breslau und kamen an dem Russenfriedhof vorbei, der damals, als wir nach dem Krieg wieder heimwärts tippelten, schon imposant angelegt war. Die Fahrt in die Stadt hinein führte nur nach Erinnerung und Himmelsrichtung, Hinweisschilder waren nicht zu sehen. Auf einmal rief ich: »Fahr doch mal ganz langsam, da drüben, das ist doch die Liebichshöhe!« Da stand nun groß »Casino« dran. Wir waren auf der Schweidnitzer Straße und kamen auf den Ring. Mit Erstaunen und Freude fanden wir die Fassaden der alten schönen Patrizierhäuser und das Rathaus mit vertrautem »Schweidnitzer Keller« sehr gut restauriert. Ein Anzahl Blumenstände dort verleiteten mich dazu, einen Strauß mitzunehmen. Mein Bruder hatte schon Jahre vorher Kontakt mit der Familie aufgenommen, die nun auf unserem Grundstück lebt, und den bevorstehenden Besuch angemeldet. Zloty hatte er auf dem Ring eintauschen können, dort warteten Menschen darauf, Westgeld einzutauschen. Weiter führte die Fahrt nach Pfadfinderprinzip. Als wir die Kaiserbrücke passierten, erzählte mein Bruder von seinen Erlebnissen an diesem Ort. Unweit der Kaiserbrücke steht heute noch das Postscheckamt. Dort erlebte er das erste Jahr der Grundausbildung, dessen Ziel der Lehrerberuf war. Ein großer Teil der Ausbildung setzte sich aus politischer Bildung und körperlicher Ertüchtigung zusammen, fast täglich marschierte er damals im geschlossenen HJ-Verband über die Kaiserbrücke.

Die Endphase des unseligen Krieges war auch meinem Bruder nicht erspart geblieben. Auf dem Weg nach Hause, aus Richtung der Tschechei kommend, geriet er nach Überschreiten der Kaiserbrücke in Gefangenschaft. Alle Soldaten, die diese Brücke passierten, wurden von polnischer Miliz einkassiert, mußten auf bereitstehende Lastwagen steigen und wurden in Lager gepfercht.

Auf unserer Weiterfahrt sahen wir zwar den Hauptbahnhof nicht, konnten uns aber an der Gleisführung orientieren, und fanden die richtige Ausfahrt aus der Stadt: Richtung »Warschawa«. Bald fuhren wir durch Hundsfeld und sahen von rechts den roten Backsteinbau der Borsigwerke herüberleuchten. Die hatte mein Mann damals nach dem Kriege als Gefangener demontieren geholfen. Rechts an der Straße die weiten Wiesen, auf denen sich das große Gefangenenlager befand, in dem auch mein Mann wie viele tausend andere dahinvegetieren mußte. Alles wie früher, nur der große hohe Zaun war nicht mehr da. Ehe wir uns versahen, waren wir in Sibyllenort. Vom Schloß nichts zu sehen. Gähnende Leere an dem Platz, wo früher die schöne Ausflugsgastwirtschaft »Wolfshöhe« zum Bleiben einlud. Bald war das unveränderte Panorama von Oels in Sicht, unsere Herzen machten große Sprünge. Die neue Straßenführung ist die direkte Straße nach Warschau und als Umgehungsstraße ausgebaut. Sie führt mitten über das Gelände der früheren Gärtnerei Blassinsky. Ja, und dann waren wir auch bald auf dem Ring, dessen Viereck uns unverändert empfängt, und viele alte Erinnerungen weckt. Das renovierte und wieder schön hergerichtete Rathaus fiel angenehm ins Auge. Leider fehlte das Ringcafé, die vielen Schaufenster und Geschäfte, die früher in der Stadtmitte für geschäftiges Treiben sorgten. Die Veränderung war gravierend! Langsam und bedrückt fuhren wir den altvertrauten Weg entlang, Herrenstraße, Ohlauerstraße, unter der alten Überführung hindurch. Dann weiter die Ludwigsdorfer Straße entlang, an der landwirtschaftlichen Schule vorbei, die ich eigentlich viel größer in Erinnerung hatte. Dann rechts das frühere Jany-Gehöft, in dem die alten Gebäude noch stehen, ein neues aber davor gebaut wurde. Danach folgte früher ein Getreidefeld, das aber heute mit kleinen Häuschen im Viereck-Einheitsstil mit Flachdach bebaut ist. Auch auf der anderen Seite ist von dem großen Weinbergacker und der früheren Sandgrube nichts mehr zu sehen, alles bebaut.

Kleine Viereckhäuschen im Einheitsstil mit Vorgärtchen füllen die Fläche, alle unverputzt. Plötzlich sagte mein Bruder: »Na, guck doch mal da!« Wir waren am Ziel angelangt, der ehemaligen Gärtnerei Linke. Da stand doch tatsächlich noch im Garten das alte »Erdhaus«, unser Arbeitsraum und Lagerkeller, mit dem schräg daran angebauten Gewächshäuschen. Die alte Wildrosenecke, die früher zur Straße hin abgrenzte, war natürlich verschwunden, und ein Maschendrahtzaun ist an dessen

Stelle getreten. Die herrliche Kirschenallee von damals gab es leider auch nicht mehr, die Straße war geteert und vielleicht auch etwas breiter.

Als wir vor der Tür hielten und ausstiegen, entstand drinnen im Haus sofort Bewegung: Gesichter am Fenster, Menschen an der Tür. Meine Knie wurden ziemlich weich. Was wird sich jetzt ereignen? Aus dem Haus trat ein großer älterer Mann und kam uns lächelnd und mit ausgebreiteten Armen entgegen. Eine herzliche Begrüßung mit Ans-Herz-Drücken und drei Bruderküssen wurde uns zuteil, worauf wir absolut nicht gefaßt waren und diese Zeremonie verdutzt über uns ergehen ließen. Das gleiche wiederholte sich an der Haustür mit Hausfrau Janina, auch Tochter und Enkel begrüßten uns freundlich mit Handschlag. Überwältigt und überrascht wurden wir sofort ins Wohnzimmer gebeten und bekamen ein Saftgetränk angeboten. Dann brachte eines der Enkel für jeden von uns Hausschuhe, und die junge Frau servierte große Teller mit guter Nudelsuppe.

Der ganze erste Eindruck war viel besser, als wir anfangs vermutet hatten. Das Wohnzimmerchen gemütlich und geschmackvoll eingerichtet, zwar nicht nach westlichem Stil, aber schön. Hübsche Gardinen, Teppichboden, ein Schrank mit Glastüren voller Kristallgläser und Nippes, wohl dort große Mode. In der Ecke das Fernsehgerät. Leider konnten wir uns nicht verständigen, aber eines der Kleinen war sofort losgeschickt worden, und es dauerte nicht lange, da erschien eine junge Frau, die sich mit »Ich bin Theresa« vorstellte. Eine junge Lehrerin, die in der Schule Deutsch unterrichtete und Germanistik studiert hatte. So war mittels dieser netten Dolmetscherin eine Unterhaltung möglich. Wie wir erfahren konnten, stammte die Familie aus der Gegend um Kaliningrad, war genau wie wir auch vor der herannahenden Frontlinie geflüchtet und konnte nach Kriegsende nicht mehr in die alte Heimat zurückkehren. Die russische Grenze war nach Westen verschoben worden und für Heimkehrer gesperrt.

Solche Familien wurden vom polnischen Staat in die leerstehenden Häuser eingewiesen, und erhielten die Grundstücke zur

Nutzung, wurde uns gesagt. Das Land wäre nicht Privatbesitz, sondern Eigentum des Staates. Zehn Jahre lang wäre fast nichts von den dort wohnenden Menschen verändert, saniert oder investiert worden, weil keiner glaubte, unter diesen Umständen bleiben zu können. Die Hausfrau, Janina, kannte mich noch. Sie war damals ein Kind der großen Familie, die in der Willert-Wohnung eingezogen war. Auch ihre Schwester, die im Nachbarhaus lebt, erinnerte sich noch gut an uns alle, die wir nach dem Krieg wieder heimgekehrt waren und unter so deprimierenden Verhältnissen versuchten, zu überleben. Es blieb uns die Zeit, noch einen Abendspaziergang über die Straße und durch die Siedlung zu machen. Rechts standen die Häuser noch wie früher, aber links des Weges war alles neu bebaut. Wir wurden eingeladen, bei »unseren Polen« zu übernachten, extra hatten die Kinder ihre Zimmer frei gemacht. Weiß der Himmel, wo die schliefen, wahrscheinlich nebenan bei der Tante.

Am nächsten Morgen, wieder gut ausgeruht nach dem ereignisreichen Vortag, erwartete uns ein gutes Frühstück. Der Bitte, ob wir uns auf »unserem« Grundstück frei bewegen und umsehen dürfen, wurde gern entsprochen. Leider waren in unserer Gärtnerei Nichtfachleute gelandet, die nun mit viel Fleiß und Phantasie versuchten, das Beste aus dem, was da zur Verfügung stand, zu machen. Die Häuserruinen hatten sie beseitigen müssen, Ställe und Schuppen waren verschwunden, wahrscheinlich sind sie verheizt worden. Lange Frühbeetkastenanlagen, mit Brettern zusammengenagelt und mit den noch gut erhaltenen Frühbeetfenstern gedeckt, standen voller Gemüsepflanzen und Tabakpflanzen, breitwürfig ausgesät. Folienblocks einfachster Art gab es, auch voller Pflanzen, Sellerie und Tomatenpflanzen diesmal, und dazwischen eine Glucke, die eine Schar Hühnchen führte, und auch kleine Entenküken, die sich im Folientunnel recht wohl fühlten. Die ganze Familie war eifrig beschäftigt, rupfte und bündelte Pflanzen für den Marktverkauf. Papas große Zinkgießkannen waren immer noch in Betrieb und wurden fleißig benutzt. Wir fanden noch vieles, daß uns an früher erinnerte. Das Obst-Lagerhaus stand noch und diente als Hühnerstall.

Ein Rest der ehemaligen Willert-Wohnung war auch noch vorhanden und wurde als Stall genutzt. In Tante Nines ehemals piekfeiner Wohnstube standen ein Pferd, eine Kuh und ein Schwein in trauter Gemeinsamkeit. Die Leute waren also Selbstversorger. Weiter hinten im Garten fanden wir einen kleinen Landmaschinenpark und einen luftigen Schuppen zum Trocknen von Tabakblättern. Das Allerschönste aber waren die Obstbäume, die in voller Blütenpracht standen und einen überwältigenden Eindruck machten. Das war also aus dem »Garten Erika« geworden, der Junganlage, die nach dem Willen meines Vaters mit zu meiner Existenzsicherung beitragen sollte. Diese Bäume hatte ich alle selbst mit gepflanzt und kannte jede Sorte. Dazwischen blühte goldgelb der Löwenzahn. An der linken Grenzlinie, wo einst die dichte Buchenhecke stand, fand sich doch tatsächlich noch ein dicker Buchenstutzen, der den Rodungsarbeiten erfolgreich getrotzt hat.

Wir fuhren in die Stadt, die Kronprinzenstraße entlang. Die Gebäude fanden wir unverändert, nur die großen Trauerweiden standen nicht mehr. Dort befand sich nun eine Sportanlage, wohl für Ballspiele gedacht, mit einem unschönen hohen Drahtzaun. Weiter fuhren wir langsam durch Leuchten und ich hielt angestrengt Ausschau nach Vatels »Gerstung« Bienenpavillon, der da irgendwo stehen sollte. Nichts war zu sehen. Da kamen wir wieder auf die Ludwigsdorfer Straße, und da war ja auch der Friedhof. Ein verwachsener und verfahrener Weg führte dorthin. Ein Ort des Friedens, heute. Vorn links sahen wir aufgegrabene alte Grabstätten. Alles war verwuchert und mit Efeu und Immergrün überwachsen, weder ein Grabstein noch eine Einfassung zu finden. Der Glockenturm war verschwunden. An der linken Seite, wo die Sandgrube war, stand oben am Rand vor dem Gebüsch eine ganze Reihe Bienenkästen, wir verließen nachdenklich diesen Ort der Ruhenden und wandten uns nach Ludwigsdorf.

Der Ort sah fast aus wie früher, nur fanden wir die Straße erneuert, sauber. Hier und dort gab es etwas Bautätigkeit. Die Teiche versumpfen, nur einer war noch intakt. Man sah weder auf dem Teich noch auf der Straße Gänse, Enten oder sonstiges Geflügel wie früher. Das Kunze-Haus stand noch, wie ich es in Erinnerung hatte. Leute standen vor der Tür und sahen uns mißtrauisch entgegen. Wir hielten nicht an, wollten eigentlich auf die Großellguther Chaussee hinüber, aber der Weg sah unpassierbar aus, und so kehrten wir wieder um.

Mittags waren wir wieder zu Gast bei »unseren Polen«. Nach ihrem Dienst in der Schule kam Theresa, die Dolmetscherin und stand uns den Nachmittag zur Verfügung. Zu dritt fuhren wir durch Oels in Richtung Zessel. Rechts der große Flugplatz, die Übungsschießstände im Wald, alles war noch da wie früher. Wir fuhren zum Schloß, der Fasanerie. Das nächste Ziel war Trebnitz. Die sehenswerte, reich ausgestattete Wallfahrtskirche kannte ich noch nicht. Gern hätten wir dort eine Tasse Kaffee getrunken und unsere unermüdliche Begleiterin eingeladen, aber es war kein Café zu finden. Die Pilger und Wallfahrer, die hierher kommen, sind scheinbar äußerst anspruchslos. Abendessen gab es wie am Vortag bei unseren Gastgebern.

Für den nächsten Morgen war die Heimfahrt geplant, aber es war Markttag, und man machte uns klar, daß wir uns den Markt unbedingt ansehen sollten. Theresa nahm sich frei und zeigte uns alles Sehenswerte. Der Markt wurde nicht mehr auf dem Ring, wie zu unserer Zeit, sondern auf einem großen freien Platz hinter dem Breslauer Tor rechts abgehalten. Es herrschte jede Menge Betrieb, allgemein war kein westlicher Vergleich möglich, eher bot sich das Bild eines bunten Schwarzmarktniveaus. Die ganze Familie »unserer Polen« war im Einsatz. An vier verschiedenen Ständen verkauften sie ihre Pflanzen. Die Leute waren wirklich fleißig, versuchten aus dem »Gegebenen« etwas zu machen.

Auf unserem ehemaligen Grund und Boden stand noch ein zweites kleines Häuschen im Einheitsbaustil, auch unverputzt wie alle anderen. Vor dem Haus standen Buschbäume, Beerensträucher und eine Rabatte mit Pfingstrosen. Ein schnurrender grauer Kater strich hin und her. »Linke«, sagte »unser Pole« und zeigte auf die Katze und die Pfingstrosen, wie auch die

Gießkanne. Das waren doch tatsächlich noch die Pfingstrosen aus unseren Staudenbeeten und wahrscheinlich ein Abkömmling von Papas Lieblingskatze, die haben in der Heimat die Stellung gehalten, ebenso wie die unverwüstlichen großen Zinkgießkannen. Der Teich war auch noch da, aber nur als jämmerliches Dreckloch, man benutzte ihn scheinbar als Mülldeponie, Gerümpel lag darin. Wenn man bedenkt, was da früher an Baulichkeiten stand, die Menschen hatten jede Menge Aufräumungsarbeiten zu leisten.

Der Abschied war herzlich, wir wurden eingeladen, im nächsten Jahr wiederzukommen. Die Übernachtung und Bewirtung haben wir nach westlichem Standard bezahlt, ebenso die Dolmetscherin. Zu guter Letzt drückte mir der Hausherr noch eine Flasche Wodka in die Hand für meinen Mann. Meinem Bruder legte er einen halben Zentner Kartoffeln ins Auto und selbstgemachten Quark. Es war direkt rührend. Die ganze Familie winkte, noch ein Abschiedsfoto, und zurück ging es wieder durch die Stadt, aber diesmal schlugen wir eine andere Fahrtroute ein. Die führte über Hirschberg, Waldenburg, gute Sicht ermöglichte uns einen wunderschönen Panoramablick auf das Riesengebirge. Erschöpft kamen wir gegen siebzehn Uhr in Dresden, unserer Zwischenstation, an und erreichten am nächsten Tag wieder unseren Ausgangspunkt. Viele schöne Erinnerungsfotos zeugen von dieser ereignisreichen Fahrt, der vier Wochen später die schon lange vorher gebuchte Fahrt mit der Oelser Heimatgruppe folgte, mit ganz anderen Zielen, Eindrücken und Erinnerungen. Beide Male, als ich die alte Heimat besuchte, fühlte ich mich trotz der gravierenden Veränderungen sofort wieder zu Hause. Es ist erstaunlich, wie verwurzelt man auch noch nach so langer Zeit mit der alten Heimat ist und immer bleibt.

Die Landwirtschaft hat für uns inzwischen immer mehr an Attraktivität und wirtschaftlicher Bedeutung verloren. Ohne die vielen fleißigen Hände der eigenen Kinder ist es kaum noch möglich, die Landwirtschaft und ebenso die kleine Gärtnerei weiterzuführen. Die wirtschaftliche Lage hat sich in wenigen Jahrzehnten grundlegend verändert. Die Gesundheit und Schaffenskraft von uns, den »Alten«, ist lange nicht mehr das, was sie einmal war. Geblieben ist allein die Energie, aber die macht auch nicht Unmögliches möglich. Trotzdem ist es immer wieder schön, wenn man zu besonderen Anlässen eine große gesunde Familie um sich versammelt sieht. Ich bin ganz besonders glücklich und stolz, daß es mir noch vergönnt ist, mich mit lachenden und weinenden Urenkeln zu beschäftigen und als Oma wie auch als Uroma je nach Bedarf gefragt und gebraucht zu werden. Hätte das damals mein Vater geahnt, daß er mit mir, seinem so sehr ersehnten Wunschkind den ersten Mosaikstein für einen neuen großen, vitalen Familienclan setzt, wie glücklich wäre er gewesen. Es lebe das Leben! Über die Schicksale von Kindern und Kindeskindern wäre weiterhin viel Interessantes zu erzählen, turbulent geht es immer weiter, eine unendliche Geschichte ...

Der Kampf, wieder festen Fuß zu fassen, und eine neue Existenz zu gründen, von der die stetig wachsende Familie leben konnte, hatte Priorität vor allen anderen Dingen. Bücher, Musik, Freundschaften, usw. dafür war weder Geld noch Zeit vorhanden. Die Stunden, Tage, Monate, die besten Jahre, verflogen wie ein Blatt im Wind.

Nun, fast am Ende des holperigen Lebenswegs angekommen, wurde mir klar, daß das nicht alles gewesen sein konnte. Wenigstens etwas möchte ich dazu beitragen, daß die »jüngere Generation« erfährt, und auch versteht, wo und wie die »Alten« gelebt, geliebt, gehofft und ihre Zukunft aufgebaut hatten. Von »früher, daheim«, zu erzählen, wie wir in Schlesien gelebt haben, und trotz der jähen und schmerzlichen Veränderungen an der alten Heimat und den dort empfangenen Lebenswerten hängen, das liegt mir am Herzen. Und wenn auch seit damals viel Wasser die Oder hinabgeflossen ist, so hoffe ich doch, ich kann dazu beitragen, daß das schöne Schlesierland, aus dem die Wurzeln so vieler Familien stammen, in der heutigen Generation noch ein fester Begriff bleibt. Viele Kriege und Veränderungen sind im Laufe der Jahrhunderte und Jahrtausende über das Land gegangen. Teils zum Nachteil, teils zum Vorteil. Geduldig haben die Bewohner, die überlebten, das Schicksal, das man ihnen auferlegte, ertragen. Spielball der Politik, Objekt von Machtkämpfen, Puffer zwischen Ost und West zu sein, das ist augenscheinlich das Schicksal Schlesiens. Wie schon in uralten Zeiten schaut der alte Zobten über das Land, verkündet das Wetter und wird wie eh und je in den nächsten Jahrhunderten oder Jahrtausenden die Wache weiter über das schlesische Flachland halten.

Ebenfalls von Erika Huhn erschienen

Menschen wie Urgestein

Schlesische Lebensart und hessischer Alltag

Mit zahlreichen Fotos

264 Seiten. Hardcover.
15,50 €. 27,60 SFr.
ISBN 3-89774-216-0

»Menschen wie Urgestein« zeichnet ein anschauliches Bild vom Alltag in einem hessischen Dorf. Die unermüdliche Schaffenskraft der Menschen schlägt Brücken und verbindet schlesische Lebensart mit hessischer Tradition. Ein beeindruckendes Buch.

Spuren der Liebe

Gedanken und Erinnerungen
Anthologie

2. Auflage 2002

172 Seiten. Pb.
9,90 €. 18,10 SFr.
ISBN 3-89774-233-0

In dieser TRIGA-Anthologie finden sich zwei Erzählungen von Erika Huhn: »Wohin Tierliebe führen kann« und »Die große Liebe – von den Nazis vereitelt«.

TRIGA\VERLAG OHG
Herzbachweg 2 · 63571 Gelnhausen · Tel.: 06051/53000 · Fax: 06051/53037
Zum Sonsfelde 7 · 37079 Göttingen · Tel.: 0551/97881 · Fax: 0551/96997
e-mail: triga@trigaverlag.de · www.trigaverlag.de